更长的认知半径

——教育述评案例选集

万飞　钟小敏　林晓红　主编

图书在版编目（CIP）数据

更长的认知半径 / 万飞，钟小敏，林晓红主编 . 长春 ： 吉林文史出版社， 2025. 1. -- ISBN 978-7-5752-0947-2

Ⅰ . G65

中国国家版本馆 CIP 数据核字第 202538S4E5 号

更长的认知半径

GENG CHANG DE RENZHI BANJING

出 版 人　张　强

主　　编　万　飞　钟小敏　林晓红

责任编辑　陈春燕

出版发行　吉林文史出版社

地　　址　长春市福祉大路 5788 号

邮　　编　130117

电　　话　0431-81629364

印　　刷　河北浩润印刷有限公司

开　　本　710mm×1000mm　1/16

印　　张　26

字　　数　320 千字

版　　次　2025 年 1 月第 1 版

印　　次　2025 年 1 月第 1 次印刷

书　　号　ISBN 978-7-5752-0947-2

定　　价　98.00 元

序

追求教师专业精神的“松知”（代序）

东莞市松山湖实验中学　钟小敏

2020年10月，中共中央、国务院印发的《深化新时代教育评价改革总体方案》提出“探索建立中小学教师教学述评制度，任课教师每学期须对每个学生进行学业述评，述评情况纳入教师考核内容”，将“中小学教师教学述评制度”上升到国家中小学教育制度层面，使得“教师教学述评”成为需要研究的重大问题。随着《义务教育课程方案（2022年版）》的颁布，学业质量评价成了学术界研究和中小学教学实践的热点。作为学业质量评价的一种新型方式——“教学述评”开始引起广泛关注。

创新学业质量评价方式既是当前中小学教学实践迫切需要解决的现实问题，也是“以教育评价改革牵引深化教育领域综合改革”这一重大问题的积极回应。作为建立教师与学生关系的一种联结方式，教学述评既是指向特定问题的学生表现性评价，也是基于多方面证据的整合性分析，还是具有交往功能的开放性表达①。

松山湖实验中学作为首批广东省基础教育校本教研基地，首批广东省中小学校本研修示范校，历来重视教师成长，建校初在万飞校长指导下由钟小敏老师组织“松实谈”教师成长沙龙，2015年10月28日进行第一期沙龙，后于2018年11月1日借鉴TED演讲模式，把沙龙升级为“松知”论坛，由教学部门组织教师进行教学述评，林晓红老师逐渐成为主要的组织成员。

TED意为技术、娱乐和设计（Technology，Entertainment and Design），是一个致力于传播思想的非盈利机构。TED演讲以“传播一切值得传播的思想”为初衷，要求演讲者在18分钟内全程脱稿，讲述有创造力、影响力的故事与观点。

“松知”的活动主题是“阅读·私想·白日梦”，Slogan为“松梢见月 说与贤知”。以“松知”为品牌，创新校本研修模式，设计TED式演讲的教学述评，限时18分钟，激发教师的自我反思、同伴互助，引入专家指导，促成以教师为主体、以行动为基础的教学述评模式，推动教师专业发展。

教师专业精神的体现是出于教师对教学本身的理解和追求，而不是出于其他外在的规定。关注教师专业精神的动态发展过程和逐步推进的精神境界，在短期和长期的教师发展项目中，不单纯强调知识的输入，更应该注重教师的道德和个人修养、自我完善②。

传统的研修模式注重教师教育理念的转变、专业知识的培训、专业技能的培养，主要依靠考核及奖惩制度来保障校本研修的实施，以布置任务、聆听讲座为主，形式上比较单一。这容易让教师产生被动式学习、任务式接受的态度，缺乏参与度，难以调动教师的智慧实现真正契合的教学研究。TED式演讲研修在组织上较为灵活，时长不限，可根据学校工作安排方便开展，保持学校连贯的研修氛围。把教学述评作为研修的内容，聚焦教师评价素养的提升。教师总结提炼个体教育教学经验，讲出最有感触的情境和教育故事，表达对教育意义的体悟；也可以述评学生的成长和学业，聚焦课堂、学历案、作业等关键场域，在过程中不断建构个人的实践知识，提升评价素养；或是从不同岗位的价值标准，讲述学校不同岗位的故事及价值，从故事中折射出专业精神，并通过一定的互动引导教师进行反思。分享者通过演讲发现教学经历中最真实的和对自我经验重构最重要的部分，由此成就教师专业精神的发展过程。

校本研修是教师专业成长的支点，教学述评是教师专业成长的牵引器。我们期望能够基于教学述评，探索实现教师自主化、适己化、泛在化的校本研修，关注深层的教师内在情感、认同和自我实现，指向教师认同、教师美德和教师使命三个层次的教师专业精神，探索教师专业发展中自我完善的可能性和行动生成的方法③。

选题价值化、内容逻辑化、实施思辨化三个具体策略构建了“松知”TED式演讲教学述评模式（如图1所示），三个策略有时间排序，但是没有绝对的边界，互为补充相互促进，为教师认同、教师美德、教师使命提供精神进阶的沃土，构成良性的教师专业精神动态发展过程。

图 1 “松知”教学述评模式示意图

一、选题价值化：以诗意表达重构自我经验

述评的教师选拔采用自荐、他荐两种形式，避免沧海遗珠，力求让每一位有思想的教师站上学校的舞台。每学期末学校教育评价管理部门做好下学期的评价分享规划，与述评教师沟通，结合学校教学述评主题，商定选题方向，整合述评选题，形成主题式评价研修。随后，评价组织者建立工作群，发送教学述评指引，告知述评要求、讲稿课件范例及相应时间节点。

述评的选题可以由述评教师自行选择，也可以由学校根据教师教学情况或研究方向提出建议。教师结合自身经验与实践，基于真实问题设计演讲主题，可以从以下问题思考：近三年工作中最主要的业绩（研究）是什么？您最想传递给别人的教育思想是什么？学生最喜欢您的地方是什么？您在教育教学过程中最遗憾的事情是什么？您基于什么进行数据分析？选择的述评工具是什么？……教师由此反思教学经历并重构自我经验，提炼核心观点，选择述评角度，形成教育价值。题目建议使用凝练、生动、诗意化的表达，以涵盖更大的精神内涵，例如《成为更大的杯子》、《突突心动的数据》、《始于 1m2 的创想》、《超级二力平衡》等。

在这一流程中，教师需进行以下活动：与评价部门沟通，达成述评共识；思考有价值的选题，确定选题；阅读述评指引，明确述评要求，初步设计述评内容。这种分享、总结、输出，是助力教师成长的过程，也是帮助教师梳理个人教育教学主张，提升评价素养，凝练教育观点的过程。鼓励教师表达最真实的情感和情境，指向自我经验的重构，实现述评的价值化。借此激发教师自主的、不断自我完善的个体意愿，实现个人认同和组织认同，有助于教师展现更具道德性的个人特质，促进教师认同。

二、内容逻辑化：在凝练反思中增强认同感

确定述评选题后，建议教师列出问题清单，搭建述评情境或结构；其次，设计让述评有趣的地方，例如用精彩的案例故事来支撑观点；最后，结合 TED 模式，使用演讲手段或方法，如联系、叙述、阐释、说服、展示，开场设置悬念、让结尾有力量等。实现述评内容的逻辑化。

述评指引包含五个内容：限时 18 分钟内，用有限的时间传递充分的内容；课件建议 15 页以内，多图少字，课件简约大方，聚焦重要观点或述评维度，呈现有展示必要的、让述评更有力量的内容；让观众感受到字体 / 图片 / 视频的视觉美感；内容设计后，试着用 15 个词概括中心内容串联演讲主线，确认内容是否逻辑清晰、主次分明、展现核心观点；讲稿建议 3500 字以内，写出完整的教学述评稿，可练习测试分享时间，最后脱稿演讲。

述评教师对教育教学活动进行感悟、反思、研究，根据述评指引，整理表达，深度反思，提炼高质量的分享内容，提升教师的理性反思能力和表达能力。对逻辑的强调增强了教师对专业知识、教学过程、教育实践的合理性追求，也增强了教师对学生成长过程中种种需求的多样化认识和理解，展现教育的人文关怀。教师精神的独特性通过述评内容的逻辑化显现出来，实现理性精神、道德、审美旨趣的有机融合与提升。教师在内容的逻辑性整理中，美德得以动态发展，成为增强专业精神充满情趣的动力。

三、过程思辨化：让表达与追问升华使命感

正式述评前，评价部门从述评主题、内容聚焦、观点凝练等方面与述评教师逐一沟通，斟酌表达，反复修改反馈，让述评更有趣、有力量。教师述评结束后，设置一定的时间，邀请现场聆听的教师参与互动，就观点与内容追问，最后请专家对教师的述评内容进行点评，提炼升华。教师在多次反馈和交流中逐步凝练核心观点，厘清内容逻辑，打磨内容呈现的细节；述评前反复练习，提高表达的准确性和感染力；在集中表达中与观众建立链接，得到专家与观众的反馈，对述评进行反思与总结。述评全过程的充分打磨，是教育教学实践与教师思想之间的螺旋式升华，是教师与自己对话、与听众对话、与学生对话的思辨过程。

教师的充分表达，带来教师之间的智慧交流、教师与专家之间的思想互动，产生更多思辨的可能性。实施过程的思辨化要求，融合了包容的人文关怀底色与思想的百家争鸣追求。这对于述评教师和教师听众，都有利于建立教师对自身、教学和学生以及更加广阔的世界的理解。使教师获得一个机会——脱离对既定情境的特定感受，更多地进入到对教育人生根本问题的追问和反思。教师人格得以进入更稳定状态，教师使命的精神境界得以推进。

“松知”教学述评模式基于教师工作的丰富性和挖掘教师发展内在驱动的目标，兼顾教师的输入性知识、实践性知识、精神成长，指向教师更综合、更有自主性的教师专业成长。“松知”教学述评模式在学校实施的 6 年中，共有七十多位教职员工登上讲坛，进行述评展示，分享自己的教育经历和智慧，述评师生，影响他人，营造良好的共享共创研修氛围。

学校为确保“松知”教学述评常态化、规范化开展，做了许多协调沟通和支持工作，每期活动均邀请重量级专家点评，学期前各项工作让位于“松知”教学述评活动，让活动从部门自发性的组织到学校层面的活动，再到集团的述评交流……未来，在评价解读、理论提升和实践创新等方面还可以继续努力，在以下三点着力，争取做得更好。

首先，设计教学述评评价量表。实施过程中，教师的自主性发挥，与听众期待的内容之间，存在一定的抵达距离。但是，越真实越深刻的自我经验重构，一定越能引发共鸣。所以在保障教师的自主性发挥前提下，仍然存在评价的可能性。接下来要探索根据述评主题和模式制作评价量表，构建相关场域的评价体系，做好述评的“评”，将评价前置，

给述评教师清晰的指向，在保障整体性完整性的同时给予教师自主发挥空间。也有助于分享教师与听众的互动反馈，在评价中进一步改进，让思想与思想碰撞，让精神与精神链接，形成迭代演进的可持续发展，从而实现通过教学述评知道自己“在哪里”，要“去哪里”，以及“如何去”。

其次，完善教学述评机制保障。实施过程思辨化的具体情况受主观影响较大，不同的教师进行思辨的时长、深度、广度差异较大，应提供数据保障，培养教师基于评价数据的分析意识和能力。评价部门组织者与述评教师要形成项目组，构建讨论圈，提供问题解决建议视频、实用的方法工具包，保障述评思辨质量及具体事务落实。教师在教学述评中展现的教师智慧、实践经验应注意采取多种路径，建立成果转化机制，进行知识管理，做好述评成果固化工作，让教师在述评之后仍然被看见，延展研修的影响力。

最后，建立教学述评支持系统。教师专业精神有发展的基本条件，而发展的必要条件是确立教师专业精神发展的支持系统，一个支持教师认同、教师美德、教师使命的美好系统，是学校内人与人关系的总和。教育是与人建立关系的活动，尊重每一位教师，建立支持系统，才能让“松知”教学述评模式保持活力，确保教学述评的校本研修活动如源头活水，滋养教师专业精神的动态发展。

参考文献：

① 余闻婧．教学述评：内涵、意义及路径［J］．中国教育学刊，2023（3）：35.

② 张华军，朱旭东．论教师专业精神的内涵［J］．教师教育研究，2012（3）：9.

③ 张华军，朱旭东．论教师专业精神的内涵［J］．教师教育研究，2012（3）：2.

目录

320 第五章　走更长的认知半径

第一章 我愿将你轻托举

师生关系是教师与学生在教与学的过程中形成的相互关系，由教学关系、心理关系、个人关系和道德关系四个层面组成，是一种多层次的关系。

良好的师生关系让生命在场，让师生关系走向生命对话。这是最大的教育力量。

我愿将你轻托举，新竹高于旧时枝

关淑怡

作为一名老师，高敏感度、会共情是培养融洽和谐、亲密依恋的师生关系必不可少的能力。同时，作为一名语文老师，我们还要教学生去寻找生活中的诗意，发现天地间的大美，让自己的课堂绽放不一样的烟火。让师生关系在课堂上走向生命对话，只有这样才能使教师对学生成长的参与从浅表走向深层，进而对学生的生命成长发挥引领作用。

什么样的老师最受孩子欢迎呢？傅雷曾在《傅雷家书》中对儿子傅聪说过："既要随时随地帮助你、保护你，又要不让你对这个影子觉得厌烦。"我想，当一名好老师和成为一个好父亲有许多相通之处，随时随地地帮助和保护我们的学生，让孩子们感受到信任却不会让他们厌烦。爱人如养花，我们对孩子们越用心，花才会开得更绚烂，结出更丰硕的果实。

做一名高敏感度、会共情的老师

我想和大家分享一个关于一杯温水的故事。两年前接手一班至今，期间有一个叫邹欣成的小男孩风雨不改，坚持每天早上七点前打好一杯温水放在我的办公桌上，一开始署名"一个成熟的男人"，后来我打听了很久才知道那就是他。今年 4 月底我休完产假回来，不再教一班了，来到了现在的初二年级，但他依然每天为我做这件事。我不禁想起我曾经的导师说过

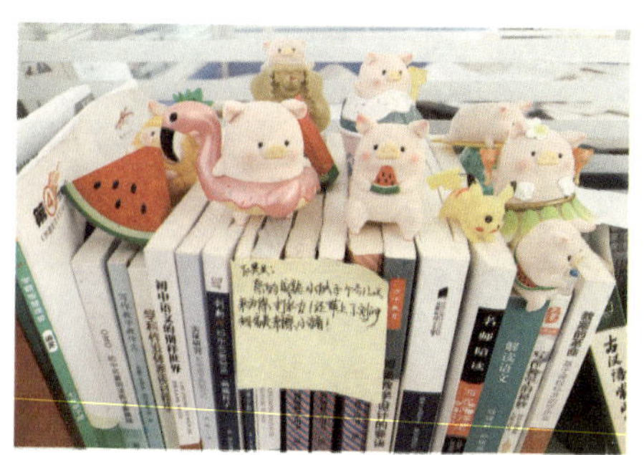

图 1 一杯温水的故事

的一句话。他说，一个人一开始想吸引你的注意对你的那种好，并不是常态的，时间长了你才能看到他常态的东西。那么我觉得这个小男孩对我的好是经得起时间考验的。

我内心对他充满了感激，我感激他信任我、关心我、照顾我，并一直默默无闻。我在教他的过程中，相信一定有某一个瞬间非常打动他，但我已记不清了，因为他是一个非常优秀的孩子，我并没有为他投入过多的精力。所以我有时候也会静下心来想想关于师生间的相处，我做了哪些让学生觉得特别的或者是影响过他们的事？

大概最重要的一点是我是一个比较会共情、敏感度比较高的老师。高敏感度的老师会更容易理解和感受个体的暗示和需要。德国哲学家曾说过共情是穿着另一个人的鞋，戴着另一个人的眼镜，去感受体会世界。我觉得这个比喻很恰当。共情不仅仅是一种技能，更是一种人格特质，促使个体在任何人际情境中都能比较稳定地表现出对他人情感的感同身受，并能恰当地理解他人、做出有效回应。我觉得这在师生交往中主要表现为以下两点：一是高敏感地去理解和感受——察觉学生的高潮与低谷时刻，学生的高光时刻是显而易见的，我们只需要一起欢呼呐喊并持续鼓励，但能及时察觉到学生的低谷时刻并及时给予关怀和帮助，才是雪中送炭。我经常会在学生作业本上与学生谈话，很多女生会在语文作业后写自己近期在人际交往或者学业成绩上的一些困惑，每一次我都会非常用心而详细地回复她、鼓励她，希望能对她有所帮助。我还有一个习惯，我喜欢在学生的优秀作业上画各种小表情、小红花、棒棒糖和笑脸，以前还自己画画做成书签印出来送给学生。有一次，一个女生跟我说，老师我想一次性得到你画的所有表情，我今晚的作业一定要做得非常好。那么这就涉及了我要讲的第二点，精神和物质的激励与共振——记录属于学生的高光时刻。精神上的鼓励会直达学生的内心，但是物质上的鼓励还直达胃，制造多巴胺，要俘虏一个孩子的心，就先俘虏他的胃。我经常准备很多棒棒糖、牛肉干、辣条，用于奖励一些有进步的孩子，我还请过班上的学生吃下午茶，有个学生在周记中说永远记得那天整个小组围在一起吃炒粉、啃鸡爪、吃鱼蛋和喝糖水的下午。对于初中的孩子而言，有时候激励就是那么简单。

当我为学生做了这些事的时候，我相信我也在用自己的行动教会他们表达爱。我们班很多学生经常会满校园给我找一些好看的落花。所以我的办公桌上时常会出现一些用纸巾小心翼翼包裹的各种颜色的花，这是去年 520 的时候一个男生送我的花。第一次有孩子给我送花的时候，我拍照在语文课上大肆表扬，表达我的感谢和幸福感，而后每一次有孩子给我写卡片送小礼物的时候我都会这样做，于是一发不可收拾，几乎每天都有人在我办公桌上放花瓣。他们还经常过来帮我整理桌面，把我的口红、书本整理得很有条理，甚至连纸巾筒都会帮我抽出来，方便我抽取。我想在这个过程中学生应该也是很快乐的，他们会慢慢收获一种表达爱的能力，会明白给予比接受更幸福。

我为学生做的一切我自己都觉得非常快乐，温暖和谐的师生关系能增强学生的心理弹性，缓解焦虑和抑郁，同时又能增强我的自我满足感，提高我的教学热情。让孩子的生命中多一点爱的支点，爱的根基越深厚，孩子的人生才能越稳固，才会更懂得感受爱、给予爱。

让课堂绽放不一样的烟火

师生关系是多视角多层次的，不仅包含以上说的一般的人际关系，还包含在教学过程中发生在课堂情境中的教学关系。这几年，学生和教师突然面临线上教学的挑战。我们要考虑学生的学习投入、学习参与和学习损失的问题，教师有责任帮助学生去掌握自我调节的方法。很多学生缺乏自我调节的能力，有时候恰恰需要教师去启动一个按钮或者提供一个出口，学生就会自己找到答案。

图 2 来自春天的礼物

我首先教学生去寻找生活中的诗意，发现天地间的大美。去年 3 月份居家上网课的时候，我每次在钉钉上给学生布置作业都会附上一些图片，有鸡汤图文，有我在家楼下散步看到的美景，有时候是我喜欢的绘画作品，每一天我都会让他们以一种较轻松和愉悦的心情去查看和完成我的语文作业。90% 的学生每天交上来的作业后面也附上了各种图片，他们亲手做的美食、看到的风景，甚至还有学生找一些鸡汤段子来鼓励我，然后我会把一些有意思的图片再次和大家分享，告诉他们老师认真在看。那一段时间，我每天都会收到一份来自春天的礼物。我不禁想到了皮格马利翁效应，把自己的身份、角色放到一边，进入学生的内心去感受他们的世界，同时把这些所感所想传递给学生，这样在一定程度上学生便会产生“向师性”，会自然而然地满足教师的期待，这便是“皮格马利翁效应”。

作为一名语文老师，我总希望我的学生能以待物如诗的心态去面对生活。学生的生命成长需要教师的深度参与，教会学生发现生活中的美，在逆境中也能尽量保持一种生命的从容，在美的悠闲与豁达中，才能享受身心健康的成长。

其次是松弛有度，创设安全的学习环境。使学生感到自由、放松和安全，可以任意发挥好奇心，不怕出错和失败，是非常重要的。我一般在课堂上会采用一些小活动让学生更放松，在课堂上更专注，例如妙用课前三分钟，常给心灵按按摩。我会给学生看小林漫画、古人趣闻、美文欣赏或者是有意思的小视频，我的学生每天总是非常期待课前这几分钟。等学生能全神贯注听我讲的时候，接下来要讲的内容就会非常高效完成。

此外，我非常注重自己在课堂上的状态，每一天我踏进教室都会满脸笑容，向每个围上来的孩子打招呼问好，我相信微笑和关注是最诚挚的见面礼，学生会感觉到我非常喜欢他们，而事实上也的确如此。我会很认真地听他们讲讲今天过得怎样，有时候是抱怨，有时候是愉悦的感受，我都会尽量一一回应，我知道倾听与接纳是心灵靠近的最快途径。拜伦有一首诗是写爱情的，但我觉得也很适合于师生关系：

她的注目才是你最美丽的光环
当我的光彩令她的眼神闪烁
那就是爱（情）
那才是我的荣耀

在课堂上，更多时候接纳意味着接受每个孩子的兴趣学科不一样、学习起点和学习能力不一样的状况。事实不是每个孩子都能得到一朵小红花，但他们可以学习如何得到它，哪怕是一片小树叶。每次测验或考试，我们教师充分复习，信心满满，然而高标准的期待与低完成度的常态总是不期而遇。只有那些有高成就需要的学生希望把任务完成得更好更出色，注重克服困难、完成任务后的成就感，并从考试中获得满足，绝大部分孩子缺乏目标与规划，也缺乏自信。所以我每次奖励学生，都会既奖励成就优秀的孩子，也奖励一部分通过努力获得微弱进步的后进生，我想让他们相信努力的价值，学会追求个人能力范围内的卓越感。

要当一名不沉闷的语文老师很难，因为每一篇课文都是站在巨人的肩膀上，但我依然想挖掘一些不一样的东西，这就是第三点，课文以外的想象与自由。只有占领了课堂的主阵地，才会让学生心悦诚服地爱戴你，也才会有更加深刻的师生关系。

在讲《北冥有鱼》这篇课文的时候，我会告诉学生这是个很感人的故事，在寒冷寂寞的北冥，有一条鱼经过漫长岁月突然不想做鱼了，渴望变成一只鸟，有了飞起来的梦想。这只叫鲲的鱼其实是一个孤独的梦想家，狂妄的冒险家。它的飞行之旅其实是内在生命的萌发与觉醒、生命能量的蓄势待发，我希望学生明白，青春也常常如此，成长要有理性，也要有幻想，从“鲲”到“鹏”，享受孤独，孤独的世界辽阔深远又自由逍遥，敢于做梦与冒险才是青春永恒的魅力。

图 3 课文以外的想象与自由《北冥有鱼》

又如过去在初三我连续讲了四年的醉翁亭记，我尝试让学生了解一点考试以外的东西。我会跟他们说，宋代绘画里凡是画亭子的地方，一定是风景最好的地方，你到了最美的地方，要停一停。中国山水诗画中的亭，不仅是“山川灵气动荡吐纳的交点和山川精神聚积的处所”，更是诗人画家精神聚积交汇的载体。读懂了醉翁亭，也就读懂了欧阳修被贬滁州，在困厄中懂得停下来，随遇而安，与民同乐的政治理想。

图 4 课文以外的想象与自由《醉翁亭记》

又如讲到杜甫，每次提起他，学生脑海里总会出现一个忧国忧民、心系苍生的伟岸形象。但是在《茅屋为秋风所破歌》中，我们却看到了一个落魄、潦倒被生活吊打得体无完肤的糟老头子。唐诗美，因为唐诗里有家国梦想，也有寻常生活，有天下民生，也有个人疾苦。读懂了杜甫，听到唐诗里人民的哭泣与疾苦，才明白战乱、饥荒、流离失所在每个年代都会发生，学生才会慢慢懂得在困难面前学会谦卑与自省。正如诗人兰斯顿·休斯所说的：“生命在我走来可不是什么水晶阶梯，它东钉西补，处处是裂片。”面对挫折是人生的必修课。然而把痛苦的根深深植入社会与历史的土壤里，去做黎民百姓的发声筒，才能真正书写伟大。我相信，师生关系大多数时候是在课堂上走向生命对话的，只有那样才能使教师对学生成长的参与从浅表走向深层，进而对学生的生命成长发挥引领作用。以上是我对师生关系的一些感悟，我相信有很多老师做得比我更好。

今年是我在松实工作的第十年，我一毕业就来了这个学校，当时学校招聘的时候只有一张设计图。这是松实快速发展的十年，也是我最好的十年，我在这里遇到了很多生命中重要的朋友。我想到了陶渊明的一句诗："众鸟欣有托，吾亦爱吾庐。"从自然环境中的鸟儿有窝巢感觉到非常欣喜联系到人类自身，热爱自己的居住环境和工作环境，我觉得这句诗特别符合我今日的感受。当我们每一个人都把学校当成家一样的存在去建设时，我们的团队就会更加稳固和强大，我们的学生才能成为真正的受益者。

图 5 我与学生的美好回忆

有效沟通，联结你我

罗雪

在反思师生沟通经验，解析有效沟通三个逻辑的基础上，分享有效沟通的三个方法：顺势引导启发、尝试非暴力沟通、多向学生表达感谢，以此搭建起师生之间有效沟通的桥梁，实现共同成长。

相信很多老师对学生说过类似的话：其实你挺聪明，就是不好好学；你为什么不上课认真一点；你怎么每次都抄作业呀；你真棒，真了不起，太棒了！

以上哪句话有助于进行有效的沟通？这些全部都不是。如何搭建起师生之间有效沟通的桥梁呢？

沟通从心开始，在与学生进行谈话之前要调整好心态。“你视自己为一个麻烦，但我们视你为一个机会。”这句话是《解码青春期》作者的养父说的，让曾经劣迹斑斑的作者内心受到深深的震撼，一改往日的叛逆，走上了合作和学习的道路，成为著名的研究青春期的专家。我们总会遇到少数成绩令人“担忧”，纪律令人“头疼”，作业令人“崩溃”的学生，这些看似棘手的学生身上有着无限的可能性，我把转化他们看作是教师超越自我、充盈生命的课题挑战。

师生关系首先是“作为教师的人”与“作为学生的人”之间的关系，人与人之间的交往遵循着以下三个逻辑，并由此推导出三种有效沟通的方法。

顺势引导启发

第一个逻辑就是：没有人喜欢被改变，所以赋予选择权。

我们每个人的看法，都是过去人生的总和。被说服的过程就意味着自己过去所形成的观念是错误的。换句话说，“如果我被说服了”等于“我被打败了”，你说服我的理由越充足，我越会不开心。比如，当你苦口婆心地跟上课不认真听讲的学生说，你要好好念书，考不上好高中就上不了好大学，当今社会没有学历是真的不行。可以肯定的是十个学生里八九个脑子里的第一反应就是比尔盖茨辍学成世界首富，顶级电竞选手仅有高中文凭。说者越是谆谆教诲，斩钉截铁，听者就越是在脑中找反例。

如果一个学生觉得你说的话很有道理，那只是这个想法早已经存在，被你启发，他自己想通了，被说服 = 被启发。所以，说教，让人没有选择权。要说服人，不是要去改变他人，而是让人朝着你想要他说的方向思考，让他说出你想要他说的话。

分享一种把选择权交给对方的句式：“你为什么不”改为“你为什么要”。例如与没有好好听课的学生进行一问一答地交流——

“你为什么不好好听课呢？”

“昨晚太晚睡了，所以上课犯困。”

“难道你不能少聊点天，早点睡呢？”

“我也不知道为什么，就是睡不着。”

“你可以试试睡前泡脚吗？”

“试了但是没效果。”

当问学生，你为什么不这么做的时候，等于在帮他复习他不这么做的理由，他是不可能因此改变的。但如果把“为什么不”变成“为什么要”呢？

“你有没有想过要认真听课？”

“有想过。”

“1 到 10，你想认真听课的念头有多强？”

“2–3 吧”

“还以为是 1 呢，竟然还有 2–3，为什么你还想要好好听课呢？”

“不听课就不懂老师讲的，考试不合格，会丢脸。”

“分数不是一切，而且那是别人的想法，你管他们干吗。”

“没有，还是会丢脸的。”

他本来可能不太想认真听课的，可是我问他想认真听课的理由是什么时，他就有可能会去捍卫那个理由，自我增强这个理由。人就是这么有趣的生物。

尝试非暴力沟通

阿德勒在《自卑与超越》曾经说过，人们终其一生，都在寻找归属感和价值感，第二个逻辑就是：所有人都渴望被接纳，所以多用非暴力沟通。

如何让学生感受到被接纳、被尊重呢？当学生犯错的时候，我们接纳他的感受、个性、想法，温柔而坚定地与他一起面对与解决，这时他的归属感增加。

但有时我们有意或无意地把学生推得越来越远，比如一个学生这周第三次抄作业，不幸三次都被你当场捉到："你怎么总是抄作业，这么不讲诚信，你看看班里的小丽这次周测都已经超过你了，我真的不想管你，没办法，老师就是凭良心做事。你再这样我就告诉你家长了。"这是典型的暴力沟通，里面包含了四个误区。一是道德评判，如果一个人的行为不符合我们的价值观，那他就被看成不道德的或邪恶的。二是进行比较，比较也是评判的一种方式。三是回避责任，"不得不"是淡化自我责任的最常见表达。四是强人所难，常常把请求变成命令。

其实可以这样表述，"我看到你这周有三次抄作业，我有点失望，因为我很看重你是否真实面对自己，同时希望你可以信任我，你是否愿意跟我聊聊你的感受以及你接下来的做法？"

这句话其实包含了非暴力沟通的四个步骤，

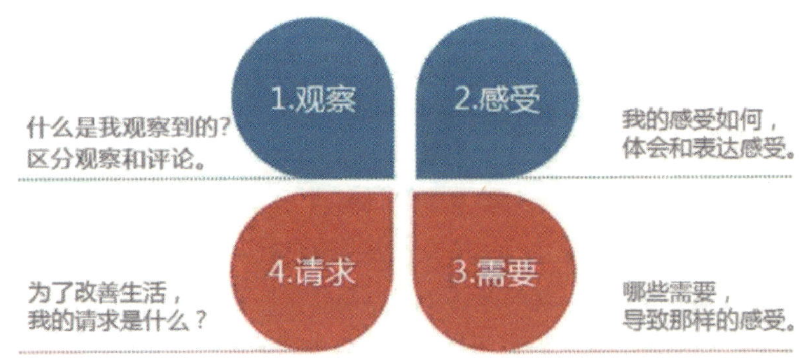

图 1 非暴力沟通的四个步骤

首先是观察：不带评论、客观地描述事实，从最不会引起争议的事实入手，不能言过其实，一次只说一件事，不推测对方的意图；

其次是感受：表达自己的主观感受，要用第一人称，因为引起我们情绪的不是别人，而是我们自己；

再次是需要：我为什么会有这种感受，我有什么需求没被满足；

最后是请求：你希望对方做什么，一定要具体，但并不是命令，两者的区别在于是否考虑了对方的感受。

我们没必要完全照搬这个模式，如果能实践其中一两步，可以大概率避免与学生直接冲突、渐行渐远了。

多表达感谢

所有人都希望自己被需要，所以多表达感谢。对人而言，认可能够给他归属感，被需要，被人感谢能够给他价值感，激发他的内在动机，可以尝试多对学生表达感谢。我们都知道少批评，多表扬，其实也要慎用评价式的表扬。

什么叫评价式的表扬？“孩子你真棒，你真了不起，你太棒了……”因为这种自上而下的表扬会给学生带来巨大的压力，尤其是青春期的初中生会本能产生抵触。学生也会认为既然都已经这么好了，那干吗还要做？再做，剩下的就都是挫折了，这种表扬是没法使得对方更有动力前进的。另外，这种表扬最后的结果很可能是，得不到表扬的事情他就不去做，他的行为依赖于外界对他的评价，降低了其价值感。

同样地，尽量不对学生说，“你很聪明，只是不用功、不努力；你要是努力一点，认真一些就会有进步。”因为这句话意味着一旦学生做好某件事情，他就会得到赞扬。学生对此说法心满意足，维持现状是最佳方案。

如果学生在我的课堂上一改常态，遵守纪律，发言积极，第一年工作的我会说：“你今天表现很棒哦！真的超级棒！”

第二年工作的我会大声表扬他具体的行为：“你今天遵守纪律，举手发言，值得表扬！”

现在的我会说：“谢谢你今天心中有他人，自控守纪；谢谢你参与课堂，对自己负责的同时，也帮助了我。”

这时我们之间是平等的、公平的，学生的价值感会得到大幅度提升。

分享一首来自鲁思·贝本梅尔的小诗，希望身为教师的我们学会不要把事实和我们的意见混为一谈，才能真正认识学生、走进学生。

我从未见过愚蠢的学生；
我见过有个学生有时做的事，
我不理解
或不按我的吩咐做事情；
但他不是愚蠢的学生。
请在你说他愚蠢之前，
想一想，他是个愚蠢的学生，还是，
他懂的事情与你不一样？

用心耕耘，静待花开

祁书行

教书育人是我们一线教师的人生词条，作为一名教师，我们精心备课，用心上课，耐心辅导；作为一名班主任，我们关心孩子，鼓励孩子，家校合作，用真心踏实耕耘，静待花开。

精心备课

去年是充满挑战的一年，第一次在领导的信任、数学科组的支持下担任初一数学备课组组长，第一次在本校担任班主任，而家里还有一个嗷嗷待哺的小娃，说实话，我真的没办法在集体备课后再精心打磨每一节课，但对于涉及学生认知难点和关键点的部分，即使再忙，我也会抽出时间根据自己的授课习惯和风格，结合本班学生的学情进行二次备课。

比如，《直线、射线、线段（3）》是学生从小学到初中以来第一次接触几何计算，在预习作业中，大部分学生都能准确算出线段的长度，但几何语言的书写却一塌糊涂，作业上被我打满了‘×’，如何把脑中的计算过程转化为数学几何语言规范地进行书写是本节课的难点。在二次备课过程中，结合学生预习作业情况，我挑选了几个有梯度的题目，从一个中点的加法到一个中点的减法，再到两个中点，通过变式由易到难呈现，注重方法和几何思维的培养，展示几何语言的规范美和简洁美，为后续的几何学习奠定基础（如图 1）。还记得当时一下课，所有学生都主动地拿起平板拍这个板书，我想这就是他们认可本节课的最直接表现吧。当天晚上让学生进行订正，看到他们的订正结果，就感觉精心准备这节课是有成效的。事实也是如此，在上学期期末考试中，第 20 题线段计算我们班取得 100% 的正确率（如图 2），即使是班上的后进生，都能有条有理地进行几何语言的规范书写，这就是我认为的精心备课的价值所在。

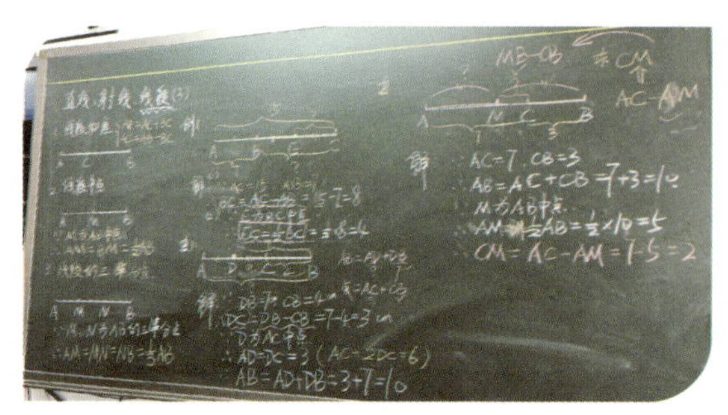

图 1 板书呈现——规范美与简洁美

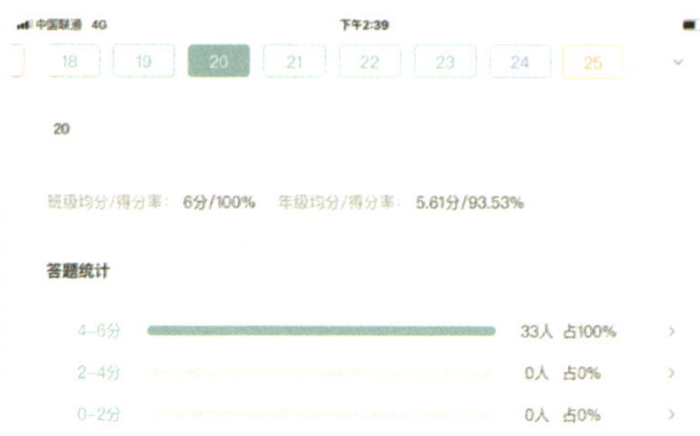

图 2 教学效果——数据呈现

耐心辅导

这些学生的转化离不开课后的辅导，但班主任工作已经这么繁忙，平时还要抽出时间给自己的孩子，怎么办？首先，我在班里全面开展师徒结对活动，并且是分层师徒结对，比如组合 1 的师傅需要主动地剖析徒弟的错误并详细讲解，组合 2 鼓励徒弟讲解，师傅指导，组合 3 则为互助组，互为师傅，互相讲解与补充。同时，我还制定了详细的奖励措施鼓励他们执行。另外，我自己会在每天上课前改完作业，重点查看部分重点且基础题目的得分率，把做错这些题目的孩子列出来，利用课前、课后或者是班主任到班的时间一一辅导或集中辅导，以基础为主，没有必要面面俱到，贵在坚持。

教学想完全脱离课后辅导是不可能的，但过分依赖课后辅导是不可取的，每个老师除了工作还应有自己的生活。因此，向课堂要效率，让学生主动愿意去学才是我们最终的追求。

真心育人

常常听说“当班主任的班教学成绩一般比较好”，以前我觉得这是班主任的威慑力所起的效果，但今年的班主任经历让我对这句话有了不一样的理解，我觉得恰恰是班主任这一桥梁让育人与教学相辅相成，相得益彰。为什么这么说呢？分享两个案例。

小红（化名）入学成绩不太理想，上课 40 分钟有 30 分钟在发呆走神，做题抄写的速度慢得出乎意料，总是交不上来作业。父母从小学开始对她的学习就不抱希望，面对老师的反馈，早已习以为常，却无计可施。后来在单独辅导她的过程中，渐渐发现她的思维反应比较快，于是我马上联系了家长，肯定了孩子的学习潜力，重燃家长对孩子的希望，同时也指出孩子的问题所在——无法自控地走神发呆。但在学习难度和强度不断增大的情况下，她的成绩又再次下滑，每天的作业依然交不上来，但她的周末作业却完成得特别好，在与家长沟通后发现，爸爸每个周末亲自辅导。于是，我心生一计，让孩子走读，家长在家督促孩子完成作业，爸爸适当进行辅导。事实证明，走读的成效是显著的，孩子自信了，课堂活跃度高了，成绩提升了，当然，这期间会遇到各种各样的难题，但我们都及时沟通，商量对策，调整方法。最终，在本次期末考试中，八门科目，她五门及格了，有的还取得很不错的成绩。我认为如果一个老师用真心观察并理解孩子，总能找到帮助他们的突破口。不管对象是学生还是家长，正面的鼓励与方法的指导才是有效的沟通方式，在找到合适方法之后，家校合作能达到事半功倍的效果。

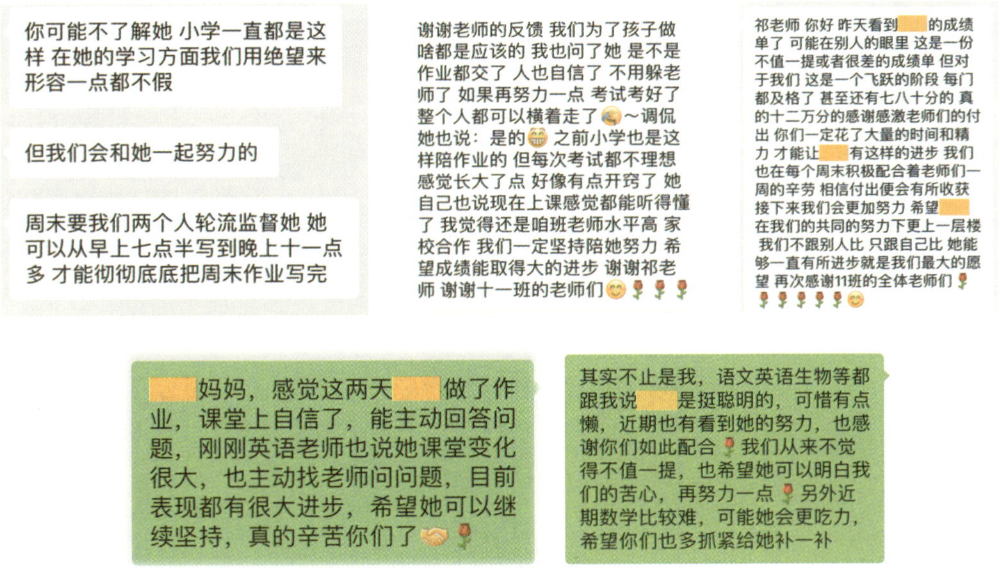

图 3 家校沟通

小依（化名）的家长几乎没有时间管她，爸爸经常外地出差，妈妈全副心思扑在弟弟身上，每周末她都待在爷爷家。她无心向学，态度不端正，面对老师的批评，总是一副无所谓的样子。小依爸爸的言语中也尽显对她的失望与否定，父母对弟弟的偏心毫不掩饰，对女儿的伤害却以孩子“不听话”为由推脱。了解到这些我突然理解了这个渴望被爱的孩子，于是，我开始转变跟她聊天的语气和态度，以鼓励和引导为主，放大并肯定她的优点。后来，机缘巧合之下，我找了我的课代表——一个非常积极好学的女孩，带着小依每天中午饭后午休前到办公室刷基础题。意外的是她们在没有老师监督的情况下，一直坚持到期末考试，而我在批改与讲解的过程中，慢慢被她们取得的进步和展示的毅力所感动。小依逐渐对我敞开心扉，学习态度有了较大的转变，成绩也有了很大的提升。每个孩子的家庭背景是不同的，对于这个孩子而言，寻求家长的帮助是困难的，采取正面引导，同学互助的方式，可以让她得到关爱，找回自信。

班主任工作烦琐忙碌，但只要用心关注孩子，用爱感化孩子，那一个个生活小碎片足以温暖我们的心，让我们继续前行。以真心换真情，必然可以得到孩子的认可，所谓“亲其师，信其道”，用心做好本分工作，踏实耕耘，只需静待花开。

被上帝咬了一口的苹果

罗乔乔

有人说，这个世界上的每个人都是被上帝咬过一口的苹果，都是有缺陷的。有的人缺陷比较大，是因为上帝特别喜爱他的芬芳。每个人都是不完美的，但我们可以用“完美”的眼光来看每个“不完美”的孩子。

如何用“完美”的眼光来看每个“不完美”的孩子呢？以萱萱的故事为例开始说起。萱萱是个不自信的女孩。我依稀记得在初一的那节道法课上，当时的上课主题是青春飞扬、自信自强，其中有一个活动环节是让孩子们以开小火车的形式，轮流说出自己的青春宣言“　　　　，我能行”来展示自己的风采。一开始活动推进得非常顺利，但轮到萱萱的时候，她站起来却一言不发。无论我如何鼓励，她也只是低头不语，甚至有同学已经给她想好了说什么，让她照着回答，她还是保持沉默。本来我很想抓住这次契机，让萱萱尝试克服心理困难，勇敢地表达。但我观察到她身体和表情流露出的紧张和恐惧，我意识到同学们的关注和我的等待已经变成了萱萱的巨大压力，我赶紧示意她坐下。在课后和孩子的沟通中她表现出了对自己的不自信和否定，我通过观察还发现萱萱对待学习和生活也相对消极。我开始思考，身为老师的我可以为她做些什么？

挖掘闪光点

首先我从孩子的兴趣入手，引导她看到自己的闪光点。我发现萱萱对手工绘画等比较感兴趣，我让她担任班级宣传小组的组长，虽然她一再强调自己的画工并不是很好，但我很坚定地告诉她：“只有你能胜任”。此后，班级后面的两块黑板仿佛变成了她展现自我的舞台，每一次她的创意都能给班级带来惊喜。慢慢地，我看到了更加多面的她——原本沉默寡言的她安排板报分工的时候有条不紊，还会积极鼓励组员；平时害怕在大家面前发言的她，在面对同学们关于展示栏的询问时，她会站上讲台认真地解答；在我给出班级布置建议的时候，她会大胆地说出自己不一样的创意和想法。我不由得为她竖起大拇指。后来她每次询问我这样是否可行的时候，我就和她说：“大胆去做，不用问我。在这一方面你比老师擅长多了！”

利用好“同龄人的声音”

老师的欣赏认可固然重要，但对于十几岁的孩子来说，同龄人的认可往往比大人的更加重要，所以利用好“同龄人的声音”能达到意想不到的效果。在某次班会上，我特地聊到了其他班班主任对我们班的文化栏赞赏有加，还明知故问地询问宣传小组的同学是谁的创意，几个孩子立马坐不住了，你一言我一句地回答着：“是萱萱布置的”，“她真的有好多点子和创意，什么都能利用起来……”我再看看萱萱，她已经在同学们热烈的掌声中小脸绯红。

久而久之，只要有活动有绘画或设计任务的，同学们就会不约而同地去找萱萱帮忙。很多事情好像都在悄然变化。有一天晚修结束，我去到班里居然看到萱萱扯着嗓子，在班里吆喝大家赶紧交记录感想的便利贴……孩子们也告诉我她的笑容多了，和她谈话的时候，也明显感受到她的不同。也许是因为关系拉近了，我给她学习上的鼓励和建议，她也愿意接受、尝试并不断坚持。尽管她的成绩没有突飞猛进，但是从初二开始就一直在不断进步，初三一年也从一开始的 520 多分到中考 602 分超常发挥，考上了自己的第一志愿。

虽然萱萱到毕业也没有成为发言积极分子，虽然她的成绩没有别的同学优秀，但是她在她擅长的领域找到了自信，在班级感受到了被需要，感受到了自我价值，而且有勇气去改变，从自信走向了自律，成为了更好的自己。

另外一个例子是小玉的故事。小玉是个有心理创伤的孩子，因为她有被欺凌的经历，所以很多时候会隐藏自己真实的情绪，虽然每天笑嘻嘻的，但是内心敏感而脆弱。我刚成为班主任时通过多方了解和观察，发现她规则意识淡薄，专注力、理解能力和表达能力相对较弱，这些也成为了她学习和人际交往上的障碍，以至于当时班上的同学们都远离她。我那时候并没有立刻就采取行动，因为冲动往往会导致无法挽回的后果或伤害。

我认真地梳理笔记，通过思考孩子的行为目的以及马斯洛需求层次理论，我确定了基本方向：得先满足孩子爱和归属的需要，再因势利导培养孩子的行为习惯，然后激励孩子寻求自我实现。

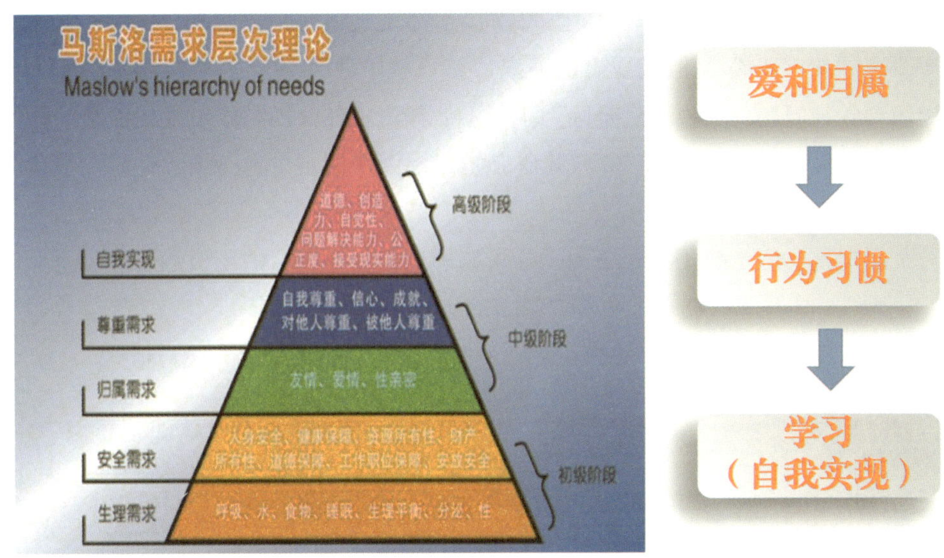

图 1 根据马斯洛需求层次理论确定教育方向和行动

凝心聚力，立足班级主阵地

首先是要营造良好的班级环境和舆论氛围，防止敏感的小玉再次受伤或出现第二个“小玉”。我采取了以下行动：一是利用班会和班级文化栏等增强班集体的凝聚力，强化“一家人”意识，不抛弃不放弃；二是在班级里做好部分孩子的思想工作：班干部负责对舆论氛围的把控，给“毒舌群体”打预防针，让部分孩子对小玉适当地关心照顾，以及对同宿舍成员进行引导等。

图 2 做好部分孩子的思想工作

以两个假定和无条件的爱赢得信任

让孩子对班主任建立起信任是班主任开展工作的前提。一开始由于孩子对我不信任，导致一周两次的谈话都是无功而返，每次孩子都是笑嘻嘻地说三句话："没有啊"、"还行吧"、"挺开心"。但是周末一回家，家长就给我发各种"小作文"，反映孩子在学校遇到各种问题，归根到底是因为孩子不信任班主任，不相信班主任能帮助他解决问题。但建立信任需要一个过程，我始终坚持用"两个假定"和一个"爱"，很快就迎来了转折点。

第一个假定是：假定孩子是无辜的，寻求孩子消极行为背后的积极意义。

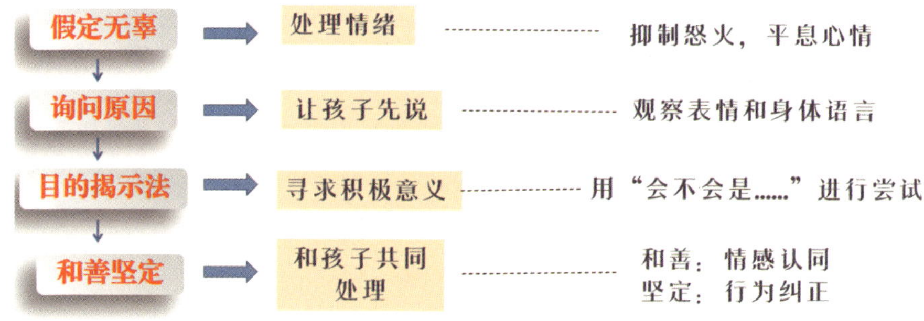

图 3 "假定孩子是无辜的"的处理原则与步骤

无论孩子是多次迟到、上课随意插嘴还是被抓到抄袭作业，我都会先在心里假定孩子是无辜的，询问原因，让孩子先解释。若孩子不说，就用"目的揭示法"，最后以和善且坚定的态度和孩子共同处理。

一次家长会前夕，宣传组的一个男孩正在画欢迎家长的板报，他的姐姐和妈妈也在一起帮忙。正和他们谈话的我说道："好厉害啊，看来这个艺术天赋是遗传的！"在一旁收书包的小玉听到后，突然怒气冲冲地来了一句："神经病的遗传。"把我们都惊呆在原地。那时候的我火冒三丈，认为这是个极其不礼貌、不尊重他人的行为，但我并没有当面斥责她，而是叫了小玉出来单独谈话。因为第一个假定的流程我已经固定下来，所以即使面对孩子翻白眼、不耐烦的表情，我也能很快处理好自己的情绪。询问后小玉一言不发，我就用能想到的行为理由一个个试，当我问到"会不会是刚才场景或者对话让你想起了什么不开心的事情？"的时候，小玉一下子就破防了。在我的追问下她哭得稀里哗啦，告诉我她觉得自己父母非常聪明能干，但自己一点也没遗传到，害怕考不到高中到时候让父母到处奔波。

多懂事的一个孩子，她只是不懂得正确表达自己的情绪和想法。也正因为这个事情的正确处理，让孩子站到了我身边。往后小玉一有心事或遇到问题开始会主动找我，语文老师也告诉我孩子在周记中表达了对我的接受和认可，我也就很少收到家长的小作文了，毕竟在家长看来，班主任一百句其实不如孩子的一句。同时我也真心感谢学校为我们提供了很多宝贵的学习机会，像郝东老师的心理讲座每次都能给我很多思考和收获，让我的班主任工作更有抓手。

第二个假定是：假定孩子有某种美德。

莎士比亚说："如果你没有某种美德，就假定你有。"这句话同样可以适用于对孩子的教育。有一次女生宿舍发现了生物老师身体不适，一起给生物老师送上了关心。我发现小玉也有份，所以我就在班里多次提到这个事，特地大力表扬了她，说她是个会感恩，懂分享的孩子。后来无论是我还是心理老师还是同学，时不时地就会收到小玉给的"小礼物"，在鼓励和引导下，她也从送小礼物换成了送"小纸条""小祝福"。在传递美好情感中，慢慢地她也收获了真诚的友谊。

帮助孩子对老师建立信任，还有一个关键就是要给予孩子无条件的爱。《银河补习班》这部电影里有一句话我非常赞同："每个孩子身上都有一个神奇的感受器，他们就是能感受到，大人是不是真的爱他们。"因为爱是伪装不了的，孩子们从你的一个眼神、一个动作、一句话，就能知道。两个假定让我在孩子犯错时也保持对孩子的信任和欣赏。在平时我也会用我的眼神和肢体语言来传递爱的讯息，比如笑眯眯地盯着她看，夸赞她新买的发绳，摸摸她的头，拍拍她的肩等等，会用心给孩子们准备一些"小惊喜"，时间是会说话的。亲其师，信其道。有爱和信任为基础，很多教育就能水到渠成，小玉在各个方面都有了不同的进步，最后如愿考到了自己理想的高中，家长也十分欣慰。

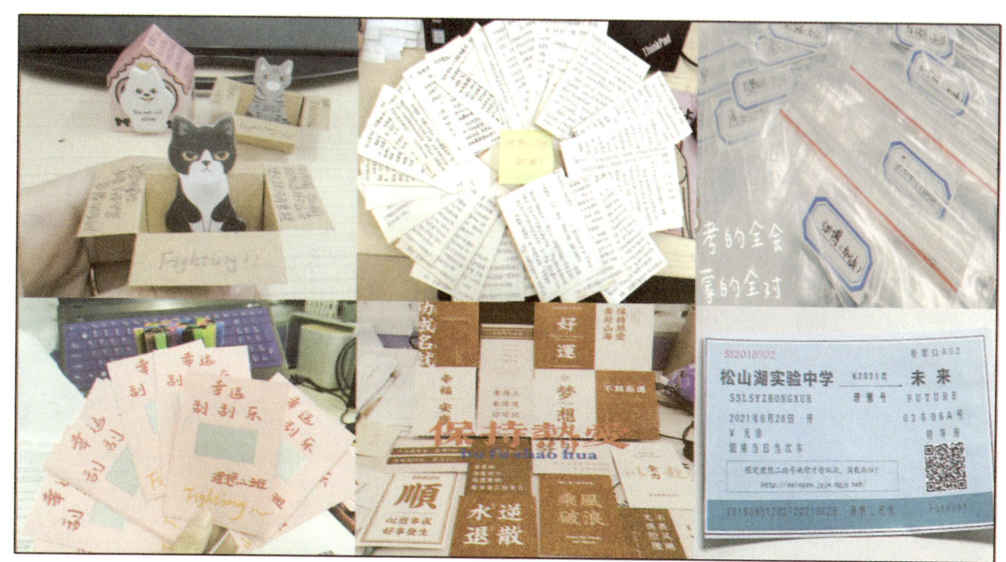

图 4 给孩子们准备的“小惊喜”

作为一名教师，我深知教育之路漫漫，有时我也会陷入自我怀疑，也会害怕失败，也曾很在乎来自他人的评价。我知道这是每个老师都会经历的“关注生存”的阶段，但在对教育的学习和修炼中，在对孩子的引导中，我逐渐跨越了这个阶段，更加清楚自己应该做什么，以及自己所做事情的价值和意义，不会因为害怕而退缩，因为失败而否定。只有我们敢于面对那个不完美的自己，我们才能敞开怀抱，更好地拥抱每个不完美的孩子。

不完美的孩子身上却有着最美的故事，那个故事叫作成长。

相信相信的力量

张芬

敢于去相信，才会激发一个人的最大潜能。

英国著名心理学家麦基曾经说过，你相信什么，才能看见什么；你看见什么，才能拥抱什么；你拥抱什么，才能成为什么。真正的相信，会激发一个人内在潜能，当我们带着这份信任努力去奋斗的时候，会发现，目标并没有想象中那么难，路途也没有想象中那么艰辛。有时候我们难就难在不敢去尝试，更难在我们总是认为障碍是巨大的。

我06年大学毕业后一直在高中任教，在此期间没有从事班主任工作。2019年加入松实这个大家庭后才开始接触初中段的孩子，一开始对这个年龄段孩子的特征并不是很了解，教学上也存在很多需要调整和磨合的地方。在接到学校通知需要我做班主任的消息时，内心非常忐忑。内心的忐忑来源于不够自信和对未知领域的恐惧。通过简短沟通后，我感受到了学校对我的信任。这份信任不仅仅是对我个人能力的认可，更是对我教育理念和工作态度的肯定。这意味着我所付出的努力、所展现的专业素养得到了认可。这种被看见、被肯定的感觉，让我更加坚定了自己的教育之路，也感受到了相信的力量。其实，“相信相信的力量”是一种自我赋能的过程，当我们选择相信，我们就在潜意识里为自己注入了正能量，这种能量会激发我们的潜能，让我们变得更加自信、勇敢和坚定。我将从以下几个方面谈谈“相信”的力量。

回应家长的信任、学生的期待

班主任与家长之间是因为有了学生这个超链接才被链接在一起。几乎每一位家长都是带着信任把孩子送到新的学校学习，几乎每一位学生都是带着期待走进新的校园。班主任需要做的是在得到家长理解的基础上，逐渐赢得他们的信任。然而信任其实是非常脆弱的东西，一旦赢得了，会给我们巨大的空间；一旦失去了，就很难再恢复。建班之初，根据年级的统一要求，结合初一新生的身心特点，我做好了以下几点：

1. 认真介绍自己，建立班级群后给家长留下良好的第一印象。
2. 注意自己朋友圈的言论，透过朋友圈传递自己的教育理念、表达自己稳定的情绪。
3. 做好第一轮电话沟通，更要做好第二轮甚至第三轮电话回访，在这个过程中会及时发现一些问题，也可以拉近家校间的距离。
4. 真心实意地对待每一位学生，利用学前教育活动建立师生之间的相互信任。
5. 对孩子们在学校的表现多表扬，善批评，做好家校合作。
6. 面对学生问题时，在家长面前多支招少归因。

相信学生以激发潜能

在刚接手初一（3）班时，我在有经验的班主任的建议下，首先思考了班级管理的核心问题，即：我想打造一个怎样的班级？我希望我的学生毕业之后成为什么样的人？基于初一新生成熟性与幼稚性，向上性和盲目性，独立性和依赖性并存的身心特点，我认为要想适应将来的社会发展，学生除了要有较强的学习能力，还应该具备较强的交往能力和生活能力。因此我和同学们一起制定了本班“阳光向上，幸福成长”的成长理念，定下了阳光三班的班名。在班上尝试全班全员班长制，也就是把班上每位同学都选举成班长，负责不同的班级事务。把班级常规事务，分配到每一位同学的身上并且引导他们去落实，让他们在参与中体会责任感，从而得到一定的成长。当每个学生都认为这是自己的集体，这是自己的事情时，他们便更愿意在集体中寻找合适的生态位，更希望别人能看到自己，从而获得自信和归属感。

图 1 2023 届阳光三班班徽

图 2 阳光三班晨读

相信活动以凝聚力量

苏霍姆林斯基曾说：“我们的教育信念应该是培养真正的人，让每一个从自己手里培养出来的人都能幸福地度过自己的一生。”每一个学生的成长，每一个班集体的组织与建设都不是在静止的状态中进行和完成的，而是在活动的状态下进行和完成的。每一场举办的活动都应该激励学生，让每位学生尽全力而为，在活动中找到自信。在活动中也更能体现班级活力，更能增强班级的凝聚力，从而实现对学生集体价值观念的培养；逐步构建刻苦学习、努力锻炼、互相关心、求实向上的班集体；通过亲切、平等的课堂以及户外活动氛围，及时、有效地批评和纠正学生的错误想法及行为偏差等。

本学期从学校到班级，举行了不少活动，有篮球比赛、经典诵读、运动会、创客节、模拟联合国、研学、班级辩论会、教师节主题活动、冬至主题活动以及两次集体生日会。每一次活动我都引导同学们认真筹划，及时总结。同学们的自信心和班级的凝聚力初步建立起来得益于初一年级第一次篮球比赛，在这次篮球赛中，我班男篮夺冠，女篮取得了第三名的好成绩。每一轮比赛都是整个班级的集体行动，场上运动员顽强拼搏，场外呐喊声、欢呼声不断。在这个过程中，同学们感受到了集体的力量。

当然每一场活动肯定都会有一些不足，也会暴露一些问题，所以活动结束后的总结必不可少，总结也是促进孩子们成长的一个关键的过程。在去年 12 月份学校组织的水濂小镇研学活动中，我班整体表现不错，活动结束时得到教官的表扬。但是成绩的取得主要靠女生，女生认为男生拖了班级的后腿，不然班级会更优秀。男生内部也起了分歧，互相埋怨。所以在当晚班级内部的研学总结活动中，我借机让女生从一个旁观者的角度来总结这场活动的收获和不足，诚恳地指出男生的问题并且给出合理的建议。这样的方式比班主任说教式的总结更容易让男生接受，因为进入初中阶段的孩子们更看重来自同伴的评价。

图 3 阳光三班篮球赛啦啦队

图 4 篮球赛同学们为球员加油

图 5 研学归来的分享会

相信改变以生发美好

改变无论是之于教师个人还是一个班级，首先要从接纳开始，接受缺点，允许不完美。对学生的问题接纳得越多，理解也就越多。当然在鼓励学生改变的过程中遇到各种挫折是常有的。但是，只要我们愿意相信并去努力，改变就会发生。在这个过程中，老师要做的是通过实际行动去影响和示范。

我以体育运动为例，分享几个小片段。在我的观念里面，热爱体育运动的人，一般不会差。科学研究也表明，爱运动的人得抑郁症等心理疾病的机率会明显低于不爱运动的人，但是我们班男生在体育方面远远弱于女生。在一开始学校组织的课间跑操活动中，班级队伍凌乱，好几个男生因为身体上和意识上的懒惰，根本坚持不下来。在这个过程中，我并没有责罚他们，更多的是影响和示范。我首先在 V 校上连续发布自己跑步的运动截图，每次至少 10 公里。及时点评孩子们的跑操情况。每次跑步的时候我一直坚持跑在班级队伍的旁边，这其实不是为了监督，更多的是鼓励和陪伴他们一起坚持。经过一段时间的磨合，我发现爱掉队的同学们不再喊累，跑步的队形也越来越整齐了。孩子们奔跑时流露出的那股自信和阳光向上的气息让我很感动。

图 6 V 校班牌上的示范引领

图 7 清晨奔跑的身影

期末考试结束后，在开线上家长会的时候，我也提醒家长们关注学生的体能训练，尤其是几个体育成绩暂时落后的同学，鼓励他们在假期养成跑步的习惯，并承诺自己会先做示范，打卡发群里面，但是我并没有要求学生打卡。我基本是每天早上 5 点 40 左右开始慢跑十公里。在我的这种带领下，不少同学坚持得很好，纷纷主动和我分享自己的运动成绩。其中做的最好的是洪烁同学，每次只要我把跑步截图放到群里，就会马上收到洪烁父亲的回应。假期过后，洪烁同学的跑步速度得到了很大提升，精神面貌也更加乐观积极。

图 8-9 家长的鼓励

所以，作为老师，我们要始终相信改变是可能的，即使外在的改变很有限，内在的改变仍是可能的。信念和信任是驱动我们前进的强大动力。当我们真心相信某件事情或某个目标时，就会全身心地投入其中，不畏艰难，勇往直前。这种坚定的信念，就像一盏明灯，照亮我们前进的道路，让我们在困境中不迷失方向。

学生的发展不仅仅是知识的增长、德性的养成，他们是作为一个整体的人、主体的人不断生长的。教育能培养人，但是促进学生积极向上地发展变化，是一个非常复杂的过程，作为老师的我们，必须怀有一颗崇敬之心、神圣之心和审慎之心。相信相信的力量，相信美好，就会有美好的到来！

正面管教

——赢得孩子而不是赢了孩子

陈燕琼

根据马斯洛需求层次理论，在班级管理中通过经常向学生表达对他们的爱、营造和善而坚定的气氛、专注于解决问题而不是批评和惩罚，这三个方式实施正面管教。让学生感受到尊重、归属感和价值感，从而培养出学生的自律、责任感、合作以及解决问题的能力。

马斯洛需求层次理论中谈到人的高级需求包括：社交需求，尊重需求，自我实现需求。作为一名老师，尤其是班主任，需要明白，每个学生都渴望被尊重，渴望归属感和自我价值感。如果学生的这些需求在班级中能得到适当的满足，将有助于减少班级中的不良行为，有助于班级朝着正向、积极的方向发展。而正面管教是一种既不惩罚也不骄纵的管教孩子的方法。孩子只有在一种和善而坚定的气氛中，才能感受到尊重，感受到归属感和价值感，才能培养出孩子的自律、责任感、合作以及自己解决问题的能力，才能学会使他们受益终身的社会技能和人生技能。那么，作为一名班主任，如何在班级中实施正面管教呢？以下是我的一些实践与思考。

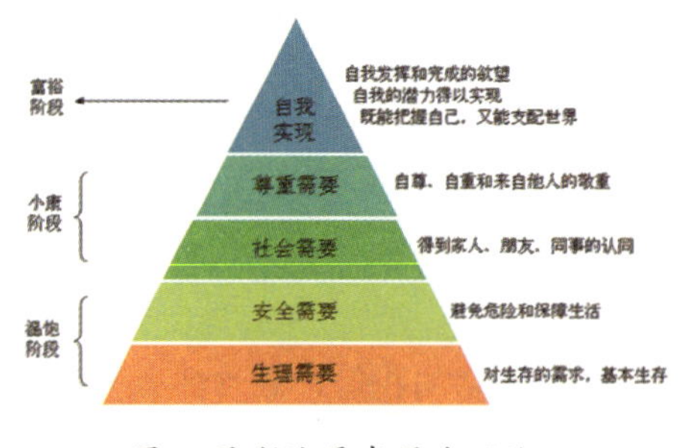

图 1 马斯洛需求层次理论

图 2 正面管教方法

经常向学生表达爱

深圳名班主任钟杰老师在一篇公众号文章上说过：“很多青春期的孩子不服管教，因为他们没有得到自己想要的爱。”我深以为然。我们的学生，在他们的成长过程中，不仅需要父母和同伴的爱，也很需要感受到来自学校老师尤其是班主任真诚的持续不断的爱，他们的心里才会踏实，才会对班级有归属感，才会热爱学校，热爱学习。

为什么很多青春期的孩子不服管教，因为他们没有得到自己想要的爱（没有人会拒绝真诚的爱）

原创 钟杰 钟杰班主任实践智慧 今天

收录于话题

#钟杰 285 #班主任 194 #父母课堂 15

#家校沟通 6

图 3 钟杰老师的公众号文章

一般在某些特定的节日，如教师节，儿童节、感恩节等等，我一定会无比真诚地感谢我的学生们，感谢他们的善良可爱，感谢他们的积极上进，感谢他们的体贴和团结，感谢他们带给我为人师的感动和快乐！我经常跟学生们说：“在这个学校里，我就是你们最亲最值得依靠的人，无论遇到什么困难，尽管来跟我说，我会竭尽全力去帮助你们。有我在，你们尽管往前冲。什么都不用怕！”我从来不会说：“你们是我带的最差的一届学生。”相反地，我总是说：“你们是我带过的最棒的一个班级。老师从来不单凭成绩评价一个人或者一个班级，老师看到的是你们的综合素质，是各方面的优点。”我还会在某些特定的场合，把对学生的喜爱和感激之情大声地表达出来。还记得 2019 级的学生在他们初二上学期时，前往东莞市德育基地，进行为期一周的德育活动，那时有一个“穿越烽火线”的拓展活动，我在场陪伴了全过程。那时学生们一次又一次地挑战失败，但经过不断地总结经验教训，不断地改进，最后挑战成功。每个学生感动得泪流满面，集体主义的精神被激发到极致。活动最后，我被邀请做活动总结，我发自内心，接近哽咽地说：“我爱同学们！我为大家团结一致，最后在班长的带领下体验到成功的滋味感到骄傲和自豪，非常感谢同学们带给我的感动，是同学们让我感受到了做班主任的幸福！”这些话，在那个特定的情景说出来，会收到比平时普通场合里更好的效果。当然在平时，我也会视时机适当表达这种情感，不断地给学生信心。其实，很多人的一生都在问两个问题：“你们爱不爱我？我值不值得你们爱？”有的人可能不会直接问，但也会通过对方的行为表现来判断对方是否爱我们，就算得到对方肯定答复后还会隔段时间找机会再问，反复确认才放心。我们的学生也是这样，一旦让他们感受到老师是一直喜欢他们、爱他们的，他们就会在很多事情上理解和配合老师，那么我们的教学教育工作就会开展得更顺利！

图 4 每一届学生都是最好的一届

但是要注意的是，要用切实的行动让学生感受到来自老师实实在在的爱，而不是说说而已。作为老师，真诚地接纳每一位学生，看到他们身上的闪光点，真诚地关心他们，这一点是表达爱能收到效果的前提。

营造和善而坚定的气氛

如果你是一名学生，你期待见到你的班主任发火吗？我猜大多数人的答案应该是：不想。但我班的孩子非常期待见到我发火，巴不得我可以当他们面狠狠地发一顿火。为什么呢？因为我曾经当着全班的面郑重承诺过哪天对他们发火，就自掏腰包请全班每人喝一杯奶茶。他们就一直记得我这个承诺，念念不忘。有时，他们还会没心没肺地问我：“老师，你什么时候会发火呀？”让人哭笑不得。但是这群孩子的可爱之处就是不会为了奶茶而违反纪律让我生气。印象最深的就是在愚人节那天，从早到晚，同学们轮流想方设法地来骗我，指望我信以为真，会生气一把。其实，作为班主任，哪有绝对的心平气和，其中肯定也有不少觉得崩溃的时候，但是每次当我忍不住即将要爆发的时候，我一看眼皮底下全是一双双期盼我发火的眼神，甚至还有学生说：“老师，生气了就把它发出来，不要压抑呀！”这时候我就会被他们逗乐，心里想，绝对不要上你们的当。然后，我立马努力平复心情，表情平静地说：“谢谢同学们关心！不过我是不会发火的，不至于嘛！”然后就会看到有些学生稍稍失落的神情，这时我心里挺乐的！我想，如果哪天我实在忍不住对着全班发火了，我一定会履行承诺。偶尔自掏腰包，让学生们乐一下，也让他们知道老师言出必行，何乐而不为呢？

在平时和学生的相处中，我们基本是处于一种和善的气氛中，但作为班主任，我有我的原则，在某些问题上，我会持绝对坚定的态度。举个例子，初二下学期，绝大部分学生都非常认真地投入生物、地理的备考中，有的学生甚至刻苦到让人心疼的地步。一日三餐为了节省排队吃饭的时间，基本都是用面包作为正餐。中午午睡的时候在宿舍悄悄刷题，晚修结束后迟迟不肯离开教室，回到宿舍还要开手电筒躲着宿管老师，背书背到凌晨一、两点。然后早上五点多又悄悄地起床了。这种情况真的令我既心疼又担心，对于这些刻苦的学生，我会私下去给他们思想工作，持很坚定的态度反对他们这样做。在班上，我反复强调：学习不要“废寝忘食”！我希望每一个学生不因成绩的起伏或者暂时落后而焦虑不已，从而不断地怀疑自己还不够努力、打时间战搞疲劳战。我一直努力用坚定的态度给学生传递一个信念：规律的作息、充足的睡眠和均衡的饮食是为学习助力的。我们要做的是养成好的学习习惯，在合理的学习时间内专注高效学习，而不是去打时间战。

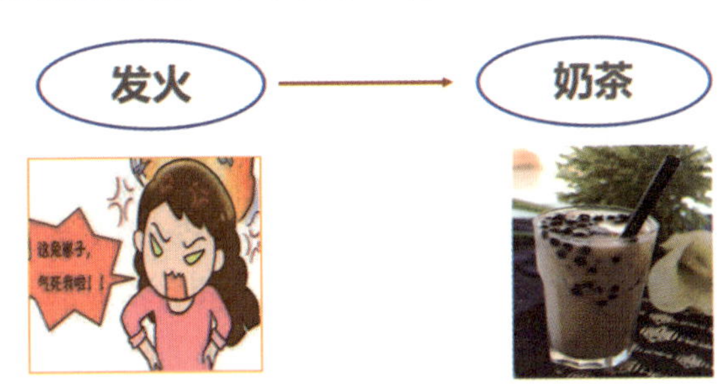

图 5　老师发火要请学生喝奶茶

专注于解决问题

其实，我刚开始工作当班主任的时候，经常批评学生，他们稍微违反纪律我就惩罚他们。结果条条框框定得越多，批评和惩罚学生越多，他们就越叛逆。表面看很多时候我好像赢了学生，但是我却没有赢得他们的心，没有走进学生的心，和他们的关系很疏远，这是我当年的遗憾。所以，现在当班主任，我更想赢得学生，而不是赢了学生。

作为班主任，纪律和卫生问题是我们肯定要面对和处理的。首先对于纪律，我是如何处理的呢？以宿舍的纪律扣分为例，我的要求只有一点：及时诚实告知我并反思如何改正就行，比如中午扣的分下午要告诉我，看不到我就在我桌上留纸条也行。只要及时和诚实，我都不会有任何批评，也没有惩罚。但是，如果故意对我欺骗或蒙蔽他们的违纪行为，就要接受一定的惩罚了。这种要求从初一一开始我就跟学生强调，并说到做到。结果就是所有学生都选择诚实告知这种方式，一违纪了就赶紧告诉我。其实按照学校的规定，我们的学生本身在宿舍纪律违纪的时候，他们就面临着累计扣分达到一定程度被停宿的一个压力，绝大多数的学生扣分了还是会难受，我们没有必要在此基础上再进行批评和惩罚，让他们产生更难受的感觉。我们要做的是了解扣分的原因，相信他们自己有面对问题解决问题的能力，必要时也可以提供一些建议，帮助他们找到解决问题的办法。事实表明，他们并没有因为我不惩罚、不批评，就变本加厉。到目前为止，我班的学生在这两年里还没有任何人收到过学校的停宿警告书。

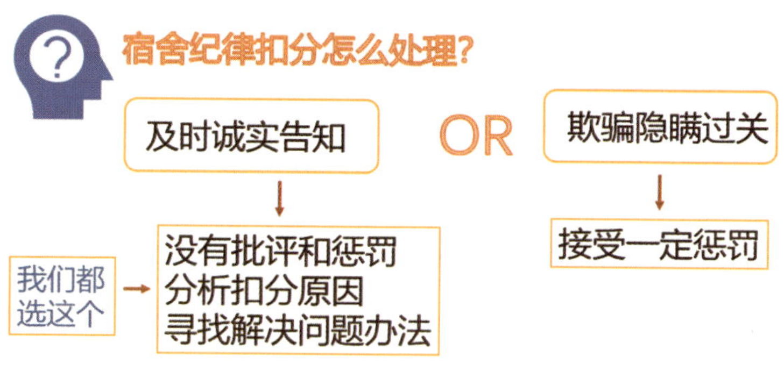

图 6　宿舍纪律扣分的处理办法

在卫生方面，我的解决方法归纳为六个字：示范，表扬，教诲。因为教室不仅是学生们的，也是我的，所以不能光要求学生搞卫生，我也需要做好示范。我每天进教室的第一件事，就是环视观察学生的神情。如果没有发现学生有异样，我就会把教室里外的卫生检查一遍，做得不够好的地方，我会动手去做，比如把讲台的粉笔灰擦干净，抹布挂起来。地上如果有头发和尘屑，我会用纸巾一点点地擦干净。平时细心观察那些卫生值日认真的同学，经常当众大力表扬他们，树立榜样。有的学生卫生搞得不好，不是态度的问题，是因为在家不用做家务，所以是不会搞卫生的。这时我会手把手地教他们怎样把卫生搞好。这样下来，经过一段时间后，大家都慢慢形成了良好的卫生意识和习惯，自然而然地，卫生方面的问题就会越来越少。

实施正面管教，需要老师以极大的耐心去用心观察和真诚交流，从而真正走进学生的内心，在渐行渐近中培养情感。有感情的教育，才是有温度的教育！

博观而约取，厚积而薄发

李晶

对于经验不足的新班主任，接任初三班主任，是一个很大的挑战。它要求班主任要有定力、有方法、有耐心，更有一份育人的智慧。学生因为对前任班主任先入为主，会对新班主任采取观望态度。作为一个新班主任，我们要做到多看、多听、多想、多观察，对学生有足够的了解，掌握学生心理，建立信任关系，找准一些切入口，帮助学生逐渐建立班级自信。潜移默化中，双向的奔赴关系会带领班级走向越来越好的境况，从而厚积而薄发！产生质的飞跃！

在我从教的 11 年中，最令我忐忑和惶恐的是 2021 届的孩子们。原因有二，于我，虽然教龄已十年有余，年龄也不小，但是论起班主任的经验，可以说少之又少，更别说第一次接初三的毕业班班主任，既没有年轻人的朝气也没有经验上的优势。于学生而言，因为各种原因，这个班的孩子三年换了三个班主任，有个性的孩子相对比较多，孩子们的心里早已对于换班主任见怪不怪了。能不能让孩子们接受我，能否在关键的一年对孩子们产生正向的影响，在这一年助孩子们一臂之力，着实是一个需要我认真思考和探索的问题，更是学生与我双向奔赴、共同成长的过程。我始终相信，只要我对班级、对孩子们足够了解，采取正确的方式，我的博雅少年们一定会厚积薄发，展现他们的实力！

萧规曹随，接纳彼此

孩子们换班主任比较频繁，他们对于新班主任会采取观望的态度。我也不急于“新官上任三把火”。我决定先萧规曹随，先近距离了解他们。

首先，我分别向我的两位前任班主任了解班级的具体情况，两位班主任给出的观点可以互为补充，帮助我全方位了解每个孩子初中的动态。学生成长是动态的，以前的一些问题可能随着成长消失了，进入初三也会出现新的问题。1 班的孩子们情商和智商都很高，但又调皮有个性，心理行为特别的孩子相对比较多，用学生自己的话来说："老师，我们班真的很矛盾，说得轻了我们不听，说得重了我们就会和老师对着干。"我心里就有个底子：不要有太高期待，让学生先不排斥我就成功了。

我给每一位家长打电话，向他们了解孩子的情况。因为我相信，家长开学前的信号也可以给孩子们心理上有个预热。这个班级还有一个很特殊的情况，有几个心理异常的孩子，开学前我也从班干部那里了解他们，甚至直接和他们聊了聊。通过开学前的准备我基本对班级有了比较客观的了解。

开学后的两周，我继续默默观察，注重"首因效应"，给孩子们留下足够鲜明的初印象。虽然我没有急于做些制度上的改变，但是我通过一些动作，让学生渐渐接纳我，因为我相信形成良好的关系才可以有后续的改变。那怎么让学生接纳我、建立良好的初印象呢？我想一个"人设"是必须要打造的。常常挂在嘴边的三句话，让他们一步步熟悉我、亲近我。第一句话，"我可是很厉害的，遇到我你们算遇到救命稻草了！"甚至，常常打趣自己是孩子们的后妈，告诉他们后妈不好做，孩子们看见平时的我平易近人，也亲切地称呼我"晶妈"。一声"晶妈"一下就拉近了我和他们的距离。第二句话，"女孩们我是当女儿培养的！男孩 ，我当女婿培养的！"优秀班主任钟杰老师说过，这个阶段，女生是比较敏感，抓住女生其实就成功一大半了。女生是非常情绪化的，对于女生出现的问题要先处理情绪，再处理问题，一定要女生感受到老师是理解她的。对待我们班的女生，我希望亲近她们，把她们当女儿一样培养的。在男孩成长的过程中，14 岁是一个关键时期，我要把男孩当女婿一样培养，让他们有责任心，有担当，做年轻有为的男子汉。男孩子一听说，我是把他们当女婿培养，那自然也是自己人。第三句话，我告诉学生："不怕你们犯错，第 1 次犯错，可以既往不咎，第 2 次犯错，我会找你谈话。但我一旦规定好，如果违反我就会落实到底。我这人在这点上是很'轴'的。"前两周，在新班主任滤镜的加持下，学生都会尽力表现自己好的一面，但是随着时间推移，肯定原有的问题会慢慢暴露出来，给予学生包容，让学生有安全感很重要，但对于规则的敬畏之心也是必须要具备的。这句话就是让学生了解，我既是通情达理，又是原则性很强的人，也为后面的一系列行动打好了铺垫。

找准突破口，让改变发生

新官上任三把火，怎么烧，烧哪里？必须要有抓手。小组的形式大家司空见惯，但是如何用很关键。这个阶段学生特别在意同学的评价，所以第一步就是新小组造势，先投票选出组长，再由组长选择自己的组员，好不热闹，学生都巴望着通过新的组有新的面貌。

建立评价规则，通过小组风云 PK 榜，落实班级常规关注点。每周一个主题，进行重点突破，我想关注听课，那么本周的小组 PK 的主题就是听课。卫生、晚自习、作业等都是我们的 PK 主题，每周有所侧重。小组 PK 执行了一段时间后，一些咸鱼们就暴露了，总是拖后腿，我就乘胜追击，补充了组内的评价表，形成组内的舆论。对于小组的反馈一定要定力且持续，老师认真落实，学生自然而然也会重视。与小组挂钩的奖惩形式也要多样起来，例如根据小组积分选座位，根据小组积分抽惊喜盲盒。经过这一轮战役，2 个月后，博雅 1 班的各项常规慢慢地已趋于完善和稳定。第一个学期也获得了文明班的称号。

与 1 班的孩子们接触下来，发现好些孩子自视甚高，但是对班集体认同感不高。觉得班级这些同学这里不好、那些同学那里不好，这样一盘散沙，各自为营，不利班级长远发展。我觉得最重要的就是建立班级自信和自尊，让他们以班级的形式去参与、去体验成功和失败。获取一个班级的认同感和归属感太重要了。

那就先让他们尝尝胜利的滋味，获得成功感。从小事开始，提高学生的自我效能感。从一开始常规不扣分到宿舍的评比拿到第二名，再到连续获得周文明班，学科取得巨大的进步等等，让他们从一次次小的成功事件中明白我们原来这么牛啊。

安全感也是激发学生潜能的保证。现在的孩子往往比较娇贵，是属于看到希望才努力，害怕失败了没面子，作为老师，就要给他们安全感，不要在失败的时候给他们“一万点暴击”，这个时候一句解压的话、一个拍头的动作、一个温暖的眼神才最重要。还记得开学初篮球赛，我们班失利了，每个同学都挺失落的，我就问他们，我们的球员努不努力？有没有尽力？学生说有！啦啦队有没有呐喊助威、送水呢？学生说有！我还拍到了尹煦熙同学低头捡垃圾的照片。“我觉得每一个人各司其职、拼尽全力才是最可贵的。你们的沮丧我看在眼里，理解你们，更为你们高兴，说明你们懂得了我们是一荣俱荣，一损俱损的。但无论结果如何，在晶妈眼里，你们就是最优秀的！”为了安抚孩子们，我请他们喝了奶茶。感觉这一次篮球赛，我和孩子们关系拉近了很多很多，因为他们知道无论成与败，我对他们的态度是不变的：那就是支持他们！我是坚强的大后方！二模成绩1班有些不稳，二模之后的一个晚修，我看到孩子们兴致不高，就对他们说，同学们不要怕，今晚我们1班各科老师们会一起坐下来商量对策。一听说老师们要想办法了，肯定是要放大招了，学生都很开心。开完会，我回来问他们："我们已商量好了，谁想要听听老师们的1对1分析啊？"我们班的娃娃就出现了照片（图1）中这个阵势。

图1 学生纷纷举手想要老师分析成绩

目标就像航行中的船的方向标，有了明确的目标，生活和工作才有更加清晰的方向。只要有了成功体验，他们自然也会对自己所在的班级有要求和目标。我会珍惜每一次考后班会和家长会，就班级情况认真分析，学生越来越在意各个科目的名次。每一次大考都会八卦我们班哪一科考了第几名，即便是中考。在第二次年级重组班级PK的对手时，我让他们自己选对手，是选择旗鼓相当胜算较大的一个班，还是是选前1、2名胜算不太大的班级？孩子们还讨论了一翻，选择了有一定挑战的老牌优秀班级。我们把他们称作老牌资本主义国家，那我们呢，当然是新中国啦。自己已经心里预设自己一定会成功了！我嘴上说着可能会面对的挑战与困难，其实心里乐开了花。就是要你们这股子劲！

著名的美国儿童心理学家德雷克斯说过："孩子需要鼓励，就像植物需要水。"正面管教便是一种鼓励的方式，能让孩子感受到内在的价值感和能力感。初三一年，面对学业压力，我们需要持续性的鼓励和激励学生，让他们保持高昂的战斗力。树立明星小组和明星学生，在外墙展示他们优良的行为和老师对他们的评价，学生很在意这样的评价。创设吉尼斯榜，记录学生周测成绩优秀的次数，让学生把成为优秀变为一种习惯。认真准备家长会，在家长会上重点表扬努力和拼搏的学生，介绍他们成功的做法。

耐心陪伴，托举学生

初三一年时间非常紧张，接班最关键的就是第一学期，我们要建立师生的情感基础，解决班级常规存在的问题，让学生保持学习的信心和热情，第二学期各项工作就能有序展开，学生也能全身心投入到中考备考。如果在第一学期不能够做出有效的改变，那么第二学期就比较麻烦，当学生不能把精力放在学习上时，他们就会出现种种问题，也让老师疲于应对。如果第一个学期各个方面都摆顺了，第二个学期的重心就是耐心的陪伴，专注于学科方面对学生的进一步提高、给予学生支持，鼓励他们继续向前，给学生减压，不至于绷得太紧、做好学生个体的辅导和沟通等等。我们的付出学生也会感受到，这就是我作为老师的小确幸。

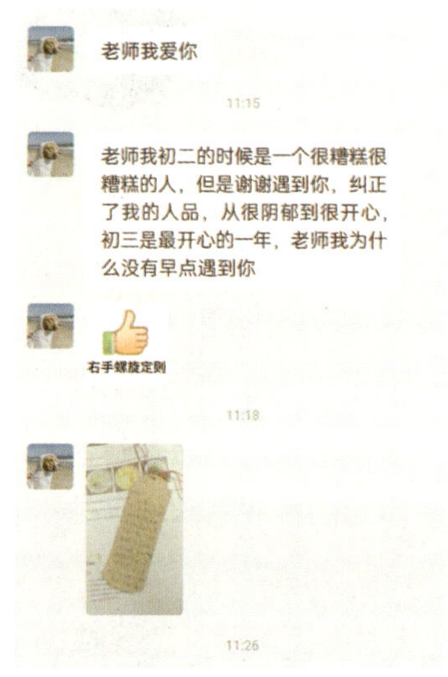

图 2 学生中考后发给老师的信息

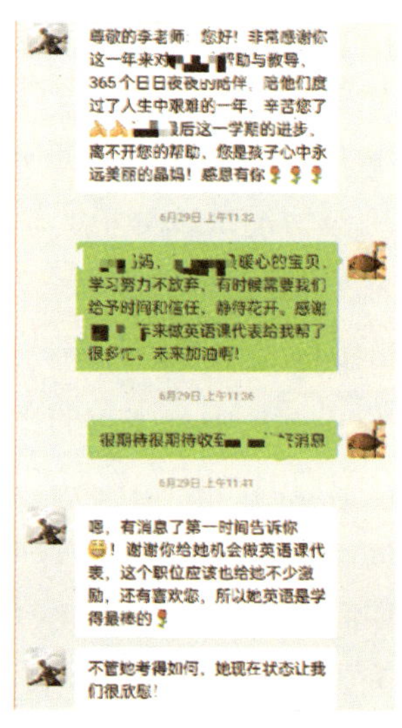

图 3 家长中考后发给老师的信息

在教育的路上，还有很长的路要走，希望自己可以向优秀的同事学习，也像孩子们一样，博观而约取，厚积而薄发！为松实添一份自己的力量！

处无为之事，行无言之教

王珏颖

如何行有为之法？从座位、班规、家校合作三方面来看看班级的活力之源。如何处无为之事？在点滴之中，坚持关注、坚持激发学生启动内因思考。

欲处无为之事，先行有为之法。我认为，所有的无为表象，背后都付出了有为的行动。

民生要点一：座位

松实给予班主任管理很大的自由。对于座位的安排，各种创意不断闪现于我的脑海。是“成双成对”，还是“取经四人行”，或者“竹溪六逸”？孔子有云：“三人行，必有我师焉。”我设计了一个“风车旋转”型的组合。而且我希望这个组合里，不要出现“和尚组”或者“尼姑组”。我认为男生、女生多沟通，能对彼此的理性思维和感性思维都有提升，中和一些“直男”或“女汉子”的因素。座位每周往右挪一组，往后挪一排，组内再顺时针旋转 120°。家长们直呼，班级换个座位都是需要点智商的。开过家长会的家长们，纷纷对座位很满意，感觉交流起来很是方便，想独立的时候又能互不干扰。感谢包容的级组领导，没有要求全级统一！感谢开放的松湖实中，没有觉得我这样让男女关系过密，会导致早恋。总之，现在孩子们都觉得，“三人行”真香！而座位旁边的象棋区、围棋区成了孩子们日常生活放松的好地方。

图 1 “风车旋转”型座位

图 2 班级象棋区

民生要点二：班规

刚来班上的孩子们，总是问我一个问题："老师，几点到班？"一天三次地问，缺乏经验的我非常谦逊地求教，几点到班是什么意思？他们回答我，我规定几点到班，他们就要几点到班。我是谁呀？反应极快的数学老师呀！我立马亲切地，笑盈盈地回答："做你们认为正确的事情"！孩子们的反应亮了，"那就是越早越好咯！"哇！我真没那意思！不过，你们能这样解读，吾心甚慰！许多时候，他们来问我这个规定，那个规定。我都这样回答他们："做你们认为正确的事情"。于是，917 班级的班规就这样自然而然地诞生了——做自己认为正确的事情。

"做自己认为正确的事情"是我"行无为之事的表象"，孩子们在这句话的驱动下，主人翁意识激增，凡事知道为自己负责，自我规划更清晰，自律性也增强了。然而，这个年龄段孩子认为正确的事情，就一定是正确的吗？这样的班规会有哪些副作用呢？其实，我认为这句话前面还有一句"树立正确的三观"，这样才能保证他们所认为正确的事情是对的！而努力帮他们"树立正确的三观"，是我在背后为之默默付出的有为行动。

怎么让爱踩点的学生有早到意识？石同学很开心，说以前踩点到要被罚抄多少遍班规，现在的他，闲暇舒适啊！不迟到，他认为就是对的了。看他在我面前龇牙裂缝笑的时候，我笑眯眯的看着他，心里想着，小样儿，给我等着！首先我迅速将刘同学调为他的组员。交给丫头一个表演任务。每晚石同学一坐下，抬头看他一眼，轻描淡写地来一句：“你才来？”然后继续埋头奋笔疾书，不再理他。一天天的，“现在才来？”“几点了？”“又是最后一个？”慢慢对石同学进行催眠，产生对自我的一种怀疑，从而自发去改变！效果就是，现在最晚到的一定不是他，现在早到的一批人里，时常有他。他改变之后，917 又多了一句话：“917 没有迟到，917 只有晚到，917 可以晚到，917 不能天天都是同一个人晚到。”

细心观察班级点滴，才能及时遏制事件可能的恶态发展。把问题扼杀在摇篮，而不是等问题爆发再焦头烂额地来收拾烂摊子。我还处理过考场翻书事件（俗称作弊），不断要求男生提升“情商”，改变“直男”做事说话风格。要求他们能抵挡手机诱惑，不被手机操纵。肯定他们“与人为善”的三观。支持他们各种不违反校规的创意，例如图 3 这一组班级艺术照。

图 3 班级艺术照

我教了许多非数学知识。我很想分类总结，后来发现包罗万象，最后我只能说，那些都是让孩子们树立正确三观的知识！

为了能及时捕获班级点滴细节，我早中晚地守候在教室。每天下午 5 点到 7 点就是我和他们的情感交流时间，我喜欢和他们天南海北地聊，听他们讲饭堂小插曲，听他们吐槽爹妈与他们的代沟，听他们夸张地讲彼此间白天发生的趣事。所以，我也收获了他们的欢乐！见证了他们的坚强！欣喜于他们的成长！

民生要点三：家校合作

如何能让家长和我们一条心，劲往一处使呢？与家长的沟通我觉得有几个要点：

第一，以妈妈心态做班主任。我总是时不时将自己母亲的身份和班主任进行一下转化，我希望孩子们多吃水果，多喝奶。所以我就在班级发起了上午十点半的水果时间。天天监督，家长群通报，妈妈们都拍手叫好，说自己孩子两年以来在学校都不吃水果，因为同学们不吃，尤其男生！吃水果的好处不用说，几个顽固分子，现在也能啃苹果了。还有热心家长一箱箱一筐筐不断给孩子们送！他们在用行动支持我！

图 4 学生课间吃水果

再比如一变天，我最关心，我孩子穿得够不够。所以，我就会把每个孩子穿什么样子拍照发家长群。让他们一个个过目，有不满意的，立马呼我，我再去要求孩子们加衣服。

这些点滴无形的渗透，可以很好地摒除后期我与他们沟通中可能产生的障碍，为班主任的工作开展铺平道路。

第二，与科任多沟通，全方位多元化评价学生。我从三观、性格、成绩三方面评价学生。不是成绩好的孩子就一切都好，班级的每一个科任都非常关心孩子们的身心健康。潘校常从孩子的字里行间捕捉他们的情绪，姚大师会及时告诉我谁学物理又学哭了，利玲姐从作业字体反馈孩子们的学习态度，妹级能详细告知我每个孩子背后的故事，艳伟常细心发现一件小事折射出的品质问题，迎春更是以管理级组的眼光在时刻要求着孩子们，开想课程设计合理，温和的性格最让孩子们喜爱。有这些得力科任全方位观察他们且及时向我反馈，我就能有理有据，言之有物，更好地与家长沟通。

第三，能给出可行性指导意见。只对家长说一句“孩子成绩下滑了，你们要关注”，这样的通知会让家长非常无助和茫然。所以，在学习方面，我对每一个学生进行了详尽的跟踪。将学生在哪一科、哪个时间段、哪部分知识点出现问题进行了统计。也会告诉家长，可以以怎样的形式去帮助孩子。有的建议帮孩子听写，有的建议帮孩子看错题订正。具体的行为指导，才是真正的沟通，有效的沟通。其实，只要我们一声令下，家长们都会去做的。缺的就是我们的那一声“令”！

我只是松湖实中班主任队伍中平凡的一员，年轻一代的创意更是层出不穷。班主任要有创意，学生就会创新。所以，在这样大氛围下培养出的松湖学子，有他们独特的创造性思维。

有一天，孩子们在班级里进行了一场即兴辩论《体力劳动者和脑力劳动者哪个对社会贡献大》。我也没想到这样一个辩题能引发孩子们去探讨“九年义务教育的目的”，这样激发学生启动内因思考就是我们松实的理念吧！

图 5 班级即兴辩论

得天下英才而教之，是为师之幸事。我和我的科任们将尽我们绵薄之力，努力为 917 打造一个理想的学习殿堂，他们可以踏在我们松湖实中老师的肩膀上步入更辉煌的明天！

好关系催化好教育

于艳伟

在教育过程中，良好的关系是至关重要的。无论是师生关系、家校关系还是生生关系，建立良好的关系可以促进教育的顺利进行。良好的关系可以增强学生的自信心、激发学生的学习动力，同时也可以提高教师的教学效果。因此，为了实现更好的教育效果，我们需要注重关系的建立和维护，努力营造一个和谐、积极、互动的教育环境。只有这样，我们才能真正地促进学生的全面发展，培养出更多优秀的人才。

人渴了怎么办？喝水！喝进去的是一个个水分子，水分子是由氢原子和氧原子构成，但若你喝氢原子和氧原子能解渴吗？因为氢原子和氧原子没有建立关系，所以它不具备解渴的功能。

家校化合形成合力

人并不是独立存在，而是时刻身处于关系当中。我们应当在好的关系中、在教育这场无限游戏中静待花开。教育这事绝不是学生和书本之间的事，更不是学生和分数之间的事，而是人和人之间的事，只有师生间建立了相互尊重相互信赖的良好关系，好教育才能发生。师生关系、生生关系没有建立起来，一切都有关系！师生关系生生关系一旦建立且健康稳定，一切都没关系！

家校关系是第一关系。我从接班的第二周开始每周末会非常正式地给三位同学家长打电话交流（从最后一名打起，打到最后一刻），以至于经常被 10086 惦记“余额”和“停机”。除此之外还会不定时进行微信交流，交流时照顾到各个层次的孩子。比如我班的李凯同学，是一个让老师很放心的孩子，这样的孩子也应该受到关注，我会私发孩子某些重要时刻的视频给家长；对于最优秀的孩子我也会经常和家长交流表扬家长教育有法，交流孩子在什么方面还能更好地成长，同时也会传递一些我想让孩子在班级传播的正能量；针对经常惹事的孩子，我会和家长聊聊我对孩子做了一些什么工作，做这个工作的目的是让孩子在一些方面有所改变，这周和上周比孩子在我们预期的方面有所进步了。我们对孩子好，让家长知道我们对孩子好，这样家校才能化合形成合力共筑孩子的美好未来。

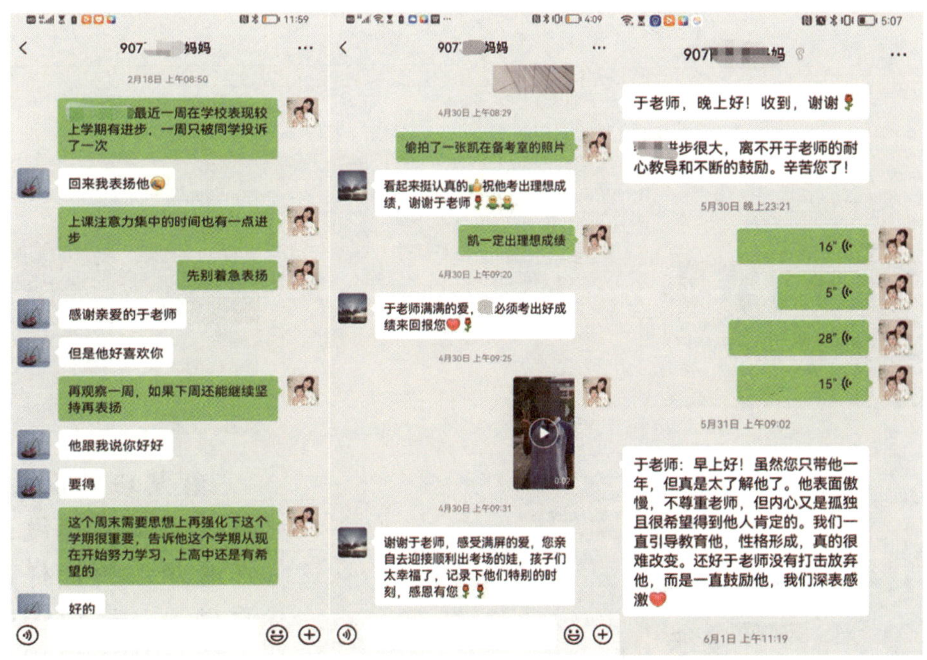

图 1 家校化合形成合力

在家校化合形成合力的同时，老师也收获着属于教师的幸福感：疫情期间家长在电话中听出我感冒排除困难给我送药，还有爱心提示我什么时候吃什么药。教育就是建立关系，关系就是满足需求。

生活点滴分解问题

师生关系的建立是在生活点滴中慢慢累积起来的，最终量变就会引起质变。在生活点滴中分解问题，将问题分解在一些生活小事中，变成我们美好的回忆，我很喜欢用V校和孩子们交流，比如书柜和书桌的整理，唠叨很多遍孩子们听过很快就会忘，我用V校展示出来，孩子们在图片对比的冲击下每看到一次就会再受教育一次，我也落得清闲，不做烦人的唠叨婆。V校还可以灌鸡汤、诉衷肠，还有中考前最后几十天“每一天都值得被标记”系列分享。

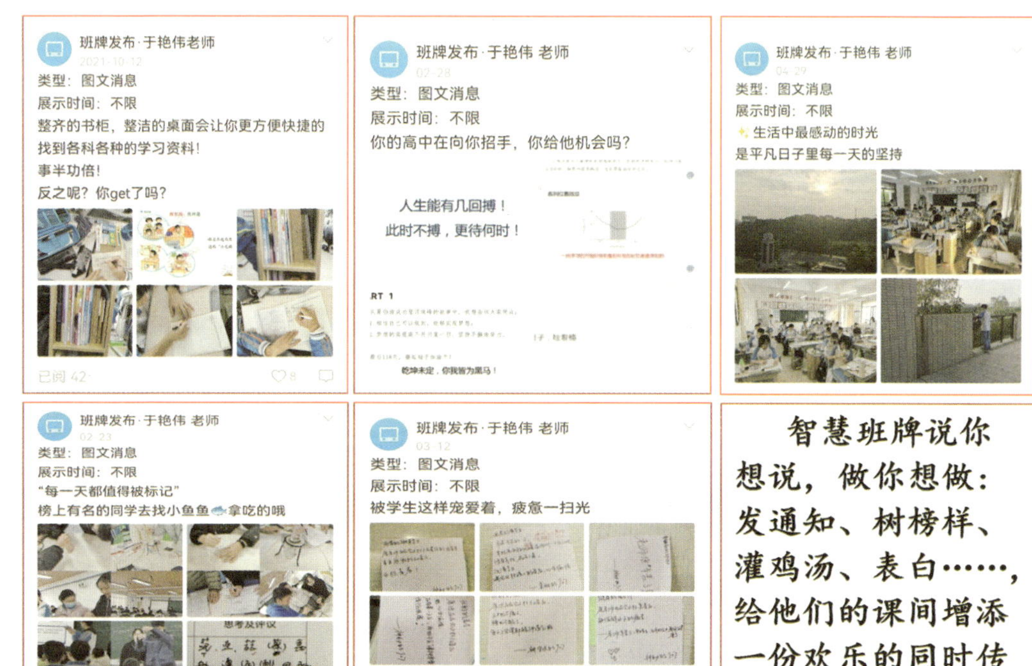

图2 生活点滴分解问题

教育是若干年后除去知识留给孩子的东西。相信孩子会记得那一晚我和诗瑶老师还有同学们在操场为她庆生的美好。相信孩子们会记得“团结就是力量”，会记得“奔跑吧，少年”的活动，除去父母的给予，也可以凭借自己的努力达到希望的终点；相信孩子们会记得那个熟悉的操场，即使被“罚跑”也可以因为有小鱼鱼（学生对我的亲切称呼）的陪伴谈心而开心到模糊。

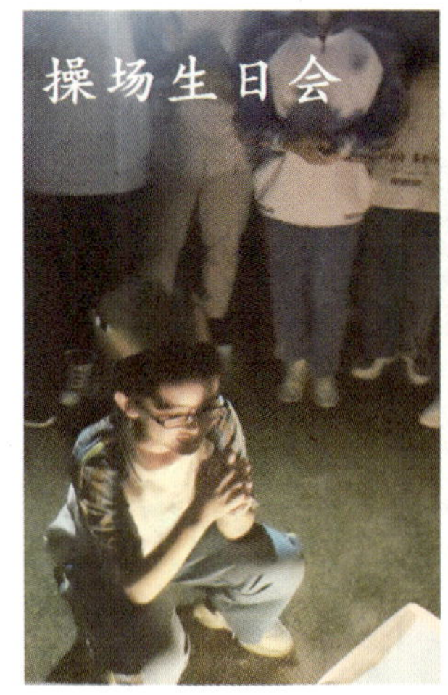

图 3 与学生们的生活点滴

学校离不开考试，学习的动力来自内驱力。我求学时期过年走亲访友时，每当亲朋好友问考试成绩时我特想走出星爷的六亲不认的步伐，留他们在风中凌乱。所以期末考试前动员会，我给孩子们观看星爷六亲不认的步伐的视频，激励孩子们“为了过一个好年，拼了！”并把这句话写在黑板上，直至期末考试结束，结果孩子们的寒假都过得“很六亲不认”。

给大家看这样一个实验，4 组对照实验在开始前与受试者进行不同方式的沟通，请你思考一下：哪组受试者最被动？

第一组，告诉他们：这是关于集中注意力的实验，就跟航空员的训练差不多。这么讲，其实是告诉他们一个意义——跟航空员做一样的训练，给他们这样的意义，也就是给他们一个清晰的动机。

而第二组，跟他们说：你很不想做这么无聊的实验吧，我非常理解你——这其实是让受试者在主观感受上获得了理解，进而触动了情感的共鸣，因而让受试者更愿意配合。

而第三组的说法是：你做不做都无所谓，如果你想做的话，你就做——这句话其实是把最后的决策权交还给这些受试者，让他们知道自己是有所选择的，因而主动地参与配合这个实验。

第四组为什么会很被动呢？这是因为实验者什么也没有解释，只是单纯地传递了一个命令，让他们去照着做。最终造成别人的抗拒和拒绝。

答案大家估计也能猜到，123 组受试者，他们都比第 4 组更主动，更有意愿参与实验。

我们应该给他动机、给他同理心的感觉、给他选择，如何给呢？我想了好久，在下学期的时候网购了心愿瓶，让孩子们分阶段把自己的这一阶段的目标放进心愿瓶，待成绩分析时取出，分析完成绩后再把下一阶段的目标放进去，最后把自己的“理想高中”埋进学校土地，让孩子们相信有松实沃土的滋养，理想高中一定能中。

图 4 师生情谊

师师置换情谊

流水的学生，铁打的好友！一年来我与战友们同辛苦共享乐。和我相处时间比和老公相处时间更长的阿妹塔，一年来我只见过一次她和老公在一起。还有我们可亲可敬的老姚，帅气无比的邱总，无时无刻不在忙碌的大钟先生……感谢大家一年来的对 907 的支持与帮助！

每次看到王老师帮我们磨课，我总是想到“老父亲”三个字，荣珊姑娘的“小于，你这么累，我替你监考！”要知道这姑娘的娃才几个月大，每晚还要陪睡喂奶，她也很辛苦！亦伦的口头禅“我来弄”让我可以放宽心去陪学生，赖名师，毛大师，文婷，夏怡，诗画，叶老师的“好的，没问题”等等。科组的兄弟姐妹让我们科组无论遇到什么困难，大家都不怕，因为我们是一家人。独行快，众行远！我们永远在一起！

生生复分解成长

每一个孩子都希望能够在班级获得存在感，收获友谊。然而，潜在的挫折和不良关系（被贬低、嘲笑、冷落）会让他们对学校产生恐惧。初三开学初，我发现两个女孩在班里从不跟对方讲话，后来了解到由于某些原因她们在之前闹了矛盾，互不搭理，生生关系出现问题，经过我的调解后，慢慢的两位姑娘又重新建立了关系，毕业时她们已经是对方最好的朋友，没有之一！教育这事儿，绝不是学生与书本之间的事，更不是学生与分数之间的事，而是人和人之间的事。

关系一旦建立，教育才会真正发生。我们就可以静待花开。已完成了国家二胎政策的我，没想到还能收获行跪拜礼的一批儿子和女儿，看着黑板上一条大鱼领着一条条小鱼扬帆启航，共创美好，未来可期……

好关系就是教育的催化剂，可以让家校化合形成合力，可以让问题分解，可以让老师和老师置换出情谊，让学生发生复分解反应而共同成长。

最后，让孩子们陪着我们一起慢慢变老，让我们陪着孩子们一起慢慢变好！

图 5 静待花开

秀才遇到兵，“秀”才讲得清

莫金平

用“秀”才培养秀才；用勤孝立班，以德树人；用感恩之法，温暖人心。通过具体的例子和实际操作，展示了如何运用这些方法来建立一个积极向上、团结协作的班级。

班主任的领导风格基本可划分为民主型、权威型和自由放任型三种。本文旨在研讨那些表现出温和特质的班主任群体。我对权威型班主任怀有崇高的敬意，如山青老师，其治班之道如同组织一场庄重的仪式，地位崇高，秩序井然，令人心生敬畏。然而，当我深入实践，亲身参与班级管理时，却感受到一种如同承担国家兴衰重任般的沉重。或许，这种体验与个人的才能和素质有关，我坦诚地承认，自己在这一方面或许有所欠缺。

文优八班是一个团结、奋进、充满智慧的班集体，我作为班主任深耕其中，和孩子们共同成长。

在教育理念的探索征程上，我深受一则卓越广告的启发，从中汲取了班主任工作方法的智慧精髓：教育之精髓，在于“大道至简，真诚付出”。诚然，班主任工作在推进过程中可能会呈现出个性化的特点，然而，这丝毫不影响我们坚守“大道至简”的核心理念。

大道至简，及时高效

面对突发事件或紧急状况，教育工作者应迅速采取应对措施，组织班会进行及时教育。在此过程中，应注重教育的时效性和实效性，以简单明了、直接有效的方式传达信息，如悬挂横幅、文字说明等，突出教育重点，同时注重氛围的营造，使之既庄重又富有喜庆色彩。避免在紧急情况下过度追求形式化或繁琐化的教育方式，以免错失教育的最佳时机。特别是在考试前等重要时刻，更应通过精心设计的班会课程，传递积极向上的价值观念，如“一个月的奋斗，换一年的幸福，换你过年骄傲的小眼神”，以此激励学生，使他们深刻理解到，任何成功都需要付出努力和选择，没有不劳而获的捷径，人生就是一场不断选择和交换的过程。这样的教育方式，既能够解决实际问题，又能够深化学生的思想认识，达到教育的真正目的。

心灵鸡汤，“秀才”有理

每个班都有调皮的学生，我要将他们变成“秀才”和我讲道理。

问题1：八班有调皮的孩子吗？你看，骂我的赖某，发表情包骂我的溥某，恶作剧的陈某，捣蛋的杨某，欺负别人的梁某，班主任每天活在各种琐碎问题当中。

问题2：对于大声骂人是否真的能消解愤怒，专家给出了不生气的论断，但经过个人实践，发现实际效果并非如此。轻声责骂往往难以产生明显效果，而大声斥责则可能被他人视为笑话。若对方无动于衷，骂人的行为便失去作用；在公众场合骂人则会伤害对方的自尊，而私下骂人则可能令自己感到不堪。若班主任能够避免使用骂人这种教育方式，将会更加理想。根据我的经验，通过讲道理的方式与他人沟通，往往更能得到他人的理解和接受，这种方式相较于骂人更为舒适和有效。不断强调和重复正确的道理，有助于真理的深入人心。在这个世界上，真正的力量来自不断地重复和实践，如同熟练演奏千首曲目或观看千把利剑，方能达到无敌之境。

问题3：关于如何培养积极向上的班级氛围，构建文明班风。我们深知《论语》之智慧能够引领国家之繁荣，班主任语录同样具备塑造班级精神风貌之力量。以下是曾在学生中流传的我的班主任语录：1. 天道酬勤，勤孝文优；2. 四勤：勤孝，勤劳，勤师，勤志；3. 智者千里，勤者万里，勤志者千万里；4. 得师者王，得友者霸，感恩才有良师益友；5. 团结一家，生如夏花，文优天下；6. 我们一起传递正能量；7. 谢谢你的优秀和榜样的力量；8. 考前勤者胜，考时勇者胜；9. 小聪明，大愚蠢，诚信考试；10. 我们是一家人；11. 我们不能放弃任何一个人。

温和坚定，稳中求胜

担任班主任的核心感悟：一个字“稳”即可概括。以下是根据经验，我写给自己的话：1. 始终告诫自己，必须保持冷静，沉稳应对各种情况，压制住内心的冲动与怒火；2. 适当时候向学生明确，暂时不作出处理，而是将其记录在案，以便日后处理；3. 深信“皮格马利翁效应”的力量，因此始终保持对学生积极向上的期望与鼓励；4. 常提醒自我，必须慎重使用权力，就如同头顶那把“达摩克利斯之剑”，它只有在悬挂而未落下之时，才具有最大的震慑力。若滥用此剑，使学生产生消极抵抗，那么最终可能只会自食其果。

沉稳应对，维护班级秩序：我班所遵循的《松实学生纪律处分条例》，正如那头顶高悬的“达摩克利斯之剑”，其威力并非在于落下之时，而在于其始终悬而未决的紧张感。因此，我们必须审慎使用，避免过度，以免适得其反。

解决矛盾需运用制度：《文优 8 班申诉条》之实施，申明理据之引导方法极其关键。有学生初涉纠纷，直接对老师申诉：“老师，他对我进行了辱骂和暴力。”我向其解释，以指责为起始，矛盾可能愈演愈烈。应依以下步骤拟定申诉条：第一，自我反省自身不足（引发其内心愧疚）；第二，展示个人优点（以获得班主任的认可）；第三，发现对方的长处（培养宽容与欣赏）；第四，提供建设性建议（将矛盾化解于无形）。依此方式书写，同学间的纷争自然可化解，同时达成自我教育的目标，班主任亦无需冗长论述。对于无理取闹的学生，见其篇幅冗长，或许会产生退意，最终实现和谐共处的目标。

<table>
<tr><td colspan="4">文优 8 班申诉条</td><td>编号</td><td></td></tr>
<tr><td>时间</td><td></td><td>地点</td><td></td><td>关系</td><td></td></tr>
<tr><td>申诉人</td><td></td><td>申诉对象</td><td></td><td colspan="2">备注</td></tr>
<tr><td colspan="4" rowspan="2">申诉原则：1. 申诉人先如实反思自己做得不足的地方，才有资格申诉别人。并且反思自己不足要彻底不能隐瞒。2. 申诉人要能看见和肯定别人的优点才是公平的申诉。3. 实名申诉制度，匿名申诉不受理。4. 如实描写事件经过，不带个人主观观点和感情色彩等。5. 如果申诉失败或者自己有做得不好的地方，也需要主动承担责任。</td><td colspan="2">对申诉结果不满意，可以班主任代为上诉德育处和学校家委会。</td></tr>
<tr><td colspan="2">班主任批复</td></tr>
</table>

<table>
<tr><td colspan="2">1. 自己做得不好的地方反思：

2. 申诉对象做得好的地方有：

3. 你申诉的情况描述（写清楚时间、地点、人物和事情经过以后，分点申诉）

4. 你希望申诉对象如何“具体”改正：</td><td></td></tr>
<tr><td colspan="2">申诉对象反馈（格式同上）：</td><td></td></tr>
<tr><td>申诉结果</td><td></td><td>是否同意结果或者上诉：</td></tr>
</table>

表 1　文优 8 班申诉条

用“秀”才培养秀才

运用“优秀学子”的榜样力量，引导学生远离恶作剧，专注于学习与成长。秉持全面发展的教育理念，着力培养班级中的“领军人才”。优秀的学生，不仅要在学业上表现出色，更要成为传播正能量的典范。通过思维转换，让“秀”成为传递积极能量的代名词。优秀品质的培养，离不开持续的表扬与鼓励。欢迎所有有才华的同学展现自我，即使目前尚未崭露头角，也应勇于尝试、敢于挑战。今日的小小进步，将汇聚成明日的巨大跨越。具体措施如下：

一、班级才艺之秀。每次登台，均是对学生个人成长的重要一步。艺术节比赛前，音乐老师曾说："我们班的节目是否如同音乐大杂烩？涉及唱歌、跳舞、吹箫、吉他、钢琴、电子琴、架子鼓等多种才艺。是否以乐器为主？若不加以规范和取舍，恐影响整体表现。"然而，我曾向同学们强调，学生不应仅局限于书本知识，更应追求全面发展，琴棋书画皆应涉猎。作为教育者，我将全力支持学生们追求梦想，只要他们愿意，舞台就属于他们。但舞台的设计、编舞、服装、道具以及邀请教师等事宜，需学生们自行负责，我仅作为啦啦队，为他们加油打气。每个周末，学生们自发组织，在周日下午 13 时 30 分开始排练，无人言苦，因为他们深知，这是属于自己的舞台。尽管在比赛中我们未能取得佳绩，但学生们所展现出的团结与热情，已深深打动人心。如此看来，我们究竟是胜是败，已不再重要。

二、勤孝之秀。文优 8 班以勤孝立班，培养学生们的家庭责任感与亲情意识。每逢周末及长假，学生们都需承担家务劳动与照顾弟妹的任务，并在 v 校平台完成勤孝打卡，形成良好家风。同时，家长亦需带着孩子为其他同学点赞与评论，促进家校合作与亲子沟通，共同营造积极向上的班级氛围。初期，或许有学生感到不适或羞涩，但随着时间的推移，这种正能量的传播已逐渐成为全班的共同责任。此种方式有效地培养了学生的自律与责任感，促进了家庭的和谐与温暖。家长们对老师的感激之情溢于言表，深感家庭教育的核心在于勤孝。也因为这份正能量的氛围，家长们纷纷表示将全力支持老师的教育理念，共同为孩子们的成长贡献力量。

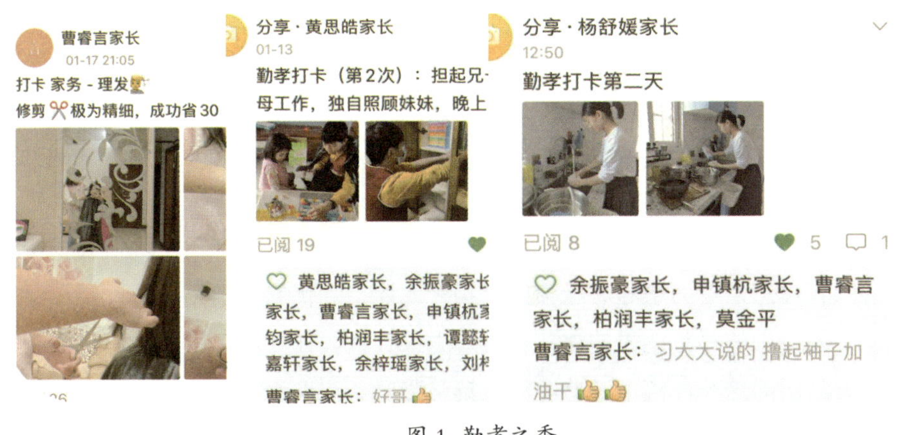

图 1 勤孝之秀

三、全面劳技之秀。作为年级第一的班长，具备多项实用技能，包括理发、手机贴膜、书写春联、制作香薰灯、更换灯泡、贴门神、沙发打蜡等。此外还能够买菜做菜、处理生蚝、拖地、煮饭、洗衣叠被等家务活动。我希望通过班长的榜样的行动，向孩子们传递一个信息：劳动的重要性不仅在于完成任务，更在于培养能力和提升自我。不是时间投入越多，成绩就会越优秀，而是能力的提升才是成绩提高的关键。因此，我鼓励孩子们积极参与劳动，通过实践锻炼自己的能力和技能，为未来的成长奠定坚实的基础。

四、家庭之秀。班级将为“书香家庭”“抗疫一线家庭”及“助人为乐家庭”颁发荣誉奖项。家庭，作为孩子成长的摇篮与避风港，其重要性不言而喻。

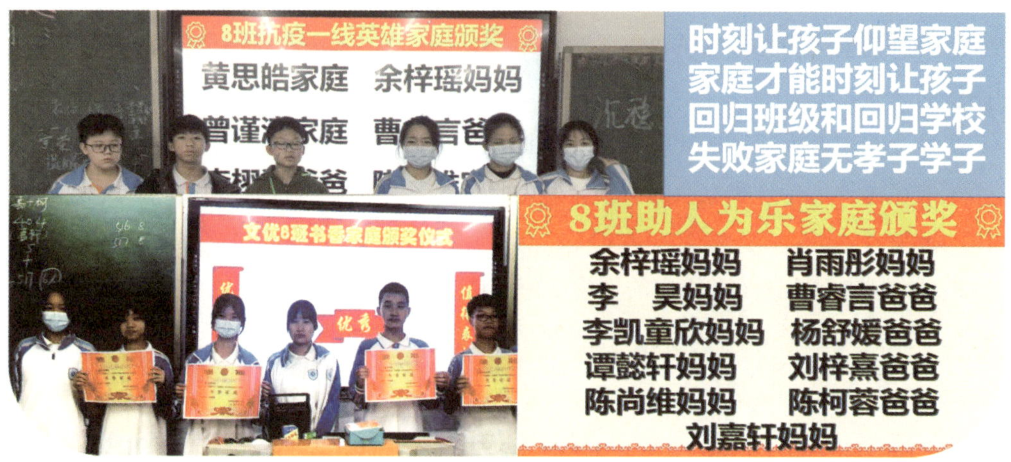

图 2　家庭之秀

家庭之良好氛围，可让孩子心怀敬仰，向往优秀。惟有如此，孩子方能回归班级、回归学校，逐步融入社会大家庭。一个缺乏正确引导和教育的家庭，难以培养出孝顺的子女和杰出的学子。因此，家庭教育的重要性不容忽视，我们应共同努力，为孩子们创造一个良好的成长环境。

五、朋友圈之秀。我对家长朋友说你负责绽放孩子的魅力（发朋友圈），我负责传递正能量。别小看这一行动，其影响力深远，能引发孩子的情感共鸣。在当今社交媒体盛行的环境下，朋友圈成为个人展示的舞台。许多家长在朋友圈中积极展现自己充实多彩的生活，用照片和文字记录美好瞬间。这些家长无疑是朋友圈中的佼佼者，他们的人生如同绚烂的花朵，令人赞叹。然而，我建议家长们不仅要展示自己的生活，更要突出展示孩子们的优秀。这样，孩子们能够收获更多来自父母和公众的关注和赞美。在这一过程中，我作为信息传递者，将家长们的美好生活分享给更多人，让更多人感受到孩子们的魅力。

愿我们的孩子在成长的道路上，越“秀”，越优秀，从小勤孝文优不断积累蜕变，展现出卓越的才华。我们期待他们不仅在个人品质上秀出群拔萃，更在学业、才艺、社交等各个方面展现出亮眼的佳绩。

同时，愿我们的班级成为一个文优英才的聚集地，每一个同学都听话懂事，尊敬师长，关爱同学，勤奋好学。他们将在求知的道路上相互激励，共同成长，成为国家的栋梁之材。这些未来的社会精英将充满智慧与创造力，为我国的发展贡献自己的力量，成为民族的骄傲。

在这个充满希望与挑战的时代，让我们携手努力，共同为我们的孩子和班级加油鼓劲。相信在家长、老师和社会的关爱下，他们必定能够茁壮成长，成为明日之星，照耀我国的天空。

最后，愿我们的孩子在优秀的环境中茁壮成长，愿我们的班级成为培育英才的摇篮。让我们共同期待，见证这一代青少年书写辉煌的篇章，为中华民族复兴的伟大事业添砖加瓦。

我们的故事

杨兰珍

领导的关怀，同事的帮助，让我初来松实的焦虑得到缓解，深深感受到松实的温暖，感恩遇见。平凡的我们一直做着平凡而不简单的事。新冠疫情，我们校园涌现出一批批志愿者，他们有医护、教师、职员，他们都是最美英雄。学生、老师的经典故事，体现了各部门各司其职，分工协作，同事之间携手互助，共渡难关的强大凝聚力！

收获感动与温暖

初到松实，我面对陌生的环境、刚认识的同事，对新工作、新社交、子女养护等等问题都感到焦虑不安，充满了对未知的恐惧。恰好在此时，钟校在用餐时特意跑过来跟我了解孩子就读的情况，生活上、工作上是否有什么困难，说任何困难可以跟他沟通。在了解到两家孩子就读于同一幼儿园、同一班级，他说如果我接送有困难的话，他可以帮忙一起接送。这让我很是感动，很感激钟校、瞬间觉得心里的大石头落地了。这像一个开始，接下来我还得到了很多很多同事的帮助与关心。感恩遇见，感恩松实。在松实关心无处不在，感恩所有的遇见，一切都是最好的安排。

图 1 我与松实初相识

服务健康，精心呵护

医务室是学校后勤的一个小分支。大家最常看到的是我们在医务室处理各类孩子的各种病症，如发热、咳嗽、腹痛、腹泻、头昏、眼花、各类外伤等等，其实我们还会出现在德育基地，外出研学，考场考室，核酸现场，演练现场，教室、操场、宿舍……我们在干什么呢？如设置隔离考场，防疫通道，准备防疫物资，做好医疗救援工作等。

学校食堂的卫生安全是重中之重，我们每周会不定时抽查食堂，包括工作人员着装、有无带病上岗、食材是否新鲜、消毒卫生是否达标等等。

图 2 医务室

24 小时热线电话

记得 2022 年 8 月初一新生军训期间，有一个孩子第一天半夜就说不舒服。孩子主诉是胸痛、胸闷、呼吸困难、听起来还挺严重的。我们很重视，给孩子测血压，听心率、测体温等，检查下来却没有异常体征。根据班主任提供的信息，大概了解了孩子的情况。原来家里老人特别宠爱，只要孩子有一点点不舒服就会跑去住院检查，以前有过类似情况，检查没有任何问题。考虑孩子完全是因为不适应住校生活，心理因素在作怪，于是我拿了一粒安慰剂给孩子，并告诉他这个是松实神药，一般人我是不给的呢，5 分钟后就能发挥作用，很快就不会胸痛了。等到第二天老师反馈说孩子好了很多，基本能正常军训了。不过药物作用时间短了点，第二天晚上孩子又来了，这次可以保持 48 小时以上……结果接下来的军训孩子就没来找过我们了。

另一个初一的孩子，总是跟他的头过不去。他第一次撞头，说是不小心撞到了课桌角，头痛、头晕、眼花、想吐、一系列的症状提示有轻微脑震荡的可能，检查头部没有淤青、红肿或者开放性伤口，但是手一碰孩子就说痛。我觉得十分奇怪，到底是撞到了呢？还是没有呢？为什么会有这么典型的症状？医院检查下来也是没有任何问题。

过了 2-3 天，孩子又来了。这次是头不小心撞到了墙角。症状跟上次一样，检查下来也是没有任何生病现象，明显感觉孩子在装病。班主任了解情况后也来医务室跟孩子沟通，结果孩子的情况就是一问不答，二问不理，家长视频通话孩子也不说话，坐在凳子上默默地敷着冰块。

因为要处理其他孩子我进去诊室待了大概两分钟，再回来时发现孩子不见了，开始以为是被班主任带走了，但班主任还在诊室外跟家长电话沟通。我们赶紧上报，来了个校园大搜寻，班主任、级长、保安一起寻找孩子，终于在宿舍找到了孩子。后来了解到这个孩子只是想回家，不想住校，因为得不到满足，所以用沉默来对抗。

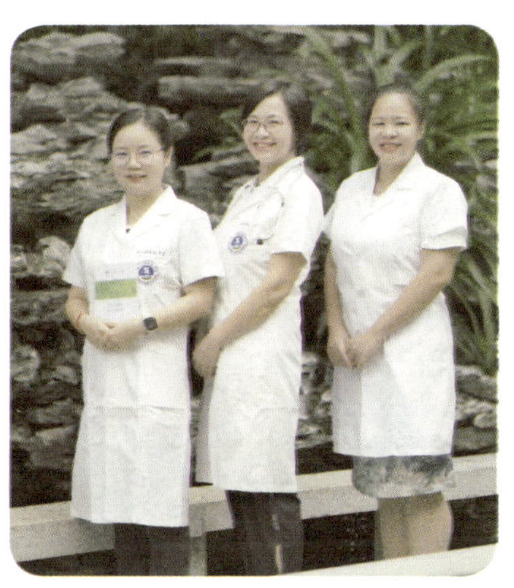

图 4 医务室的医护人员

各种紧急情况的高效处理有赖于各部门的紧密协调配合，校医务室、德育处、班主任各司其职，分工合作。如果在校孩子确实有特别危及的情况，大家可以第一时间安排人员拨打 120，另一人员拨打校医电话，双管齐下最为妥当，时间就是生命。这就是我们学校的速度。

以人为本，共创未来

健康是灵魂的客厅，疾病是灵魂的监狱。我们要重视身体健康和心理健康的协调统一。关注孩子的身体健康，同时捕捉孩子的心理变化，及时跟孩子沟通，引导孩子走出迷茫，让孩子有强健的体魄和健康的心理！

我们作为后勤健康保障队伍，要时刻以师生的需求作为第一信号，急师生之所急，想师生之所想！办师生之所盼，解师生之所忧！最大程度地保障师生的身体和心理健康。让校园充满欢声笑语！

感恩遇见：与学生共绘青春华章

汪圣祥

感恩遇见我的学生们，他们是我生命中最为珍贵的缘分。他们如同初升的太阳，充满了生机与活力，让我感受到了青春的无限可能。与他们一起成长的日子，是我教师生涯中最宝贵的时光。在他们的笑容中，我看到了纯真与善良；在他们的困惑中，我感受到了责任与担当。我们彼此激励，共同进步，一同书写着属于我们的精彩篇章。感恩这份遇见，让我有机会陪伴他们成长，也让我在教育的道路上不断前行，收获满满。

逆境中成长：从逃避到自信的学习之旅

我一直坚信，每一个学生都是一颗独特的星辰，他们各自拥有独特的光芒，只要我们用心去发掘，就一定能找到那独特的闪光点。在我所带的班级中，有这样一位特殊的学生，他就像一块未经雕琢的璞玉，需要我们去细心打磨，才能显现出内在的光华。

这位学生的家庭背景颇为特殊，父母常年外出，无法陪伴在他身边，只能依靠年迈的爷爷奶奶来抚养他成长。这种与众不同的家庭环境，使得他在学习上缺乏兴趣和信心，也在一定程度上影响了他的人际交往能力，让他在与人相处时显得有些封闭和自卑。当我接手这个班级时，我很快注意到了他的与众不同。他的眼神中总是透露出一种深深的孤独和迷茫，这让我感到心疼。我深知，作为他的老师，我有责任也有义务为他做些什么，帮助他走出困境，重拾信心。

起初，他并不按时交作业，甚至有时连作业都不做。我尝试与他沟通，告诉他家庭情况虽然特殊，但这并不能成为他逃避学习的理由。作为男孩子，他应该学会独立，有担当，用自己的努力去改变现状。他听了我的话，点了点头，但似乎并没有完全理解我的用意。一周后，他又开始不交作业，这让我深感无奈。我再次找到他谈话，希望能找到问题的症结所在。他低头不语，眼神中透露出一种难以言说的复杂情绪。我知道，他需要更多的理解和关心，而不是简单的责备和批评。于是，我耐心地倾听他的心声，试图理解他的内心世界。通过多次沟通和交流，他逐渐敞开了心扉，告诉我他对学习的困惑和自卑。我告诉他，每个人都有自己的长处和短处，重要的是要学会正视自己的不足，并努力去改变。我鼓励他多参加班级活动，与同学们多交流，慢慢打开心扉。同时，我也为他制定了一套个性化的学习计划，帮助他逐步建立学习的兴趣和信心。

经过一段时间的努力，他的学习态度和成绩都有了明显的改善。他变得更加开朗和自信，也愿意主动与我交流他的想法和感受。看着他一天天地成长和进步，我深感欣慰和自豪。

我知道，作为老师，我不能改变他的家庭环境，但我可以为他提供一个温暖、关爱和支持的学习环境。我会一直陪伴着他，鼓励他勇敢地面对生活的挑战，努力追求自己的梦想。有一次，我当着全班同学的面批评了他，希望他能有所改变。然而，第二天他就没来上学。我联系了他的奶奶，才得知他不想上学了。听到这个消息，我心里五味杂陈，既有失望也有担忧。经过一番劝说，他终于回到学校，但我能感觉到他变得更加沉默和封闭了。我意识到，单纯地批评和说教并不能解决问题，我需要更深入地了解他，找到问题的根源。于是，我开始主动接近他，关心他的生活和学习情况。渐渐地，他再一次向我敞开心扉，告诉我他的困惑和烦恼。原来，他因为家庭原因感到自卑，对学习也失去了信心。他害怕失败，害怕被人嘲笑，所以选择了逃避。

了解到这些后，我更加坚定了要帮助他的决心。我尽力为他解决生活上的困难，比如给他买牙刷、毛巾等日用品，让他感受到关心和温暖。同时，我也在学习上给予他更多关注和指导，鼓励他多思考、多提问。为了提高他的学习积极性，我在班上进行了收徒结对活动。让他坐在数学课代表旁边，方便他随时请教问题。同时，我也鼓励班上其他基础较弱的学生主动向师傅请教，形成互帮互助的学习氛围。为了激励他们，我还自费为他们买了一些奶茶作为奖励。

渐渐地，他开始对数学产生兴趣，虽然作业完成情况仍不理想，但我能看到他在努力，在进步。有时，他会在课堂上主动发言，提出一些有深度的问题；有时，他会在课后留下来向我请教一些难题。这些小小的进步，让我看到了他身上的闪光点。时间久了，我相信他一定会有所突破。到了期末，我为他制定了一个特殊的补习计划，以数学为突破口，刺激他的学习动力。我利用课余时间为他单独辅导，帮助他巩固基础知识，提高解题能力。这个计划收到了很好的效果，他不仅在数学上取得了显著的成绩，在其他科目上也逐渐找到了自信。

期末考试成绩出来后，他终于及格了！这是他初中以来第一次及格！他的师傅也为他的成绩感到高兴。这一刻，我们都为他感到骄傲和自豪。通过这次经历，我深刻体会到每一个学生都需要我们的关心和帮助。只要我们用心去发掘他们的闪光点，给予他们足够的支持和鼓励，他们就一定能够绽放出属于自己的光芒。我感谢这位学生让我有机会陪伴他成长，也让我在教育的道路上不断前行、收获满满。

此外，我格外注重班级整体学习氛围的营造。我深知，一个良好的学习氛围对于学生的成长至关重要。慢慢地，班级的学习氛围日益浓厚，同学们的学习热情也愈发高涨。

为了激发同学的学习动力，我还经常与他们分享一些励志的故事和经验。我告诉他们，只要相信自己，勇敢追梦，努力付出，终将遇见更好的自己。这些故事和经验，不仅为同学们提供了前行的动力，也让他们学会了如何面对挫折和困难，以更加积极的心态去面对学习和生活。

作为一名班主任和教师，我深知自己的责任重大。我不仅要传授知识，更要引导学生树立正确的价值观和人生观。因此，我一直在努力提高自己的教学水平和班级管理能力，力求为学生们创造一个更好的学习环境。在过去的一段时间里，我通过参加各种培训和研讨会，不断汲取新的教育理念和教学方法，努力提升自己的专业素养。同时，我也注重培养学生的综合素质和创造力，鼓励他们积极参与各种课外活动和竞赛，锻炼自己的能力和才华。

璀璨之星：L 同学的卓越之路

在我的班级里，有一个熠熠生辉的“明星”，他就是 L 同学。他不仅是学术领域的佼佼者，更是一位拥有卓越领导力和出色组织能力的杰出人才。作为曾经的学习委员和班长，他以其非凡的才华和不懈的努力，为班级赢得了无数荣誉，成为我们全体师生心中的骄傲。L 同学在学习上始终保持着优秀的表现。他勤奋刻苦，善于思考，对知识的渴求和追求几乎到了痴迷的地步。无论是课堂上的积极发言，还是课后的自主学习，他都展现出了极高的学习热情和专注力。他的优异成绩和出色表现，不仅为班级树立了良好的榜样，也激发了其他同学的学习热情和进取心。除了学习上的卓越表现，L 同学在组织和领导能力方面也展现出了非凡的才华。他善于调动同学们的积极性和创造力，经常组织各种班级活动和比赛，让同学们在轻松愉快的氛围中增进友谊、提升能力。他精心策划的活动不仅富有创意和趣味性，还能有效地锻炼同学们的团队合作能力和实践能力。在他的带领下，我们班级在各项比赛中屡获佳绩，为班级赢得了荣誉和赞誉。我一直很欣赏 L 同学的才华和努力，他的优秀品质和卓越表现不仅让我深感欣慰，也让我看到了教育的力量和希望。我希望其他同学能够向 L 同学学习，以他为榜样，不断追求进步和卓越。

为了提高学生的学习积极性和创造力，我采取了一系列措施。首先，我鼓励学生们多参加各种比赛和活动，通过实践来锻炼自己的能力和提升自信。我深知，比赛不仅能够激发学生的学习兴趣和动力，还能够让他们在实践中不断成长和进步。因此，我积极组织并指导学生参加各类学科竞赛、文艺比赛和体育活动，让他们在比赛中展示自己的才华和实力。

其次，我注重在班级中营造一种良好的学习氛围。我鼓励学生们多读书、多思考、多交流，让他们在轻松愉快的氛围中感受到学习的快乐和成就感。我定期组织班级读书会、学习交流会等活动，让学生们有机会分享自己的学习心得和体会，相互学习和借鉴。同时，我还注重培养学生的自主学习能力和创新精神，鼓励他们勇于尝试新事物、探索新领域。

感恩遇见，感谢生命中的每一位同学，是你们与我共同成长，共同谱写了人生中最美的篇章。同学们的陪伴与鼓励，是我成长路上最宝贵的财富，让我在困难面前勇往直前。我们一同在知识的殿堂里探索，一同在青春的岁月里欢笑。每一次的挫折与成功，都让我们更加紧密地团结在一起，共同书写着属于我们的青春故事。

以爱执教，以德铸魂

松山湖实验中学教育集团东坑中学　曾发明

“我为何做班主任？我为谁做班主任？我如何做班主任？”这是来自一位普通班主任对自己的灵魂拷问。这三个问题的答案不知凡几，但我心中最好的解释就是：因热爱和信念而为之，为教育共同体而做之，秉承德育为先而至之！

我为何做班主任？

星海横流，岁月成碑。教育是一条很长很长的路，在这条路上，我们也许经历风光无限，也许经历风雨满肩，这都是一位班主任的常态。但也是这种“不稳定性的常态”会让每一个班主任不禁问自己一句：我为什么选择做一名班主任呢？这个问题不是没有答案，而是答案太多，常常导致我们不知道哪个更具有说服力和总结性。这个问题困扰我许久，直到有一天晚上，一位家长在电话沟通时对我说：“曾老师，我看到您本周在群里分享的照片让我颇有感触，我的女儿以前在家很少有笑容，但是在您的镜头下，笑得多么青春可爱呀！”那通电话后我沉思了，我的内心很暖，我突然觉得自己做班主任是那么的有意义，有成就感。因为我热爱我的学生，所以他们呈现给我的笑容也是那么可爱。我还记得第一学期期中考后，我们班一位基础薄弱的学生非常开心地跟我说：“老师，我按照您的方法，我的成绩真的进步了！”这位学生确实是期中考试总分进步最大的孩子，那时我也不禁感叹，因为我热爱和真心在乎我的学生，所以他才愿意相信我并且进步如此之快。也是从这些班主任日常小事中，“我为何当班主任”的答案愈发清晰。用简单的话语概括就是：因为热爱，可抵岁月漫长；因为热爱，可定教育信念；因为信念，可使我风雨兼程，一心奋斗在班主任岗位上！

我为谁做班主任？

在参与各种班主任培训和比赛时，我总能看到两个词：班级品牌和带班育人理念。我认为，班级品牌和育人理念并不是我们所带过某一个班级的特色风格，而是我们从事好几年的班主任工作后，从自己所有带过的班级中提炼出来的独特风格和理念。直至现在，我仍在不断完善我自己的班级品牌和育人理念。在和孩子们、家长们、同事们相处的点滴中，我给自己的班主任工作找到了一个清晰的总方向——“立己、达人、沟通、协调、发展”，而这就是我的育人理念的五个维度，也是我对自己的第二个灵魂拷问“我为谁做班主任？”的答案。

若欲达人，必先立己。《论语·雍也》有句话提到：“己欲立而立人，己欲达而达人。”而刚好“立己达人”是我校校风的前半句。所以我继承着孔夫子的教育思想和秉承着学校的教育理念，形成了我“五位一体”育人理念的前两个维度。师者，浇花浇根，育人育心，这是一个相互促进的过程，我们班主任也可以从孩子身上学到许多，打开思维。更重要的是，他们走进我们的生命，陪我们走一段与教育有关的路，和我们一起体验生命，让我们成为一个更具有共情能力的班主任。此外，我通过参与各种班主任沙龙，不断充实自己的管理方式，从而使自己成为一个更富有家国情怀、科学理论知识和创新能力的班主任。这就是我育人理念的第一个维度——“立己”。因此，从做班主任的那一天起，我就坚持对自己的品行和道德进行严格的约束，对社会责任和家国情怀牢记于心并且灵活运用到自己的班级管理中。有了以上过硬的班主任“武器”，我们才能开始去做学生的班主任，也即我育人理念的第二个维度——“达人”。目前，我一直用“以身作则”“以真心换真心”的原则去实现育人育心的目的。江苏省特级教师吴非老师曾说过：“若教师有独立人格和职业精神，学生跟随他们学习，才能有真正意义的生命教育。”所以从日常的礼仪到人际关系的处理，再到班干部的培养，我都是用实际行动影响孩子们，并以此传递我对孩子们的真心。

我们常说“家校社”一体化，这就说明教育的主体是学生，但是协助者和引导者还有家长、科任老师以及社会。这要求我们班主任不仅要做好学生的管理工作，还得做好与家长的沟通工作，与科任老师的协调工作以及顺应社会的发展趋势。对于家长的沟通和科任老师的协调，我主要就是做到想他们之所想，急他们之所急，这样才能使我们统一战线。有了家长的配合，我们的学校教育才能得以延续，有了科任老师的反馈，我们的班级管理才能更加有条不紊，创造一个团结互助温馨的科任团队是班级发展的力量保障。有了社会大环境的支持，我们班主任的育人理念和孩子的成长才能不脱离新时代发展的轨道。这也形成了我的育人理念最后三个维度——“沟通、协调、发展”。

我如何做班主任？

一个班主任育人理念的科学性和时效性必须用实际成效来衡量。所以我也想揭晓一下我第三个问题的答案，我如何做班主任？

孔夫子在《论语》中说：“君子博学于文，约之以礼。”习近平总书记在中国共产党第二十次全国代表大会报告上说：“要落实立德树人的根本任务，培养德智体美劳全面发展的社会主义建设者和接班人。”这充分体现了德育在教育教学中的重要作用。班主任在管理班级的过程中会涉及到非常多的难事，需要很多的艺术，如果处理不好，直接影响智育，所以我开展班主任工作的重中之重就是德育为先，以德铸魂。

以我带的2022届学生为例，他们目前还是七年级学生。班级的德育工作主要分为学生、学校和家长三个层面开展。

一、学生层面

学生是教育教学的主体，学生德育也是众多德育中最重要的一环。我对学生的德育主要包括学生行为习惯的规范、个人价值观的树立和集体荣誉感的培养。在班级日常管理中，我充分展现了活动育人观，举办了民主的班干部竞选、学生最美坐姿大比拼、给书本安个家、学生暖心生日会、每周励志演讲等集体活动，不断对学生行为习惯、个人价值观、集体荣誉感进行强化，让学生从进校门开始就有一个正确的价值取向和班级认同感。

图1 班干部竞选

图2 学生暖心生日会

图3 学生最美坐姿大比拼

二、学校层面

我们常说要让每一面墙都会说话，每一个角落都有教育意义。的确，环境是一种隐形的巨大的教育力量，比如，我可以让我的学生不随地吐痰，但我更应该打造一间干净舒适的课室，使学生不好意思随地吐痰。我可以让学生勤奋学习，但我更应该创造一种文雅安静的环境，使学生置身其中便能主动学习。我可以教学生要与他人友好相处，懂得关爱身边人，但我更应该创造出一间温馨有人情味的课室。这是一种更高层次的教育，它可以形成班级的“场”文化，真正使学生把我们的口头教育内化于心。

图 4　班级照片墙

图 5　班级行为示范

图 6　生物压花作品展

图 7　教师天团

三、家长层面

想要更轻松地管理好学生，家长是最好的协助者，如果能获得家长的认可，取得家长的信任，班主任工作就可以轻松地开展了。对于家长层面，我想真诚才是永远的必杀技，所以我主要做了以下几点工作：设置家委团队、帮助家长树立正确的家长观、树立家长正面典型、培养家长的爱校意识、维护好科任老师在家长中的形象。我每周都会分享班级的日常小事，在群里与大家交流我的心得和孩子情况，并且每举办一次活动都会感恩家长的付出，因此也获得了家长的高度赞扬，但凡班级举办活动，家长一定积极配合。此外，我每周也会找 3 个孩子的家长进行一对一沟通，以便更好地达成家校合作。

图 8　家委示范岗

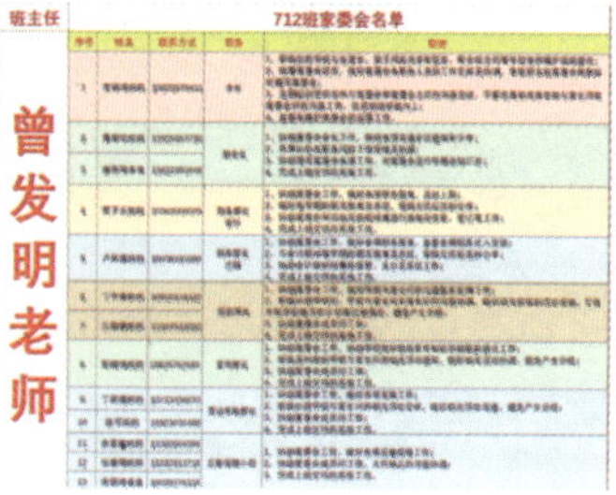

图 9　家委名单与职责公示

图 10　家长积极响应

图 11　班级日常小事分享

最后我想说是，做班主任真的需要耐心和宽容心，学会自我调解和成长是做班主任最好的永动机。班主任工作真是一份简单又困难的工作，简单是因为处理的事情非常小，困难也还是因为处理的事情非常琐碎。我相信从事班主任工作的同行都会有这种感受——班级纪律，要维护；班级清洁，要督促；学生做操，要到场；学生纠纷，要调解；学生成绩下降，会着急……在我与学生的相处过程中，会有开心，但也会有摩擦，甚至有争执。每当我班级管理工作陷入困境的时候，我就会去拜读许多教育工作者的著作。我的心态也会随之慢慢平和下来，开始把学生看做一个独立的个体，尊重每一位学生，平等地和每一位学生交流，总是用“商量”贯穿整个教育教学过程。

于他们而言，我是班主任，更是他们的第二任父母，是给他们关爱也给他们束缚的人，是会表扬他们还会批评他们的人；于我而言，他们是我的学生，更是我在学校的孩子，也是我生命中重要的存在，他们对班主任可以选择爱或不爱，但作为班主任，对孩子们只有爱或更爱。

班主任是在广阔的心灵世界播种耕耘的职业，这一职业应该是神圣的。愿我们以神圣的态度，在这神圣的岗位上，把属于我们的那片园地管理得天清日朗，以使我们无愧于自己的学生，以使我们的学生无愧于生命长河中的这段历史。

第二章 题目人生

班级文化是班级绝大部分成员共有的态度、价值观、信念的复合体。其建设过程和形成成果对班级这一社会群体具有规范、陶冶、审美、同化等功能。

在班级文化建设过程中，班级共同体将问题转变为题目，把疑问句转变为肯定句，让问题人生转变为题目人生。

超级二力平衡

王楚颖

促使人性格发生改变的关键要素是情境。在与9班学生的日夜相处中，我发现依托原有情境，接住学生的情绪，为学生提供“情绪价值”，因势利导，便可捧住学生的心。于是，大多数难题将得到解决，师生亦将共同创造更美好的情境。

2020年的金秋时节，我与9班的同学们相遇。我一走进教室，就听到吱吱喳喳的声音，且久久难以消停。工作5年，我也有些许经验了，但是眼前的景象还是让我惊呆了。这是一群何其活跃的学生啊！我从没遇过这样的情况。

那天相遇的情景正好被学校编辑公众号的老师拍下来了，大家可以从照片中看到，前面两位同学正在嘻嘻笑笑，后面两位同学在看向右边，因为右下角还有一只小手掌在蠢蠢欲动，他的主人可不会等我叫他时才发言，而是举起的手就像“免死金牌”一样，举着的同时就开口畅所欲言了。我好不容易让同学们先安静下来听我说一些开学的安排事宜，从教室出来后，嗓子已经在冒烟……

图1 我与9班学生的第一次见面

我回到办公室，在电脑上记录下与同学们相遇的第一天，并像一名医生一样开始逐项分析，尝试“对症下药”。正当我思索如何开展班级管理的时候，有几名学生也来到办公室，围着我叽叽喳喳地说话。

“您教过我哥，我认识您。”

“老师，您对我们是不是很严啊？”

“你怎么说话的呢？老师一定会对我们很好的！”

“你又知道？你哥不是说她很严吗？”

从学生的对话中，我感受到了他们的真诚和直接。正当我思考如何回应他们时，从人群后面突然又探出了好几个头，都睁大眼睛想看我的反应，被我发现后便一起向我做了鬼脸。他们的鬼脸让我瞬间想到了爱因斯坦吐舌头的照片。

说起爱因斯坦，这位鼎鼎大名的科学家却是个可爱的老头子，着装随意，爱穿凉鞋，完全打破了人们以为的科学家应是认真严肃的印象。我突然闪过一丝灵感，也许随意的性情会更有利于创造能力的发挥？这让我对如何管理这个“吱吱喳喳”的班级有了一些想法。

经过观察，我发现 9 班的同学们普遍比较兴奋，从两面性来看的话，一方面这意味着同学们创意十足，爱动、活跃、急躁，思维敏捷；另一方面，这也意味着纪律较难保证，行为较为随意，落实较为敷衍，不够踏实谨慎。这样的班情，既孕育着希望，也暗藏着危机。我既想尊重孩子们的天性，尽可能创造一片“天高任鸟飞”的天地，让同学们的创意之花繁花开放，又深知如不细心地引导其行为，仰望星空的同时不脚踏实地，必然要栽大跟头，后劲不足。

于是，我想起了物理学上有个名词，叫作——二力平衡，这就是上学期我在管理班级方面的心得。接下来的分享，为了跟 9 班同学们的创造力相匹配，我将这次分享开发成一款游戏，叫作超级二力平衡。一号英雄叫“创意仔”，二号英雄“大意仔”，它们相当于 9 班同学的一号分身，二号分身。我们一起玩这个游戏，看怎样通过两位英雄的技能，达到二力平衡。

现在来介绍两位“英雄”。

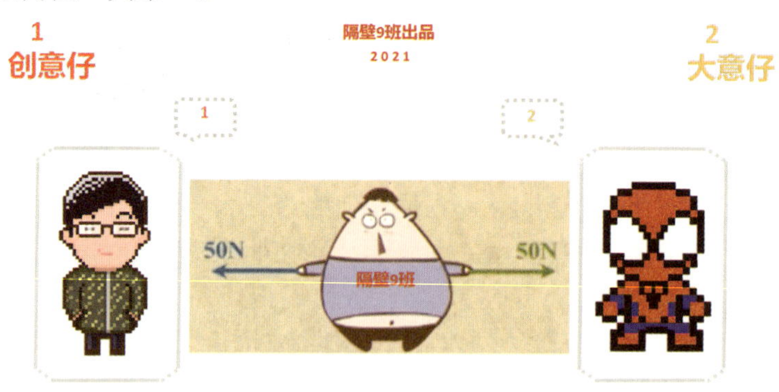

图 2 超级二力平衡游戏介绍 1

一号英雄创意仔，性格积极活跃，喜欢表达，总是有好点子，拥有仰望星空技能。二号英雄大意仔，性格急躁好动，喜欢显摆，想到什么就做什么，拥有粗心大意技能。游戏规则：玩家需要在各环节匹配两位英雄的性格爱好、发动其各自技能，使“隔壁九班”获得大小相等、方向相反，并且在同一条直线上的两个作用力，从而达到二力平衡。游戏提示：创意仔并非手无缚鸡之力，大意仔并非力大无穷，怎样平衡就看你的了！

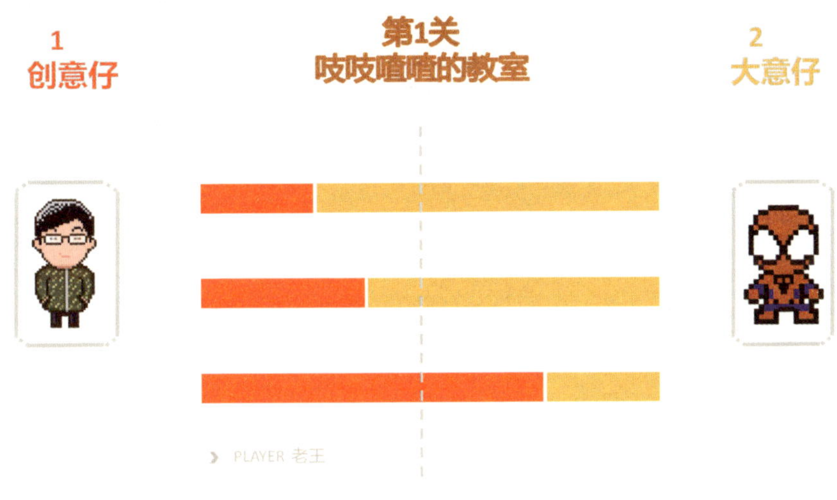

图 3 超级二力平衡游戏介绍 2

叽叽喳喳的教室

情报 1：科任老师说创意仔在课堂上认真思考，但是“hold 不住”大意仔，过于活跃难以安静，嘴比手快却不愿动手落实，甚至在课堂上搞破坏，顶撞老师，拒不听讲。

情报 2：作业方面，如果是书面作业，大部分同学会被大意仔上身，不好好完成，字迹乱七八糟，做题粗心大意，敷衍了事；如果是创造性作业，创意仔的技能被点亮，大部分同学的作业会让老师感到惊喜，尤其是思维导图类作业，不仅能体现逻辑，还创意满满。

玩家老王（注：老王系学生对我的称呼）要将三条能量槽达到平衡。

在第 1 关，我领取了教师节活动大礼包，所以我出了第 1 招：搞定教师节。我赋予创意仔自主报名承包项目功能，然后帮助他把天马行空的好点子一步步落实下来。创意仔的活跃能量槽一下填满。很快，大意仔使出粗心大意技能，我便抛出独门秘诀——任务清单！大意仔在任务清单的攻击下，屡屡想要粗心大意却又被任务清单引导得逻辑清晰，不久便败下阵来。在创意仔和大意仔的合力下，一起编排了妙趣横生的节目，还不忘记要邀请老师、请老师吃东西、给老师送小礼物。教师节的这一天，9班的教室从嘈杂得叽叽喳喳，变成有序的热热闹闹。

图 4 9 班学生组织的教师节活动之一

第 1 关，通关成功！

无处释放的精力

为了巩固通关成果，让同学们活跃的创意一直在线，粗心大意遁地无形。我发动历史作业技能牌，将作业尽可能布置得更有意思一些，同学们的创意点子有了可以发挥的地方。

此外，粗心大意的问题要严防死守。因此，每周我们都会做一份本周总结和周末备忘，这样坚持下来，同学们每周持续地给自己复盘，有过则改无则加勉，同时学会更有条理地做事情。

进入第 2 关：无处释放的精力

第 2 关难度系数升级。根据情报得知，创意仔和大意仔都喜欢你一句我一句地回答问题或者提出问题，有的问题有价值，有的问题则是无意义的，甚至是干扰课堂纪律的闲言。

如果老师没有当场马上回应他们的问题，他们就会“暴走”以释放引力冲击波，势必要把老师吸引过来。

他们的好好说话能量槽和耐心能量槽都未填满。由于太急躁没耐心，只想侥幸获得好结果，不问过程如何落实，不能做到脚踏实地。那么，这些无处释放的精力，到底怎样用在正确的事情上？

第2关久攻不破的情况下，老王去“氪金”了，请教了一些高端玩家。于是乎，我拿出了一张新的技能牌——我讲给你听。我借助了同学们的活跃性格，做了一次学生上历史课的尝试。我把这个计划公布之后，马上得到了许多同学的回应，纷纷组队报名。我便让每队自己认领课程，约定时间一起集中讲讲上课思路，给小老师们讲讲该课要课堂落实的考点、重难点，听小老师们跟我说他们打算如何与同学们互动，如何演绎一段历史故事……前期工作准备好之后，小老师们先在我这里试讲，我再提出一些修改建议。

图5 小老师给同学们上课

到了真实的课堂上，老师们的“台词”都能记熟，自编自导自演的历史剧更是让同学们大呼“再来一次！”。在互动的时候，小老师们要思考如何问出高质量的问题，同学们也要思考如何作答。经过三轮这样的尝试后，我感觉部分同学注意到了自己的表达能力需要加强，部分同学也想成为到讲台上讲课的小老师。虽然还没办法一下子扭转同学们的表达问题，但起码已经有一些起色了。

恰到好处的力量

第3关，恰到好处的力量。这一关是从上学期期末开始的，到现在（注：指2021年2月19日进行分享时）还没过完，这学期我会从这里继续闯关。

这一关是做什么的呢？它不是“创意仔”和“大意仔”的二人力量对抗，而是玩家需要激发他们各自的新技能，然后将创意仔和大意仔合体，用恰到好处的力量使这原本矛盾的两体达到力量平衡。玩家切记用力过猛，否则创意仔元气大伤，死气沉沉，再难有好点子。玩家又要切记用力过弱，否则大意仔肆意妄为，练成金刚不坏之身。怎样用恰到好处的力量完成合体，就看玩家的了！

第1招，内驱力的觉醒。如何调动同学们的积极性？如何督促任务的落实？我想，激发内驱力是根本问题，也是根本动力。于是，我使用了“彩色纸上的灿烂人生”技能牌，用彩色纸打印了每日自我总结表，每组一种颜色，每天贴一张到后面的黑板上。我告诉同学们，这些彩色纸贴得越多，我们的人生也越绚烂多姿！

图 6 9 班学生写的每日自我总结表

第 2 招，倾听。人们常说，陪伴是最长情的告白。我想这也是一种恰到好处的力量。倾听，这是我一直在坚持做的事情。我认为，聊天不仅可以了解一个人，还可以让彼此平静下来。有时我会和同学们面对面聊，但是每天聊的人数不多。我更多时候是在本子上和同学们聊天。同学们在本子上几乎什么都写，我回信时也自然不能过于官方套话，偶尔开开玩笑、打打趣，偶尔鼓励，偶尔治愈，偶尔向同学们撒娇，让他们治愈我。

久而久之，我们教室的黑板上，也会出现同学们煲的“鸡汤”。

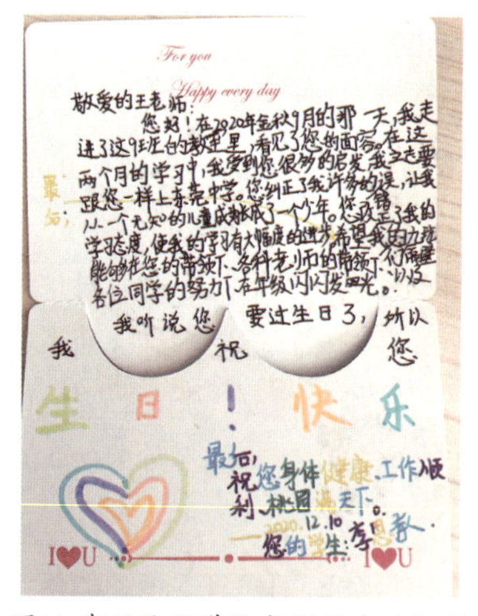

图 7 李思承同学给老师的生日祝福

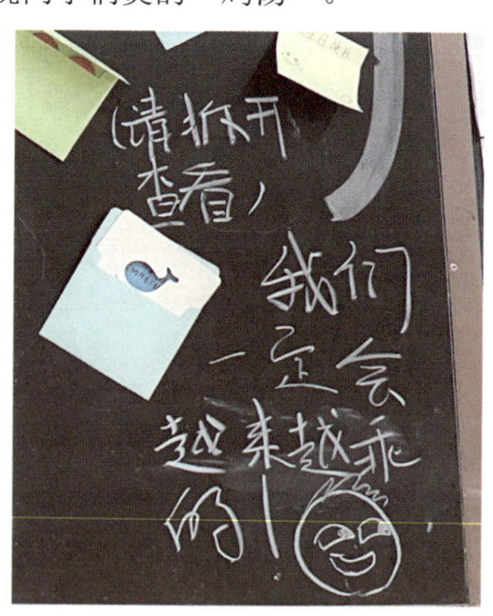

图 8 学生给我的留言

第3招，尽情欢笑，尽力创造。压抑的环境无法生出有趣的灵魂，凡事不宜操之过急，这是蔡小莲老师给我的治愈语录。我们9班现在还未足够优秀，还是让科任老师们时刻担心，但是，我们一定是走在努力的路上。在这一路上，我们始终尽情欢笑，尽力创造。

图9 9班部分学生与我在校史馆的合照

在与9班学生的日夜相处中，我逐渐找到了管理班级、让自己成为一名更好的教师的方法。这个方法就是遵循天性，因势利导，让花成为花，让树成为树，让自己成为自己。

从 0 到 1+：会生长的教室

陈怀宇

一间教室最原始的状态：空白，一切为 0。它从第一个学生走进这间教室打破空白开始生长，由 0 到 1 再到 1+——通过学生、教师、家长的相互作用，逐步建立起物质文化、制度文化、精神文化等班级文化体系，让每一个孩子在其中获得成长的动力、感受成长的快乐，让学生的未来充满无限可能。

三对关系与三种文化

作为一名班主任，我认为教室里有三对关系：学生——教师、学生——家长、教师——家长。其中，教师代表学校、家长代表家庭，而学生连接学校和家庭。学生是教室的主人，是教室生长的主动力；教师是引导者，是教室生长的助推器；家长是后勤保障者，是教室生长的重要养料。

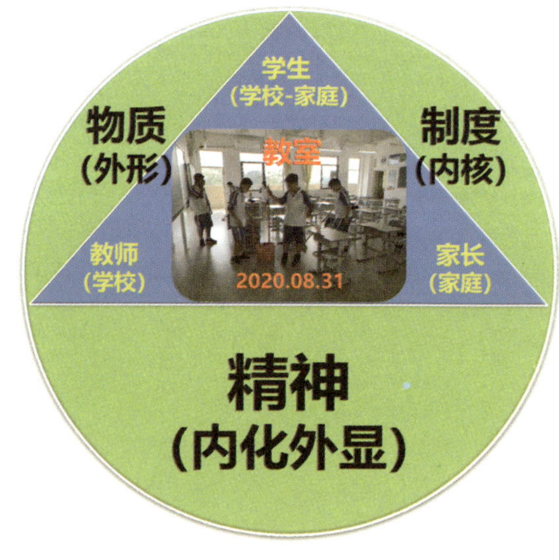

图 1 三对关系与三种文化

班级的生长主要体现为班级文化的生成及发展，包含三个方面：物质文化、制度文化和精神文化。其中，物质文化为外在体现，制度文化是内在核心，而精神文化则最为关键，是内化外显的完美统一。我认为促进学生成长、影响学生未来的，是精神文化。

三个生长点

下面我通过分享与学生一起创建“逐梦之徽”“逐梦之神”“逐梦之声”三个“原创”小故事，剖析逐梦16班班级文化体系的形成过程，以期能为松湖实中“创造教育”的探索提供一点借鉴，为德育工作提供一些思考。

（一）逐梦之徽：从班名到班徽

七年级第一学期开学第1周，我就布置学生要为班级起一个名字。第2周，几乎所有人都提供了自己想到的“班名”及含义。我从中挑选出十多个比较好的班名，让大家投票决定。经投票，最后选定了小王同学的“逐梦16班”这个名字。

选定班名后，第3周我又布置学生创作“逐梦16班”班徽。第4周，大部分人都提供了“班徽”设计及解释。学生投票后，得票较高的有小陈同学的作品、小陆同学的作品，我与两位创作者充分沟通后，最终优化设计形成班徽。随后，组织了班名征集、班徽征集颁奖仪式，让他们获得在“逐梦16班”的第一份荣誉。

图2 逐梦16班的班徽

班徽意义重大，因此需要赋予它特定的含义。就“逐梦之徽”来说，整体为一个同心圆，主要由四部分组成：绿雁、黄路、黑“2020”、红底白字“逐梦16班”，其特定含义为：

（1）绿雁。绿色代表生命、希望、宁静。内圆左侧绿色部分是“梦”字的拼音首字母“M”，也是大雁等长途高飞鸟类的简笔形象，寓意志存高远、追逐梦想。

（2）黄路。黄色代表光辉、温暖、踏实。内圆右侧黄色部分为“逐”字拼音首字母“Z”，也是“路”的简笔形象，寓意路在脚下、脚踏实地。

（3）黑“2020”。黑色代表稳定、庄重、冷静。大雁和路的出发点都是“2020”，寓意2020级松实学子既要志存高远，也要脚踏实地。

（4）红底白字“逐梦16班”。红色代表吉祥、温暖、热情，白色代表纯洁、优雅、大方。红丝带的造型加上梦想的浪漫，寓意着逐梦少年在纯洁中日渐成熟，在浪漫中走向成功。

我将班徽及含义解释投稿至德育权威刊物《班主任》杂志，编辑稍作修改后顺利发表于2022年第5期的《班级文化之窗》栏目上。这是班级文化输出、扩大班级影响力的重要事件，让所有学生、家长、老师都兴奋无比，极大地增强了班级荣誉感与凝聚力。

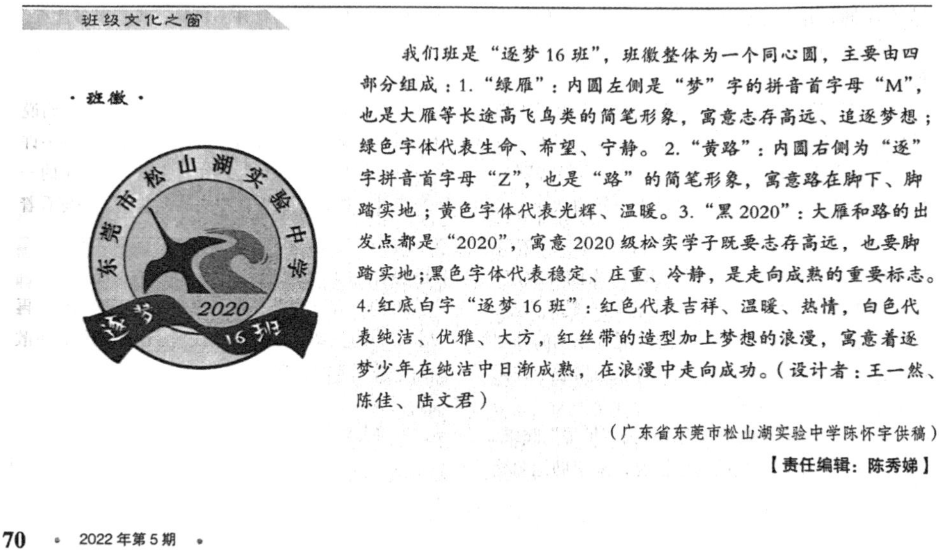

班级文化之窗

·班徽·

东莞市松山湖实验中学

2020

逐梦 16班

我们班是“逐梦16班”，班徽整体为一个同心圆，主要由四部分组成：1.“绿雁”：内圆左侧是“梦”字的拼音首字母“M”，也是大雁等长途高飞鸟类的简笔形象，寓意志存高远、追逐梦想；绿色字体代表生命、希望、宁静。2.“黄路”：内圆右侧为“逐”字拼音首字母“Z”，也是“路”的简笔形象，寓意路在脚下、脚踏实地；黄色字体代表光辉、温暖。3.“黑2020”：大雁和路的出发点都是“2020”，寓意2020级松实学子既要志存高远，也要脚踏实地；黑色字体代表稳定、庄重、冷静，是走向成熟的重要标志。4.红底白字“逐梦16班”：红色代表吉祥、温暖、热情，白色代表纯洁、优雅、大方，红丝带的造型加上梦想的浪漫，寓意着逐梦少年在纯洁中日渐成熟，在浪漫中走向成功。（设计者：王一然、陈佳、陆文君）

（广东省东莞市松山湖实验中学陈怀宇供稿）

【责任编辑：陈秀娣】

70 · 2022年第5期 ·

图3 《班主任》2022年第5期发表逐梦16班班徽简介

班徽制作出来后，其用途广泛：如制作成班级电脑桌面，在班级文件、班级合照、文化展板、班服、班会课件、班旗等上面标示使用，让班徽随处可见，对学生的思想起到“随风潜入夜，润物细无声”的作用。

（二）逐梦之神：坚持、无畏、团结

为了丰富校园生活，将“创造教育”落到实处，每年国庆前后学校都开展班级篮球赛。学生打篮球赛，班主任可以做什么？这时候，一部电影给了我灵感。2020 年国庆期间，上古神话国漫电影《姜子牙》宣传片中有一句话：姜子牙以其雄厚的神术实力，在商朝末年的神、人、妖大战中“一战封神”——这个“一战封神”给了我灵感。我决定，举行一次“一战封神”公决仪式，带领学生创造一次超级篮球神话……虽然我本人并不会打篮球。

我拟定了班级篮球赛“一战封神”公决书，让班长鼓动所有同学在上面签名，然后让班长和体育委员主持公决仪式：仪式分篮球队员和全体成员分别进行，他们举起右手宣誓，当时的情景令我非常感动。仪式结束后，全体学生奔赴篮球场开始第一场篮球赛，据有些学生说，当时真有一种奔赴战场的感觉。不过，开局并不顺利，男生、女生虽奋勇有余，但业艺不精，最终男生险胜，女生惜败。不过，这只是故事的开始，而不是故事的结局。这场篮球赛，就跟影片中的姜子牙一样，虽然过程非常曲折起伏，但经过场上队员和场下啦啦队的共同努力，最终取得了“一战封神”的成功——女篮第一、男篮第八。

在整个篮球赛过程中，我要求所有人写观赛感想，这样会提升他们的参与感和增强班级荣誉感。所有人都写了，其中小陈同学所写的《逐梦少年“一战封神”——记实中初一（16）班篮球比赛》非常感人，我将之发给同学们、家长们看，大家都非常感动。我结合比赛过程，从学生所写的观赛感想中提炼关键词、关键句，最终形成了班级精神——“一战封神”精神：坚持、无畏、团结。具体解释为：

坚持：不管开局如何不利，只要方向正确，坚持就是胜利！

无畏：不管过程如何艰辛，依然心怀梦想，无畏就是武器！

团结：不管结果是好是坏，始终陪伴左右，团结就是力量！

班级精神概括出来后，还需要在学习生活中不断去实践、去检验。于是，我将其制作成班级电脑桌面，让学生每天一抬头就能看见它；利用班会，让小黄同学分享了摘橘子想要放弃但最终坚持的重要性——他摘橘子后送来与全班同学一起分享了；每周坚持让学生写周记、每学期开学返校当晚都发“棒棒棒糖”，这些主要是体现“坚持”，而“无畏”、“团结”也会通过其他事情不断去强化。通过持续行动发挥“重复”的力量，最终让班级精神深入学生骨髓中去，忘都忘不掉。

（三）逐梦之声：接触更大的世界

我觉得，作为班主任，其重要职责不仅是“维稳”——让班级稳定发展，还在于引导——引导班级走向更加优秀，让学生接触更多的知识，更加关注现实。于是，我开始策划“逐梦之声”活动。

逐梦之声，主要是利用晚修前约 15 分钟的时间举行。这个时候大部分学生已经回到教室了，有些人在学习，有些人在玩耍。这个时候举行逐梦之声活动，可以吸引所有人的注意力，为无声晚修做好身心准备。

逐梦之声的操作方式主要是让学生倾听、观看、朗读，在这个过程中慢慢安静下来，从中得到感悟和启示。内容主要包括音频、影像、文字等有感染力的作品。这些作品的来源主要有二：一是网络资源，关于励志、自我认识、扩展阅读、轻松幽默的音视频资料；二是班级书库，如内容包罗万象的《读者》、观点犀利独到的《南方周末》、文笔优美风格各异的茅盾文学奖作品……

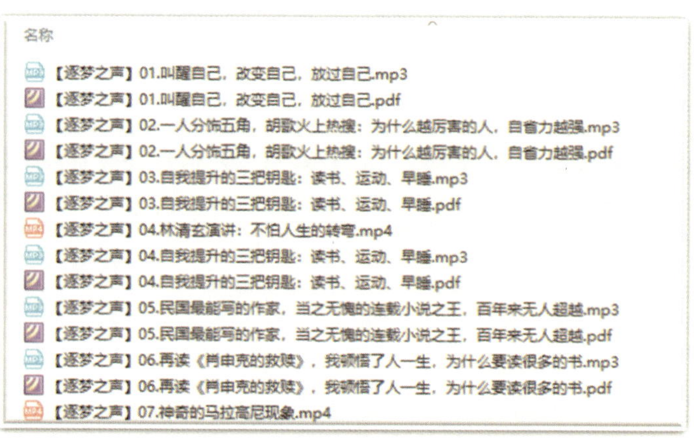

图 4 逐梦之声的部分网络资源

“逐梦之声”的另一个重要组成部分，是让学生创作。基于此，我构思了“少年讲坛”班级文化项目。首先，针对学生喜欢金庸小说的现状，我觉得堵不如疏，要合理引导。于是，我策划了五期“金庸群侠传”：少年成长、父母力量、善恶朋友、忠贞爱情、家国情怀，让学生们根据自己的喜好选择整部小说或者其中某些篇章进行精读，然后进行阅读分享。

“逐梦之声”当然也离不开学生自己真正的“声音”——班歌。我认为，班歌是一个非常重要的班级文化项目，绝不是为了参加比赛随便选一首歌就完了。为了让班歌成为学生的美好记忆，我引导学生按五步曲操作：选歌、改编、表演、录制、内化（最终成为人人会唱、班级文化的重要部分）。班歌完成后，也可以利用逐梦之声的时间，让大家唱一唱，把班级的精神、气质、状态唱出来，再沉淀进每一个人的心里，成为初中生活的美好回音。

学生毕业时的样子

学生入学时一切为 0，处于空白状态，这是教室生长的原始状态；班级文化初步有成（班名、班徽、班训、班级口号、班级精神等），这是 1，打好了班级文化基础，这是教室生长的旺盛状态；再后来，班级文化继续发展，更多的可能不断出现、更大的世界唾手可得、更美的梦想未来可期。所有这些，可称之为 1+，学生的一切都充满无限可能，这是教室生长的最好状态。

学生是教室的主人，是教室生长的主动力；教师是引导者，是教室生长的助推器；家长是后勤保障者，是教室生长的重要养料。虽然，教室的物理空间有限，但因为学生的成长有无限可能，所以教室生长空间无限。教室最终会长成什么样呢？我觉得，学生毕业时的样子，就是教室最终长成的样子。

学生毕业时是什么样子呢？这一切跟我们教师有关，教师有所愿、有所为，学生终有所悟、必有所成。我相信：把每件简单、平凡的事情做好，坚持学校提出的“创造教育”，我们的学生终将长成你我他想要的样子。

大手牵小手，大步向前走

——班干部队伍的培养

松山湖实验中学教育集团东坑中学　郑蕾

班级管理是一门艺术，选拔和培养班干部就是这门艺术中的重头戏。班干部的选拔和培养大致分为三个阶段：成立期——“扶着走”——言传身教，榜样示范；成长期——“领着走”——事前指导、事中点拨、事后总结；成熟期——“放开走”——信任、鼓励、帮助班干部树立威信。

一个优秀的班集体是怎样炼成的呢？它离不开一群优秀的班干部。这群班干部是如何培养起来的呢？我把它大致分为三个阶段：

成立期——“扶着走”——言传身教，榜样示范

成长期——“领着走”——事前指导、事中点拨、事后总结

成熟期——“放开走”——信任、鼓励、帮助班干部树立威信

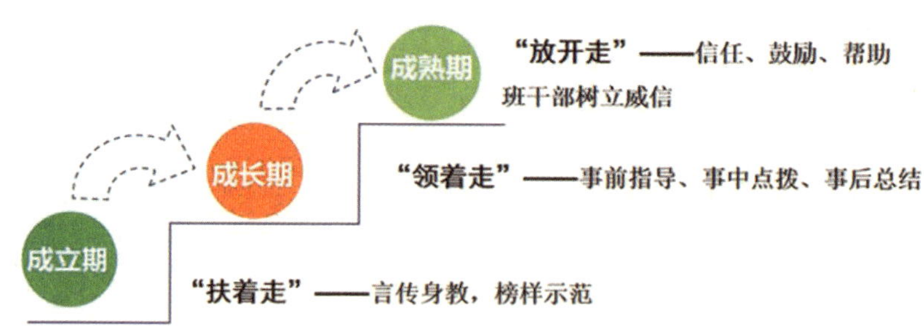

图 1　班干部培养阶梯

成立期——“扶着走”

“扶着走”的关键是抓好“第一次”。一个新的班集体组成以后，对于新产生的班干部来说，会遇到一连串的第一次。所以需要班主任耐心指导，手把手地教。这一期间老师最不能放松，甚至是寸步不离地坐在班里，关注每个孩子的状态变化，这是一个教的过程，要求大家养成习惯，并一直保持下去。为了更好地帮助班干部走好第一步，可以通过班干部培训课程来培训班干部。培训分为：班干部培训课程、观摩跟岗学习、交流会等。班干部培训课程主要有集体培训、一对一培训、示范性培训；观摩跟岗学习主要有同年级优秀班级跟岗和高年级资深班干跟岗；交流会包括师生交流、同年级班干交流会、不同年级班干交流会。

班干部培训课程有必修和选修之分：必修课包括职责、主动、律己；选修课包括高效、规划、合作、沟通等。

下面我将以“职责”为例，谈谈如何开展集体培训。

入职培训：“职责”

培训目标：培养责任意识

培训主题：“在其位，谋其政；任其职，尽其责”

培训形式：主题讲座

会前准备：打印德育量化考核表

培训内容：

1. 管理的意义

参与管理工作，思考力和竞争力就增强了；组织能力，平衡能力、协调能力等综合能力增强了，处理事务的能力更强大了，学习不只是书本知识的学习，更重要的是要学会做人、学会做事、学会相处（沟通、交流、协调、合作、共事）。

2. 强调职务重要性

“你们是同学们选举出来的，这是一份信任，我们不能辜负同学和老师的期待。”“一个班级的班风正不正，我们班能否创造奇迹，很大程度上取决于你们怎么做——各司其职，以身作则！”

3. 明确工作职责

把班级量化考核表分发给各位负责人，仔细阅读上面的条款，明确各自的职责范围。

追光12班班干部职责		
职务	姓名	职责
班长	谢镓禧	配合班主任管理学生，班主任不在时，你就是班主任。及时向班主任汇报班级情况，管理班级日志，定时召开班委会。
学习委员 劳动委员	李涵蕾 曹欣欢 许星灵 袁思莹	对各课代表的管理和考核，并评定他们的工作表现。负责每日统计班级的作业收交情况，及抄袭作业现象。 负责抓好每次教室和包干区域的卫生大扫除，每次扫除结束前，检查劳动情况做好记录并在班会课上进行通报；安排和督促当天清洁值日生的扫除工作。
生活委员	黄姝渝	每午检查仪容仪表，桌椅是否整齐，督促同学做好；负责晨午检并上交表格到校医室
体育委员	邓增维	组织全班同学参加体育活动，配合体育老师准时上好体育课
宣传委员	夏琦茹	宣传工作，黑板报
文娱委员	张欣怡	考勤，活动的召集人，配合宣传委员搞好宣传工作
心理委员	谢钰霖	宣传与普及心理健康知识；协助心理教师做好心理相关工作；维护本班学生的心理健康，及时发现同学心理异常情况，并及时反馈。

4. 肯定能力，鼓舞斗志

“我相信你们的能力，一定可以在我们共同的努力下，班级越来越好，你们的能力也会越来越强。”

再以班长培训为例，谈谈如何做好一对一培训。

1. 班长究竟是个什么身份？

班长是班级日常工作的组织者、管理者和协调者，是班主任的参谋和助手。

2. 追问篇——我为何要做班长？

身为班长，不论你是自愿的，还是非自愿的，只要把活接下来了，就要扪心自问：我做这个班长究竟是为了什么？我要如何来做这个班长？我会协助班主任把我们的班带到哪个层面上去？我会用一些什么样的管理方法来管理我们的班级？追问是为了提高，是为更好的角色适应，身为班长，必须具有这样的思维方式。

3. 修炼篇——要做好班长需先修炼哪些内功？

有梦想、有正气、有担当、有胸怀、有价值。

4. 职责篇——班长日常职责知多少？

包括明确自己身份；把班级干部团结在自己的周围，按照班级计划逐一落实工作；每周找一名同学谈心或闲聊，了解他的生活、学习以及想法；熟悉班规并逐条落实；做好信息反馈工作，及时把学生之中的信息反馈给班主任；能够自己处理的小事不必上交班主任；搞好自身学习，加强身体锻炼，提高自己的综合能力；班主任不在的时候，教室就是班长活动的空间，发现不良行为，敢于制止。

5. 反思篇——班长谨防走入的几个误区

例如唯我独尊，管理至上；工作缺乏边界意识；妄自尊大，听不进他人意见；根据自己好恶与感情深浅区别对待同学；认为管理者就是要凶恶霸道；

图 2 成立期活动

成长期——“领着走”

到了成长期，我们可以“半扶半放”。在各种具体工作开展之前，班主任可以鼓励班干部进行活动策划，自己则充当参谋，经过班主任的耐心引导，班干部会逐渐成熟起来。下面我将以“制定德育积分加分项”为例谈谈如何“领着走”。

事前指导学生可以制定积分的栏目有：全勤奖、劳动奖、纪律奖、学习奖、活动奖、其他奖等。事中点拨学生加多少分才能起到奖励和鼓舞作用、具体项目要有负责人、加分项要分个人加分项和集体加分项。事后带领班干部进行复盘总结，例如加分项栏目需要和扣分项相对应，且分值相当；加分的目的是让每个同学都做更好的自己，班级能发展得更好；条例的制定需要咨询同学们的意见；每个项目都要有人负责总结经验、好的做法和不足之处。

成长期班主任要主动热情地帮班干部树立威信。其具体做法是：

1. 要给班干部创造独立工作的机会。每半月设一次“自主日”，这一天从早到晚，班里所有的事情都由学生自己解决，这样可锻炼班干部的组织、管理能力。

2. 要教育学生尊重班干部，配合工作。班主任教师应使学生认识到，尊重干部就是尊重集体，配合工作是为了集体。

3. 要适当地展示班干部的工作过程和成果，让同学们知道班干部为集体付出的辛劳。

4. 在班干部工作有失误时，班主任应主动给班干部减压。

在成长期，班干部具备一定的工作能力，大部分班干部都可以独当一面，这时班主任就可以“放手”了。

图 2 成长期培训——以“制定德育积分加分项”为例

成熟期——“放开走”

“放开走”并不是撒手不管，而是要在明确分工之后，实行逐层负责制，形成一种健全的管理体系。

班级每周召开一次班会，由班长主持，班长对上一周的情况进行点评，然后请其他班干部根据自己的记录阐述具体工作，表扬好的现象，批评不良现象，最后班长进行总结，提出下一周的工作方向。班主任应大力表扬敢于创新、独当一面的班干部，在班干部中形成比、学、赶、帮、超的良好局面。

首先是发现问题：通过一周的管理，发现班级问题，找准下周班会的切入点，然后汇报给老师；商讨策略，集体讨论如何解决当周问题，形成手写稿，分配好任务，各自准备相应模块；周末搜集资料，制作课件，主讲人做好发言准备，其他人做好补充发言准备；上班会课，由主持人主持，主讲人发言，其他人员协助讨论。

响鼓更需重捶敲，班干部不仅有管理作用，还要有榜样作用。对班干部严格要求应注意以下几点：

1. 当班干部犯了错误，或与同学发生矛盾时，班主任要一视同仁。

2. 要强化班干部的服务意识，要求班干部对同学“一视同仁”。

培养一批优秀的班干部协助班主任共同管理班级，不但可以减轻班主任的负担，而且能够增强班级凝聚力。“路漫漫其修远兮”，吾将在班干部队伍建设的道路上继续求索。

图 3 成熟期培训——以召开班会课为例

成为更大的杯子

林晓红

> 我将“成为更大的杯子”设定为初三学年带班的总目标。通过寻找意义，发现可能性，唤醒角色意识，有可能让孩子们成为一个更大的杯子，发现更大的世界。

我是一位地理老师，也是一个初三的班主任。地理课已经在初二结束，但我仍然在初三担任班主任。

这是我第一次带初三的班级。所以当我知道的时候，就在思考应该设定一个怎样的班级目标，要实现哪些设想。恰好有个孩子问了我一个问题，她说：“老师，我挺努力的，但成绩不提高我也没办法啊。”我心想，她确实相对来说是努力的、有上进心的，那我是不是就随她去了？可是初三刚开始就这样认为，那中考还备考吗？听她诉说着心路历程，我忽然看到她桌上的水杯，孩子此时的状态不就像这一杯满满的水吗？她感觉自己很满了，再也装不下东西了。可是，真的是这样吗？我找到一个更大的杯子，拿到她面前，我说：“你看，你现在觉得自己很努力了，就像这个水杯里的水，确实也是满了的。但如果你把水倒进一个更大的杯子，就会发现，其实你的水并不多。你感觉自己很努力了，但你周围仍然存在着一些人，他的成绩比你优秀，又比你更努力，为什么会这样？因为我们没有成为更大的杯子，装不进更大的世界。”

在初三学年，追求升学目标是表象，本质上要让自己通过这个过程成为更大的杯子。于是，我把“成为更大的杯子”设定为初三学年带班的总目标。如何成为更大的杯子？或许可以从这三个方面着手。

寻找此刻的意义

首先是寻找此刻的意义。这个思考起源于一件小事——升旗，每周我们都要参加升旗仪式。那天是开学典礼，天气很热，孩子们站了半个小时，队伍末端就开始出现晃动、小声讲话的情况。天气确实很热，时间也比较长，这样的行为也是能理解的。然而，当我转头时，却发现另外两个队伍——站在前面排队等待领奖的同学站得笔直、国旗队的同学也站得笔直。为什么会这样呢？会后我跟孩子们聊起来："天气很热要站直，保持安静很难，为什么有人就做到了？"孩子说："人家有特殊任务呀，他要领奖他肯定站得很直。""对，他有特殊任务，但是这个任务是别人给他的，对不对？我们有没有可能也给自己一个特殊的任务？促使自己做到更难的事情，而不是别人给你什么你才去做什么。"我的感悟是："我也觉得很热，可是想想反正都要站，坚持站直锻炼一下自己如何？那一刻我给自己赋予了什么样的意义？作为一个老师，我要锻炼自己的站姿，我要看看自己能站多久。我尝试在太阳底下努力站直，我想看看自己能站 10 分钟，15 分钟还是 20 分钟，那一刻我就在赋予'升旗'这件事属于我的意义。"总有些事情我们每个人都在做、每天都要做，要找到那一刻的意义是什么。有些同学能做到，我们也能做到。

图 1　国旗队的同学站得笔直

我期待孩子们理解"意义"不是那么遥远的事情。道理和行动之间其实只有三分钟的鸿沟。比如长跑，想想都怕，但是只要你穿起跑鞋跑三分钟，你就能坚持下去。比如学习任务很多，想想都怕，但先背三分钟就可以了，你就会接着坚持下去。篮球明星科比在他的自传里讲到："我不愿意牺牲比赛的水平，也不想牺牲家庭的时间，所以决定牺牲睡眠时间。"所以他看到了凌晨四点的洛杉矶，他的早起其实仅此而已。我跟孩子们分享："我不愿意放弃理想，也不想被现实打败，所以决定早点起床，仅此而已。"这些好的习惯没有那么遥远，也没有那么高大上，我仅仅只是想坚持三分钟，我仅仅只是觉得这件事更重要，我们就可以开始做了，意义很简单。

发现可能性

其次，是引导孩子们发现可能性，他们才能从多样化的角度去定义一件事情。举个例子，在开学初我就和同学们谈“初三很累”，请同学们做好心理准备。在写德雅本的时候，班长就写了这句话：“不要说初三累，将它定义为充实更有价值。”我和孩子们分享这句话：“要知道，累是一种可能性，充实也是一种可能性，看我们自己的选择。”

一天中午，有个孩子在宿舍跟宿管老师吵起来了，孩子出现了侮辱和骂人的言语，非常过分。我过去处理时只是客观地询问了解情况，这个孩子竟然朝我大吼大叫。我特别生气，我觉得是你闯祸了，我只是来帮你处理事情，你还迁怒于我，讲不讲道理？于是，就换成我“咆哮”了。在我“咆哮”之后，孩子也安静下来，后来事情也算是顺利解决了。但这件事情还是让我很生气，第二天到了班上我就告诉同学们我的情绪：“我很生气”，我说：“我昨晚看了两本书，都没想明白我为什么要遇到这种事情——我非常讨厌别人吵架，我非常讨厌跟你们争执，但是为什么做老师之后要遇到让我如此难以接受的事情？”全班没有答案，当时我也没有答案，我和孩子们说：“现在的我没有答案，但是我相信我会找到那个答案的。”后来，我真的找到了。

当天在宿舍处理事件时，除了那位同学，他们宿舍长也在。那天晚上宿舍长在德雅本写了反思，他是这样写的：

雪崩的时候没有一片雪花是无辜的，我们宿舍里每个人都是雪花，都有责任，可是山脚的人是无辜的。而林老师您就是山脚的人，我多想成为树枝，可以替山脚的人阻挡一些雪崩。可是我没有，我叹息自己的懦弱，我多想有一天可以成为树枝。

看到这段话我就释怀了，我非常讨厌的冲突却能让我遇见这世间最温暖的情意。而这个事情更大的可能性还在后面。我把这份感受跟那个辱骂宿管老师的孩子分享，我说：“老师说过，我一定会找到答案的。”那天我在全班同学面前表达愤怒时，我看到他非常羞愧，我知道他觉得很对不起我。我告诉他，宿舍长给我写了这样一段话，我说：“我明白了，我遇到这些讨厌的争吵其实是为了遇见你们的温暖。所以这件事情它是有另外的可能性的。跟宿管老师吵架这件事，其实是一个比较丑陋的礼物，上天把一份丑陋的“礼物”放在每个人面前，有些人不敢拆开，而你如果愿意去拆开，你就会拿到这个礼物。”希望这个孩子，能看到每件事情背后的可能性，看到世界给他的机会。

唤醒角色意识

经过寻找意义、发现可能性之后，还是会有同学问我同样的问题。孩子们确实比初一初二努力了许多，一次大考后，有一个孩子很认真地问我："老师，我真的挺努力了，为什么我还是一直没有提高？"我也觉得很心酸，因为这孩子真的是花时间下功夫的，下课时常坐在位置上做题，放学也经常多学二十分钟才去吃饭……我从他身上感受到了一种超级无力感。我没有责怪他也没有讲什么道理，就把这事放在心上，思考有什么机会可以让"他的遭遇"变成"成为更大的杯子"的契机。

在整理我们班成绩时，我发现了一个很好的例子！在初二的时候，我们班地理成绩都是年级排第一的，因为班主任效应，地理顺理成章成为孩子们最优势的学科。但是到了正式中考时，我们班突然就变成了第六名。一直以来都是第一名，却在最重要的考试只考了第六名。为了不影响他们的信心，我从未和他们提起过。想起孩子心中的无力感，我拿出了这份成绩单，我说："如果你们是我的话，你们怎么办呢？一直以来都非常有优势、非常稳的成绩，却在最重要的一次考试失手，这名次相当于你从年级第 1 名掉到年级 200 名，你能接受吗？你怎么办？"学生很震撼，紧接着我便给他们分享一段话，我说："因为是老师，所以无论怎样出乎意料的成绩都接受；因为是自己的学习，所以无论怎样都要坚持。"第一句话就是我自己从低谷走出来的亲身感受，我告诉孩子们："我知道地理中考成绩六个月了，但从来没跟你们讲过这件事情。我认为事情已经过去了，我相信你们在初三会有更精彩的表现，所以我从来没提过。成绩出来了，这是我所教的结果，这是我所学的结果，无论如何都要接受，开启下一趟征途呀。我收藏这段经历中的美好，总结这段经历中的经验，因为这是我的事情，因为我依然是你们的老师，因为角色意识被唤醒。"

有一天，我在走廊拍到这样一张照片——长在石缝里的小草。我问孩子们："小草它有意义吗？没有意义吗？"我和他们分享书上的一段话："决定你有多少价值，不是因为你的价值，而是因为你认为自己有多少价值。"我希望他们从随波逐流到纯粹地去投入、丰盛地成长。去选择，而不是被选择，

图 2 走廊缝隙里长出的小草

这是我对他们的期待。因为知道自己是谁，踏实地迈出每一步。

半年过去了，孩子们的行为有没有达成目标呢？初三的学习目标很明确，德育效果可以大致从学习效果上反映出来。我把四次大考全班的进退步情况综合计算。发现了一个有意思的情况：第一次大考退步总名次比进步总名次大，第二次大考进步又比退步大，第三次大考又退步比较多。得出三点结论：一是孩子们现在至少是一个有弹性的杯子了，有时候大有时候小；二是总体看来是在努力成长的杯子；三是杯子有源源不断成长的外力，这个外力就是全体科任老师，他们持续耐心地跟学生交流，让孩子们有可能成为更大的杯子。

很多时候，问题不是被解决的，而是被超越的。通过寻找意义，发现可能性，唤醒角色意识，我们有可能让孩子们成为一个更大的杯子，发现更大的世界。

道理背后的道理

刘梦菲

教师给学生讲道理，更要讲道理背后的道理，把做人、做事的底层逻辑分享给学生，与学生共同探讨处人、处事的原则，引导学生树立合适的价值观，让学生做出自己的选择，从而改变其行为。

正值青春期的孩子，总是会有一些问题，一些迷茫。当班主任不免要和学生讲很多道理，引导他们做出更合适的行为和选择。我们都有过讲道理却没有什么作用的经历，语重心长地说了很多，有的学生当场就不认同，低头不语，有的学生可能当时答应得好好的，过后依然我行我素。那道理到底怎么说才能不像在说教，才能让学生更容易接受呢？我们应该和学生讲哪些道理呢？

如何讲道理？

先和大家分享一个案例。在初三第二学期的时候，在中考冲刺的关键时刻，我带的班级出现了几个让我头疼的问题，分别是谈恋爱、小团体和追星，这三个问题在初三时期出现，其影响不言而喻。两对谈恋爱的同学，相互之间经常吵架，影响自身学习。小团体之间抱团，还出现了团体之间互相语言攻击的情况。追星女孩们对偶像的追求越来越狂热，也影响自身的学习。当学生出现这三个问题，班主任要与他们讲的道理大部分应该是，这样的行为影响学习，要为自己的未来负责等等。但当时我觉得学生不一定会听，因为这样的道理他们听过太多了，不一定能让他们有所触动。在冥思苦想一段时间后，有一天我突然记起我曾看过的综艺节目《奇葩说》，它讲过关于人与人之间关系的一个话题，结合班级出现的情况，我领悟到，班级出现的三个问题其实是有共性的，都是人和人之间的关系问题。于是我准备了一节班会课，和学生公开讲一讲这三个问题，这节班会课的主题叫《健康的热情》。

首先，以追星的话题引入，问他们，你的妈妈疯狂应援男明星不着家，你应该阻拦她吗？学生顿时炸开了锅，有说阻拦的，有说不阻拦的，各种理由都有。讨论一下之后，我引出了真正想要和他们讨论的话题就是，判断你应不应该阻拦的标准是，你妈妈对这个男明星的热情和喜爱是否是健康的。

那如何判断一个人对另一个人或事，是健康的热情和喜爱呢？有几个标准。其实它不仅可以用在追星问题上，还可以用在判断友谊和爱情上。

其中一个标准是，你是否没有了独立思考能力。"健康的热情，是你可以喜欢这个东西的一部分，比如说你喜欢一个明星，你可以喜欢他演的作品，但你并不喜欢他的为人处事，这是健康的。而不健康的是怎么样的呢，喜欢他就要喜欢他的全部，包括那些不好的。你喜欢某明星，你就觉得某明星什么都好，他做任何事你都觉得他没错，这是不健康的喜爱。所以同学们再来看一看，你是不是觉得你的"情侣"，做什么都是好的？他违反学校规定都很帅气，简直就是电视剧男主角。再思考一下，你是不是觉得你的这个小团体什么都是好的？你为了这个团体什么都愿意做，不惜去攻击其他同学。一连串的举例之后，我开始问学生："你们是不是存在于这样的关系当中？是不是不能独立思考了？这段关系是不是已经剥夺了你们作为一个人的独立状态了？"我讲到这里的时候，班上有些同学点头如捣蒜，也有些学生陷入了沉思……在班会课的最后，我给他们分享了一段话："健康的热情，健康的关系，它让我们看到更多，而非更少，让我们的生活变得更明亮，变得有憧憬，变得晚上睡得着觉。如果这个关系、这个热情带来的是排他、嫉妒、怨恨，是给自己和对方压力，那这个关系我们就要思考，是否需要调整一下。"我上完这节班会课之后，效果如何呢？当天就有一对情侣分手了，那一周的周五另一对情侣也说要分手了，要好好学习了。我没再收到小团体之间互相攻击的消息了，追星的同学也稍微能够理智、控制一些。这个结果比我预想的好太多，我三年来第一次感觉到，上一次班会课这么神奇的吗？像施了魔法一样。为什么这个班会课能够达到一定的效果？结合以前的班会，以及请教其他班主任、级长的经验，我得出了一个结论，那就是不要只讲浅层的道理，要讲道理背后的道理，即底层逻辑。

底层逻辑这个概念在商业书籍里面使用得比较多，其实指的就是更具有一般性的解决问题的思路和原则，最本质的原理，或者可以直接叫它"原则""价值观"。其实，班上出现的追星、恋爱和小团体这三个问题的共性，就是人和人之间的关系问题，是学生对他的偶像、他们的小团体以及他们所谓“情侣”的喜爱是否健康的问题，学生之间的关系是否良性的问题。我把健康的关系和热情的底层逻辑告诉他们，由他们自己来判断，我是否处在不良的关系当中？或者我是不是在做一些让这段关系不太健康的事情？这节班会课，我没有对班上出现的三种关系说一个“不”字，全部都由他们自己去考虑和决定，最后他们的选择还是比较符合我的希望的。所以，这给了我一些启示，就是我们当班主任确实不免要给学生讲道理，有些道理学生可能听不进去，也有些道理他们确实听了，但只能应对一次，或者单个的事件。但是如果我们把道理背后的道理，即底层逻辑、处理人际关系的原则，告诉他们，那他们就能在以后遇到相关问题时，做出对自己、对他人更好的选择。我想，帮助学生去确立原则，告知他们某些事情的底层逻辑，让他们能更加理解各种事物，更加理解这个世界，比起讲一些显而易见的道理，对他们的影响会更加深远一点。

如何改变学生？

我们都听过一句话，教育的本质是，一棵树摇动另一棵树，一朵云推动另一朵云。这种对学生的影响和改变是我们都想要做的一件事。而我认为，给学生讲道理，去说服学生、改变学生，这个事情也有底层逻辑。

说服学生、改变学生的底层逻辑有两个。第一个就是，没有人喜欢被改变。当你苦口婆心地和学生说，你要认真听课啊，这样你成绩才能好啊……你要努力学习啊，这样才有好的学历……你要合群啊，这样以后出来社会才会受欢迎啊……学生听完就忘，或者是某些杠精学生心里想的一定是反例，韩寒、乔布斯、扎克伯格没有完成学业，我为什么一定要好的学历等等。当我们在说服别人的时候，如果用的是“你应该”“你要”“你必须”这样的句式，大概率他是不会听的，接下来要么屡教屡犯，要么就是他改了，但只是屈从于大人或者老师的权威，他并没有想通。而我记得，我上完班会去询问一些学生对于我说的观点的看法，他们会说“嗯，老师，你说的我也都想过，只不过没办法完整表达出来。”大家看到了吗？他们认为，我只是刚好说了他们的理念而已，所以他们才改变的。所以，根据“没有人喜欢被改变”这个原则，我们应该怎么做呢？要让学生觉得是自己决定改变的，不用“你应该”的句式，而是常用“你是不是也是这样想的啊？”这种句式去和学生聊。过去三年，当我想要传递观念或者塑造氛围、改变学生的时候，我在班会课常常只是抛出问题让学生自己去辩论，到底怎么做比较好，而不是我来说。在他们辩论的过程中他们自己会得出答案。又或者是我会先传递一些观念给班长和有影响力的人，再利用他们的嘴巴去表达出我的观点给其他学生，朋辈之间的趋同以及压力，会让他们更容易接受这些观点。

改变学生的第二个底层逻辑是，没有人喜欢不知情。这个不知情指的是，当一个人不知道、不了解为什么这么规定的时候，他倾向于生气、愤怒和不遵守。学校有很多规则和规定也是一样的，学生不遵守其实有可能是不理解为什么要这么规定，不清楚为什么一定要这么做。特别是初一的时候，我们大人都习以为常的规则和事务，但他们作为新生，不清楚这些规则为什么要这样制定。举个例子，某部分学生不知道为什么一定要预习，一定要反复背书，一定要在课堂上张嘴回答老师的问题等等，所以我会给他们讲学习的本质，讲艾宾浩斯记忆曲线，会讲注意力集中的方法等等，去帮助他们“知情”，知道为什么要这么做。

总的来说，我们给学生讲道理，更要讲道理背后的道理，把做人、做事的底层逻辑分享给学生，与学生共同探讨处人、处事的原则，引导学生树立合适的价值观，让学生做出自己的选择，从而改变其行为。

“心”生成长攻略

谭悦

德国的教育学家第斯多惠说，“教学的艺术不在于传授的本领，而在于激励、唤醒和鼓舞”。引领孩子们学会感受爱、表达爱、并认识到自己是值得被爱的，这就是我一直追求的教育理想。

记得三年前，心理老师窦维维曾经对我说过这样一段话，你这个班有一点点特殊，在其他班遇到的问题，你们班有，其他班没有的问题，你们班还有。那时，知心园刚给全校做完心理测评，而她刚给我们班筛查出来的几个心理高危的孩子做完咨询。彼时的我，成为老师和班主任才刚满一年，等缓过神来，发现发给我们科任老师的有关特殊学生的温馨提示，一个个排下来，长得就像一篇小论文一样。

这些曾经只是出现在书本上或者影视剧中的专业名词，有一天真实地出现在自己的生活里，并且就在朝夕相处的学生之中。既对这些孩子的状态和遭遇感到满满的心疼，也为自己社会经验和专业知识的匮乏而感到深深地忧心。心中有担忧，有恐惧，但是班主任是一个班的精神支柱，只能告诉自己不可以慌，更不能倒下，问题始终都需要解决，如果实在无法办到，至少努力让他们的情况不再继续恶化下去。

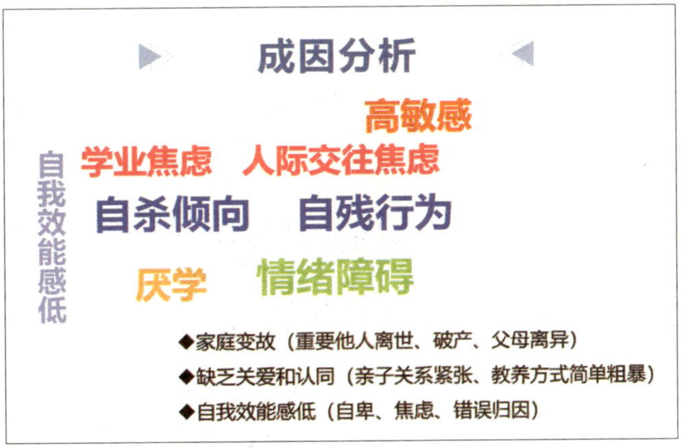

图 1 成因分析

经过仔细观察，深入沟通，从学生自身的性格、经历以及家庭背景，找到了可能的三种原因：一是从客观的角度来讲，我班发生重大家庭变故的家庭比较多，父母自顾不暇，不能对孩子及时引导；二是孩子缺乏关爱与认同的经历，父母的教养方式简单粗暴，当“中年危机”撞上青春期，容易造成亲子关系紧张；三是自我效能感低，这部分孩子大多有着更加优秀的哥哥姐姐或者弟弟妹妹，在家里比较容易受到忽视，性格自卑，容易敏感焦虑，面对挫折时，惯用错误的归因方式。

从问题出发，厘清原因，解决思路就会明晰很多，接下来便是着手对症下药。

重视环境的力量

心理学研究表明，天然光是比人工照明更加有效的昼夜调节器，天然光的照射时长和刺激与抑郁程度呈现一定的相关，光疗法也是临床上治疗季节性情感障碍的有效方案之一。教室是学生在校活动最久的空间，那就先从自然和人文环境开始改变吧。有了这个想法，在新学年之初，借着换教学楼的机会，我便向年级说明情况，争取到了一个和之前相比更加阳光，明亮的教室。在初三开学的第一节班会课上，我给了这间新教室一个闪闪的“光环”，和学生说因为生地中考中我们班的进步最大，所以级长特意奖励给我们，这是一个功勋教室，松实的每一届学生，只要是在这个教室参加中考的，最后都取得了成功。经过这样一番“包装”，孩子们开开心心地启动了我的第二步计划——装扮教室。渐渐地，原本空旷略带冷清的教室里色彩丰富了起来，例如讲台上的一束鲜花，

图 2 自然环境的力量

窗户上有趣的贴画，花花绿绿的公告栏、作品墙，我们争取让教室里的每一面墙，甚至是窗户都说话，营造出一种温馨的感觉。

丰富了自然环境，也不可忽视人文环境的力量。一方面及时与科任互通有无，做到心中有数，全员育人；尽量发掘孩子们的优点，增加科任老师们的期待效应，但原则性问题，不盲目“护犊子”，就事论事。一方面，重视家校合作，及时向家长分享孩子们在校的动态，必要时提供适度的指导，例如推荐家庭教育相关纪录片、书籍，在家长会上组织分享读后感、观后感；鼓励定期召开家庭会议，特别是一些关键的时间节点，例如在初三开学之初，引导孩子和家长制定《家庭年计划》，既是帮助父母给孩子树立好榜样，也是充分地给予学生平等和尊重。有的爸爸说每周学会两菜一汤，有的爸爸说要一年减掉 20 斤，有的妈妈说考过商务英语考试。受到爸爸妈妈的鼓舞，孩子也会一起制订学年计划，然后再把三个人的目标分散到月计划和周计划中。陪伴是最长情的告白，好像一年的初三复习之路，也变得不那么难了。

家庭环境：
- 分享信息，提供适度的指导
  纪录片《福原爱，镜头下的四分之一个世纪》
  书籍《高度敏感的力量》、《正面管教》
- 家庭会议（e.g.初三家庭年计划 树立榜样，给予尊重）
- 促进亲子沟通
  “守护天使”母亲节特别版

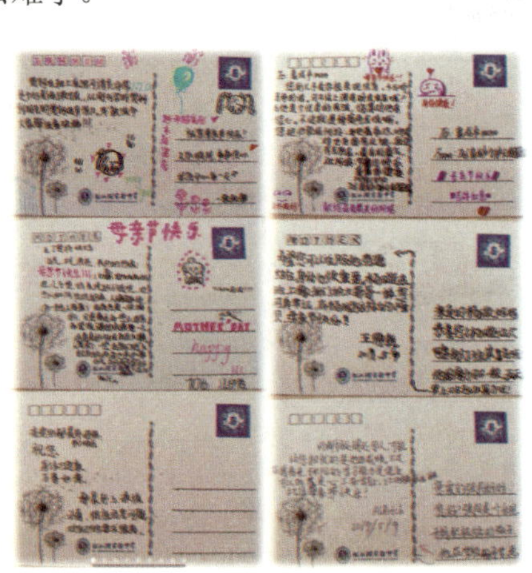

图 3　人文环境的力量

与此同时，在一些具有特殊意义的节日来临时，注意培养学生的感恩意识。例如我们曾一起玩了“守护天使”母亲节特别版的游戏，每一位天使不是给自己的母亲，而是给“国王”的母亲写一份母亲节祝福。青春期的孩子有时心口不一，面对自己父母嘴硬心软，羞于表达，爱在心口难开，但是这种拆盲盒的祝福形式，孩子们全部化身夸夸小能手，既让父母看到了自家孩子的优点，也增进了同学们之间的感情，让孩子们爱要大声说出来。

在活动中育人

外界积极的环境可以视为一种心理暗示，人文环境则为学生提供了一张安全的社会支持网络，要将这批孩子从黑夜里引出来，更需要改变孩子自身的认知和思维方式，重构解读世界的语言体系，帮助他们重新建构和这个世界的认识、交流系统。

图 4 形式多样的班会课

开展主题鲜明的班会课，重视在活动中育人，将积极向上、坚韧拼搏的精神进行潜移默化地渗透，活动中孩子们的笑容多了，心里的疙瘩自然也就变得没那么重要。男生宿舍扣分太多怎么办？变“惩罚”为“男团出道”，中考前太紧张怎么办？把每一位老师写的加油文字以“模仿秀”的形式表演出来……在一些常规操作里面，变换思路，往往会让孩子们有眼前一亮的感觉，初三后期形式多样的班会课堂上洋溢着的是欢声笑语。

抓住教育契机

◆变“惩罚”为”男团出道“

◆模仿秀让“鸡血课”更有意思

图 5 班会课的减压活动

如何将活动育人的功力发挥到最大，抓住教育契机非常重要。在毕业后与孩子们的交流中，有这样一段记忆，时常被他们提及。那就是初三年级拔河比赛的决赛现场——忘不了大家的齐心协力，忘不了场下小伙伴们、老师们震耳欲聋的加油声，忘不了拿下冠军以后，大家相拥而泣的喜悦……这应该是孩子们在松实参加的所有集体比赛里，情绪体验最好的一次。回到班里，见到孩子们依然热血沸腾，我随即召开了一堂微型的复盘班会课。围绕“我们为什么能赢”的主题，孩子们你一言我一语地展开热烈的讨论，很快就把黑板写满了，这时适时地做出引导，抓住内因和外因，孩子们便能自然地得出，学习中高效做事，紧跟老师的复习节奏，不畏惧挫折和失败，天道酬勤。此外，场外的啦啦队也是我们赢得比赛很重要的一环，啦啦队的人数，甚至比自己班的人数还要多，其中不乏来自隔壁两个兄弟班 5 班和 7 班学生的卖力支持，所以在做人与交友方面，也让孩子们感受到“一个人可以走得很快，但是一群人可以走得更远”。当你追求梦想的时候，便集齐了天时地利人和，全世界都会给你让路。抓住成功的体验，既引导孩子进行合理的成败归因，又完成了活动育人的迁移。

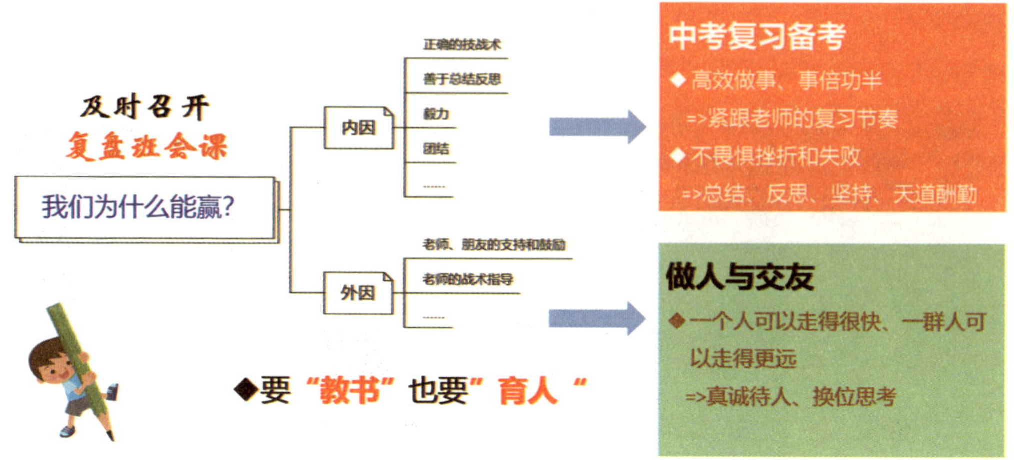

图 6 复盘班会的内容

德国的教育学家第斯多惠说："教学的艺术不在于传授的本领，而在于激励、唤醒和鼓舞"。引领孩子们学会感受爱、表达爱、并认识到自己是值得被爱的，这就是我一直所追求的教育理想，多年以后，孩子们不一定记得某堂数学课上老师教授的知识点，但是在松实这段被温暖过的记忆，将会成为他们未来人生风雨中最坚定的力量，帮助他们自带光芒。

偷“时间”的人

卓意玲

作为一名班主任，时间上严与宽、松与紧、多与寡的分配与管理值得关注。德育工作中，通过记录日常点滴、强调时间的力量、节省和合理利用时间等方式，着力提高学生的学习效率，丰富他们的人生画卷。

有一样东西，它看不见，摸不着，甚至不存在，却每分每秒都在逝去，它就是——时间。

时间是人生中最宝贵的财富。从有生命的一刻起，我们便被赋予了时间。对于学生而言，初中短短三年，是春华秋实，硕果累累的三年。作为一名初中班主任，我愿意呵护与珍藏每位孩子的朝朝暮暮、似水光阴。

初中生需要获得良好的时间管理能力，围绕着时间管理的德育主题，德慧 2019 级建立之初便把年级公众号取名为“时间的朋友”。回顾初二生物地理备考的关键一年，我围绕着“时间”德育主题，在所带班级 6 班开展了一系列班主任工作。

图 1 松实德慧 2019 级德育主题之“时间的朋友”

显微镜 · 放大时间的力量

在育人活动中，不断强调、彰显、放大时间的力量，塑造外在的显性文化，营造浓厚的班级氛围，进而固化为内在的隐性文化。

沁沁三月，生地中考百日誓师结束。我安排学生将班级横幅挂在每日必经的走廊上，走廊上悬挂着学生的祝福书签，红色横幅书写着一组组学生的个性签名和一句句座右铭。每当学生经过这一道氛围感满满的走廊时，“百日”的时间观念逐渐烙印在脑海中。

茵茵五月，生地中考前夕，我们班接到承办年级大会的任务。我引导学生确立“时间”主题，开展了《时间会回答成长》主题年级大会。从舞台剧表演《时间会见证梦想》、学生代表主题发言《做时间的主人》，到学生视频采访《与 100 天后的自己对话》，一系列活动围绕着“时间”展开。因此，虽然策划组织年级大会占用了班级许多学生中午、傍晚和晚自习的时间，但是却在策划和筹办活动的过程中增强了备考的动力和紧迫感，树立了惜时、爱时的观念。

图 2 班级负责筹建《时间会回答成长》主题年级大会

习习冬月，我与学生挑选并改编了“时间”相关的班歌《入海》。“时间会回答成长，成长会回答梦想”……朗朗上口的歌词，用心用情的排练，这是学生难以忘怀的一段时光；精心拍摄的视频，倾情演唱的录音，值得初二、初三两年反复观看。学生在演唱班歌的过程中，对“时间”的关注珍惜耳濡目染，也更加相信时间投入在学习、成长中的必要性。

图 3 班歌视频中的画面

图 4 班歌《入海》歌词

漏斗 · 节省时间出奇效

优化教学，减负增效，这是教师所应该追求的高效课堂。初中生如今面临着十几门要考试的科目的考验，节省时间成本是帮助他们提升效率的必要途径。作为班主任，我也见过许多优秀的科任老师，他们“精打细算”、节约学生时间的故事给我留下了深刻的印象。

第一个故事是《刘林君老师的 ppt》。一天中午，班上临时安排了一节地理自习课，但由于地理刘林君老师无暇到班，于是她为学生提前安排学习任务。

当时，已经是中午 12 点 30 分。“ding”，钉钉界面突然传来一条信息：“等我一下，我等会儿发 PPT 给你。”

原来，她吃完午饭后匆匆忙忙回到办公室布置自习任务。下午 1 点多，她发来一条文字版陈述的消息。2 点 08 分，学生宿舍楼的铃声已经响起，“ding”又发来一个 PPT。

这一个小时，PPT 里写了什么呢？

打开 PPT，原来是“一对一师徒结对”辅导名单，秀丽的黑笔书写着未掌握的学生的姓名，红笔书写师父的姓名，旁边清晰地附注着任务内容。有了方案指引，打开 PPT 老师便能远程指导，同学们立马下位置热热烈烈地讨论、背诵起来。

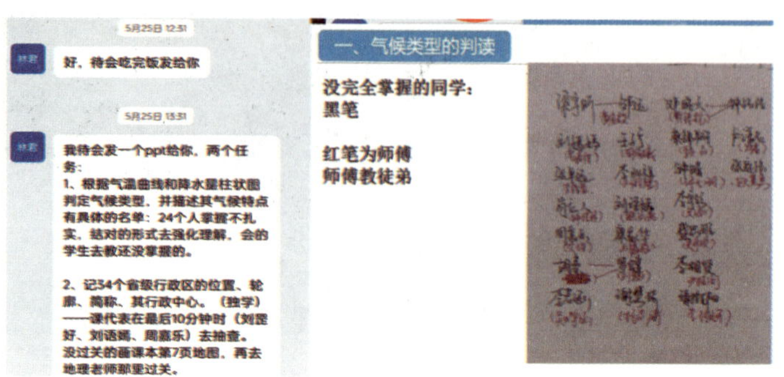

图 5 地理老师的精准教学痕迹

第二个故事是我与孩子们的生地备考故事——《61 分的语文老师》。

作为一个语文老师兼班主任，我偷偷做过数学、翻过物理，几次周测和学生一起做生地试卷。学生看到老师在读书写作业，忍不住回到家和爸爸妈妈分享："哈哈哈，老妈，我们老师和我们一起周测！"

这样做的目的，在于分析学科特性、了解班级学生学习思维特点，更好地促进师徒结对项目的进行；也为了激发学生学习热情，让学生感受到老师不仅在前冲锋上阵，还与我们一起并肩作战！

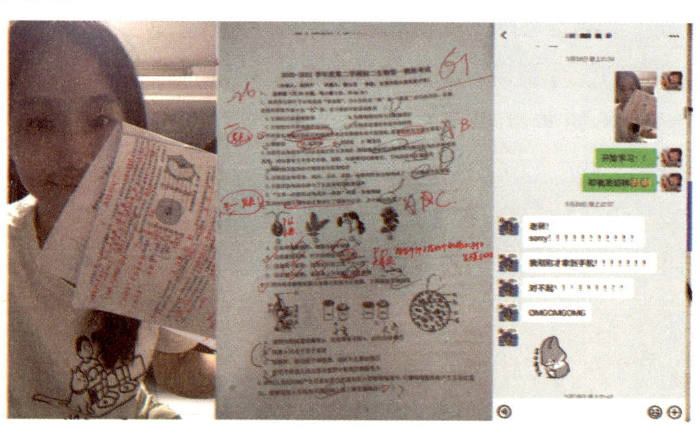
图 6 "我"与学生并肩作战学习各科知识

在这样许多次精准的一对一师徒结对后，我们很欣喜地看到，班级生物地理中考成绩取得进步且名列前茅，很多同学获得切实的提高并心怀感激。比如，李同学，为了感谢自己的师父，居然"豪掷百金"——花了两百多元买了个保温壶送给同桌师父。我当时听到，觉得好笑又感动。

对于初三学生更为高强度的学业，精准教学显得愈发重要，我也领略到了许多学科老师的智慧。比如毛杰老师化学课和晚修中，精确到某一道题提问哪位同学，所列清单一目了然。物理李翠丽老师会利用中午或傍晚的时间，解决个别同学作业疑难问题。陈晶老师利用英语晚修分段，邀请个别薄弱学生到教室外，乘着茶水间的灯光，一字一句带着他们读英语。邱镇勤级长就更不用说了，对学生的数学作业是无微不至，每天晚上10点基本是风雨无阻加班加点改作业，对学情有着精准的把控。这些，都是在用自己付出的时间，为学生节省时间啊。

节拍器 · 该浪费的时间

作为初次带中考毕业班的班主任，我一度矫枉过正，只懂“精打细算”却不懂“大方”一点，将学生的时间排得很满。所幸在多次的“备班”中，邱镇勤级长、林海妹级长以及科任老师们提醒我要松紧有致。

我尝试有秩序地开展初三主题班会活动，从学生反馈来看，这不仅为他们紧张的备考学习减压排忧、带来欢笑声声，而且还为他们营造了班级的温暖氛围，留下美好的印记，帮助他们活力满满地迎接中考这一战。

有规划的主题班会活动，能够丰富学生的人生画卷。初二生地中考前一天，我组织同学们为生地老师写贺卡送祝福；初三了，为了学生能留念同窗情，获得更丰厚的情感动力，我组织了十米长卷绘画活动、元旦跨年班会等。在长卷绘画中，学生为每一位老师同学画漫画，洋溢着笑容；在跨年班会中，同学们欢送即将前往国外升学的同学，向因病休学的同学送去祝福，让班级感情升温。

图 7 学生为生物老师绘制贺卡

图 8 “念师恩”十米长卷手绘活动

抓住教育契机，率性而为的活动，也能让学生留下触动心灵的感动。当学生由于疫情无法外出参加研学活动时，我尝试带领学生逛校园，组织制作叶脉书签活动等。在学生参加音乐、美术、信息中考前夕，我安排班干部把考点串联起来，以游戏的形式“玩中学”。在每天晚修19点前的每日一歌活动中，当我发现学生害羞极了，根本不开口时，怎么办呢？联想起初一某次学校停电，学生常常谈起的浪漫记忆，我索性安排班长关上灯，全班同学在黑漆漆的环境中唱歌时，竟然有更加投入的氛围。

图9 在黑暗中一起放声歌唱“浪费”时间

用显微镜放大时间的力量，漏斗式节省学生的时间，用节拍器调控被浪费的时间，以上三点是我在2021-2022年两年中考备考期间，围绕“时间”德育主题开展班主任工作的经历。时光有味，岁月沉香，我愿执一颗温暖的心，为孩子们斑驳的岁月留下多姿多彩的痕迹。

用班级活动擦亮学生精神底色

姚丹丹

一间教室，是教学组织的空间，是师生交往、生生交往的场所，也是师生共同成长的家园。班级管理肩负着建设班级氛围和培育学生人格的双重任务。笔者以我国教育“立德树人”的根本任务为指引，在我校创造教育理念的指导下，在新班级开展了指向多素养融合发展的班级活动，擦亮学生的精神底色，以培育学生更完善的人格。

学校里，一间教室意味着什么？如何打造有温度的班集体？三年后学生应成长为什么样子？这些问题或许可以在国家人才培养目标和学校办学理念中找到路径和答案。

“立德树人”中的立德，就是坚持德育先行，通过正面教育引领学生成长；树人，就是坚持以人为本。结合《中国学生发展核心素养》内容的学习，我懂得了班主任工作对象是成长中的人，班级管理应面向未来，让学生具备未来社会生存的必备素养和做事的关键能力。同时，东莞市松山湖实验中学是一所具有创新活力的实验学校，万飞校长基于学校办学愿景，提出了基于“三创”的创造教育模型（如图 1）。该模型提倡通过“创造教育”为学生的成长赋能，激发学生自主发展的内驱力，借助涵盖人文、健康、科学、交往和多素养融合的“三创”课程体系，努力培养有民族精神、国际视野和创造性人格的学生。让班级发展小火车连接上学校办学的大列车，我以班级管理为路径，努力在班级建设中发展

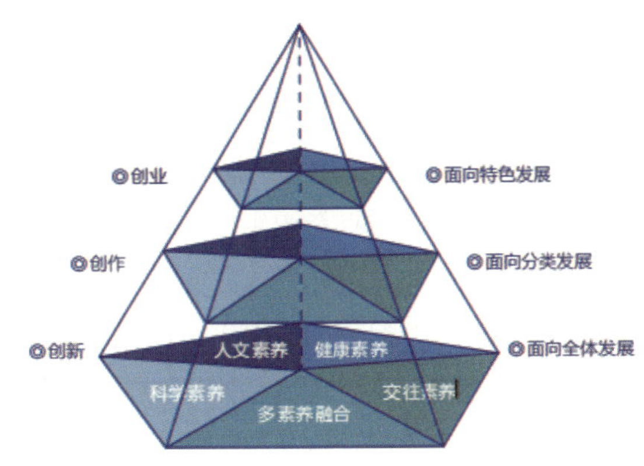

图 1 创造教育模型

学生交往、人文和管理方面的素养。

基于政策引领和理念的指导，我意识到一间教室，是教学组织的空间，是师生交往、生生交往的场所，也是师生共同成长的家园。班级管理应有双层目标：建设班级和培育人格。为此，班级开展了指向多素养融合发展的班级活动，以建设班级和培育学生人格。

指向交往素养的学习小组建设

良好的交往始于尊重和接纳。为助力学生学会学习，推动学生间相互学习和深度参与课堂，我校推行合作学习模式。然而初中生处于身心发展的关键期，自我意识增强，却又因同伴差异而过分敏感，乐于交往但不善于协作沟通。为帮助学生学会彼此尊重，班级活动应搭建平台让学生理解和尊重彼此差异。为此，班级先后开展了以“爱与祝福”为主题的集体生日会，让学生懂得每个生命都是独特珍贵的；还有旨在“拓展视野”的百科知识分享会，让学生看见每个人都有独特的见识和视域；在“展示才华”的小组赛歌活动中，学生明白了每颗星都能发出属于自己的光。

另外，为促进小组成员的深度融合，班级还开展了“寻找合伙人”活动。此项活动借鉴了名班主任叶德元老师的做法，基于班情，我们将班级学生分成六个区，同区同学不能同小组，活动中无领导者，学生需要主动进行相互协商、沟通、选择，组建成六个“组间同质、组内异质”的合作学习小组。活动后，学生表示在此项活动中懂得了组建学习小组的不易，理解了老师的难处，更明白了同伴之间相互尊重，彼此包容的重要性。实践出真知，学生通过自由组建小组活动，深刻地体会到唯有互相接纳，彼此信任，才能共生存、同发展。

为优化学习小组评价，促进小组成员共同进步，班级还大胆地实行了学生电话家访制度。我校是寄宿学校，为了让家长也参与和了解学习小组的情况，我们实行了每两周每组委派 1 名学生进行电话家访的活动，反馈组员在校学习和行为表现。班级借助“小组电话家访反馈表”，让组长与组员事先商定好两周内努力提升的行为表现，组长如实反馈情况，肯定进步的同时也给组员提出后续改进建议，这样班级德育量化的各个维度在家校沟通中不断被反馈和强化，德育量化常规得以落到实处。家长方面，他们一方面有感于家校沟通的即时高效，另一方面，家访学生良好的交往沟通素养令他们印象深刻。

同伴是初中生的重要他人。理想的同伴交往是始于好感，敬于才华；和于三观，忠于人品；相互欣赏，一起学习；互相帮助，共同进步。通过多维度的班级活动，班级学习小组建设得以深度开展，也逐渐形成了互帮互助、团结友爱、融洽的班级氛围。

指向人文素养的共读共写活动

关于人文素养，学界普遍的认识是，人文素养的灵魂不是“能力”，而是“以人为对象，以人为中心的精神”，其核心内容是对人类生存意义和价值的关怀。为了提升学生的人文素养，班级以“共读”和“共写”活动为抓手，引导学生思考人类生存的意义和价值，在学校和班级活动中关注人的精神和品格。

在“同读一本书”活动中，阅读能力并不是我们唯一的目标，班级更希望学生通过分组共读同一本书，在阅读中交往和对话，形成思维的碰撞，在优秀书籍中感知人类生存的现实与意义。例如，孩子们在共读《云边有个小卖部》的过程中，发现了社会上普通平凡的小人物有其性格中的不足之处，但是他们都在顽强地生存。在《哈利波特与死亡圣器》中学生品读人物的成长和变化，感受勇敢和坚强的力量。自主阅读输入和产出

图 2 小组同读一本书活动

活动不以应试为目标，尊重学生个性和特点，这极大地提升了学生的阅读兴趣和阅读效果。

除阅读输入之外，班级还以学校各类活动开展为契机，鼓励学生共写活动经历。每年的班际篮球赛落幕之际，师生共同写作“我和我的篮球班赛”。初二社会综合实践活动后，师生共同记录德育基地的日子。在学生的笔下，既有赛场上球赛的精彩、紧张和刺激，更有对赛场内外同伴拼搏进取和团结友爱的真挚记录和喜爱；既有军训的辛苦，更有团队围餐的感动。写作是思想的外显，同伴们发自内心的欣赏和关注，让学生在班级感受到个体之于集体的价值和意义，同时彰显了学生在不同活动中的个性和精神特质。班杜拉的社会认知理论为观察榜样学习提供了理论支持，在师生共写过程中，学生既能表达输出个性思想，同时也向榜样学习。优秀的榜样有同伴，亦有老师。多维视角，让活动育人的价值最大化，同时借助优秀写作展评和公众号创作等形式，班级较好地将活动育人的价值惠及到每一个孩子。

共阅读、共写作，是目标也是途径，学生在共读共写中审视自我与集体、自我与他人的关系，获得新认知，涵养了内在品格。在生生互动交往中，学生对人性的观察和人的价值认知是他们人文素养提升的最好表现。

指向管理素养的双向管理模式

班杜拉认为，教育的一个主要目标是“让学生具备终身自我教育的心智工具、自我信念和自律能力”。同理，班级管理的一个目标应该是让学生在自主管理班级过程中同时学会自我管理和调节，通过自主班级管理活动，获得自我教育的信念和自律能力。为此，班级学生自主管理活动指向的是学生管理班级和学生管理自我的双向管理模式。以学期末的“班干部述职”为例，学生在述职中重新思考自己的职责和角色，反思在岗位上任务执行的效果和作用，同时也会启迪学生改进优化管理班级的行为和表现。在诸如学校义卖、班歌比赛等大型活动组织过程中，学生需要优先启用自我管理和协调模式，平衡学习和活动时间，协调同伴的岗位和职责。更难能可贵的是，面对组织活动中的困难，学生需要寻求合作，努力解决问题。

管理活动是学生获得管理者素养和思维的重要途径，在自主管理过程中，学生的执行力、胜任力和创新力得到锻炼，同时自我管理能力也随之提升。

综上所述，班级活动欲发挥最大的育人功效，需有清晰的活动目标，完整闭环的活动流程以及师生共同参与为保障。松山湖实验中学的创造教育是一种点亮教师与学生智慧的教育理念。创造教育的活动是教育的载体，让孩子在活动中学会做人，习得规则和涵养品格，润德于心。未来我将以《中小学德育工作指南》为指引，基于学情特点，整体规划和设计班级活动，继续开展以班级活动建设班级的探索。

图 3　学习小组建设

题目人生

林晓红

从问题人生到题目人生，从解决一个个的问题，到确立一个个的题目，成长的主动权掌握在自己手中。我认为有三类共通的题目值得引导孩子们去追求：有逻辑且客观的分析，追求美的事物，悦纳他人悦纳自己。

有一天看到这样一段话，很有感触，便和学生分享：“有人是这样去分析自己的生活的——‘生活要的不是那些技巧，而是生活本身。我们愿意将生活的构想面打开，不预设地回到生活，探寻并释放自己内在的天赋美学，挣扎着成为一幅安静而又流动的画，高挂在生命的殿堂。’”“我们都是在挣扎着生活的，而每一天清晨的时候，我们并不知道这一天的答案是什么，每天晚上回顾的时候我们也不知道题目是什么。但是这些题目是如此有价值，我们要从问题人生到题目人生。所以大家每天晚上都要写德雅本噢！”噢！学生惊呼好像被我套进作业的圈套了，当然这只是顺便完成的。这段话当时给我带来非常大的震撼，但那时候我并不太明白什么叫做题目人生。

直到我跟学生的一次争辩，小 H 跟我说：“老师这么简单基础的题目，算成本和利益，得到的利润实在太低了，我还不如花时间去做一些难一点的题目。”我就开始和他讨论为什么要做等等。眼看着说服不了他，我沉思着。想到这个孩子实在有点过分，他很多次都这样子不做作业，而且各科都有这种情况，何况他的课余时间很多！那要不不跟他废话了，直接要求他做就行了？可是孩子成绩其实是名列前茅的，且性格非常的好强，父亲管教很严格（比如小时候被爸爸关在车里背书，背完才让下车，初一还被老爸揍过）。小 H 的情况又让我觉得他“不想做题”也可以理解。这样一想，聊不下去了，怎么办呢？我就反过来询问他：“你有没有想过做一些看似无用的事情？”“比如我们班很多同学，他也在做这些你觉得简单的题目，看起来没什么用，难道他们很蠢不会计算吗？不是的。他们只是想争取哪怕一点点的进步都好，都愿意付出百倍的努力去争取。

他们没有你那么精准的权衡。我理解你的权衡，可是我觉得不能只有权衡。如果这个社会只有权衡，只有利益的计算，那就只有强弱对峙，就会弱肉强食。你希望比你强大的人永远欺负你吗？所以习得知识给我们带来的应该是慈悲，不是看起来聪明的算计，是对他人的关怀，是一种更大的耐心。”如果说，他的问题是偷懒、不愿意写简单的作业，那么他的题目应该是“学习真正的目的”。

由此我发现孩子们的题目有时候是清晰的，有时候又是模糊的，我有没有可能引导他们得出清晰的题目？试试看！

有逻辑且客观的分析

孩子们共同拥有的第一类题目可以是什么？先来看这个故事。每次期中期末考试后，我会要求课代表把全班同学写过的试卷回收，以确保评讲时全员有试卷。有一次，我发现数学课代表到了第二天都没收好，我催促了两次，她不好意思才跟我说真实想法：“老师我觉得没有必要啊，收了今晚就发，而且收好试卷本来就是大家自己的责任，如果丢了他们应该自己负责。”没错，很有道理呀！但是我又觉得不太对劲，于是我问她：“不过物理和道法课代表收齐了，他们是怎么想的？你去问问。”下午孩子回来找我，说：“老师我错了，我会收齐的。可能是你对我太好了，搞得我有点自大，我会改进的。”咦？怎么会有这种变化呢？

孩子说：“我问了道法课代表，她说她也觉得没什么用，但是她觉得这个班应该听林老师的。”原来如此！那还有一个物理课代表，怎么想呢？“老师我也觉得没必要，但是我给自己找了三个理由，第一大家可能会弄丢所以要收，第二老师可能要看做题痕迹，第三我觉得比较扯，但是也许同学们可以锻炼一下自己在试卷上记得写名字的能力。”我被两个孩子的说法震惊了，马上把这个事情跟同学们分享。

分享什么呢？我说道法课代表让我看到了真正的谦恭——它是一种非常强的工作能力，不在其位的时候不要谋其政。当你还不是老师的时候，你要做的事情是商议、交流、行动且及时反馈，告诉我班级的措施有什么问题，可以怎么调整。但你不应该在背后去评论 “有没有必要”，也不应该拖延事情且不反馈。当你面对学科知识和老师时，你去纠结这道题好离谱、这个内容太简单了浪费精力，当你去评价、抱怨时，是否意味着你有点自大呢？

再看物理课代表，他让我知道了什么？他的思维习惯——刨根究底。为什么这么说？因为他找到三个合适的理由说服自己，真正地接受了这个要完成的任务。他说的这三点我在班里都强调过，而他是唯一一位全部听进去、内化为行动做出来的课代表。我问所有同学："老师讲一个知识点、一个学习方法的时候，你有没有真正地内化为自己的一个行动指南，并且把它运用到实际？你的行为就暗示了你的认知，你的思考深度就暗示了你的思维习惯。根据你的行动，请反问自己——我真的尽力了吗？"有的同学点头，有的同学沉默，有的同学跑过来跟我说："老师你说的就是我吧？"同学们的反馈让我忽然发现，他们对于思考的追求跟我是一致的！所以我认为第一类共同拥有的题目应该是引导学生进行"有逻辑且客观的分析"，而对应的现实问题是"做久了没有那么认真，产生懈怠的情绪"。

追求美的事物

第二类题目，我们先来看这些场景（如图 1 所示），收纳不整洁的情况在教室里很常见，这些场景意味着什么问题？我观察发现，桌面、柜子乱糟糟的同学大部分都有一个问题——没什么目标，对自己对事物没有太多要求。

图 1 教室里不整洁的场景

它对应的题目应该是什么？整洁、有序？我认为背后还有“青春、质朴、纯粹”这些关键词。为什么“整洁、有序、青春、质朴、纯粹”能解决这些问题？我想起学生看到教室整洁有序，看到青春灿烂的笑脸照片时，他们的内心是很欢喜的，而这种开心和喜欢是因为他感受到了什么？是感受到了“美”。第二个题目，应该是“追求美的事物”，它对应的问题是“没有目标、压抑、疲惫、空虚”。追求美的事物为什么能让压抑、疲惫、空虚找到一个出口呢？因为美的内涵远远不止于整洁的美，不止于笑容的美。

图 2 同学们整洁的、面带笑容的半身照

我曾经和学生一起看月亮升起来，晚霞还未褪去，感受日月同辉的辽阔。我们也曾在走廊一起痴痴等待月食，讨论月亮的形状。晚霞总是如约而至，清晨的阳光也总是耀眼。在阴天的时候看天青色等烟雨，在春天里看火焰木开一树火红的花。在冬天很冷很冷的时候，冷得牙齿都打颤的时候，我就跟他们分享我最喜欢的一首诗——白居易《问刘十九》“绿蚁新醅酒，红泥小火炉。晚来天欲雪，能饮一杯无。”刚好是这样的天气，刚好有如此的诗意。也许是在校园里捡几个小芒果，偷偷藏进我们的小角落。我会把这些生活中的美在教室展示出来。我希望孩子们在学习之余抬头的时候，可以看见美、发现美，并且知道在事物千头万绪的不确定之

图 3 同学们一起在走廊等月食

中，有另外一种笃定。

我还会向学生分享李子柒的视频，我想告诉他们远方有人在坚持做着很美好的事情，我想告诉他们世界上有远比学习更加辛苦的事情。我想告诉他们一个女生一双粗糙的手以及一颗勤劳、不怕吃苦的心，有多么的美好。我也会跟他们分享旅途，我告诉他们我被大自然感动的时刻，我在现实中遇到诗意的时刻。我希望他们能够知道，要把人生的追求寄托于一些相对来讲比较美好而永恒的事物上，比如大自然，比如美，比如诗意。这个题目期待学生能够寻得一种宁静，唤醒他们的向往。

图 4 教室里的展示区

悦纳他人，悦纳自己

最后，我发现一个对孩子们一生都很重要的题目。

实验操作考试前的最后一节课，课堂要求同学们根据实验资料，独立完成实验任务，有疑问时举手。因为课堂状态差，最后科任老师把同学们训了一顿。同学们众说纷纭，有人说："又不是我犯错误，为什么要训我，不公平。"还有的说："我们其他课也这样，怎么其他老师不说。""我和同学都在认真完成，虽然是两个人一起做（实验操作考试要求学生独立操作）。""我确实没有带资料，但我听得很认真。""我们课间是去打球了，但我们准时跑进教室了。"……几天后，同学们反思并诚恳地写下课堂中的待改进之处，他们因什么而改变？因为悦纳，悦纳自己，悦纳他人。

如何能够理解他人，产生悦纳的情绪呢？我用了一个道具——一张白纸。我拿了一张白纸到班里，和同学们分享："老师在每一节课刚开始的时候，就像这张白纸一样，顺滑、干净整洁，充满希望。这时候，有人满身大汗进教室，这明显剧烈运动去了！等会要多久才能集中注意力？"我一边把手上的白纸揉皱。"唉算了。"我又把揉皱的白纸摊平整。“啊没带资料！这么重要的资料”“算了算了，有好好听课就算了。”我一会揉皱白纸，一会又试图摊平整，“开始上课，怎么有嗡嗡的说话声！明明要求独立完成，为什么你们两个人在一起做？啊又有人做错了，这位同学刚刚没听到重点吗？最后在这节课结束时，老师的心情就变成这样了”我举起手中被揉成一团，早已不复整洁面貌的纸团。我就这样演示了一张 A4 纸被揉皱的过程，我告诉孩子们：“你的每一个行为，包括你不去阻止这件事情，其实都在导致最后的结果。你在一次次试探别人的底线，你却看不见别人为了抚平这张纸所做的一切努力。我们抱怨别人不够宽容，但是我们有没有想过每一个细小的行为给别人带来了怎样的情绪感染？”原来无法理解的情绪和行为，找到恰当的比喻，恰当的思路，悦纳他人还是比较容易的。

更难的，是理解并接纳自己。它跟家庭成长背景有很大的关系，是一个很复杂的事情。举个例子——孩子们无法说出口的话。初三的孩子最无法说出口的话是什么？电视剧《请回答 1988》里，德善和她父亲的对话，德善问爸爸：“爸爸，就算我考不上大学也不能骂我哦。”看到这个对话时，我代入了孩子们的感受，我感受到了很多孩子的恐惧——那就是“万一我考不上了，你会不会讨厌我。”

于是我把这个片段剪辑出来在班级播放，我想告诉孩子们：这个恐惧很多人都有！我想替他们把这种恐惧说出来！我也想告诉他们，家长的回复其实也出奇地一致——那就是“只要你拼尽全力认真努力过，没有关系的，不要担心，我们知道了。”我记得有个孩子听完，哭得泪流满面。让他们恐惧的是内心的不安全感，是害怕被亲爱的人抛弃的想法。帮他们大声说出来，帮他们悦纳自己。

除了无法说出口的话，还有无法面对的自己。

有一次我在走廊茶水间打水，看到这棵树（图 5），忽然感到似曾相识。它跟我们班前两天在宿舍又打架又骂人的孩子，很像啊！长得丑丑的，脾气不好，满身还带刺。这么丑的树长在春天里也是很不容易啊，因为别的树都长着嫩绿的芽，开美丽的花。这样的心思像极了那个发脾气的孩子，其实他在心里也觉得自己不好吧？其他同学呢？会不会也或多或少有过这种想法？觉得自己脾气不好、如此普通，别人都开花了漂漂

图 5 春天时光秃秃的美丽异木棉

亮亮的，我丑丑的，有点惨噢！可是我知道这棵树，我知道它是美丽异木棉，我知道它会在秋天开花。于是我一天天去观察它、给它拍照。等它发芽、长出嫩叶、等它开花。有一天我拿着照片给学生看："你难过自己满身是刺，但是并不影响你能开出一树的花。你难过自己在春天时丑陋，但是未必不能在夏天秋天的时候耀眼。满身的刺也能长出叶和花啊。"因为悦纳，愿孩子们感受到爱意的流转。这就是我希望孩子们能够追求的第三类题目。

图 6 夏天时茂盛的美丽异木棉

这三类题目在日常生活中都会很常见到，但初三是一个很好的时机。此时，玩乐的欲望和时间是被抑制的，学生有更多平静的时间来跟自己对话。学生能跟自己对话吗？他们会和自己有什么对话？他们需要什么？我认为他们需要一个更加深远而明确的追求，教师应该将这种追求引向一个更笃定的方向。我们引导他在思想上有逻辑地分析、在感官上追求美、在情感上悦纳。学生在这个过程中把问题转变为题目，把疑问句转变为肯定句，其实就完成了对自我的激励。就像张阳老师所说的："生活的每一天都是对生命的建构、探寻的信念、发现的抉择、勇敢的实现，整个过程是挣扎的神秘的，因为不曾有答案，所以看见的会是创意的旅程。"

最后以一个小故事来结尾，它带给了我巨大的惊喜。这个故事发生在距离中考还有一周的时候，我在教室看晚修。我们班小魏来找我诉苦（小魏的成绩一直是班级倒数第一名）："老师我觉得好累，我可不可以不复习了？"我觉得可以，我说："那我们休息 10 分钟，其实你看那些很认真的同学，他们不累吗？不是的，他们可能只是不敢停下，他们也都是累的。所以你去休息一下吧没关系的。"过了一会他竟然拿了一本唐诗来找我（在我同意他休息之后，他竟然根据自己的爱好拿起了书籍阅读），他给我看了这首诗——张九龄的《感遇·江南有丹橘》"江南有丹橘，经冬犹绿林。岂伊地气暖，自有岁寒心。”孩子说：“老师你看，这首诗跟你说的同学们的状态很像。他们天生就努力奋斗、就轻而易举的一直在努力吗？不是的，是因为他们心中有像松柏一样的常青的志气。”

小魏的问题很常见，是“习得性无助、感到疲惫”。而他的题目，一开始我以为是“悦纳自己的情绪”。但是当他跟我分享后，我发觉他的题目可能是“像松柏一样面对严寒依然常青的志气”，也许是“在生活中挣扎着成为一条安静而流动的河流”。不管题目是什么，我想，一定比我能想象的，要更加宽广了，这是他的题目人生了。

微微

林倩琪

微微，是班歌，是班级文化，是九班的每一个人，也是九班。文章以班歌为线索，从选曲背景、活动宣传、合伙人招募及共创经历四个方面，讲述了以班级氛围、自主管理架构、班级平台为路径的班级文化建构过程。学生的成长需要阶梯，而班级为学生的成长搭建阶梯。用微微的力量，让班级逐渐形成一个向上向善的生长学堂，让学生在班级中收获归属感和幸福感，激发自我成长的力量。

《微微》是我们的班歌，在班歌比赛之前，我不断向孩子们传递着班歌比赛的意义和美好，告诉他们这将成为难忘的青春回忆，孩子们逐渐对班歌活动充满期待。于是，我们开始在班上招募班歌活动负责人，很快团队组建完毕。筹备过程分工明确，负责班歌的孩子们将班级写进歌词，找不到纯粹的伴奏时一段段剪辑拼接，合作制作视频时精益求精。最难忘的还是选择主唱的过程，我们曾布置唱班歌的德育作业，班歌团队的第一次会议，我和孩子们聚在一起，听完每位同学的歌声，选出主唱。正是因为大家对活动有憧憬，准备过程中分工协作，最终我们在班歌比赛中取得了优异成绩，也留下了美好的共同回忆。

图 1　班歌比赛

班歌《微微》成形过程，其实就是班级文化的建构过程，选曲背景、活动宣传、合伙人招募和共创过程也分别对应了鸿鹄九班的班级精神、班级氛围、班级管理架构和班级平台的构建。

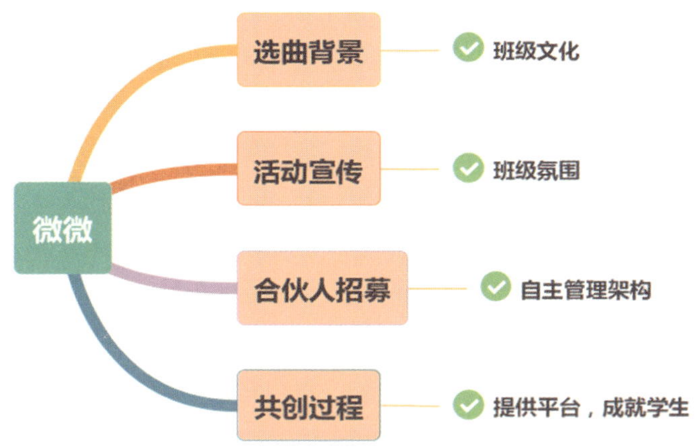

图 2 班歌背后的班级架构

班级精神

从班级建立伊始，“向上向善”这词一直刻在我的脑海中，它是我对班级的愿景和追求。向上是指积极进取、奋发向上、追求进步，向上的态度能促进学生身心健康，收获学习和生活中的成长。而向善，指崇德向善、择善而从、和谐友善，希望学生与人为善，不仅关心自我，注重个性发展，也要关心他人、社会甚至国家。向上向善，有利于班级形成良好的班风学风，和谐融洽的班级氛围，这是我理想中班级的模样。

班级精神是抽象的，而“微微”是班级精神的具体化意象。它包含每一束微光都很重要，微光也能闪闪发亮，而微光也能聚成璀璨星河。所以《微微》是个人也是集体，希望学生关注自己的点滴进步、点滴成长和点滴美好，关注自己和他人，相信个人的发展和班级的进步都能聚少成多，从量变到质变，变成更大的光亮！这与向上向善的追求契合。

班级氛围

在班歌活动开始前，我不断向孩子们传递着活动的美好，让他们逐渐对活动充满了憧憬和向往。然而，这些说辞能起效果，必须建立在良好的班级氛围之上。

初中生处于青春期，他的重要他人可能从父母、老师转变为他的同伴，所以良好的同伴关系、融洽的班级氛围，能给学生带来安全感和归属感，获得尊重，有利于追求自我实现和自我成长。学生初到班级，会把最好的一面展示出来，待人友善，尊师守纪。但不用太久，就开始“释放本性”，需要磨合。开学不久，发现部分孩子习惯不好，存在无规则意识、班级和宿舍纪律散漫、爱用拳头解决问题等情况，同时也有传播谣言、挑拨离间、抱团交友等情况。

为了营造良好的班级氛围，我从班级点滴活动入手。我们票选出班级的隐藏天使，鼓励每一次善意和美好；吵架时用明信片缓解尴尬，传达歉意；通过国王和天使、漂流本、v 校等捕捉班级温暖瞬间……

班级也开设了一系列跟人际交往相关的班会课。针对班级学生造谣传谣事件，以社会新闻为背景，让学生意识到他们的行为不是“开玩笑”，会给被造谣者带来切实的伤害和痛苦，并反思自己是否参与过现实中的语言暴力，是否曾造谣或为传谣推波助澜。希望他们能独立思考，言必有据，不做冷漠的加害者。

当学生困惑不打游戏会与同学没有话题、明明没有完成学习任务却不好拒绝同学的邀请时，我们探讨学习和人际交往的关系，承认社交需求，讨论何为友谊，想要怎样的朋友，想成为怎样的朋友，向上看齐而不要向下兼容等。班会后，孩子们在德雅本上写下感受：“整个班会时间不长却给我带来了长久的思考……突然觉得生活是那么充实，那么美好，感觉一片光亮。”感受到孩子们逐渐变得明媚和豁达，朝着我想要的方向走去。

除了针对整体进行沟通和教育，也少不了特定的沟通，与学生席地而坐，在楼梯上述说彼此的想法；通过调和会议和宿舍会议，化解矛盾和摩擦，不让误解和冲突成为扼杀同学情谊的理由。渐渐地，班级氛围逐渐好转。

磨合期逐渐过去，班级稳定发展，不断强调班级共同体意识，比如给生病的同学送去大家的小卡片和小零食，为无法返校的同学录制搞笑又温馨的加油视频。从那以后，时常看到孩子们给请假回家的孩子留言，期待他们早日回归，孩子们认为和大家在一起才是最美好的时光。

每一个微微的举措，逐渐改变着原来的风貌。慢慢的，新年时孩子写下了“班和万事兴”，也有越来越多的孩子在朋友圈自发记录着和 9 班在一起的时光，孩子们逐渐有了自己的朋友，朋友圈，心也越走越近。

自主管理架构

招募合伙人的方案能成功，得益于班级的自主管理架构。自从班干团队稳定且较好的运转后，我们班制定了一个自主管理架构，包括班级管理的三大部门：常规部、学习部和活动部，常规部主要包括个人常规，班级的卫生和纪律，宿舍的卫生和纪律；学习部包括学科学习，学习活动等内容；活动部负责学校和班级的各类活动，班级布置等等。

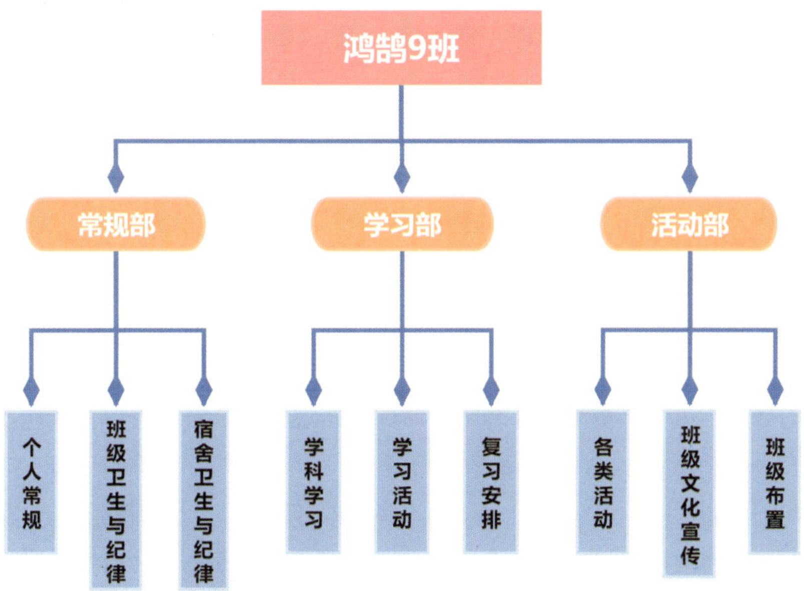

图 3 班级自主管理架构

班级的一位班长和五位值日班长，每两人负责一个部门，并在每学期进行轮岗更换，旨在让班长们全面掌握班级各项工作。

班级自主管理的流程如下：先由班主任或班长发起讨论，如班级最近有哪些需关注的事件，学生反映的问题等，然后召开部门的联席会议。班干开会后，再将讨论的内容、精神以及新的制度通过微班会的方式传达给每位同学。

图 4 班级自主管理流程

有这样一次班级值日规则的整改。背景为一段时间以来，劳动委员提出值日迟到人数变多，部分学生因罚值次数较多出现“摆烂”，扣分增加，原有的值日制度存在不足。为改变此现象，班长召开常规部会议，与会的有班长、分管常规部的值日班长、劳动委员等。在会议上，班干们讨论了如何细化值日生的任务，如何修改和完善原来的规则等等，班干部讨论，班主任更多只是聆听。商定好新规则后，他们也进行了任务分工，包括新值日表、ppt 的制作、微班会的宣讲等等。

常规部制定新的更具体的值日安排表，针对部分同学值日迟到现象制定新细则，落实加扣分等奖惩新措施，并在微班会上宣布。不可否认，班级卫生能时常得到科任老师们的肯定，离不开班级的自主管理。而我也相信整洁舒适的教室环境是一种隐性教育，能给孩子们关注细节，追求卓越的心理暗示。

学习部也做了不少自主管理工作，初二伊始，同学们的学习动力有所下降，课堂不够专注，回答不够积极，于是学习部自设主题为《重整行装再出发》的微班会，从学生的视角谈论学习的意义、课堂积极发言的重要性、学风建设的新制度等。此外，学习部自行制定考前复习安排，利用早读前和晚自习前的时间，安排复习任务。为提高效率，规定每段时间的前 15 分钟落实任务，最后 5 分钟由科代表听、默写，效果不错。

而活动部更是自主完成了一次次活动任务，如元宵节活动，学生制作了 ppt、录制了包汤圆教程视频、自主准备了全班的糯米粉和芝麻馅，并将所需的碗碟筷等用具标好数量发给班主任，可直接请家委协助购买。

正是有之前的铺垫，在运动会、班歌比赛、义卖活动同时到来时，班级的活动合伙人招募也很顺利，孩子们肩负使命感和责任感，也有能力去完成一项项任务。最终我们在活动中都取得很好的成绩，也留下了美好的回忆。

提供平台，成就学生

初一开学伊始，发现 9 班孩子总体自信心不强，表达能力相对较弱，不敢表现自己，因而班级创造了一系列的展示平台，正是因为这一次次的展示，成为学生能实现共创的缘由。班级开展了“每个人都能做 5 分钟的演说家”活动，鼓励孩子们站上讲台，畅所欲言，锻炼孩子们的语言表达能力，临场应变能力，以及在公共场合发言的勇气。通过一次次的个人才艺展示，让更多孩子站到了舞台中央。每次考试后，也让更多的孩子畅所欲言，分享自己的学习经验和方法。

利用生日会活动的契机，全员参与。第一季生日会，由活动部负责人带领自荐的同学进行策划，活动结束后及时总结，讨论优点及不足。第二季生日会则由 2 个优胜小组筹办，先由活动部负责人与小组负责人开会对接交流，再由小组长与小组成员开会讨论细节落实与分工。有了第一季的经验，第二季生日会更流畅、气氛也更好。每一次活动的目的，都是让学生得到真正的锻炼和成长。

在班级氛围的熏陶，自主管理的完善以及班级平台的培养的合力之下，逐渐形成了我们的班级文化。回头想想，无论班级氛围、自主管理、学生展示、都是一点一滴，始于微微，从量变到质变而来的。一个真实的孩子，成长到我们所期盼的样子，中间是需要阶梯的，而这些路径，就是为他们搭建阶梯。一个个小小的决定、一次次积极的跟进、一次次微微的力量，逐渐形成了一个向上向善的班级状态。

在这过程中，学生可能也会面对失败和挫折，我联想起《微微》的歌词，青春不就是在跌跌撞撞中学会坚强，在迷茫中寻找方向，在跌倒后再站起来吗？而班主任不就是那个在背后守护着他们又支持他们勇敢去闯的人吗？所以，微微是班歌，是班级文化，它是每一个人，更是我们九班。

生物地理中考后，学生家长发来了一篇文章，学生记录了在某个生地冲刺的日子里，被班主任发现自己状态不好后，被邀请一起抬头看天空的故事。故事的最后，她说感觉班主任的话就像一缕光，温柔有力量，点亮她前方的路。这个孩子，最终在中考中考出了她的最好成绩。我很感慨，作为教师，做着平凡又不平凡的工作，不也是一束微光吗？让我们努力成为一束微光，也一同致敬生活中的每一束微光吧！

立德树人理念下打造成长型班级的路径探索

松山湖实验中学教育集团东坑中学　杨浩生

立德树人作为我国教育的根本任务，其核心在“德育”，主体是“学生”，关键在“教育”，旨在培养德智体美劳全面发展的社会主义建设者和接班人。在学校倡导的“立人教育”理念的指导下，我针对班级存在的问题，从日常管理、情感培养、学法指导、家校共育、榜样教育五大维度探索如何通过“立生”“立师”“立家长”的探索路径打造一个成长型班级。

所谓成长型班级，是指在立德树人教育理念的指导下，班主任通过观察、分析、总结出班级的发展现状，以学生为主体，发挥家校的协同力量，旨在助力学生养成良好的行为习惯、培养强烈的班级荣誉感和归属感、掌握科学的学习方法、发挥榜样的教育力量，最终促进班级健康全面的发展，真正实现教学相长的教育意义。

分析班级现状，直面发展困局

初中阶段的学生自我意识在不断增强，认知水平也在逐步提升，个性特征更加突出，正处于心理、生理逐步成熟的过渡阶段。因此，初中阶段的学生会出现情绪波动大、自控力较差、行为习惯不良好等问题。我结合本班的基本情况，总结出本班存在的几点较为突出的问题与挑战。

一、纪律观念淡薄，行为习惯不良

在纪律观念方面，班级存在的主要问题是部分学生存在迟到现象，没有按照学校规定的作息安排准时参加早读、午练和晚读，课堂纪律较为松散，出现打瞌睡、传纸条等现象，出操纪律混乱，队伍不整齐、口号不响亮等。

在行为习惯方面，学生每天的值日卫生工作不合格，时常由于值日效果差被学生会干部和宿舍教官扣分。

二、集体意识淡薄，缺乏集体荣誉感

在班集体意识方面，部分学生存在“事不关己，高高挂起”的个人主义心态，参加班集体活动不积极，对待班级事务重视程度低，同学之间缺少互帮互助，尤其是在学习方面。总体来看，学生的集体意识较为淡薄，班级归属感较低。

三、学习较被动，方法不科学

在学习方面，大部分学生学习较为被动，没有明确的学习目标和方向，遇到不懂的问题也不主动请教老师和同学，缺乏问题意识和自我反思，学习方法也存在较大问题。

四、班主任威信不高

作为一名刚毕业不久的新手班主任，如何快速获得学生的认可和接受是一个重要的考验。在带班初期存在由于个别学生不服从管理而导致班级纪律松散的情况，班主任的威信有待提高。

立足学生主体，突破管理难局

一、严加监管，在“时间”上下功夫

初中阶段是学生养成正确的纪律观念和良好行为习惯的重要时期，所以我非常重视学生的常规纪律、课堂纪律和晚修纪律管理。

1. 抓常规纪律，重习惯养成

对于初中阶段的学生，班主任要特别注重纪律和习惯的养成，以严格要求与尊重学生的原则为主，加强对学生的监管和引导。

例如在每日的课桌摆放方面，我主要针对每天摆不整齐或者不配合的学生，由他为全班同学服务，摆好课桌，以此来加强对学生的教育和习惯的养成；对于在班级、宿舍值日多次不合格者，由他负责一天的班级和办公室卫生工作，为学生提供锻炼的平台，以此来强化学生的规则意识和纪律观念；对于宿舍分数被扣满达到停宿要求者要及时办理停宿，我也会借此机会对学生做好纪律和情感教育，以此教导学生不要因为自己的任性贪玩增加父母的负担，多一份自律就能少一份麻烦，以此引导学生树立正确的纪律观念。

图 1 常规纪律

2. 抓课堂纪律，重学习质量

在课堂纪律方面，我秉持着“多走动，扬威信”的原则，在课前、课中、考前多加巡堂，必要时会坐班，同时也要多与科任老师沟通了解学生的听课情况，发现问题及时处理和解决，以此来强化学生的课堂纪律意识。

3. 抓晚修纪律，促学习效率

晚修管理模式以值日老师与值日班长协同管理为主，值日班长负责登记好当晚的纪律情况，第二天早读前总结前天班级的表现情况，及时做好表扬和批评，对于纪律性差的学生，班主任要及时做好教育工作。必要时我还会邀请家长驻班晚修，如生地中考前最后一个月我每天晚修安排两位家长轮流坐班，通过家校合力给学生提供一个安静有序的晚修环境。

二、同频共振，在“情感”上注心血

评判一个班级是否优秀还要看学生是否有着强烈的班级归属感和荣誉感，这需要班主任在情感教育上花心思。

1. 研微知著，以“文”化“人”

文化，是班级的灵魂。好的班级文化对班级管理、良好班风学风的形成至关重要。班主任要善用班级文化建设打造出适合本班学生的班级文化氛围。我主要从教室环境、座位编排、班级制度、班级活动、精神文化这几方面展开设计，下面我着重分享座位编排和精神文化建设方面的实践做法。

在座位编排方面，为了促进学生更好的发展，编排座位时要考虑将性格、成绩、性别不同的学生进行搭配，以便学生之间实现互补，以此来促进学生之间相互帮助，实现共同进步。我编排座位以 4 人小组作为考量范畴，小组成员尽可能做到覆盖 A、B、C、D 四个层次的学生，同桌之间的组合可以是 AB、AC、BC、BD、CD 的形式，同时我会把好问的、外向的学生放在组与组之间的通道旁，一来方便跨组的交流与学习，二来方便老师的提问与点拨。

在精神文化建设方面，我从以下几方面展开：

第一，制定班级目标、班名、班级口号等，引导学生为了班级发展而共同努力。班级目标是关键，是班级的灵魂。班主任应结合本班学生的特点，建立契合学生实际的目标，引导学生为了共同目标而努力。由于本班学生较为活跃，纪律性较差，我把班级目标设定为“自律、自省、自信”，班级口号为“二班二班，非同一般！勇往直前，大干一番！”，班名为“博毅班”，博、毅二字各取自论语“博学而笃志，切问而近思 ，仁在其中矣”“毅，强而能段也”，意为博学坚毅，下定决心，习得知识。

第二，关注班风的建设，营造一个“团结、文明、勤奋、拼搏”的班风，促使学生在良好班风的潜移默化影响下规范自身行为，端正自己的思想。

班主任在建设班风时，应培养学生的主人翁意识，使其成为班集体的主人，让学生有参与感和奉献力，如班歌选取、班委选拔；还可将班级中的学生进行分组，使得学生在互相帮助、互相关心的过程中实现共同进步。

第三，建立平等、和谐的师生关系，真正走进学生的内心世界。这就要求教师在构建班级精神文化时，应从传统的教师角色中走出来，在日常教学中真诚地对待每一位学生、多包容学生，尤其是当学生遇到问题的时候应公平公正地处理。

第四，充分发挥榜样的教育价值。在日常教学中，班主任应规范自己的言行举止，借助自己的一言一行影响学生；还应充分挖掘、利用身边的榜样力量，促使学生从中受到教育和启发，真正实现全面发展。

2. 借助活动，以“誉”强“体”

我比较重视关乎班级荣誉的活动，其中影响力最大的莫过于一年一度的体育节活动了，这也是学生最期待的活动，尤其是对于想上赛场为班级争光的同学而言是一次难得的机会。体育节的主要内容有两项：一是开幕式节目表演，二是项目比赛，班主任要在这两方面做足功夫，才能发挥出活动对学生和班级的最大影响力。

在开幕式方面，班主任要引导学生围绕体育节的主题，发挥学生的想象力和创造力，节目安排要贴合学生的心理承受力和期待值，才能让学生发自内心感到骄傲和自豪。比如去年的体育节主题是弘扬广东省各地级市的优秀传统文化，我利用身边的资源，最终选择弘扬潮汕地区的国家级非遗文化——潮剧，借用了一整套“八仙庆寿”的戏服。开幕式当天看到学生洋溢着骄傲的笑容，我想这就是班级荣誉带来的心理体验。

图 2 学生活动

在项目比赛方面，班主任要做好赛前动员报名、赛中留意学生身体状况、赛后表彰总结等工作。赛前报名人数在某种程度上也能体现学生的集体意识强烈与否，班主任要善于利用这个契机做好动员工作，一旦成功，在很大程度上能增强学生的集体荣誉感和归属感。赛中时刻留意参赛学生的身体状况可以让学生感受到被关注、被关心，也是增强学生归属感的重要一环。赛后还要及时做好总结和表彰工作，以表扬为主，重点肯定运动员的付出，可给予一定的奖励，让他们感受到来自班级的温暖，这同样能增强学生的集体荣誉感和归属感。

3. 情感教育，以“仪”养“情”

我是一个比较注重仪式感的人，所以会在这方面引导学生注重各类事情的仪式，仪式感强烈与否关系到事情的重要程度，只有班主任重视了，学生才会重视。我平时比较注重开学仪式、考后表彰仪式、母亲节、教师节等各类感恩教育仪式，会着重做一些外在的加工和包装，让学生感受到活动的隆重性，学生自然就愿意参与进来。 以此来培养学生与学生、教师、家长之间的情感，让学生在活动的仪式中感受到温暖，从而增强学生对班级的归属感。

三、循循善诱，在“学法”上作指导

由于所带班级的认知基础较差，所以我比较注重学法指导。我会利用好科任老师的日常反馈、主题班会、课堂教学、考后谈心这些契机，对学生作学法方面的指导。

例如科任老师经常会跟我交流近期学习状态不佳的学生，并指出学生存在的问题，我就会第一时间找学生谈话，指出问题并提出建议。在主题班会方面，每个学期我都会设计关于学习方法的班会课，并邀请优秀学生作方法分享，让学生借鉴和学习优秀同学的做法。在课堂教学方面，由于我所任教的科目是道德与法治，初一教材中有关于学习方法的课程内容，我会借此开展学科渗透，无形中也可以对学生作学法指导。

同时我非常重视每一次阶段考后的师生谈心，一般会花 2-3 个晚修时间分别找每一位学生谈心，谈话内容主要帮助他们分析各科存在的问题，并提出建议，同时协助学生定下下一阶段的奋斗目标。谈话时间最好选在晚上，一方面是晚上时间较充裕，另一方面是晚上适合谈心，是学生忙碌一天后比较放松的时刻，受外在干扰少，更适合谈一些比较走心的话题，往往效果不错，备受学生喜欢。

四、以身作则，在“身教”上树榜样

马卡连科说过：“教师的威信首先建立在责任心上。”我非常坚定“身教”重于“言传”的教育信念，所以在日常教学和班级管理过程中我非常注重自己的一言一行，希望通过自己的言行去影响学生，给学生带来一定的启发意义。

例如在守时方面，我一般早读、午练、晚读都会提前进入教室，偶尔遇到个别学生因睡过头、宿舍值日不合格等原因迟到，无论是主观还是客观原因，我都会拿自己的守时来说服教育学生。这对于较自律的学生来说效果很明显，但对于平时较懒散的学生需要多次提醒和教育，长期坚持后迟到人数逐渐减少。

在早读方面，学生经常因为早起等原因而状态不佳，一片死气沉沉，开始我只是采用提醒加威胁的方式进行管理，但发现效果不理想。后来我就以学生的角色跟着学生一起读书，当下能感受到学生的内心是开心的，精气神焕然一新。

在个人业务能力方面，我一直相信有合适的机会就要跟学生分享自己在工作上的努力和收获，这同样也是“身教”的重要一环。例如入职时参加学校举办的新教师展示课活动并获得不错的成绩，我当时精心准备好分享课件，利用班会课向学生分享整个准备过程，让学生感受到原来老师的工作同样是苦乐交织的，原来老师的工作也需要讲究方法和精神。这样一方面可以在学生面前展示自己的业务能力，让学生慢慢从内心认可你、信任你、接受你；一方面又可以对学生产生精神层面的影响。

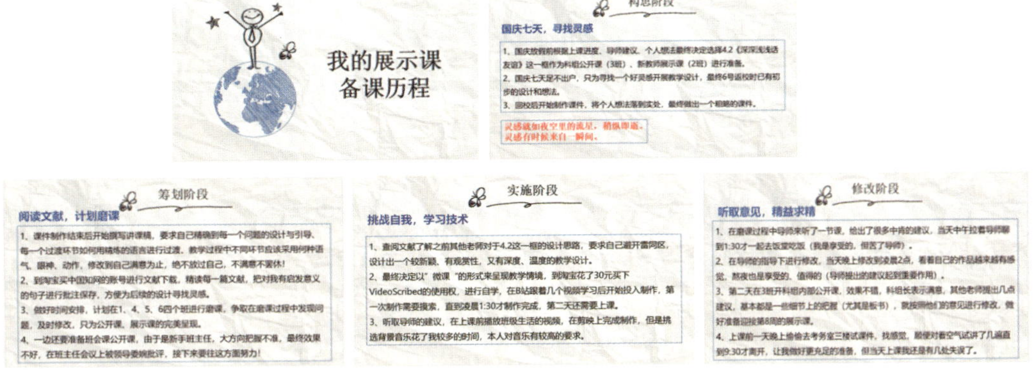

图 3 教师竞赛活动

在个人才艺方面，我认为有合适的机会不要羞于展示，这是提高个人魅力，拉近与学生距离的重要一环。比如学校每天早读前有 10 分钟的每日一歌活动，为了让学生开口唱，以积极的精神面貌投入到早读中，我有时会带着学生一起唱，以此来调动学生的积极情绪。去年我参加了学校组织的教职工歌唱大赛，最终获得冠军。这件事让我在学生心中的形象有了较大的转变，学生开始发自内心地崇拜我。这对我的班级管理也产生了一定的积极影响。

图 4 教职工活动

立德树人是我国教育的根本任务，也是班级建设和管理的核心目标。通过这两年的班主任工作经验，我更坚信作为班主任，要求学生做到的你必须首先做到，学生做不到的你也要做到，充分发挥自身的榜样力量，引导学生向榜样看齐。在立德树人教育理念的指导下，通过这两年的班级管理实践，我的班级在纪律、学习、班集体建设等方面均取得了显著的改变和进步，我在教学和班级管理方面也获得了较大的成长，这就是我致力打造的教学相长的成长型班级。

不一样的成长曲线

张淑欣

每个学生都是最独特的个体，都有着不一样的成长变化曲线。而班主任要做的，是在这段动态变化的曲线中捕捉教育的契机，注入向上的力量，让这条曲线更具活力和意义。

我们知道，商品的工业化生产，经过的过程就像是一条既定的直线，到哪个步骤需要进行什么操作，商品会变成什么样，一切都可以在掌握中，可以预计变化与走向。

成为班主任后，我发现，我们的学生是最独特的个体。学生成长变化，则像是一条难以提前预估变化的曲线，他在成长过程中会有什么样的举动，带来什么样的变化，是难以提前预料的。

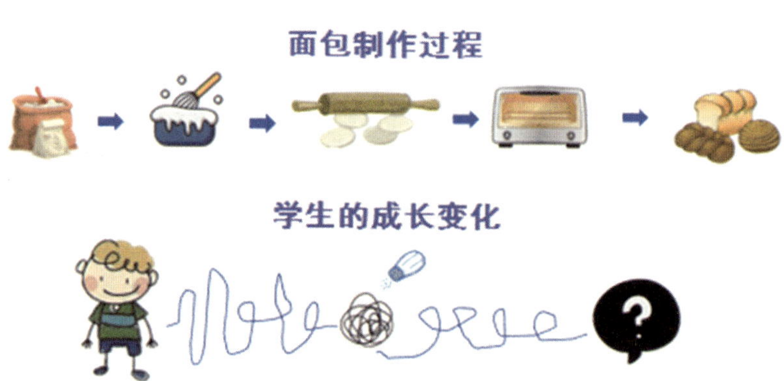

图 1 学生的成长变化

接下来想和大家分享我所带的班级里遇到的两个不一样的案例。

不一样的学霸

第一个案例是关于班级的大学霸，他的人物特点是：学习上极其自律，从小就对自己的学业有着高标准严要求。从初一开始，他的成绩几乎每次都是班级第一，始终稳定在年级前 15 名，有着非常优异的学习表现。

如果以横轴为时间，纵轴表示他的成长过程行为变化，刚开始时，我以为随时间变化，优秀的他经历事情的磨练成长，行为会持续变得越来越成熟优秀，成为大家称赞学习的榜样，成长曲线会如图 2 般变化。

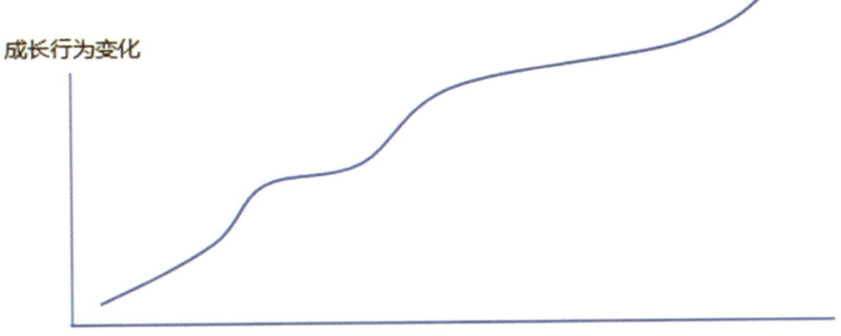

图 2 原定的学霸成长曲线

然而，学霸的成长曲线比预想中多了坎坷曲折。

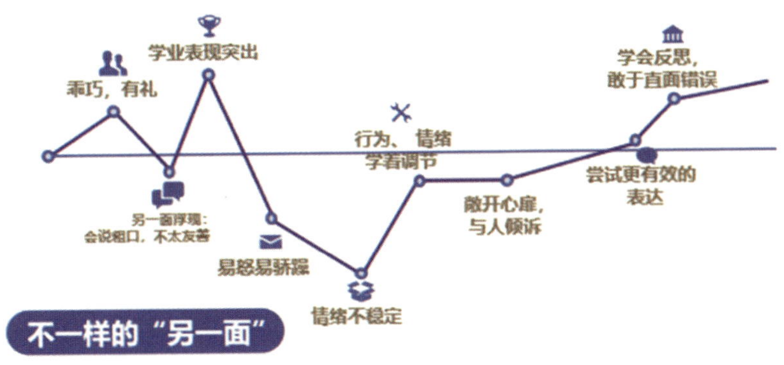

图 3 不一样的学霸成长曲线

如果以初中开始为起点，刚到新集体的学霸 A 同学的表现的确比较突出，他待人乖巧有礼，会积极融入集体，与他人相处，大家对他的评价也很高。

随着住宿生活时间的增加，需要长时间持续全方位与同学相处的 A 同学开始浮现出问题——遇到不顺心的事情或失去耐心时会爆出粗口，对待不喜欢的同学也没有那么友善。

在丰富的学校活动和期中考试中，A 同学的表现都很突出，又为他赢得不少的称赞。但这没有起到正向作用，反而成为了 A 同学与人相处中自满的资本，甚至会因为别人在日常相处中没有照料他的感受和情绪而迁怒他人，表现愈发骄躁。与此同时，本来不擅长消化负面情绪的他遇到不顺心的事情情绪变得更加不稳定，做出一些欺凌他人的行为。作为班主任的我还收到了班级联名反映的投诉信。这些都让我难以置信。

这也在重重提醒我，需要更重视 A 同学和他人相处的行为表现。

我开始重新思考分析 A 同学的行为变化，希望能更深入理解 A 出现这样的行为表现的原因。除了与 A 同学单独交谈、通过微信与家长沟通外，在级长的帮助下我们和 A 同学的妈妈进行了面对面的约谈，一起详细分析了 A 同学的行为表现，发现可能与其小时候成长的教育环境有关。他小的时候父母工作忙，由姥姥带着长大，他会通过在学业上的努力来争取得到家人们的关注，但人际相处和情绪表达上的情况就被忽略了。

在 A 同学妈妈的配合下，我们一起加强关注 A 同学的行为表现，并对 A 的心理想法进行引导，让 A 同学慢慢意识到自己的问题，也学着收敛调节不好的行为和情绪表达。

在他身上，我也探索到更加有效的“三分钟对话”方法：在平日里，一些零碎的时间，比如课间或晚修后，和 A 同学进行简短的交流，让 A 主动地简要说出发生的让她印象深刻的事，需要时给出两三句精短的做法建议来启发引导他，聪明的他也会去理解消化。

在我们的努力下，A 同学不断有所转变，和同学发生矛盾的频率减少，在不开心时候打开心扉与人倾诉，主动尝试更有效的表达。

在这个过程中，我不能说 A 同学很快就扭转自己的行为表现，做到没有瑕疵。说实话，现在的 A 同学表现仍不尽完美，偶尔仍会有情绪没管理好的时候，但让我感觉到他的成长是事情发生后变得更加勇敢，选择面对错误，也学会了自我反思，会思考改进改良的地方，并有意识地去做出改变。

在 A 同学身上，我遇到了之前没想过会出现的消极情绪和欺凌行为，但回顾他在这件事里的成长变化，我发现，当我们愿意在孩子遇到问题时陪伴他忍耐“混乱”，直面“愤怒”，会给他的成长带来更有力量的影响。于他而言，这段成长变化曲线出现的凹点，可能会是他人生中更有意义的组成。

不一样的“睡神”

B同学，在我遇到她的时候，她已经休学两年，是要开始第三年初二学习的“小腊肉”。

休学的原因是因为她有比较严重的心理问题—青少年情绪障碍，她和同学之间难以进行正常的交流相处，在日常的学习生活中不走寻常路，不配合工作，不管什么科目，上课就睡觉，作业不交。

第一次见面，她双目无神，我被她盯到心里发怵；第一天开学，她直接到办公室把一本地理练习册放在我的桌面，不带称呼地说“我要答案”，这是我带班以来遇到的一个大难题。

B 同学受心理药物影响会嗜睡，所以在学校绝大部分时间、课堂上都在睡觉，B 同学的情况本身比较特殊，家长很清楚，老师们也可以理解。

但到初三时，B 同学的情况变得更加严重。每周日晚修趴着就睡，但九点半准时起身回家。甚至期中考试时写好名字涂完考号后倒头就睡，哪怕苦口婆心，在两场考试间隙去到考场提醒她，都无动于衷。但这是她第一次在大型考试中有这样的表现，初二时未曾出现。

B 同学的行为表现让我感觉到初三的她好像变得有些不一样。

这时我在想，如果不去纠结 B 同学变化的原因，她的表现可能会进入一条循环曲线，继续重复，没有改变。

思考后，我决定利用这个契机先和 B 同学爸爸交流，反映她不一样的考试表现，并请能与她谈心的爸爸帮忙去了解她这样表现的原因。

经过沟通才了解到，B 同学初三以来也有了学业压力，想表现好但受药物影响很难做好，因此产生了焦虑，不会排解的她就选择躲避，不做答试卷。

幸运的是，B 同学爸爸很配合做孩子的疏导工作，我们一起给 B 同学正向的引导，告诉她努力的过程更重要。有一次，在发现她主动完成一次练习，哪怕是很早以前已经布置的，我都给她真心的鼓励和表扬。

我发现这样做，B 同学对待学习的态度行为慢慢发生改变，走出和之前不一样的曲线。

第二次月考里，B 同学像变了个人一样，从头到尾都坚持认真答题，没有再趴着睡，提交的是答得满满的答题卡，不管考试结果如何，B 同学的行为表现已经收获了科任老师们的表扬，甚至大大的拥抱。

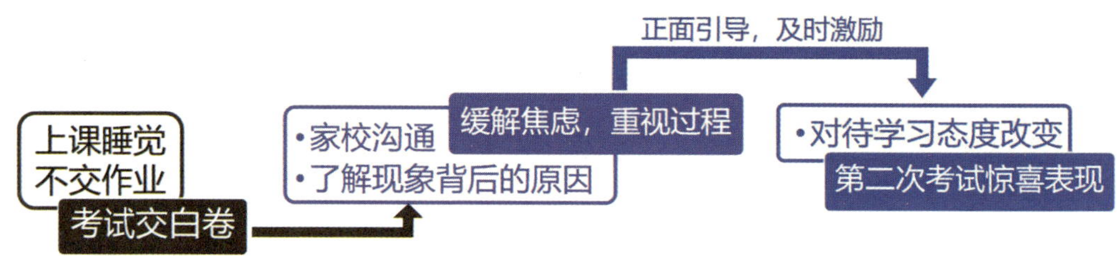

图 4 睡神的意外表现

关于 B 同学，还想分享一个案例。

B 同学的想法常常以自我为中心，情绪也很容易产生波动。

在一次运动会上，B 同学突然让我把妈妈给她点的一份肯德基外卖带进来。

我在班级里事先强调过，不能私自单独点外卖送来学校。我想了想，还是按下直接拒绝的念头，先问 B 同学原因，她说没带零食，而且妈妈在忙没法给她送。因为之前我也拒绝过类似的情况，本着公平公正的原则，我拒绝了 B 同学的请求。我解释了原因，但 B 同学还是情绪上头哭了。过一会还生气地和我说：她的肯德基外卖已经被人顺走了。

我听了之后，再次和她解释禁止单独外卖的原因，她还是不愿意接受，所以我还和她妈妈交流了情况，让妈妈后续也跟进，这件事似乎到此可以告一段落。

但我想了想，决定多走一步，找机会缓解她的难过不开心。

放学后，我到前门保安室了解到，原来刚好有班级集体点了肯德基，B 同学的外卖可能没有区分开，被其他同学一起拿走了。

当天下午，我发现 B 同学自己在看书，情绪已经平和下来，决定利用好这个机会跟她聊聊。B 同学告诉我这个其实是她表现好妈妈给的奖励，我告诉她老师明白她失去零食后的不开心，尽力调查了丢失的原因，请她也试着站在老师的角度看待单独点外卖行为可能带来的不妥，平静下来的 B 同学接受了我的做法。

很幸运的是，后面我们遇上了不小心顺走 B 同学外卖的同学们，商量后他们同意拿出一些炸鸡还给 B 同学，B 同学也和我说了声谢谢，我相信这是来自她的真心。

B 同学的事例让我明白，在和学生相处中，我们在想办法处理问题之余，可以尝试多走一步多想一点，从情感出发多做出一些思考，可能会让原本形成循环的表现曲线找到新的变化走向，也可能会让一些行为举动产生新的拐点变化，收获更具有情感的教育果实。

图 5 睡神的外卖故事

诸如这些不一样的变化在这两年多里我还遇到了不少。从中感受到，班主任的工作充满未知和变化。学生的每一次成长变化，就像是在开一次盲盒，没有既定的变化趋势可以猜测。预想的曲线可能会走偏，也有可能会有意外的出现。表现乖巧的娃也会出现欺凌行为；经常睡觉的宝宝也有需要关注的细节举动，作为老师，我们难以完全操控这条曲线的变化走势，但我们可以从中细心琢磨，捕捉教育契机，为这条曲线添加一些向上的力量，一些积极“干预”：换个角度去理解看待，陪伴学生忍耐“混乱”面对“愤怒”，为他多走一些弯路多找一种可能，相信学生可以画出更有意义的曲线。

成长印记，独一无二的松实记忆

陈怀宇

成长印记，其实就是记录学生成长历程的档案，内容可以分为两大类：一类是实物档案（小学记忆、基本调查、过程记录、学习档案等书面资料、实物资料）；一类是电子档案（日常生活、特别时刻、重大活动的数码照片、视频）。当初三毕业时，看着满载松实记忆的成长档案，学生感动、家长感激、教师感触，这时候就会觉得：一切都是值得的。

从两张图片开始

图 1 一颗石子，一段温情记忆

这块石子不大，约有脚拇指头大小。这是松实首届 3 班学子小婷送给我的，我一直珍藏着。为什么要珍藏这颗石子呢？这里面包含着一段温情记忆。小婷学习成绩不算好，历史成绩更是一般，但她喜欢历史老师的随和、善良以及对她的关心。有一天，她在校园里捡到一颗石子，然后加工：剪纸贴上眉毛、眼睛、鼻子、嘴巴。然后送给了她的历史老师——我。她说：老师，这个真像你，送给你！然后笑着走开了，我心里一阵温暖。随着时间的消逝和多次换办公室搬动资料，这颗石子已没有了眉毛眼睛鼻子嘴巴，但依稀还能看出当初“脸”的模样。因为石子在，这段记忆便一直温情脉脉！

图 2 一张合影，一世师生情缘

2024 年 1 月 10 日，小婷回到母校看望老师。我们又聊起了这颗石子的故事，师生都感慨良多，于是手执石子合影。已经是大学三年级学生的小婷，读的是艺术创作、设计专业，与她当年喜欢涂涂抹抹、描描画画有关，可说是长成了她喜欢的样子。虽然最终选择的专业学习、成长方向与历史学习无关，但谁能否认当年历史老师也参与了她的成长呢？

全方位记录学生的成长

是什么原因让我想要全过程、全方位记录学生的成长（学习、生活、心路历程）呢？是我的四个身份和身份特点：1. 个人习惯：保存自己物品的习惯；2. 家长视角：每天都想看到自己的孩子；3. 历史老师意识：史料实证，留存实物史料；4. 班主任思维：班级事务处理的依据。基于此，我开始有目的、有准备地为每个学生整理属于他们的成长印记——就是全过程、全方位记录他们的成长历程，为他们每个人留下一份独一无二的松实记忆。

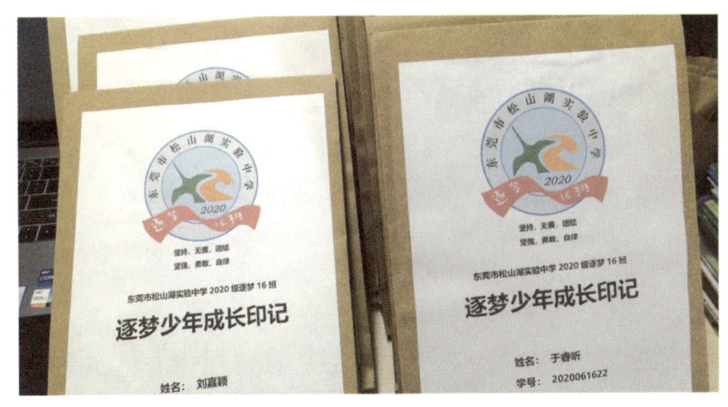

图 3 《逐梦少年成长印记》档案袋

全过程、全方位记录学生的成长历程，不是像监控那样分秒不差的全程“实录”，而是有侧重、有选择地记录或保存他们重要成长瞬间的资料。应该记录哪些方面、如何记录呢？我认为，记录的内容可以分为两大类：一类是实物档案（小学记忆、基本调查、过程记录、学习档案等书面资料、实物资料）；一类是电子档案（日常生活、特别时刻、重大活动的数码照片、视频）。

一、实物档案

1. 小学记忆

这是当年入学时学生所带来的六年级暑假作业——学校公众号上面布置的初小衔接的作业。这份作业是学生身处小学和初中的过渡时期所做的。我把这份作业收上来，粗略看一下，其实也可以发现哪些学生认真，哪些学生应付，有一定的参考意义。重点是：三年后毕业时，大多数学生都不记得曾交过这么一份作业。这才是收集、保存这份作业最重要的意义：唤起小学记忆，不忘进入松湖实中的初心。

2. 基本调查

入学后，我习惯让学生填写一些基本调查的表格，这可以让班主任快速了解学生的家庭情况、爱好特长、小学经历，为选择班干部做好准备。毕业时，当学生看到这份调查表，看到初中入学时、初中毕业时两种不同的状态，也会再一次感慨：松实三年，不枉此生。

3. 过程记录

这是真正记录学生成长的重要资料，比如：军训总结、班名班徽征集、周记、目标规划、考试总结、“真心话”活动、网课总结、中考志愿填报……基本涵盖学生三年里大部分的重要活动。当然，所有这些活动或经历要记录下来，班主任就得事前有规划、过程有组织、事后有总结，并且进行展示分享，这些一一记录下来，日积月累，学生交给班主任的资料就越来越多、越来越丰富了。更重要的是，班主任要做一个有心人，要注意保存，而不是随看随丢。毕业时，越是认真、优秀的学生，他的资料就越丰富，回忆也就越多；而那些吊儿郎当、经常不交作业的学生，资料相对来说就比较少。

4. 学习档案

作为学生，学习是最重要的任务，因此学习效果——一定程度上就表现在学习成绩上，这也是学生、家长、老师、班主任四方都十分关注的内容。每次大考结束，学生、家长都非常关心成绩，作为班主任，当然要在政策允许范围内尽量让学生、家长了解当前的学习效果、学习状态，大部分班主任可能是采取成绩条的做法。我采取的是学习档案的做法：全过程记录学生的历次大考情况。毕业时，当学生、家长打开档案袋看到这张完整记录学生从七上期中考试到九下三模考试共15次大考的记录时，三年的学习是努力、拼搏、刻苦，还是偷懒、随便、应付，答案不言而喻。

二、电子档案

前面所说的是能装在档案袋里的学生成长记录。但是，现代科技发达，电子资料当然也不能错过，甚至说更为重要，因为它是一种生动精彩的记录。简单来说，这就是可用手机随手拍的照片和视频——包括日常生活、特别时刻、重大活动等任何时候的照片和视频。

1. 视频

对学生来说，松实三年是他们人生中的重要阶段，是他们日后回忆中的青春记忆，而我们作为班主任、作为老师，是他们成长的重要见证人，甚至是他们生命中的重要他人。所以，我们有责任、有义务尽可能为他们的人生留下一些重要记忆。我觉得时不时为他们拍摄一些几秒、十几秒、几十秒的视频是非常重要的，从历史老师的角度来说，这是不可多得的原始史料、第一手史料。视频可以是班级里任何时候任何场景的记录，也可以是为某一事件而剪辑的视频，如逐梦16班在不同时期制作了一些视频：初一入学军训时的《最初的样子》、七上家长会向家长汇报的《七上期中回顾》、八上即将结束的《一起走过2021》等。

2. 照片

相信每个班主任都会经常拍学生的照片分享到班级群里，这可以极大的缓解家长的焦虑。我自己作为家长，也是想天天都想老师拍孩子的照片发到群里，这样我可以知道孩子在学校是什么样子的。基于这样的心理，我有这样的习惯：（1）每天早读时拍几张照片发群里，家长慢慢就形成了“睁眼首先看群、看孩子”的习惯；（2）特别时刻拍照片发群里，如班会、生日会等；（3）重大活动时现场直播般拍照片发群里，如入学教育、篮球赛、运动会等。这些照片需要及时保存、整理，而不是发在群里就完了，要每月整理，这样当学生毕业时，伴随他们三年的照片也就可以打包发给他们了，留作永久纪念。

图 4 逐梦 16 班第一张班级合照（命名为《最初的样子》）

当然，在这些照片里，一定要有班级合照。其中，有一种合照，是“不忘初心”：入学时照第一张合照，然后第二张、第三张……无数张合照都按照第一张的站位，这样三年下来，学生看见照片里自己的变化、同学的变化、老师的变化，我想，这也是一种看得见的成长。

师生共情的松实记忆

班主任工作琐碎繁杂。如果仅仅当作是一项工作，肯定很苦很累，但如果投入感情，那师生相处久了，就会产生感情，离别时会产生一种依依不舍之情。

图 5 颁发《逐梦少年成长印记》

2023 年 6 月 29 日，毕业典礼结束，所有学生回到班里。气氛有些凝重，因为大家知道我要颁发《逐梦少年成长印记》，里面装着他们三年松实学习的“实物史料”。我一个一个颁发，学生全场鸦雀无声，听到名字时走上来，接过，与班主任合照，有些学生流泪了……他们知道，陈老师是爱他们的。看着满载松实记忆的学习档案，学生感动、家长感激、教师感触，这时候大家都觉得：一切都是值得的。

这一天，班长小于代表全班同学献了一束花给我，感谢我这三年来对他们的付出；家委会会长小万的爸爸为我赠送锦旗，感谢我这三年像对自己孩子一样对学生的付出。最后，小罗——一个三年来最让我头痛的学生，留到最后才走，他说了一些自责的话、感谢的话，然后与我拥抱，然后他哭了起来……在他感染之下，我也哭了。逐梦 16 班的孩子就这样毕业了。

2023 年 8 月底，学生毕业快两个月了。休学留级到逐梦 16 班、没有参加中考的小麦跟我联系，感谢我对她不离不弃，她很幸运终于能去深圳继续读高中；小罗也发来信息，说他在那个技校里最终当上了班长，说这都是陈老师给他的勇气，他一直记着我给他的班主任寄语：试过方知成败，天道终将酬勤……

毕业后，小吴的妈妈在朋友圈发了一段话：“儿子说班主任的初中准考证到现在还保存着，他也要留好，学校发的东西都要保存着……”我想，不仅是我，我的学生也学会了自己保留自己的成长印记。这不就是我们老师想要的吗？老师的言传身教，学生的潜移默化。

图 6 家长微信朋友圈的图文

所有以上的种种，都是我与学生的共同经历，是我们一起创造的、师生共情的独一无二的松实记忆！

最后，用徐华校长的这句话与大家共勉：“教学生三年、想学生三十年、想国家民族三百年”！

第三章

它美好的样子

学生只有通过学习才能获得发展，教师专业就在于教会学生学习。教师要教会学生习得学习方式、学习路径，学生要学会认知、学会技能、学会共同体生活、学会做人。

学习美好的样子，学生学习与发展美好的样子，就是教师专业成长美好的样子。

这才是松实教师应有的模样！

石永

课堂上应有三种意识：活动意识、情境意识、内容意识，这三种意识都是基于学生的角度，而不是教师的角度来设计的。它们的背后，其实是一种最重要也是最根本的意识——以学生为本的意识！目中有人、以生为本，这才是我们松实教师应有的模样！

请问，2021年中考的作文题，大家还有印象吗——《这才是少年应有的模样》。我就在想，什么才是我们松实教师应有的模样呢？

先从一部名著说起。《水浒传》里有这样三个人物，如图1所示，拿长枪挂酒壶的是豹子头林冲，头陀模样的是行者武松，挑担子卖烧饼的是武大郎。如果让你选择，你会为谁转身？可以从正面说，为其转身的原因；也可以从反面说，为什么不选择另外两人。大家的看法是什么？

图1 《水浒传》中的三个人物

这个活动，可以视为语文课上的一个教学片段。当我提问，并从台上走到台下，整个教室发生了哪些变化？我认为至少有一个变化：抬头看我的人多了，低头看手机的人少了。因为我改变了分享的形式，由我讲你听，变成了我问你答；我由主讲人变成了主持人，大家由旁听者变成了参与者、对话者、合作者。身份变了，视角变了，对待分享的态度、行为自然也就变了。

◆ 要有活动意识 ◆

我们的课堂也是这样。当我们在台上讲得唾沫横飞、声嘶力竭学生依然无动于衷的时候，当我们抱怨怎么讲学生也听不懂的时候，当我们发现学生上课讲小话、开小差、打瞌睡的时候，我们不妨换一种方式，设计一个课堂活动，让他们参与其中，情况就会大为不同。焦建利教授在《让你的课堂变得有趣的五种方法》中提到的游戏化课堂、交互式课堂、技术化课堂，其实就是一种课堂活动。

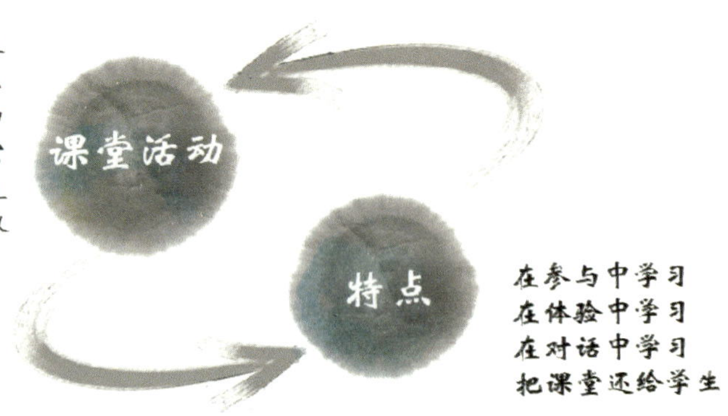

图 2 活动意识

所谓课堂活动，是指教师为实现特定的教学目标，或加深学生对所学知识的理解而精心设计的、在课堂上完成的、以学生自主学习为主的一种教学活动。与一般的教学活动不同，它特别强调在参与中学习、在体验中学习、在对话中学习，强调把课堂还给学生，让学生成为课堂的主人，让课堂成为学生建构知识、碰撞思维、展示自我的平台。

根据活动的形式，课堂活动大致可以分为三类：

一是体验式课堂活动，它以创设情境和自我体验为主要特征，以营造氛围、激发情感为主要手段，化抽象为形象，化理性为感性，让学生在积极、愉悦的体验中完成自我教育。我们常说的配乐朗诵、情境再现、角色扮演、实践操作等，都属于此类活动。它在拉近学生与作家作品的距离、激发共情共鸣、引导学生体味章法之妙、培养学生创新力、想象力等方面，具有天然的、独特的优势。

二是互动式课堂活动。如果说，体验式课堂强调的是在参与、体验中感悟，那互动式课堂强调的是在对话、交流中习得。老师和学生之间、学生与学生之间、学习主体与学习媒介之间相互探讨、相互启发、相互促进，形成一个动态的、发展的、教与学相互影响的共振过程。我们常用的小组合作、主题辩论、游戏竞赛、提问讨论都属于此类活动，它有助于培养学生的表达能力、合作能力，提升发现问题、解决问题的能力，激发创新、创造的能力。

三是分享式课堂活动。学习金字塔理论发现，通过“教授给他人”的行为，学习内容两周后的平均留存率高达 90%。分享就是一种“教授给他人”的行为。因此，不管是体验式活动，还是互动式活动，最终还是要落到分享上来。教师可以随堂分享，在问题解决后、体验互动时、课堂小结中，请学生分享收获、方法；也可以设置分享课，进行专题分享。

需要强调的是，不管哪种活动，都需要基于全体学生去设计、基于学生的身心特点去设计、基于核心素养去设计，都需要让学生动起来。这个动，更多的是让学生思想动起来。所以，让学生静静的思考，独立的思考，也是一种活动，而且是体验、互动、分享之前必不可少的一种活动。相应地，我们要警惕一种伪课堂活动，即课堂看上去热热闹闹、热火朝天，又是喊口号，又是鼓掌，但是我们要想一想，喧闹过后学生得到了什么？如果学生得到的只是寂寞，那这种活动又有什么意义？

◆ 要有情境意识 ◆

精心设计课堂活动，这是我要谈的第一点，即要有活动意识。那第二点是什么呢？我们再来看刚才的教学片段——如果你去相亲，你会为谁转身？现在补充一个问题，请分析林冲、武松的人物形象。大家有没有发现，这两个问题其实是一样的——武大郎是个托，是用来烘托林冲和武松的，接下来我们会谈到。但是，学生会对哪个问题更感兴趣呢，显然，第一个问题大概率能引起学生热烈的讨论——因为他们正处于青春期，对男女感情特别敏感。

同一个问题，换了一个马甲，为什么会产生截然不同的效果呢？这就是我要谈的第二点，要有情境意识，巧妙设置问题情境。

所谓情境意识，就是将学习任务，与学生的亲身经历，或者生活中有可能遇到的真实场景结合起来，用新颖、生动、有趣的形式（包括问题的形式和活动的形式）呈现出来，给学科知识提供丰富的附着点和切实生长点的学习环境。它有助于增强学习的趣味性、生动性、直观性，激起学生的共鸣，点燃学习的热情；有助于优化学习过程，帮助学生理解内容，建构认知，发展思维；有助于知识的拓展与迁移，提升解决问题的能力。

仍以我们初二的学习内容举例：初二语文下学期第五单元，是学习写游记。我们要让学生写一写我们学校，如果只布置学生写一篇《松实游记》的话，学生是不会有什么真情实感的。基于学习任务与亲身经历或真实场景相结合的原则，我们设置了三个情境，让学生完成写作任务：

请从下列三个任务当中任选一个，以当事人的身份完成校园游记的写作。

1.2019.6，你在小学老师的带领下，第一次踏进松实参观校园。

2.2021.7，你以学长的身份，带领即将入学的新生参观校园。

3.2055.11，在建校五十周年的庆典上，你以校友的身份重返校园。

第一个任务，学生经历过，肯定有话可说；第二个，学生在校两年了，对学校有了新的看法和认识，肯定也有话要说；第三个，唤起学生对未来的想象和憧憬，学生也是有兴趣的。而且这三个任务，写作视角和感情基调也不一样，第一个任务，是客人的身份，好奇且期待；第二个任务，是主人身份，从容且骄傲；第三个任务，是成人身份，更多地是回顾往事的视角，自豪且温馨。相对于单纯的布置学生写游记，情境化的设置，要求更具体，目的更明确，也更能引发学生的共情、共鸣，全面激发学习兴趣，增强学习的内驱力。

事实上，我们有许多学科，都已经将问题情境化、生活化了。例如这几道数学题，都是问题情境化、生活化的具体体现。

甲型H1N1流感病毒的传染性极强，某地因1人患了甲型H1N1流感没有及时隔离治疗，经过两天传染后共有9人患了甲型H1N1流感，请问，在每天传染中平均一个人能传染了几个人？如果按照这个传染速度，再经过5天的传染后，这个地区一共将会有多少人患甲型H1N1流感？

初三组织篮球联赛，赛制为单循环形式，即每两队之间比赛一场，计划安排 28 场比赛。请问，共有多少支球队参加比赛？

那么，在课堂教学中应如何设置情境呢？

一是基于生活创设问题情境。陶行知先生说：“教育起源于生活，生活是教育的中心。”刚才我们举的例子，全都源于生活，它有助于提升学生解决实际问题的真能力。

二是基于学科创设问题情境。学科性是问题情境最根本的属性，不能体现学科性的情境，学生兴致再高，课堂气氛再好，都是无效情境。刚才提到的“林冲、武松、武大郎，你会为谁转身”这个情境，学生肯定会从外形、身份、家庭条件等方面去谈，教师自然要引导学生，不能只看外在的条件，最重要的是看内在的品质。如果只是这样的话，这是道法课的情境，是班会课的情境。语文课的情境，是引导学生细读文本，从中提炼人物形象，然后进行对比，最后得出结论。整个过程，相亲是话题、形式，读文本、析形象才是内核、本质。

三是基于形象创设问题情境。形象、感性应该是设置问题情境的一个出发点。我们可以通过实物演示、影视再现、音乐渲染、表演体会、语言描述等，为学生营造一个形象直观的学习环境。

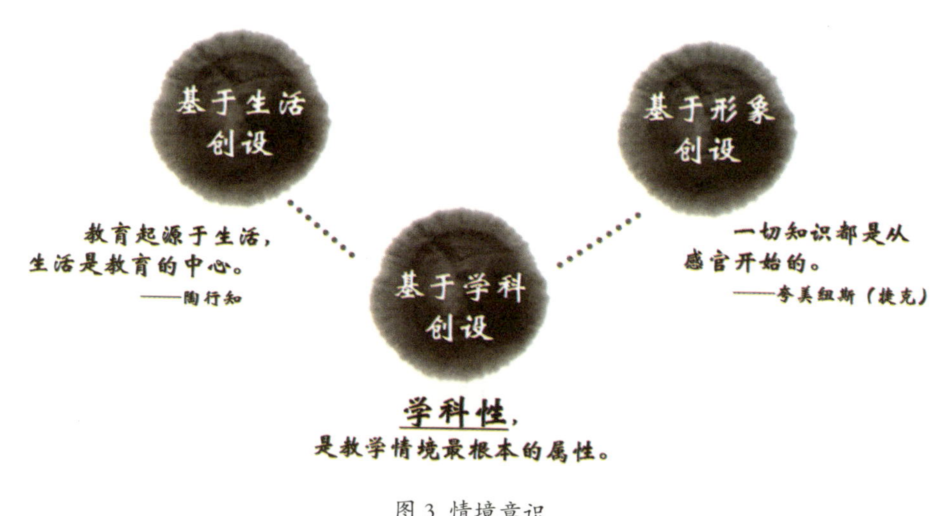

图 3 情境意识

下面，我们第三次回到刚才的教学片段，探索我要谈的第三种意识。

◆ 要有内容意识 ◆

上文我们提到，为谁转身的问题，其实就是分析人物形象的问题。我们得出的结论，往往是林冲武艺高强、委曲求全、一忍再忍、逼上梁山；武松有勇有谋，有情有义，有仇必报，有恩必复。这是肤浅的，是远远不够的。因为这些内容学生一望便知，或者老师稍加指点便知。闽派语文的代表人物孙绍振老师曾说："在语文课堂上重复学生一望而知的东西，我从中学生时代对之就十分厌恶。从那时我就立志，有朝一日，我当语文老师一定要讲出学生感觉到却又说不出来，或者认为一望而知，其实是一无所知的东西来。"

美国著名的教育心理学家奥苏伯尔有一段经典的论述："假如让我把全部教育心理学仅仅归纳为一条原理的话，那么，我将一言以蔽之：影响学习的唯一最重要的因素就是学生已经知道了什么，要探明这一点，并应据此进行教学。"这段话，道出了一个重要的教学理念——学生原有的知识和经验是教学活动的起点。

孙老师说的一望而知的东西，其实就是学生原有的知识，老师讲得再多，学生的能力也得不到提升，思维得不到发展。感觉到却又说不出来，类似于"不愤不启，不悱不发"中的"悱"；一望而知其实一无所知，指的是字面上的意思都看懂了，却没有发现文字背后的含义之深、语言之美、章法之妙。而这些，才是我们重点讲解的内容。

为了更好地理解这段话，我们仍以林冲为例。

林冲立在楼梯上，叫道："大嫂开门！"那妇人听得是丈夫声音，只顾来开门。高衙内吃了一惊，推开窗子跳墙跑了。

林冲上得楼上，寻不见高衙内，问娘子道："不曾被这厮玷污了？"

娘子道："不曾。"

林冲把陆虞候家打得粉碎，将娘子下楼。

这段讲的是，高衙内设计把林冲的娘子关在房间里，林冲去救娘子。字面上的意思，学生一望便知。学生一无所知的是什么呢，是文字背后的原因：林冲的娘子已经危在旦夕了，林冲为什么还立在楼梯间，不是马上冲进去呢。是他天性懦弱吗？当然不是，你看他把陆谦家打得个粉碎，后来又拿刀去找陆谦，再后来棒打洪教头、火拼王伦，说明林冲也有血气方刚的一面。那是为什么呢，我们再引导学生联系上下文，就会发现一个有趣的现象：林冲一遇到高俅、高衙内，就秒怂，就忍，忍到自己老婆就要被人污辱了，他都不敢动！从这一点来看，他连武大郎都不如！武大郎，虽是三寸丁，谷树皮，但他知道潘金莲和西门庆的丑事之后，大踏步，抢入茶房，破门捉奸。林冲身为八十万禁军总教头，捉高衙内如同捉蚂蚁一样，但是他就是不敢。为什么？

忍，学生一望便知，无需多讲。有选择地忍、为什么忍，学生一无所知，我们就重点讲。这里，就体现出第三种意识，内容意识，科学设定教学内容。

如何设定教学内容呢？

首先，研究学生，研究学情，着眼于学生的最近发展区，设定教学内容。其次，研读课程标准，研读教材，从一个单元、一个学期甚至整个初中学段的高度来梳理知识，提炼教学内容。我特别想讲的是第三点，研读专业文献，从中挖掘、更新教学内容。我们许多教师看教参，看教辅，但是不看专业文献，不做研究，特别是经验丰富的老师，基本上是凭自己的经验、理解去上课。时间一长，不仅自己解读教材的能力会下降，而且还会形成封闭固化的知识体系。在这套体系里，学生学到的内容日益陈旧，知识的传承也会一代不如一代。这一点，应该引起我们高度重视。

那是不是根据这三点来设计教学内容就行了呢，当然不行！我们来看这几个情节：

武松手刃潘金莲、斗杀西门庆——为兄报仇。

林冲风雪山神庙，怒杀陆谦、富安——忍无可忍。

鲁提辖搭救金翠莲，拳打镇关西——扶危济困。

宋江私放晁天王——侠义江湖。

这些情节，家喻户晓、妇孺皆知。但大家有没有意识到，这些情节有很大问题——它们很容易教坏学生！单纯的杀人越货、作奸犯科，学生是明白事理的，不能做！但是，以报仇之名杀人、以救人之名打人、以义气之名放人，可不可以？估计学生就有点懵了。事实上，梁山好汉们经常打着替天行道、义薄云天的旗号，去干违法乱纪的事，这对涉世未深的学生极具误导性、欺骗性。所以古人说：“《水浒传》奸盗脱骗，变诈百出，坏人心术。”作为教师，我们一定要有立德树人的意识，一定要培养学生正确的人生观、世界观、价值观，一定要引导学生明辨是非，止恶扬善，滋养他们向善向美的人生底色！

同时，我们还要培养学生敢于质疑、独立思考、善于合作、勤于钻研等科学精神。比如刚才提到的林冲，我们认为他是缺乏社会洞察力的人，但金圣叹认为“林冲自然是上上人物”。那林冲到底是怎样一个人，我们应鼓励学生，不盲从，不全信，独立思考，思辨阅读，形成个性化的阅读体验。

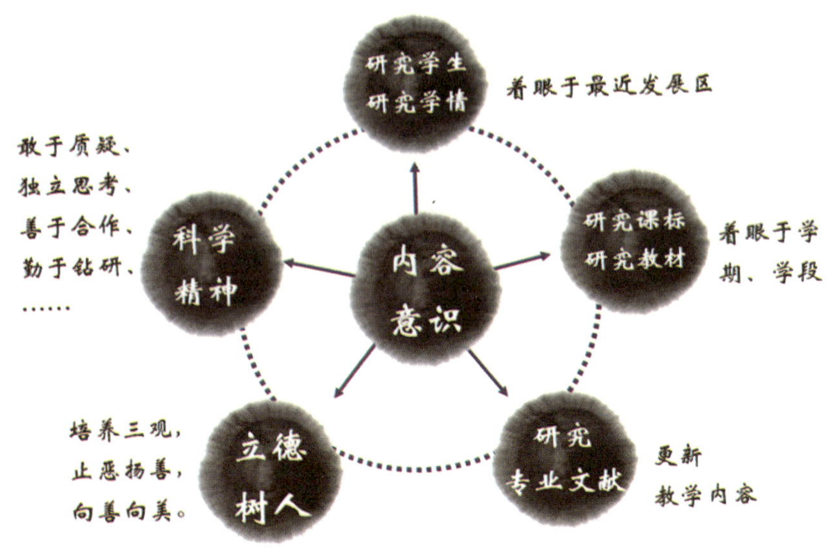

图 4　内容意识

这三点想法，其实是课堂上应有的三种意识：活动意识、情境意识、内容意识，这三种意识都是基于学生的角度，而不是教师的角度来设计的。它们的背后，其实是一种最重要也是最根本的意识——以学生为本的意识！我们应该认识到，我们不是教书，而是教人！目中有人、以生为本，这才是我们松实教师应有的模样！

始于 $1m^2$ 的创想
——项目化校本课程建设

叶敏仪

项目化校本课程（以下简称“课程”）以学习者为中心，围绕一个完整的项目有规划地完成学习任务。本文从课程选题、课程设计、课程实施三个角度阐述项目化校本课程的建设。通过多角度的头脑风暴进行课程选题，搭建支持完成项目的问题解决过程的支架进行课程设计，创设生发深度学习的学习情境实施课程，以达到课程真实育人的效果。

◆ 课程选题需头脑风暴 ◆

课程选题可从空间变化、时间变化、主题分类、学科融合等维度发挥创造性想象确定下来。当每位学生可利用一平方米的空间进行创作，可能是在怎样的空间去完成什么样的创作？完成创作的过程老师需要提供哪些支持呢？下面我们试着从上述四个维度进行头脑风暴。

图 1 课程选题维度

一、空间变化

如果是一平方米的正方形的菜地，不妨在正方形的基础上作图形的剪切，学生可完成的项目有：不同图形面积的计算、不同色调的搭配带来的感官效果、不同植物之间是否有抑制生长等关系、不同植物生长的非生物因素的需求和调节办法、如何基于某个文化背景来设计植物的分布从而呈现某个字体或是利用园艺使种植的植物形成特定的形状。

如果是一平方米的七巧板，学生可完成的项目有：如何运用七巧板拼接成自然事物？其中的数学原理是什么？能否建立对应的数学模型？生活中有哪些仿生建筑或物体运用到该数学模型？

如果是生活中的任意造型、任意空间的其它物体，学生可完成的项目有：如何让一平方米的植物从地面爬到墙上、或是从天花板垂钓下来？如何利用传感器设计自动浇灌功能？是否要人造灯光来维持植物的光合作用？哪些种类的植物搭配既美观又能达到室内除味的效果？把立体植物放到天台上能否降温？空中花园如何设计与鉴赏？如何把植物做成教育主题板报？或是开发地下的探究活动，如地质的各项物理化学指标、土壤生物的作用、地下防空洞、考古探究等。

如果是动态的空间，学生可完成的一平方米空间的项目有：基于节省空间的目的，设计可折叠、可伸缩、可隐藏的桌、椅、柜、床等；基于生活体验的需求，设计成朗读亭、中草药温泉、自修室、正念治愈室等；基于用户体验感的需求，设计成可互动的区域，如 2021 年的春晚 360 度环绕拍摄，感应到人体红外线或是车速而启动摄像、亮灯、响起音乐的体感设备，迈克尔·杰克逊表演的 3d 全息投影，远程控制的救生圈，可学习可做笔记的全息投影书桌等。

二、时间变化

可从时间变化串联课程的内容。如七巧板的文化史、立体植物艺术的发展史、生物的演替与进化史、政策驱动下某商品的需求变化；也可以根据历史变化或是政治、经济、文化的变动，来分析当下或是未来的发展趋势。

三、主题分类

围绕某一类或某一个物体或事件，分主题开发有特殊意义的课程。如我校生物学教研组的校本课程，根据生物学科特色、科组老师特长、学校创造教育理念以及立德树人、劳动教育、信息化教学等政策要求，开发了以下几个自然科学类的主题课程：劳动教育课程、科普教育课程、创新课程、创作课程、创业课程。再如围绕非物质文化遗产的人文科学类课程《开平碉楼》的开发，则可从鉴赏的角度引入艺术与审美知识、从结构的角度引入数学力学、从创新的角度引入建模、切割、虚拟展厅技术、还可以从文学、材料、发展、旅游的角度引入多个学科。

四、学科融合

可通过学科融合来组合课程，我把一平方米替换成50元的助眠香薰蜡，剖析与其有关的多个学科内容有：如数学中的计算精油搭配比例、记录与统计睡眠数据、计算体积、估算成本；艺术中的模型创意设计、设计鉴赏、广告设计等。

◆ 课程设计需搭建模型 ◆

通过头脑风暴生发的课程内容需通过模型串联起来，下面将以课程《助眠香薰蜡的创作》为例进行阐述。

一、总体设计思路

以解决生活中的问题为出发点，如制作一款助眠香薰蜡作品，以解决睡眠障碍的问题，原则是要聚焦真实情境、兼顾立德树人的情感态度教育。再利用多学科来解决产品制作或是方案设计中遇到的问题，在探究的过程中学生会产生新的问题，从而形成生成性教学资源和情境。接着在解决问题的过程中得到探究结果，并将结果产品化，可以是劳动成果或是解决方案。最后，将成果效益最大化，可以是模拟投放市场、可以是向相关部门提出建议方案、可以是做科普宣传等。

二、课程目标的设计

课程目标关系到学生在课程中能获得哪些知识、技能、方法、情感态度价值观，也关系到学生的生物学科素养能否在课程中提高。笔者将课程目标划分到STEM课程的四个学科领域，并特别关注学生科学思维的形成过程与科学探究能力的提升，同时在科学模块凸显生命观念的形成、在工程模块关注社会责任的树立。具体设计如下表：

表 1 《助眠香薰蜡的创作》课程目标

课程目标 \ 学科领域	科学 (Science)	技术 (Technology)	工程 (Engine)	数学 (Mathematics)
知识与技能	①认识精油的功效与常见搭配 ②识别影响香薰蜡功效的因素 ③说出植物器官及精油提取部位 ④设计不同精油提取方法出油率的探究实验 ⑤设计不同精油组合香薰蜡助眠效果的探究实验	①认识并掌握香熏蜡制作的过程 ②利用榨取法与蒸馏法提取精油并作出油率的对比 ③利用 app 监测被试者的睡眠质量 ④利用计算机统计、整理数据	①识别制作香薰蜡的限制因素 ②能够基于问题情境设计出合理的制作过程 ③能对产品进行评估、改良与分享	①计算精油搭配比例 ②记录提纯时间 ③计算出油率 ④记录被试者睡眠数据 ⑤分类、统计睡眠数据
过程与方法	针对“精油提取方法对出油率的影响”及不“同精油组合香薰蜡的助眠效果”，通过设计探究实验，进行观察、提问、讨论、合作、设计与实施方案、解释结果等方式，掌握科学探究的方法、提高科学思维能力。	掌握制作香薰蜡、提取精油、使用 app、使用计算机的方法，提高解决问题的实践能力与信息技术能力。	掌握工程设计的方法：找出需要解决的问题、识别限制因素、设计并选择解决方案、设计并制作香薰蜡原型、测试香薰蜡并评估、重新设计、表达成果，提高问题解决能力。	学会用数学描述现象和客观世界、分析问题的方法，提高理性思维能力。
情感态度价值观	形成尊重证据、严谨的求知态度，从睡眠改善过程认同人体稳态与平衡观、结构与功能相适应的观点。	提高学会学习、技术运用、信息意识。	通过制作改善睡眠质量的香薰蜡产品形成解决生活问题的责任担当意识。	提高信息意识、理性思维能力。

三、课程内容的设计

第一部分是解码助眠科学，主要是通过文献法认识科学知识，识别本项目的任务，制作一款成品不超过 40 元，且能助眠的香薰蜡，并分析要完成该项目需要做些什么。该环节归纳为：认识基础知识与识别项目任务和限制因素。

第二部分是体验提炼技术，通过对比实验，探究提取精油的最佳方法，这是通过技术来解决制作香薰蜡的精油来源的问题。该环节归纳为：通过探究活动，建立项目模型。

第三部分是测试疗效数据，通过睡眠监测技术来对比探究哪一种精油的组合的助眠效果更好，这是通过技术和数学来解决选择怎样的精油组合的问题。该环节归纳为：经测试验证假设、分析最优方案。

第四部分是优化项目成本，通过数学计算成品、蜡的体积、市场销售调查，来选择制作香薰蜡的材料、形状和售价。该环节归纳为：与社会、生活建立联系，根据对象需求修改完善项目模型或方案。

第五部分是设计工程创意，通过产品鉴赏、设计要素分析、用户需求分析、创新技法对香薰蜡进行创意设计，这是解决如何让作品创新、有内涵的问题。该环节归纳为：对作品进行创新性的修改与二次创作。

第六部分是发布助眠产品，通过商标设计、广告设计、宣传片拍摄，以解决宣传与销售的问题。该环节归纳为：分享成果或是体验创业。

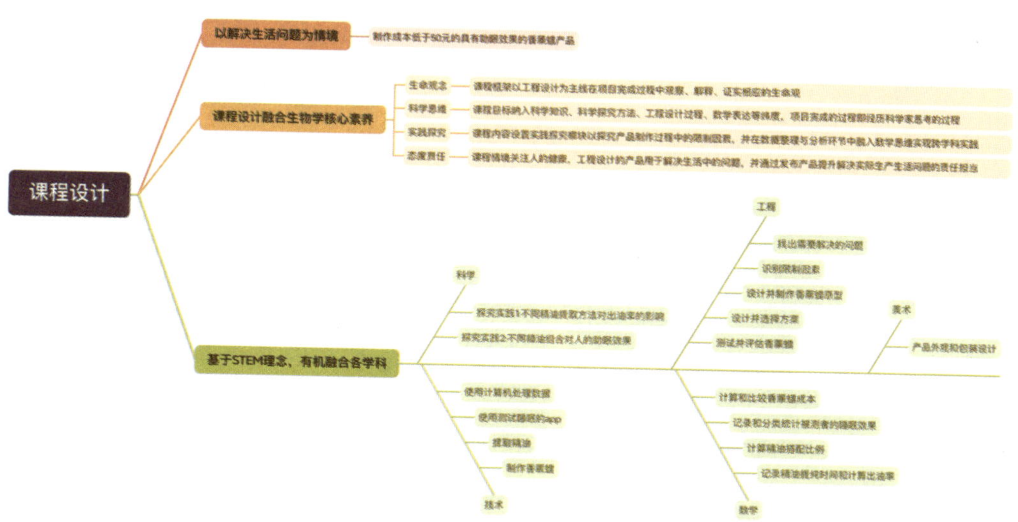

图 2 生物学核心素养融合课程设计思路

◆ 课程实施需情境支持 ◆

学习真实发生的课堂需要课程资源、学习方式、评价方式等多方情境的支持，以确保学生在经历项目完成的过程中有思考、问题的提出、问题的解决、表达与交流、合作与探究、创新与创作等深度学习的过程。这就要求我们创设的学习情境能够以未知的问题创造学生的认知冲突、以课堂适度留白的形式给予学生直面问题的机会、以适当的问题导学与背景知识等学习支架协助学习成果的“上浮”，还需通过多元、多形式、多时空、多引导、多反馈的评价方式不断地激励学生反思、认识自我、聆听与学习他人、自我调整与规划，实现真正有意义的学习。

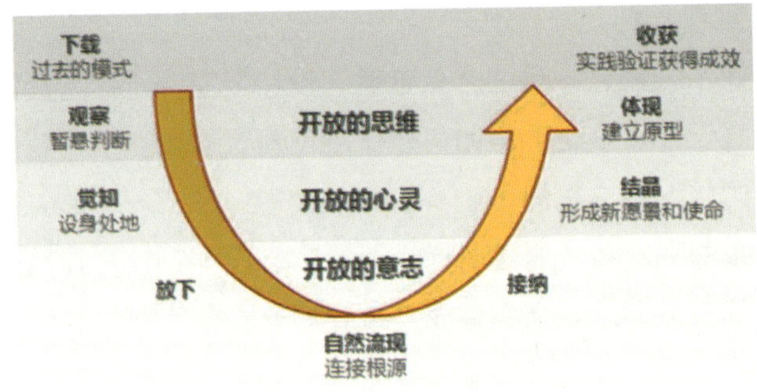

图 3 夏末的 U 型理论

寻找未来的暗示

东莞松山湖未来学校　道灵芝

教育具有长期性与滞后性，培养孩子能够从容应对未来挑战的能力与素养至关重要。本文从未来课程设计大赛出发，对未来学习模式及核心素养细化进行了系统梳理。并就项目式学习环节设置、日常教学管理、评价量规制定等提供了相关实践经验。

◆ 立足现实 ◆

近期，学生参加一个暑期培训活动，遇到问题向我求助，我从逻辑框架到研究方法给她讲解，最后还特意发了几篇相关论文以及网址链接给她，自以为很完美，但过了好久，她发来了这样一句话“老师，我没时间了，您能给直接有效的建议吗？”话很礼貌，但让年纪轻轻的我彻夜难眠，毕竟再翻译一下就是“老师，我要答案”，这也太不未来了。不知什么时候起，未来在我潜意识里变成了一个形容词。

去年第一次开设校本课，参加未来课程设计大赛，“未来的学习模式是怎样的”是课程设计之初我最头疼的事。我收集了很多关于未来的新名词，OECD 描绘了关于学校教育的四种图景：学校教育扩展、教育外包、学校作为学习中心以及无边界学习；《未来学校》则预判今天的学校会被未来的学习中心替代，而未来的学习中心跨越了时间与空间的界限，学校不再是教育唯一的场所、学习要回归生活。如果说学校仅是为学生的未来发展做准备的地方，那是否可以尝试开设一门突破学校界限、直面真实世界的课程呢？

某天，课间与学生闲聊。说起刚开业的万象汇，孩子们也很感兴趣，去过的孩子开始七嘴八舌地说着相关见闻，有的说可好玩了，有的说好无聊，一时吵得不可开交，我想着大家要不然一起去瞅瞅？所以就给孩子们安排了任务，还发了份调研提纲，让他们拿着去问，想着将这些娃放出去，应该能回来给我点灵感吧。结果，大失所望，只有几个孩子看懂了并用了我的提纲，其他孩子晒的都是各种美食、自拍。好吧，至少这一趟大家收获了快乐，离品质生活者还有段距离吧。回来后，孩子们依然吵得不可开交，表达也很主观，58 元一份的小吃，有孩子觉得贵、有孩子觉得便宜，那到底谁说得对呢？又该怎么批判呢？或许可以以此为切入点，带他们走向真实世界。

不知全貌，不予置评，如果对于真实世界不能正确了解，可别未来了，现在都应付不过来呀！但不想知全貌，急于置评的情况很多。特别是在网络上，我们获取海量信息的同时自由发表观点，而其中的客观性与真实性值得深思。这一幅滤镜景点图大家可能都看过（图 1），左侧是小红书的景点推荐，右侧则是同一地点实况，其实像这种例子还很多，不知什么时候大家逐渐开始排斥网红、热门等关键词，一次吃饭时，跟同组大佬商量，做一个小红书打假斗士，教会孩子们正确认知世界。大佬白了我一眼："网络喷子够多了，你要再培养一批吗？你培养目的就仅仅是这样吗？"

图 1　网络上的景点推荐图与实况图

对哦，那还可以怎样呢？不由得想到了厦门六中合唱团，虽然我做不到高至凡老师那种成就，但我也希望我的孩子们能将自己的光芒绽放到世界各地。如果孩子们能够正确感知世界，辩证思考表达观点，并尝试影响世界，这该多好呀！

◆ 探索未来 ◆

在课程设计过程中我内心十分忐忑，大家都已经开始做机器人、造火箭了，我只是在教孩子怎么说话，但未来的日子里，这又怎么不是必要的呢？虽然没抱什么希望，但也将课程写了出来。直到获了一等奖，参加了广东省数字素养与教育论坛，华师的谢幼如教授强调了课程思政的重要性，应以学生为主体，促进学生素养全面发展。突然感觉我的课或许还是有点作用。

个合作学习的研究结果作了分析，63% 都可以提高学习成绩。美国内布拉斯加州教育部认为合作学习是一项终身技能，因为根据进一步的研究表明，合作学习能改善学生的自尊，习得团体的规范，培养娴熟的社会交往技能，形成合作、友爱的人际关系。让学生学到带得走并终身受益的能力。小组合作的学习模式对学生的学习有巨大的促进作用。

◆ 合作学习实践中的痛点 ◆

就我而言，在具体的实践中还是碰到很多的问题。

一是学生参与机会不均等。语言表达能力强、性格外向、成绩较好的学生往往在小组发言中拥有更多的发言机会，而表达能力弱、性格相对内向、成绩特优的学生在小组中不爱发言，当南郭先生，或干脆不参与讨论，使合作学习成为少数优秀同学的个人表演，合作学习效果大打折扣。参与机会的不均等 也使得合作学习失去了其原本的意义。

二是随着时间推移合作积极性减退。学习能力较差、基础知识薄弱、语言表达能力弱的学生参与讨论的机会少，在小组内的存在感和认同感较低，常常被小组内的其他成员忽视和边缘化，自我效能感低，长此以往更加不愿参与小组讨论。而成绩优秀、善于表达的学生起初积极参与小组讨论，成为小组的“话事人”，但随着时间的推移，由于组内其他伙伴坐享其成，也不愿再主动主持讨论活动，积极性日渐下挫，小组整体竞争力下降。长此以往，小组凝聚力下降，积极性减退，讨论流于形式。

三是讨论效率低。在小组讨论前没有进行独立思考，准备不充分；学生缺乏合作的技能技巧，不能逻辑清晰、简明扼要地与同伴交流，爱跑题；讨论时分工不明确，有人坐享其成；有学生借机讲话；单次讨论花费时间长；没有智慧终端连接丰富的网络资源，资源收集渠道少，创新性不足。

◆ 小组合作学习的优化策略 ◆

一是做好小组成员的职能分工。为了提升小组整体效能，小组内可设以下职能分工：主持人 1 名，负责动员号召、主持讨论，引导发言顺序。记录员 1-2 名，记录每位同学发言要点，做最终总结。记录内容要留存，便于老师查核监督。计时员 1 名，根据老师给出的总讨论时间，计算每位同学的最长发言时长，掐表计时以保证每位同学发言机会和时间。学历案核查员 1-2 名，最终总结完成后，快速检查组内成员是否把总结内容整理到学历案上。物料管理员 1 名，负责小组讨论时实验设备的管理，平板的管理监督。联络员 1 名，组内任何需要求助的问题，只能通过联络员来举手寻求老师帮助，防止其他成员分心。

二是实现点名的趣味化和公平性。老师点名常常具有主观性，无法覆盖全体学生，加之有很多性格内向的孩子不愿意分享自己的想法，此时用我设计的这个大转盘（图 1）进行抽查则会有效避免上述问题。比如班级有 46 人，将转盘分为均匀的 46 份。点击左下方“开始 / 暂停”按钮，转盘上的指针就会飞速转动。再次点击“开始 / 暂停”按钮，指针就会停下来，对应学号的同学要站起来回答问题。转盘在独学环节抽人回答简单问题时尤其有用。

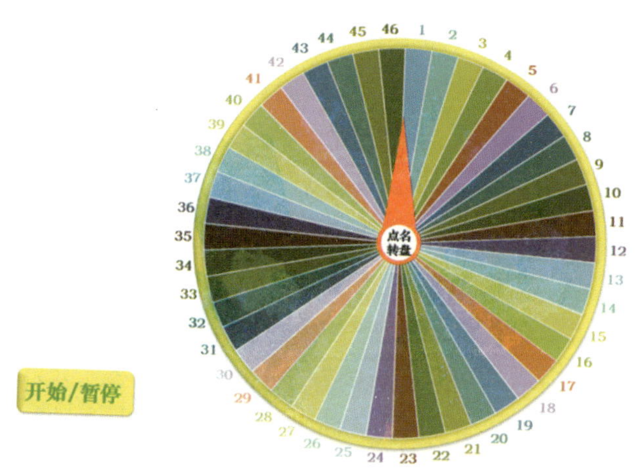

图 1 趣味抽查大转盘

在对学环节以学生的知识 PK 为主，可是我们总会遇到抽到的同学不在一个水平的吊打类 PK，就像郭敬明和姚明打篮球，既打击了郭敬明的自尊自信，也不利于姚明的球技进步。下方两个大转盘（图 2）一定程度上可以解决这个问题，如果组内序号由小到大是依照成绩顺序编排，那么首先选出学生的编号，再选出对应的两个小组。这两个小组的同一序号的同学可以进行有悬念的 PK。比如地理讲到我国南方地区，老师在希沃课件中添加希沃游戏 PK 环节，让来自两组实力相当的学生点击“下列说法正确的选展示环节，如果零散问题多，全部问题全员讨论的话，可以让学生随机抽题进行展示。一组发言中学生回答出现了问题，老师不急于自己补充，可以鼓励台下的其他组学生进行补充，老师重在做好引导、反馈和总结。

六是重视计时员的角色。计时员主要负责在群学中计算每位同学的最长发言时长，掐表计时以保证每位同学发言机会和时间，要在讨论的最后留出大约半分钟的时间给记录员汇报最终成果。这样的机制有利于反向促进学生发言更加简洁、凝练，使整个讨论高效完成。

一份创新历史作业的诞生

刘梦菲

一份创新作业应该具有学科融合性、选择性、可视化、生活化、趣味化等几个特点。松实历史科组依托端午节设计了一份五育作业，做到了让教师发现它，让学生去创造它！

作业设计的重要性，我不说大家都知道。上个学期在学校指引下，每个科组都做了五育创新作业的设计。当时我就有一种感觉，其实历史科组的作业，特别是寒暑假作业，都是挺符合五育作业的理念的。

历史科组的趣味作业，尝试过手工制作历史文物、画历史漫画、参观博物馆、调查家乡近代建筑、采访身边的老人、拍摄家族口述史、阅读历史课外书、看历史电视剧……历史科组的作业算是比较多元化、多样化的。上个学期学校布置五育作业的要求之后，我们就全科组集体备课，头脑风暴想了一下。当时正值端午节，端午节是中国传统文化节日，这种民俗文化是我们中华民族独特的精神标识，所以为了更好地保留与传承中国传统文化习俗，让学生真切感受中国传统节日的内涵，我们就决定做端午相关的内容，具体细节由我们初一备课组落实。我们在完成五育作业设计的同时，也顺带举办了一个七年级历史手工大赛作为年级活动，一举两得。给大家看一下学生的作业，分为三个作业，简单来说就是做龙舟、做香囊和包粽子（如图1-3）。学生作品可以说是非常惊艳了。

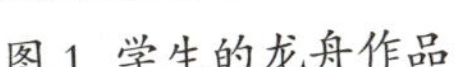
图 1 学生的龙舟作品

图 2 学生的香囊作品

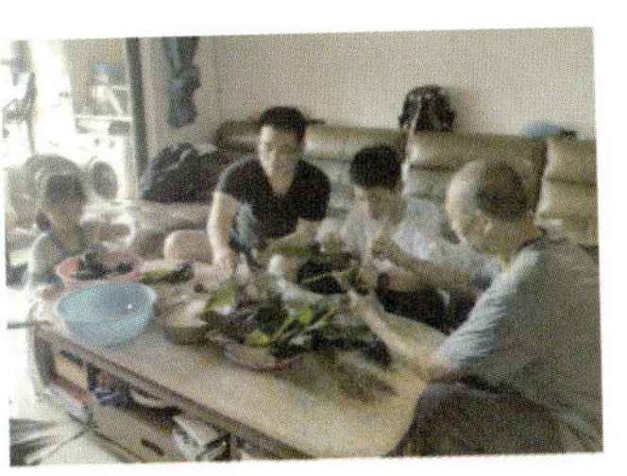
图 3 学生在家包粽子

我没有太多设计创新作业的经验，但是我们科组有很多集体的智慧，大家看到的学生作业展示都是科组共同想出来的创意。我只是历史科组的搬运工，把历史科组的作业设计搬运到这里来。

接下来，我想以这个五育作业为例，来谈一谈一份创新历史作业是如何诞生的，以及我认为的创新作业特点是什么。

◆ 一份作业的诞生 ◆

一份作业诞生的流程。首先我们会集大家的力量一起去头脑风暴，思考创意，然后再落实到各个年级的备课组。第二步就是布置，布置的话一定要注意做好动员和宣传，多渠道宣传。做好宣传会引起学生重视，比较容易出精品。第三步是接收作业、指导作业。这个环节也很关键，教师可以让学生把作品继续优化，更能出精品。反馈环节，学生作品要批阅、评级、展示，最好可以颁奖，并且还有奖品。最后一步，改进和反思，这次的五育作业就是在寒假作业的基础上进行改进的。

◆ 创新作业的特点 ◆

创新作业最大的特点，应该是学科融合性。在我们设计的作业指引上，写了这样一段话：

在学校创造教育理念引领下，松实历史科组根据最新颁布的 2022 年版《义务教育历史课程标准》中强调核心素养、跨学科主题学习的要求，结合东莞市关于作业减负提质、五育并举的有关指示，策划组织了科组品牌“松实做历史”系列之——“品味端午 传承文明——历史五育作业暨2022年历史手工制作大赛”活动。活动对象为七年级学生，活动内容分为三类：包粽子、做龙舟、制香囊。

这是我们设计作业的基础理念。那包粽子、做香囊和龙舟，到底怎么体现学科融合，到底培养了学生哪几育呢？香囊和生物学科有关，我记得生物学科也让学生做过香囊的，里面用到的香料植物和生物知识密切相关。和美术学科、美育有关，做香囊需要审美。做，所以和劳动教育有关。龙舟呢，和物理有关，它的结构、平衡这些和物理有关。粽子，也和生物有关。和家人包粽子这件事情，就是最好的德育，家庭活动促进家庭和谐，母慈子孝，劳动教育，都有了。可能有的老师看了觉得，咦，你这不是硬往上扯的吗？但其实这个作业的设计也让我意识到了一个以前没有思考过的问题，那就是每个学科之间，是有密切关联的。假期我写论文的时候看到一篇文章中的一段话，让我有些释然：

每一门科学都包含着其他所有学科的信息，各门科学实际上属于同一科学的专题，它们只是从不同的方面、不同的层次来研究同一整体，这就是现代科学已经出现融合趋势的动因。现代科学也日益呈现综合化的趋势，知识经济的发展依赖于具有综合能力的高素质人才。

——翁亚红《有效的整合灵动的生成——以人民版高中历史教材教学为例》

是啊，本来每个学科就是站在不同的角度去解释这个世界，但我们解释的都是这个世界啊。所以我们要去硬凑这种融合性吗？不用的，因为每个学科之间本来就有融合点。举个简单的例子，后母戊鼎。我们上历史课一定会教的一件文物。当我们从它的铭文、形制上考究，它就偏重历史学科。当我们考究它颜色的变化、金属的组成时，它就是化学。当我们从它的花纹、浇筑、制作的方法来看，它就是美术学科。当我们考究它埋藏的地点、地质情况的时候，就是地理学科。曾经博闻问过我文物考证的问题，他的英文课上要用；乔乔问过我关于一个制度的表述，她想知道历史和道法的表述是否一致。我也会去问地理老师，学生是否学过某个地域，因为历史课要讲到。所以，学科融合性，只需要大家立足本学科，去发现共融点就可以了。

创新作业的第二个特点是，选择性。我们想要发展学生的德智体美劳，但也要考虑到学生的个体差异性。每个学生的气质、性格、兴趣爱好都不同，我们可以让他们有选择性地发挥出自己的特长。比如说，有位家长代她孩子给我发信息，说家里不爱吃粽子，也不会包，可否改成别的作业形式。我就说，那可以选择做龙舟和香囊。所以，作业的设计可以更具选择性，更大程度发挥出每位同学的潜能与特长。这也算是一种分层作业。

第三个特点是可视化，作业要求可视化、作业内容可视化、作业反馈可视化。我们寒假作业布置了做历史手工，回来之后我的办公桌像一个垃圾场。很多人都没有写名字，根本分不清哪个班的。所以五育作业的时候我吸取了教训，把作业的要求做成了一个示意图。于是我就得到了很多整齐、明确的作业。作业内容可视化，尽量做成可以展示出来的，可以让大家一起学习、围观。作业反馈可视化，让学生知道自己做得怎么样，我们采用的方式是评奖、颁奖，买零食，学生拿到零食很开心。

图 4 作业内容可视化

第四个特点是生活化、趣味化。这两个是促进学生做作业主观能动性的法宝。老师们在平时的课堂、作业都会使用到，我就不赘述了。

我们设计的这个作业还有很多值得改进的地方。基于我们的作业设计，我想谈几点创新作业未来的展望，也希望接下来我们的作业设计能越做越好。首先第一点，希望作业设计可以和学科知识结合更紧密一点。学生制作的成果上虽然都有相关的历史介绍，但大多并不是自己总结的，历史专业考证不强，以后要想办法改进。第二点，跨学科融合做得更深入一点。比如说，我说香囊和生物学科相关，但其实我们并没有指引学生去学习相关的生物学知识，可以考虑两个科组共同协作，这样会更深入，更具有专业性。第三点，让能够发挥才能的学生范围更广一些。希望能设计出，让更多学生能发挥特长的作业，比如说会演讲的学生、会唱歌的学生，擅长计算的学生等等。不能只让会画画会手工的学生发挥。第四点，作业成果的作用更远大一点。每次学生的作品结局是，展示完了就束之高阁了。我们能不能发挥这些作品的价值，比如说作为我们教具使用，让我们的课堂更直观，更具有趣味性，让下一届的学弟学妹可以看到或者用到。

一份创新作业的诞生，就是老师发现它，学生去创造它！

学历案：让学习过程看得见

柳玉君

从情境设计、探究实践活动、制作教具模型、课后延伸、结合信息化手段五个方面入手设计基于评价任务的学历案，以学历案为蓝图，构建“自主－合作－探究”的生物课堂模式，实现教与学的转变：由知识传授为主向素质教育为主的转变，以单一课堂学习方式向既有合作学习又能体现个性化学习的多种学习方式转变，从而凸显以学生为主体的课堂模式。

怎样的学习方法更能提高学生的学习效率呢？美国教育学家艾德加·戴尔提出的学习金字塔理论表明：同一个内容用不同的学习方式，学习者在两周以后还能记住的内容（平均学习保持率）是不同的，通过听讲、阅读、视听等被动学习的方式获得的知识留存率相对较低，而在金字塔的底部，通过讨论、实践、教授他人等主动学习的方式获得的知识留存率则高达 90%。教师应该如何组织学生主动学习，让学习真正发生呢？

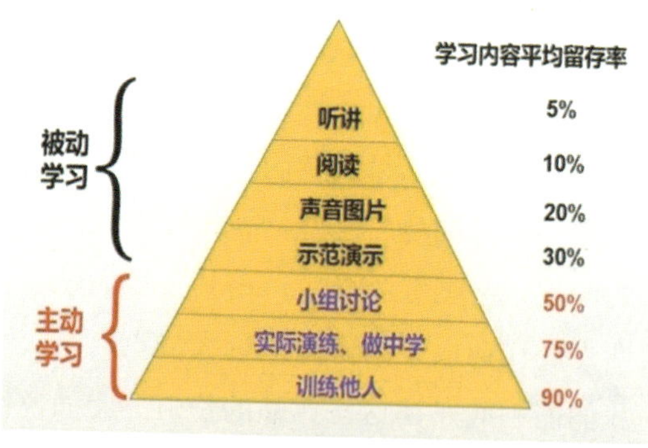

图 1 学习金字塔

◆ 基于学历案的小组合作学习的生物课堂模式 ◆

反思传统的教学教师讲得多学生参与少，学生被动接受知识的学习方式枯燥乏味效率低下，且碎片化、单一评价、缺少情境的教学使得课堂缺乏活力出现游离虚假学习。什么样的生物课堂能够让学生的学习真正发生呢？在学校领导的顶层设计、年级构建的框架下，生物科组积极探索基于学历案的小组合作学习的生物课堂模式。

通过设计基于评价任务的生物学历案，以学历案为学习地图，构建“自主－合作－探究”的生物课堂模式，实现教与学的转变：由知识传授为主向素质教育为主的转变，以单一课堂学习方式向既有合作学习又能体现个性化学习的多种学习方式转变，从而凸显以学生为主体的课堂模式。精心设计的基于评价任务的学历案是开展小组合作学习的关键和基础，其核心是结合“评价任务”去设计教与学的活动，将知识条件化、情境化、结构化，在教学活动中渗透过程性评价，既是教学活动也是评价任务，看学生完成操作的过程就是在看学生达成学习目标的过程。让学习过程看得见，也能实现“教—学—评”一致性的目标。

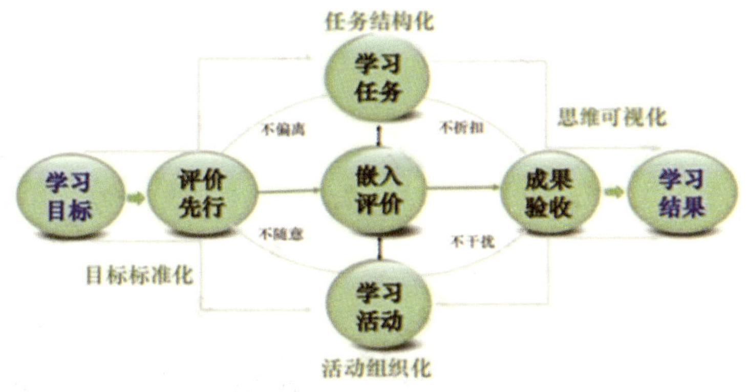

图 2 教学评一致性原则

◆ 生物学历案的设计思路 ◆

在实际课堂教学中小组合作学习经常会“误入歧途”，比如追求一种场面上的活跃和热烈的形式上的合作，只有问题提出的形式，却缺乏深度的合作探究，一成不变的讨论和展示方式造就了“组长权威”等问题。因此小组合作学习需要学历案提供合适的学习支架，才能让学生的学习真正的发生。什么样的学历案能够为学生搭建合作探究学习的支架？如何在学历案中设计可评可测可视化的过程性评价？如何在教学过程中落实生物核心素养，提升学生解决问题的能力？生物科组在积极探索中有了初步的思考。

一、基于生活生产情境的评价任务，提升解决问题能力。对于综合应用比较强的知识点，可以把过程性评价任务设置成情景，学生在讨论解决方案、设计情景表演的过程中学会知识。通过这种方式获得的知识更有利于学生解题和解答生活现象问题。

例如在上“用药和急救”一课时，在学历案中设计评价任务“旅行小药箱”“情景表演心肺复苏急救现场”的活动，引导学生了解一些常见药物使用方法，学会在不同情境中运用急救方法心肺复苏术，学生在完成课堂任务过程中学会知识更提升了解决实际问题的能力。

在上“植物的生殖”一课时，将“为什么要进行嫁接”这个问题设置成情景，让学生讨论解决“如何让小明家的苹果树尽快变成李叔叔家那样的优良品种”，这样有情景的讨论学生会更感兴趣，而且贴合中考题型的要求训练了学生资料分析和应用知识的能力；接下来第二个问题“应该怎么进行嫁接呢？”能找出答案不一定能实际操作，所以还得在做中学。但是课堂上比较难实现嫁接的实验操作，我们设置了让学生在学生平板中拖动各部分结构来模拟嫁接过程的活动，学生完成任务时，教师就可以直接看到学生是否学会了该知识点，还能让学生更深刻理解植物无性繁殖的概念和意义，记忆也会更深刻。

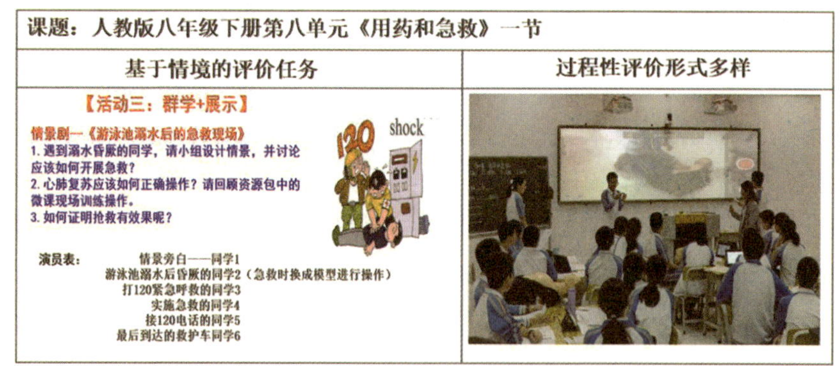

图 3 基于情境的评价任务学历案设计实例

二、结合探究实践的评价任务，提升科学思维。生物是一门实验性学科，教师可以尽量让学生自己去观察操作，让学生在“操作或书写的过程”中学会知识能力。例如在上“植物的生殖”一课时，将扦插的知识点合理配置在评价任务和情境之中，所设置的教学活动就是学生在阅读课本、实验操作、根据评分标准自评互评等过程中完成的过程性评价任务。教学活动过程中引导学生在说中学、做中学、教中学、悟中学进行深度学习，在完成多样的评价任务中学会知识。结合“评价任务”去设计“学习过程”，并且给出具体可操作的任务指令，使学习目标可测、可评，可以更好地帮助教师把握学习目标达成情况。

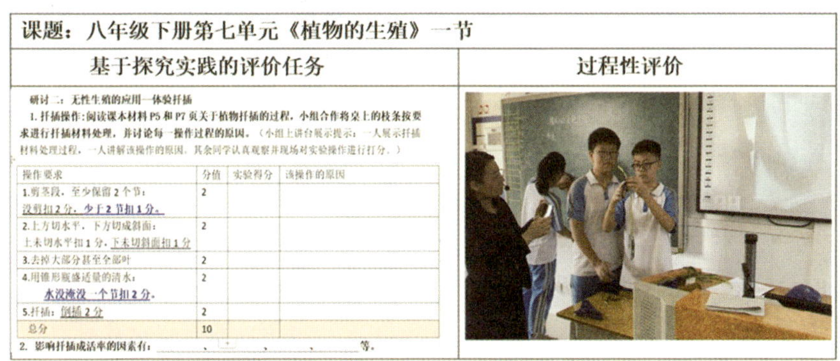

课题：八年级下册第七单元《植物的生殖》一节

基于探究实践的评价任务	过程性评价

研讨二：无性生殖的应用—体验扦插

1. 扦插操作：阅读课本材料 P5 和 P7 页关于植物扦插的过程，小组合作将桌上的枝条按要求进行扦插材料处理，并讨论每一操作过程的原因。（小组上讲台展示提示：一人展示扦插材料处理过程，一人讲解该操作的原因，其余同学认真观察并现场对实验操作进行打分。）

操作要求	分值	实验得分	该操作的原因
1.剪茎段，至少保留 2 个节： 没剪扣 2 分，少于 2 节扣 1 分。	2		
2.上方切水平，下方切成斜面： 上未切水平扣 1 分，下未切斜面扣 1 分	2		
3.去掉大部分甚至全部叶	2		
4.用锥形瓶盛适量的清水： 水没淹没一个节扣 2 分。	2		
5.扦插：倒插 2 分	2		
总分	10		

2. 影响扦插成活率的因素有：____、____、____、____等。

图 4 基于实践的评价任务学历案设计实例

三、自制教具模型构建学科概念，让思维可视化。对于无法在课堂上开展的实验和比较抽象难理解的重要概念，我们会自制教具模型作为学历案任务的学习支架，帮助学生构建抽象概念，比如在上“动物的运动”一节时，无法做到让每个小组都有实物用来观察解剖。我们设计了“积木关节”物理模型来帮助学生构建运动系统的重要概念；在上“鸟”一节时，设计流程图和呼吸装置来帮助学生构建“双重呼吸”的重要概念等。自制教具模型不仅在感官上帮助学生理解知识，更为学生小组探究和上台展示过程提供抓手。通过这种方式，实现教学活动既是可评可测的过程性评价，学历案就是学生学习的地图，引导学生表达操作，完成任务或作品的同时就完成了过程性评价和学习目标。教师也能从学生学习过程中看见学生的学习思维。

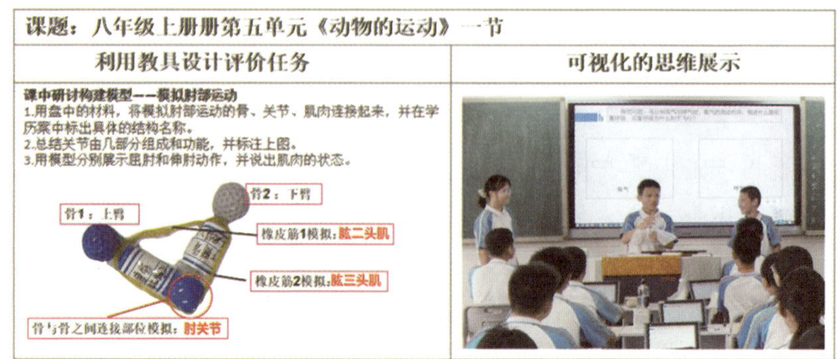

图 5 基于教具模型的学历案设计实例

四、结合信息化技术手段，让每个学生的学习过程看得见！基于评价任务的教学活动的设计要充分利用大数据分析来实现智慧评价、精准教学、深度学习、个性化指导。例如可以借助学生平板智慧平台以小组为单位提交讨论结果，教师随机抽选小组分享，也能根据学生提交的任务点评全班同学的讨论结果并总结；通过希沃授课助手的同屏功能，让台下的学生更清楚看到细节并对展示的小组进行评价。让学生不仅有讨论还有完成作品的任务，教师借助智慧平台让每个小组都提交讨论结果，教师就可以了解到学生是否真正在讨论解决问题，这种方式不仅要引导学生“说”，也要让学生在“操作或书写的过程”中学会获取知识能力。

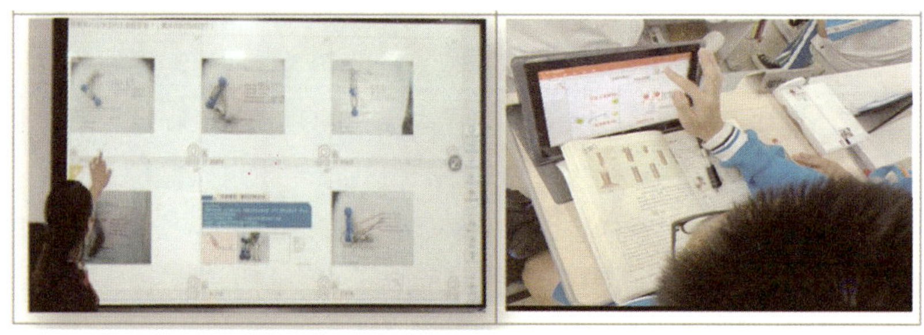

图 6 结合信息技术手段的学历案设计

◆ 初步的实践反思 ◆

生物科组的基于学历案的生物课堂模式在实践中有了更深刻的理解，我们通过设计基于过程性评价、基于学科素养、基于情景应用的教学活动，将知识条件化、情境化、结构化，让学生在具体任务驱动下学习，在完成任务中掌握知识，并借助智慧学习的环境如推送教学资源、合理利用交互系统和评价系统等来实现智慧教育生物课堂。这种教学方式能够真正改变学生的学习方式，让学生在说中学、做中学、教中学、悟中学，在完成评价任务中深度学习，学生也在自主学习、同质异质地学，小组群学讨论，展示学习等过程构建个性化、数字化、智能化的生物课堂。

为了了解生物科组基于学历案的小组合作学习的生物课堂模式的实践效果，我们对试行了一个学期的初二学生进行了问卷调查，在对不同层次学生进行交叉分析后结果显示，学生认为新的课堂模式可以提高学习兴趣、减少课堂走神，更有利于巩固知识；优生更能体验到帮助同伴的快乐，待优生感觉到获得了更多课堂展示的机会，60 分以下的这些学生中有 69.23% 觉得这种模式更有利于巩固知识。作为教师我也感受到了合作学习的生物课堂比以前更有活力。调查结果也显示，不同层次的学生对学习的需求是有所不同的，同样互学的环节优生会更倾向同质互学，特优生会更需要师徒异质互学。需要我们直面差异，根据不同难度的知识点设置不同的活动方案以及在教学活动中设计分层的任务，既要优生在难题中思维碰撞提升自我，又要通过合作帮扶落实重点重要的基础知识。重视学生的学习差异，通过设计自主学习、同质异质对学、小组群学讨论、小组小展、班级大展等多种学习方式，以阅读、查找资料、讨论、分析、表达、辩论等多种任务形式，更好地培养学生的综合素质能力。

◆ 继续探索，勇往直前 ◆

在新授课的生物课堂模式摸索中生物科组有了初步的思考，我们将继续前行积极探索不同课型的高效课堂模式。比如有些复习课中我们思考可以设计自主型的学历案，把课堂教学提前进行导学，设置导游一样自主型的学历案，学习目标和“学习资源和学法建议”将学生带到景点门口，向游客介绍景点路线方案，学历案就是学生的旅游攻略，学生根据攻略自主学习再进行课堂交流和完成评价任务；比如如何实现跨学科融合和如何在课堂中更好地落实教学评一致性原则，这是我们接下来要摸索实践的方向，我们生物科组将继续探索，勇往直前！

它美好的样子

蔡小莲

在作业设计中要关注不同层次学生的需求，设计出呈现思维发展梯度的日常作业，融课堂教学与社会实践、感性体验与理性思辨于一体，重兴趣重情境，重体悟重思考，从而培养学生的高阶思维，提升其语文素养。

对于它，身为教师的我们都不陌生，从我们站上讲台的第一天开始，我们都会在课堂结束的时候，对着全班学生发布：同学们，今天的作业是……

没错，它，就是作业。作业美好的样子是怎样的呢？曾经，我也答不上这个问题，但我肯定见过它许多不美好的样子。为了减轻作业批改的负担，老师们选择让它“整齐划一”，难度和形式都统一的样子；也有的老师因为信奉“拿来主义”，过度依赖教辅；还有就是老师的盲目感动，错把学生的疲惫当充实。我的班上有两个学生令我印象深刻，每次布置作业的时候，那个男生一定是一副愁眉苦脸的表情，而另一个女生，有时候语文还能考 100 分上下，面对老师发布作业也总是一副嫌弃的模样，令我大受刺激。相看两生厌，这偏偏就是我们的作业常有的样子。

那一天，“新校长传媒”公众号上的一段话打动了我：作业它美好的样子，应该是——同一个问题，可以让不同的学生经历不同的过程，展示不同的结果；不同类型的作业，可以让班级里不同学习能力的学生都有体验成就感的机会。对啊！原来它不只是任务，它还应该是机会，是让每一个学生体验成就感的机会，也是我们教师提高专业水平的机会，那么，作业这张学校教育的“名片”，是不是可以尝试着让它从机械呆板变得灵动有趣呢？

于是，在科组的引领下，我们试图找到一条改进的路径。我们苦苦思索，我们加强学习，我们也不断实践。

时代告诉我们，教育的需求已经从“有学上”转向“上好学”，能力和素养才是作业的最高追求。基于此，我认为，我们的作业设计，至少要紧扣四点原则。

一、有效的作业必然要立足于已经掌握的知识基础上，实现温故知新，所以，要紧扣知识勾连点来设计作业；二、联系学情、明确目标，才能生发成长；三、要追求在作业过程中培养学生的思维能力、探究能力和创新能力；四、强调拓展迁移，从课内向课外，从本学科到其他学科，从课堂到生活，让学生在探索中掌握获得知识的方法，体验知识形成的过程，形成科学的价值观。

基于这样的追求，我从质量与过程两个基本视角出发，确定了作业优化的目标。结合科组和课题组优秀小伙伴们的实践，把有效作业优化的策略归纳为五点——

◆分层化◆

学生学习能力先天有差异，如果让有差异的学生做无差异的作业，势必会造成有些学生“吃不饱”、有些学生“吃不了”的现象。那怎样的分层作业，才能让不同层次的学生都能在作业中实现能力增值呢？兼顾不同学力的学生情况，作业分层可以在目标、数量和难度上都有所体现，例如在学完《周亚夫军细柳》后我布置作业如下：

<table>
<tr><th>学生等级及数量要求</th><th>题型</th><th>《周亚夫军细柳》作业设计</th></tr>
<tr><td>A 组（至少做 2 个题）</td><td>必做题（基础）</td><td>1. 摘抄本课重点实词注释，积累一次多义、词类活用。
2. 按要求背诵课文。</td></tr>
<tr><td>B 组（做 3 个题以上）</td><td>选做题（提升）</td><td rowspan="2">3. 班级将要举行“慧眼辩忠逆”的辩论活动。请你根据课文段落理解周亚夫和其他将士的不同之处，就“劳军”所见在文帝面前发表你的看法。
例：臣以为，周亚夫实乃……之臣，您看他……
4. 请以课文内容为基础，发挥想象，以文帝的口吻写一写劳军的见闻感受。要求用上对比和衬托，不少于 200 字。
5. 本文只是《史记》中的一个小故事，请你借助本文学到的方法选择一则短文读读，做成读书卡片来进行展示。
推荐选文：《屈原贾生列传》《淮阴侯列传》《张仪列传》《陈涉世家》《廉颇蔺相如列传》</td></tr>
<tr><td>C 组（做 4 个题以上）</td><td></td></tr>
</table>

联系学生的实际能力，A组同学的作业主要指向基础，重在积累文言知识，难度不大；而BC组同学选做的任务则指向文本的鉴赏，又有一定的趣味。学生既可以在辩论中深入文本，实现对人物形象的把握，也可以变化视角，尝试运用这篇课文重点学习的衬托和对比两种手法，这对能力较高的同学来说有一定的挑战。第5题的拓展更是满足了喜爱阅读的同学广泛涉猎的需要，这样一来，不同学习能力的学生都能通过完成任务达到适合自己的高度，作业不再是无味的“大锅饭”，自然能得到学生的欢迎。

◆ 进阶化 ◆

王月芬《重构作业》一书中提出“课程视域作业观强调四大基本理念——关注学生差异，注重作业与教学协同，系统设计作业，注重反思改进。”何为系统？那就是我们应该用课程思维设计作业，而不是用试题思维去考查，作业设计中要体现思维能力的阶梯式生长。基于部编版教材人文主题和语文要素“双线组元”特点，依据文言文文本特质、立足核心知识，我们根据学生思维发展的规律，从单元目标出发设计单元作业，在单元统整作业设计理念下优化作业结构，丰富作业类型，完善作业评价，从而探求可助力不同思维层级学生主动参与学习全过程的作业设计的实践研究。基于此，我确定了能助力学生文言能力发展的作业类型（如图1），让学生在低中高三阶六个类型的作业进阶中逐步提升能力。

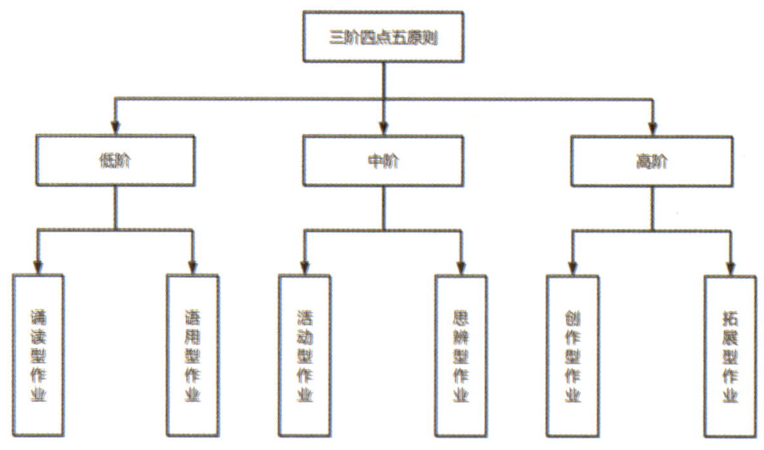

图1 助力学生文言能力发展的作业类型

◆整合化◆

朱开群在《基于深度学习的“深度教学”》一文中说：“开展学科内的整合性教学和跨学科的主题学习，是培养学生的综合思维、知识迁移能力、跨学科解决复杂情境问题的能力的重要途径。”整合，统整，或融合，也是新课程所要凸显的关键词语。可见，强调知识的结构化、整合化，防止知识的孤立化、片面化，是知识转化核心素养的基本要求。有效的整合，可以产生新的意义整体，弥补教材的不足，帮助学生形成更系统、更全面的能力提升。单元视域下的作业设计，就是一种打破传统单课时作业的范式，需将单元视为一个整体。

以九年级下册第六单元为例，《曹刿论战》《邹忌讽齐王纳谏》《出师表》这几篇文章都表现了与君王的沟通的智慧，通过作品之间的比较和提炼，围绕着“劝谏艺术”，我以“探究劝谏智慧、学会劝说艺术”为主题设计探究作业，设置指向不同目标的三个任务如下：

任务形式	目标	具体要求
诵读	体会“谏”之力量	圈画三篇课文里的相关“谏言”，结合当时的情境，分析揣摩人物的心理，用恰当的语气有感情地朗读。
比读	体会“谏”之艺术	请在课本剧本内补充填写表现心理的动作、神态和语气提示，体会直谏法、讽谏法和情谏法的区别。
研读	总结“谏”之文化	课外拓展阅读，把一些勇于进谏、善于进谏的人物与曹刿、邹忌和诸葛亮分别组队，总结古人的劝谏文化。

引导学生通过读的三种不同形式，由浅而深地达成了对文言文从字词积累、到人物形象探究和文意理解的目标。而且这样的整合作业有利于锻炼学生的比较思维，近些年广东省学业水平考试中重点考查的课内外文言文对比阅读中凸显的便是这一能力，2023年试题的14小题便考查了邹忌与孔颖（出自课外文言篇目）在进谏的原因和方式上的区别，有了平时阅读作业中整合对比的习惯，学生在考场上就自如多了。

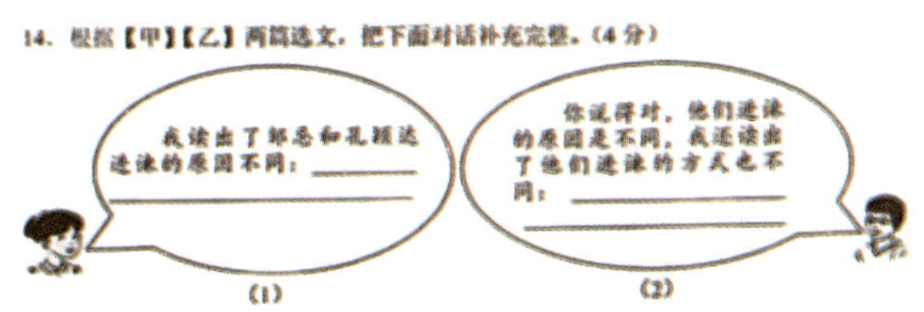

图2 2023广东省初中学业水平考试（语文）第14题

整合之妙，还在于用料广而选点深，整合作业特别适合复习课。例如把初中必读名著篇目与课文结合，结合《简爱》《再塑生命的人》《美丽的颜色》《我的母亲》等篇目探究女性坚守自我、自爱自强的美好品质，对女性形象做赏析；结合《儒林外史》《孔乙己》《范进中举》，以“脱不下的长衫”为主题探究“长衫”的意义，深刻理解作品主题；结合《朝花夕拾》以及课本里鲁迅的7篇选文，设想与作家对话的环节解读鲁迅的思想……这样的整合作业，有助于加深学生对文本的理解，也在宽泛的视野中加深了学生对生活的思考。

◆ 情境化 ◆

2019年《教育部关于加强初中学业水平考试命题工作的意见》中强调要减少机械记忆试题和客观性试题比例，提高探究性、开放性、综合性试题比例，积极探索跨学科命题。可见创设真实而富有意义的学习情境，凸显语文学习的实践性已经是大势所趋。2022版《课程标准》也对创设学习情境作了明确的阐述：“学习情境的设置要符合核心素养整体提升和螺旋发展的一般规律。语文学习情境源于生活中语言文字运用的真实需求，服务于解决现实生活的真实问题。”创设情境，应建立语文学习、社会生活和学生经验之间的关联，符合学生认知水平；应整合关键的语文知识和语文能力，体现运用语文解决典型问题的过程和方法。如2023广东中考文学作品阅读题设置情境为：

电视台拟创作主题为“讲好中医故事，传承红色精神”的节目向社会征集相关素材。“岐黄传星火，悬壶济苍生”牌匾的历史内涵切合节目主题，请你代“惠仁堂”的传人写一段话，向电视台推荐这块牌匾。要求：结合选文内容，紧扣节目主题。

本题重在考查学生对故事内容的把握和对主题的理解，推荐语的形式则更要求学生注意“传人”身份的代入，重视运用恰当的人称和区分文章中人物的关系。并且，该题主题鲜明，情境真实具有可操作性，既能激发兴趣，也能让学生成为自主学习活动的重要载体，使学习方式走向真实深度。

那么，我们在作业优化设计中可以怎么做呢？身为新时代的教师，我们可以巧妙地把热门社会现象变为“语文现象”，引进课堂，激活课堂。例如在学习了《世说新语》二则后，我们在作业的开发中，巧妙地融入了具有现代生活气息的“微博热搜”“追星”“爱豆”等元素，设计了热搜吃瓜、追星第一线等活动，并在作业任务中设置有趣的情境，引导学生完成对魏晋名人风骨的探究。在“我为爱豆打 CALL”这一作业中，明确要求学生必须结合所给选文中的具体事例，对相关热搜人物写品评。为了保证学生品评的对象、方向不跑偏，作业说明中给出任务支架——“我认为……是个怎样的人，因为他……”。又如在学习八年级上册第三单元的《三峡》《答谢中书书》《记承天寺夜游》《与朱元思书》这几篇文章时，老师巧妙地化身为董事长，以“风景那边独好”为主题引导学生开发文人山水系列旅游项目，把原本相对枯燥的山水类文言文作业变得生动有趣起来。实践证明，这类融入了情境之后的作业任务更受学生的喜爱，也能巧妙地达成深读文本、思维训练的目标。

实践表明，在作业中创造条件、创设情境能督促学生进行探究与对话，可以表现并强化语文能力。文言文文质兼美，但由于年代久远、语言生涩、对作者生平经历不了解等原因容易让学生产生畏难情绪，在情境的引领下，学生根据作品语言的感情色彩、主题思想、作者的抒情议论和个人的阅读能力而读出了各自的体会，更收获了指导今后阅读活动的思维方法和能力。

◆ 创新化 ◆

《义务教育语文课程标准（2022 版）》还提出：“作业应紧密结合课堂所学，设计主题考查、跨媒介创意表达等多种类型的作业，培养学生自主学习和综合学习的能力”。为了追求作业有效性和有趣性的结合，我们在探索单元视域下的初中文言文作业过程中，一直强调创新性。

在读懂文字意思的基础上的，古文鉴赏与现代文鉴赏有异曲同工之妙，总也离不开内容美、思想美、句式美、写法美、文化美等等。因此，在追求形式创新的同时，文言文的学习还需追求言文结合，在追求思辨能力发展的作业活动中“用自己的理解和内化感受来和作者的心产生共鸣，用自己的语言和图画来展现作者的理解。”以部编版的几篇文言文为例，我们设置了指向听说读写等能力素养的作业活动，引导学生在任务完成的过程中进一步深入课文，在掌握文章字、词、句的基础上加深对主旨的理解，并在听、说、读、写等不同形式的输出中完成深入思考、语言重组与运用、创造表达的过程，从而提升其思辨能力。

能力与素养	活动与栏目	创意作业设计	适合篇目
创意地听	松慧之声	在语文公众号上发布、聆听古诗文配乐朗诵，赏析朗读者的节奏和情感把握是否准确。	唐诗、宋词、美文
创意地说	辩论、演讲	模仿课文人物针对某一话题进行辩论，表达明确的观点。	《庄子与惠子游于濠梁之上》《周亚夫军细柳》
创意地读	经典诵读	各班选择诗文进行创意设计，在舞台上结合朗诵、演唱和舞蹈等多种形式演绎经典作品。	唐诗、宋词、美文
创意地写	剧本创作	围绕主要情节创作剧本，揣摩人物心理，补充神态、动作、语气等。	《唐雎不辱使命》《邹忌讽齐王纳谏》
创意地画	绘本、连环画	围绕主要情节，制作连环画或者绘本。	《木兰诗》《石壕吏》《卖油翁》等
创意地唱	古诗词演唱	给诗词谱曲，创作独特的唱法，举办班级演唱会。	《满江红》《水调歌头》《蒹葭》等

作业优化创新，是形式、内容、角度等多方面的创新，例如创意的“听”和“读”，我们通过备课组统一规划，以“松慧之声”栏目推出古诗文创意朗读节目，把有声朗读与文字解析相结合，学生搭建学习、展示的平台；创意地说，学完《周亚夫军细柳》后，结合臣子的反应，分小组（正反两方）以辩论的形式交流看法、表达观点，以此帮助学生提高语言的建构与运用能力，促进思维能力的发展；又如创意的“写”，低阶任务如文白互译；中阶任务进行剧本创作，揣摩人物心理，补充表演中需要表现的神态和语气等，实则考查的是对人物形象的把握；高阶任务如自主创写，以秦王的口吻写“我眼中的唐雎”，以文帝的口吻写劳军所见所闻所感，既深入文本又追求创作；创意地画，让有绘画特长的学生与小组同学合作，给文言文故事制作连环画或绘本；还有创意地唱，学完《水调歌头》《关雎》《蒹葭》等古诗词后，让学生自行谱曲，创作独特的唱法，一周后找课外活动时间进行演唱比赛，以此提高学生对语文学习的乐趣，加强学生对诗词的感悟，增强创作力和审美能力，帮助背诵，促进发展个人特长。

还有经典诵读、课本剧表演、演讲、为文人制作简历等融合了多学科特色的作业也得到了学生的欢迎。通过情境化、实践性阅读作业优化设计，重复低效、枯燥乏味的阅读作业减少了，作业设计的趣味化、生活化和主体化得以体现，学生的高阶思维得到了培养，从而也提升他们的语文素养。

图 3 创意地听：松慧之声音

图 4 创意地读：经典诵读

可以说，科组引领、教学创新、备课组全力搭建平台是我们使得作业变成了受学生喜爱的新样子的主要原因。

当然，有了有效的作业策略，我们还需要把握好作业的五个度，让它有趣、有情、有效、有依据、有限度，那么，它就一定可以成为我们理想中美好的样子。蔡元培先生说过，教育者，非为已往，非为现在，而专为将来。我相信，将来的教学，将来的作业，一定会是比现在更美好的样子。让我们一起努力！

用智慧点亮课堂

林荣珊

做一个研究型的教师，研究学生的认知发展规律，遵循学生的认知发展水平。在教学中发挥科组老师的集体智慧，应用学习进阶理论，促进学生高阶思维的发展和学科观念的形成。

暑假在家辅导亲戚家小孩子时，我被这道小学三年级的数学题难住了，实不相瞒，我一条规律都没找出来，于是，我又把这道题发给几个朋友，出乎意料的是，朋友们也没做出来，为什么一道小学数学题，我们会觉得难解？

每一组数字都有一定的规律，你能找出来吗？（答案不唯一。

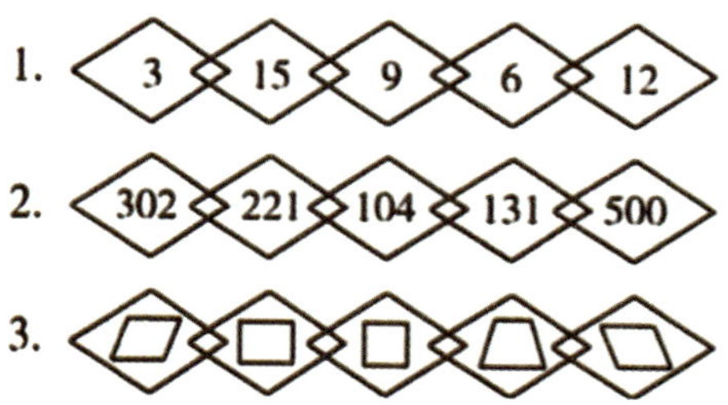

图 1 小学三年级数学题

看了解析后，我才知道我连题目都没有读懂，我一直试图寻找前两组数字的规律，然后填写在第三组的空格里，而题目是分别找出三组的规律。我被固有思维限制，习惯性用成人的思维解决问题。而小孩子的数学题设计是依照小孩子的思维方式来的，他们脑子里想到的东西和对应生成的解决办法和成年人是完全不一样的。所以在面对小孩子的数学题的时候，没有相关的知识储备做支撑，解题思路也不对，自然就会变得难很多。

同样的道理，对于植物的光合作用，生物老师思考的是：光合作用的场所、叶绿素怎么提取和分离、植物栽培的条件。化学老师思考的是：光合作用是物理变化还是化学变化？哪些物质参与了反应，从分子原子的视角上，发生变化的是什么？我们思考问题的方式不同、思维不在同一层面上。

无论是生物教师还是化学教师，我们教书育人的对象都是学生，无论是哪种角度，最关键是从学生的角度思考问题，学生才是课堂的主体，教师要研究学生的认知发展规律，遵循学生的认知发展水平。

对于启迪学生思维，我发现科组的老师各有智慧，在不断听课后，我总结了他们启迪学生的方法。王建新老师最关注学生是否深度思考，课堂是否生成，学习是否发生。比如在学生接触化学的第一节课中，为了让学生深入认识化学，提出问题：化学属于技术还是科学？引导学生敢于质疑敢于思考。

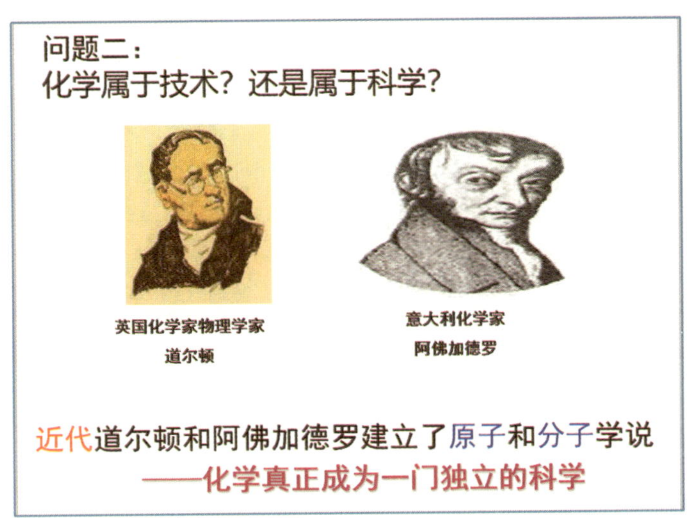

图 2 王建新老师课件截图

与王建新老师有着异曲同工之妙的还有毛杰老师，她擅长问题导学，设置问题链，由浅入深，生成知识。比如在探究二氧化碳和水是否发生反应时，她提出三个问题，二氧化碳有没有和水发生反应？如何证明一个无现象反应的发生？如何证明二氧化碳与水混合生成新物质？针对学生学习过程中将要产生或可能产生的困惑，将文本知识转化为一连串相互关联的问题，让学生发散思维，产生求知欲。

1、二氧化碳有没有与水发生化学反应呢？

无明显现象

2、如何证明一个无现象反应的发生？

证明生成了新物质

3、如何证明二氧化碳与水混合生成了新物质？

证明混合后物质的化学性质发生了改变

图 3 毛杰老师课件截图

赖辉明老师善于德育育人，他的课堂不仅在传授知识，还在传输情感态度和价值观。于艳伟老师善于趣味引导，让学生在游戏中学习知识，迁移知识。陈亦伦老师善于系统归纳，归纳的不仅是知识，更是方法。钟文婷善于化繁为简，把复杂问题简单化，让学生对化学充满热情。

我的特点是什么？以前我很喜欢研究信息化教学。可是我越来越觉得，我学习的信息化教学浮于表面，套着形式化的壳，存在很多问题，比如和学科融合的深度如何？对学生思维的发展有何影响？对学科素养的提升效果如何？这些问题我都没有解决。我忍不住思考，我应该怎么促进学生思维的发展？

我想它起码应该符合以下三点：符合学生认知规律、最近发展区理论和学习进阶理论。什么是学习进阶？设置学习任务，为学生搭建阶梯。

学习是一个不断积累不断发展的过程，由浅及深、由点至面、由近及远，循序渐进的过程。在学生现有认知、经验与教学目标之间应该有多个“台阶”，这些“台阶”的确定由学习者和知识客体共同决定，体现学生认知水平的不断进步，应该符合维果斯基的“最近发展区”理论。

我尝试着用一节公开课《碳的化学性质》将我的想法落地，在书写学习目标时，我增加了进阶起点和进阶终点，梳理清楚后我设置四个学习任务，确保学生在进行每个学习任务后，能够达到预期的进阶水平。

表 1 “碳的化学性质”进阶起点和进阶终点

学习目标		进阶起点	进阶终点
知识层面	碳的稳定性	木炭在常温下不和氧气反应	木炭在常温下化学性质稳定
	碳的可燃性	木炭和氧气在点燃的条件下生成二氧化碳	木炭在氧气不足和充足时的反应产物不同
	碳的还原性	不知道木炭可以和氧化物发生化学反应	碳具有还原性，可以夺取某些氧化物中的氧
素养层面	宏观辨识与微观探析	能通过物质反应的直观现象认识化学变化，能联系物质的结构解释物质的性质	能根据实验现象归纳物质及其反应的类型，能从微观角度认识化学反应实质
	变化观念与平衡思想	初步形成性质决定用途的观念，能从质量守恒的观点看待化学变化	认识条件对反应产物的影响，能够运用质量守恒定律推测反应产物
	证据推理与模型认知	能够从物质及其变化中收集证据，对有关问题提出假设，认识固固加热型的实验装置模型	能依据证据从不同视角分析问题，推出合理的结论，能够迁移并改进实验模型，建构设计实验装置的思维模型
	科学探究与创新意识	能够观察和记录实验现象，进行简单的实验操作	初步设计实验装置，能够认识到实验的不足并改进实验

◆ 重构已有知识，完善知识体系 ◆

如何让学生认识碳在不同条件下生成的产物不同呢？通过木炭在空气中燃烧的动图引导学生回顾木炭在充满氧气的集气瓶中点燃会生成二氧化碳，接着再展示一张漫画图，提出问题“为什么在门窗紧闭的家中烧烤会使人晕倒？”引导学生生成知识，即碳在氧气不足时会生成一氧化碳。再提出问题“钻石和木炭都是碳单质的一种，木炭可以燃烧，那么钻石能燃烧吗？”通过问题导学，让学生体验回顾旧知、打破旧知和推断未知的过程，从熟悉的知识推断未知的知识，发展学生的逻辑思维能力。在重构已有知识，系统归纳新知识，思考和推断的过程中，学生深化物质的性质决定用途的观念，认识到反应条件对产物的影响，实现变化观念与平衡思想素养的进阶。

图 4 一氧化碳中毒漫画

◆ 探究趣味实验，提高推理能力 ◆

碳的还原性趣味小实验能很好地让学生树立证据意识，提高推理能力，实现证据推理素养的进阶。教师先给学生提供资料“滤纸的主要成分是纤维素，在加热过程中纤维素脱水碳化，生成活性极高的碳”，让学生通过实验现象生成红色物质猜测碳可能会和氧化铜发生反应，此时教师再提出问题“如果碳和氧化铜反应，会生成什么物质？依据是什么？”引导学生从化学变化前后元素不变的角度分析产物除了铜以外还有一氧化碳或二氧化碳。学生在进行实验探究时，从观察现象到证据推理到预测产物，认识现象、结论和证据之间的逻辑关系。

碳还会和什么物质发生反应？

①将滤纸放在酒精灯上加热，待滤纸燃烧后将其转移到蒸发皿中，观察蒸发皿中固体的颜色。

②取另一张滤纸，在滤纸上均匀地铺上氧化铜粉末后，将其放在酒精灯上灼烧，待滤纸燃烧后将其转移到蒸发皿中，观察蒸发皿中固体的颜色。

小组分工：一人记录实验现象，一人用平板拍照，
一人分享实验结果，其余同学进行实验。

图 5 碳和氧化铜反应趣味实验

◆ 设计实验装置，建构思维模型 ◆

完成趣味实验后，学生提出猜想“碳和氧化铜的反应产物为铜和二氧化碳”。教师先不展示课本上的实验装置图，而是引导学生迁移高锰酸钾制取氧气的实验装置，改进为碳和氧化铜反应的装置。

师：这是碳和氧化铜，同学们观察它们是什么状态？

生：它们都是固体。

师：它们反应的条件是高温，你们前面学过哪个反应的条件和状态和该反应类似？

生：高锰酸钾制取氧气。

此时教师展示高锰酸钾制取氧气发生装置的图片。

师：可是高锰酸钾制取氧气的反应条件是加热，而碳和氧化铜反应条件是高温，如何改进高锰酸钾制取氧气的实验装置？

生：用酒精喷灯或者加一个网罩。

教师在发生装置加上金属网罩，再呈现高锰酸钾制取氧气收集装置的图片。

师：该实验需要检验二氧化碳，可以使用哪种药品？

生：澄清石灰水。

师：用什么仪器装澄清石灰水？

生：试管。

此时教师呈现碳和氧化铜反应实验装置的图片。

教师通过提问和追问，激发学生思维，逐步完善实验装置的搭建，让学生学会从反应条件和反应物状态的角度选择实验装置，发现两个装置的不同之处。该过程可以培养学生的创新意识，比如如何从加热变为高温，学生的方法各式各样，也可以让学生初步学会设计实验装置的方法，建构设计实验装置的思维模型，实现模型认知素养的进阶。

◆ 表演趣味“化剧”，深化宏微观念 ◆

碳能够夺取金属氧化物中的氧是本节课的难点，如何突破该难点，让学生从微观视角理解什么是还原性呢？可以采用话剧的方式表演反应过程（如图 6）。话剧将各元素拟人化为人物角色，让学生借助发生碰撞加深对反应条件高温的记忆，通过抢夺氧元素加深对还原反应的理解。每个碳原子和氧化铜反应时都会夺取两个氧原子变成一个二氧化碳分子，体现碳的还原性。通过这种游戏化学习的方式，引导学生从宏微结合的角度分析化学反应，理解化学反应的实质和内涵，实现宏观辨识与微观探析素养的进阶。

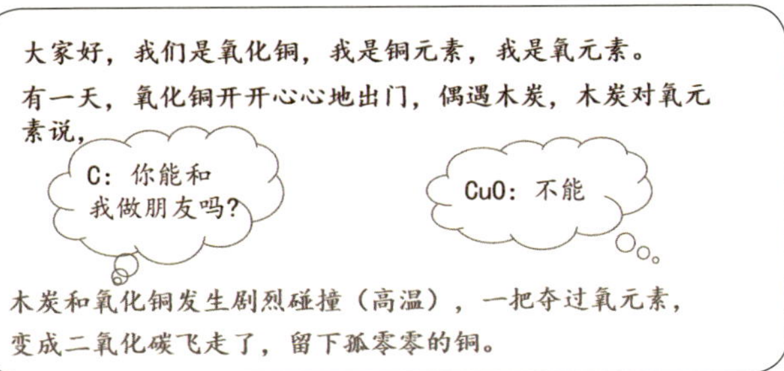

图 6 话剧表演内容

与传统备课相比，基于学

习进阶理论的教学设计需要教师课前准备的时间更长。“碳的化学性质”应用学习进阶理论，着眼学生的最近发展区，促进学生高阶思维的发展和学科观念的形成，提升核心素养，接下来我仍会朝着“借助信息化手段、激发学习兴趣，着眼最近发展区、搭建教学阶梯，形成整体性意识、发展学生思维和重视观念建构、提升核心素养”这几个方向努力前行。

第一年教书，我觉得很简单，因为我总是站在自己的角度，习惯性只考虑题目的难度。到第四年教书，我觉得很困难，我慢慢学会从学生的角度思考问题，思考他们遇到的困难。用教师的智慧、启迪学生的思维，不断思考、不断探索、把学生托举到更高的位置！

品读古画带给我的教育思考

松山湖实验中学附属东坑镇第三小学　汤家明

古代艺术作品所包含的意义是多重的，这就是艺术的力量。愿我们每个人都能慢下来，去欣赏，去品味，去体悟我们中国传统的文化艺术，在艺术的滋养下成为更好的自己！

图 1 《宋赵佶摹张萱捣练图》赵佶 宋代 绢本设色

这是我国唐代张萱的绢本设色画《捣练图》，它被称为我国古代的十大名画之一。有一部赏析名画的真人番短剧《此画怎讲》，其中第 1 集《捣练图：传世名画 C 位之争》运用了夸张和逗趣的手法演绎了《捣练图》画中人物的故事。画中不同分工的人对自己的工作都有所不满，觉得别人的工作才是轻松的，同时希望自己的工作是值得重视的。通过一系列的对话，才发现，原来别人的工作也不是想象中的轻松，自己分内的工作也是尤为重要的。

◆ 品读艺术作品是一种心灵的慰藉 ◆

通过视频赏析，我们更直观地感受到了这幅作品的美，包括她们的服饰、发型妆容，我们还了解到古人制衣的简要过程，同时我们还可以从画作中体悟到一些人生的哲理。每到开学季，老师们都会面对各种各样的问题，繁重的工作、与学生的斗智斗勇，与家长的沟通问题等等。此时，我就会给他们分享这幅画，画中每个人看起来都很忙碌，但他们是否只是看起来很忙？当我们脚踏实地做事，也别忘了抬头仰望星空。我们经常都觉得自己的工作很难，别人很简单，当试着换位思考，是不是也能体会到他人的不容易？即使面对生活中的一地鸡毛，也要把鸡毛拾起，做成鸡毛掸子，轻轻扫除在心灵落下的灰尘。就像唐朝布袋和尚写的一首诗——《插秧偈》：手捏青苗种福田，低头便见水中天；六根清净方成稻，后退原来是向前。如果把教育比喻成插秧，那么这首诗里面的“福田”指的就是学生，我们要俯身倾听孩子们的声音，做到眼里有学生，心中有爱，悉心栽培，自然会看到豁然开朗的“水中天”，看到一种关于教育的美好，找到属于自己人生的意义。做一个心无杂念的、纯粹的、有信念感的教师，才能收获硕果累累。每插一束秧苗，都要后退一步，这样插秧工作才会有进展，要学会舍得，谦恭中的忍让才是真正的进步。

当我们面对生活或者工作上的一些事情，心境尤为重要，品读艺术作品有时也是对心灵的一种慰藉，艺术可以调剂一个人的心理和情绪，这大概就是艺术的魅力所在。

◆ 以《捣练图》为切入点开展项目式学习 ◆

新冠疫情期间学生居家学习，我给孩子们布置了一些活动，其中有一个活动反响特别好，那就是“名画模仿秀”。孩子们都特别感兴趣，纷纷发来了她们的模仿照片，有的模仿梵高的画，有的模仿马奈的画，还有一位孩子模仿《捣练图》里面负责煽火的小女孩，惟妙惟肖（如图 2）。

图 2 名画模仿秀

平时，我会看一些与项目式学习相关的书籍，这些书籍启发了我对于项目式课程的设计思考。而《捣练图》就是一个很好的切入点，这幅画背后隐含着很多社会意义、经济意义和科技意义。通常，项目式学习处理的是和“做”有关的知识，即主要是和程序性知识相关，但如果是为终身学习奠基的项目化学习，则需聚焦概念性知识，《捣练图》就包含着许多概念性知识。

确定了项目式学习的主题《走进捣练图》，接下来要通过一个问题进行驱动：如何通过《捣练图》了解其背后的社会、文化、艺术、科技？

我们可以从捣练图的艺术性、社会背景、制丝技术、传统服饰和造型、相关的古诗词、传说故事等方面入手，因涉及的专业面非常广，可以根据各学科的专业性进行跨学科的项目式学习。

图 3 《宋赵佶摹张萱捣练图》中的女子服饰

通过观察图 3，我们可以发现仕女们身上的衣料华丽多样，是唐代女性日常的服装，叫做襦裙装，它是由上襦、下裙和披帛三部分组成。我们可以通过项目式学习，引导学生探究唐朝服饰的风格特点，它与其他朝代的服饰有何不同，都说时尚是个轮回，看这脖子以下都是腿的时尚，在当今社会是否有再现？

再来看看她们头上佩戴饰品，把花钿贴在额头上，或者头发、梳篦上，他们的发型也各有不同，这几位人物的发型叫做高髻，还有随云髻、蝉鬓、三角髻、双环垂髻，上面插满了珠翠头花。他们的发型也可以开展一个手工类的课程，探究制作的工艺，如何用现代材料复刻古代的精美头饰？

其实，这幅捣练图还反映出了当时社会的状态，在这个时期多有战事，许多家庭男丁都上了前线，秋天一到，天气转凉，在家的女人担心远方的夫君没有足够的衣服御寒，于是在秋天的夜里，妇女们就会空出时间聚在一起捣衣，想在天冷之前将亲手缝制的衣服寄给他们。我们可以带着学生一起品读与之相关的绘本故事。

比如这个故事。唐玄宗开元年间，皇宫里的宫女为边塞战士缝制军衣。有一位士兵，在短袍中发现了一首诗。诗是这样的："沙场征戍客，寒苦若为眠！战袍经手作，知落阿谁边？蓄意多添线，含情更着绵。今生已过也，重结后生缘。"大致意思是："沙场上的将士们，生活多么寒苦。我亲手制作的战袍，不知会落到谁的手里？我饱含柔情蜜意，添线缝衣。今生没有机会相见，只待来世结为夫妻。"士兵得诗后，立即报告将军，将军又把这首诗呈给皇上。唐玄宗看到了诗，便把六宫的宫女妃嫔召集起来，让她们传阅这首诗，并说：“哪个写的，不要隐瞒，我不会怪罪。”有一年轻宫女闻言跪下，连说罪该万死，说诗是她写的。唐玄宗心中涌起了一股怜悯之情，说：“我满足你的心愿，让你出宫，去结今生缘吧！”最后，这位宫女和那得诗的士兵结为了夫妻。李白听到这个动人的故事后有所感触，为了抒写当时征人的妻子对丈夫的深切思念，表达对和平生活的渴望，于是挥笔写了《子夜吴歌》这首诗：“长安一片月，万户捣衣声。秋风吹不尽，总是玉关情。何日平胡虏，良人罢远征。”通过这里面的故事，我们可以体悟到画中的“有情”。如此，我们的语文老师也可以开展项目式课程了。

◆ 注重项目式学习的中国建构 ◆

作为中华儿女，作为一名人民教师，在接纳西方教育教学理念的时候，要注重它的中国建构。这些古画除了体现当时社会的现象、文化以外，还蕴含着国家传统文化的价值观。真实性学习不仅仅是为了让学生深度理解和掌握概念，或者锻炼思维能力，更重要的是引导学生敬畏自然与生命，获得社会责任感。

品读艺术作品，我们可以获得心灵的慰藉，作为一名教师，还能运用传统文化瑰宝，发挥它的作用，让学生更好地了解中国传统文化，同时构建起学生的价值观。这就是中国传统艺术的魅力所在。

愿我们每个人都能慢下来，去欣赏，去品味，去体悟我们中国传统的文化艺术，在艺术的滋养下成为更好的自己！

希望之光在何处?

赵仁义

转化学习困难学生是一项复杂而重要的任务，它要求我们深入学生内心、唤醒学习兴趣、创新教学方式，并细化作业管理，更要加强家校之间的合作。在这个过程中，持续的关怀、耐心的引导以及多方的共同努力都是不可或缺的。我们坚信，通过这些措施，每个学生都能在学习上取得进步，展现出属于自己的独特光芒。

班级里有一些学生，他们并非全面落后，而是在某些学科或学习领域上步履维艰。身为一名数学教师，我深知这些学生所面临的挑战以及我们教师的重任。他们或许暂时受阻，但蕴藏着巨大的潜力。通过洞悉内心、激发兴趣、优化教学并强化家校合作，我们可助其重燃学习之光。

◆ 探寻学困之源，理解学生内心世界 ◆

这些学生的困难可能源于基础知识的不牢固、学习方法的不得当、学习兴趣的缺乏，或是家庭、社会等外部因素的影响。要帮助这些学生走出困境，首先需要深入了解他们的内心世界，找到问题的症结所在。

每个学生都是独一无二的个体，他们有着自己的性格、兴趣、特长和梦想。然而，这些学生的特点往往被学习成绩的阴霾所掩盖，使得他们在同学和老师眼中显得黯淡无光。这种负面的标签效应不仅影响了他们的自我认知，也打击了他们的自信心和学习动力。因此，我们需要摈弃这种单一的评价标准，用更加多元、全面的视角去看待每一个学生。

通过与学生沟通、观察他们的学习表现、了解他们的家庭背景等方式，我们可以更准确地了解这些学生面临的困境。有的学生可能因为性格内向而羞于向老师请教问题；有的学生可能因为家庭环境变动而承受着巨大的心理压力；还有的学生可能对学习内容缺乏兴趣感到枯燥乏味。这些外部和内部的因素都可能成为学生学习道路上的绊脚石。因此，我们需要给予他们更多的关怀和支持，帮助他们克服这些困难，找回学习的乐趣和信心。

◆ 激发学习兴趣，唤醒动力源泉 ◆

兴趣是最好的老师，对于这些学生而言更是如此。要激发他们的学习兴趣，教师可以从课堂教学入手，创设生动有趣的情境，设计富有挑战性的任务，让知识变得活起来。例如利用天平探究等式的性质（图 1）；剪、拼正方形探究平方差公式（图 2）。这种寓教于乐的教学方式不仅能够激发学生的学习兴趣，还能培养他们的实践能力和创新精神。

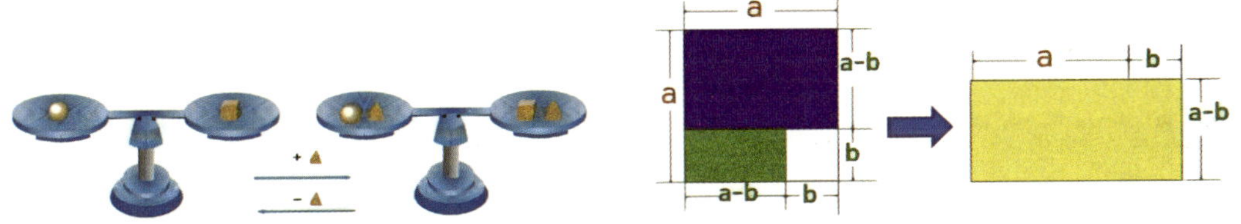

图 1 天平验证等式的性质　　图 2 剪纸验证平方差公式

关注这些学生的个性差异和需求也是激发学习兴趣的关键。每个学生都有着自己的兴趣爱好和学习方式，教师应该尊重学生的个性，因材施教。例如，对于喜欢绘画的学生，可以通过让他们绘制思维导图或概念地图来帮助他们理解记忆知识（图 3）；对于喜欢音乐的学生，可以通过歌曲或节奏来教授他们一些难以记忆的知识点（图 4）。这种个性化的教学方式能够让学生在轻松愉快的氛围中掌握知识，提高学习效率。

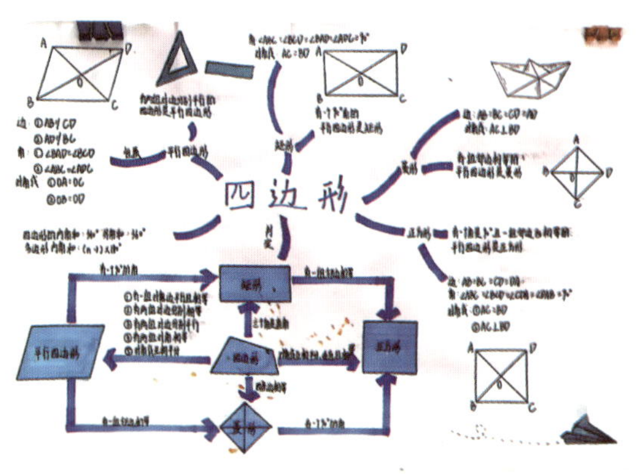

图 3 四边形思维导图

常见化合价口诀

一价氟氯溴碘氢，还有金属钾钠银。

二价氧钡钙镁锌，铝三硅四都固定。

氯氮变价要注意，一二铜汞一三金。

二四碳铅二三铁，二四六硫三五磷。

图 4 常见化合价口诀

引入游戏元素也是激发学习兴趣的有效手段之一。游戏是学生的天性，将游戏与学习相结合能够让学生在玩乐中掌握知识。例如，通过幻方培养学生的运算能力和推理能力（图 5）；通过七巧板发展学生的几何直观和空间观念（图 6）。这种寓教于乐的学习方式不仅能够提高学生的学习兴趣和参与度，还能培养他们的团队协作能力和竞争意识。

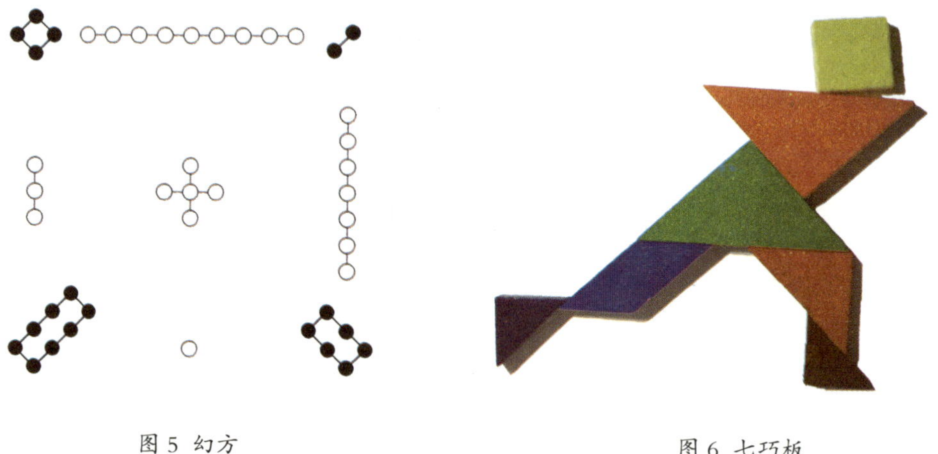

图 5 幻方

图 6 七巧板

◆ 优化教学策略，提升课堂实效性 ◆

课堂是转化这些学生的主阵地，优化教学策略至关重要。教师需要转变教学方式，从传统的“满堂灌”转向以学生为主体的互动式教学。这种教学方式能够让学生更加积极地参与到课堂中来，提高他们的思维能力和表达能力。同时，留出更多的自主学习和思考空间给学生也是必要的，这能够培养他们的自主学习能力和问题解决能力。

图 7 师徒结对

图 8 同学讨论

采用分层教学法也是提高课堂教学实效性的有效手段之一。针对不同学生的需求和能力水平进行有针对性的指导能够让每个学生都得到适合自己的教育。对于这些学生而言，重点是帮助他们掌握基础知识和基本技能；对于中上层学生而言，则可以在完成基础任务后挑战更高层次的问题以拓展思维空间。这种分层教学的方式能够最大限度地满足学生的需求，提高课堂效率。

◆ 落实作业订正，提升学习成效 ◆

作业不仅是巩固学习成果的重要环节，更是这些学生实现学习进步的关键步骤。然而，由于教师精力有限，作业订正的检查往往难以及时且全面。为了解决这一问题，我们需要创新方法来优化作业订正环节，确保其得到有效落实。

首先，教师可以采用小组交叉检查的方法来优化作业订正环节。这种方法可以提高学生作业订正的质量和准确度，端正学生对待作业订正的态度，还能促进学生之间的交流和讨论，加深对题目的理解。

其次，教师明确检查要求并建立奖惩机制也是至关重要的。教师应该制定清晰的作业订正标准，并设立相应的奖惩措施。对于认真完成作业订正的学生，给予表扬和奖励；对于态度不端正、订正不到位的学生，进行适当的批评和引导。这样能够激发学生的积极性，促使他们更加认真地对待作业订正。

此外，教师需要特别关注这些学生在作业订正过程中遇到的问题和困难。当这些学生遇到障碍时，教师应该及时给予指导和帮助，确保他们能够正确地订正作业。这种及时的指导不仅有助于解决这些学生在学习上的困难，更能培养他们的解题能力和自信心，为他们的学业进步奠定坚实基础。

◆ 家校携手共育，共筑学生成长桥梁 ◆

家庭是学生成长的摇篮，学校教育离不开家长的支持和配合。在转化这些学生的过程中，与家长保持良好的沟通至关重要。教师可以通过家长会、家访等方式与家长建立联系，及时了解学生在家中的学习情况和表现；向家长传授有效的教育方法，帮助他们更好地辅导学生的学习；鼓励家长与学生一起参加有益的课外活动，增进亲子关系的同时也能帮助学生拓宽视野、提升素养。

同时，教师还需要向家长传递正确的教育理念和价值观，引导他们关注学生的全面发展而不仅仅是学习成绩。这种家校共育的方式能够为学生的成长提供更加全面、多元的支持和保障。

在与家长的沟通过程中，教师还需要注重方式和方法。首先，要尊重家长的意见和看法，耐心倾听他们的诉求和建议；其次，要用通俗易懂的语言向家长解释学生的学习情况和问题所在；最后，要与家长共同探讨解决方案并制定可行的计划。这种平等、合作、共赢的沟通方式能够增强家校之间的信任和合作，为学生的成长创造更加良好的环境。

◆ 持续关怀与耐心引导，静待花开时刻 ◆

这些学生的转化是一个漫长而艰辛的过程需要教师持续关怀和耐心引导。在这个过程中，教师可能会遇到各种困难和挫折，但是只要坚信每一个学生都有发光的潜力，只要用心去浇灌、用爱去呵护就一定能够听到花开的声音。

教师需要保持对这些学生的持续关注，关心他们的学习状况、心理变化以及成长需求。通过定期与学生谈心、了解他们的生活和思想动态等方式来把握他们的内心世界和成长轨迹。这种关注能够让学生感受到教师的关爱和支持，增强他们的自信心和学习动力。

教师需要用耐心去引导学生认识自己的问题所在，帮助他们找到适合自己的学习方法和策略。对于学生在学习上遇到的困难和挑战，教师应该给予足够的耐心和指导帮助他们逐步克服障碍取得进步。这种耐心的引导能够让学生更加清晰地认识自己的问题所在，找到正确的解决方向和方法。

教师还要激发他们迎难而上的勇气和决心，从而塑造其坚韧的自信心和意志力。在学习过程中，挫折与失败在所难免。正是在这些艰难时刻，教师的鼓励与支持显得尤为关键，它们如明灯一般照亮学生前行的道路，帮助他们重新找回失落的信心，继续坚定地迈向成功。这种持续的鼓励与支持无疑将使学生更加勇敢地迎接未来的挑战，最终成长为更杰出的人才。

让我们探寻每一个学生内心深处的光芒，用我们的智慧和爱心去点亮他们心中的希望之火。相信在我们的共同努力下，每一朵花都能够绽放出属于自己的光彩！

“实实在在”做三创理念下的松实校本

庄正

尊重学生的个性差异，提升学习者的主体地位，目标直指培养学生的核心素养，已成为新世纪课程改革的主要趋向，我校“创新、创造、创业”的三创理念正是这种趋向下的教育理念，而实现这一理念的实在途径便是校本课程的开发与实施。

本次分享的核心主题为“实实在在做三创理念下的松实校本”，着重探讨我在开展校本课程过程中的思路与实践方法。

◆ 缘起与现状 ◆

金属丝手工艺创作这门校本课程，恰似五彩斑斓的丝线，交织着工具的韵律，构筑成各式形态独特的艺术品。我之所以选择它，既因我对此驾轻就熟，亦因我对它情有独钟。

图 1 课堂状态

谈到现状，尽管学生们对课程的热爱犹如繁星熠熠，但作品与我的设想却仍有些许距离。我深知我的课程在多个维度上显得杂乱无章，目标、内容、教法学法、教学过程组织和评价皆显得混乱，似乎一切都处在未知的迷雾中。然而，我认为这是正常的，因为这是一片未经探索的领域，我们只能在摸索中前行。学生们的兴趣盎然，课程本身也充满魅力，唯独我在教学上的水平尚需提高。

◆ 修行与精进 ◆

自农历新年的次日直至今日拂晓之际，我持续致力于自我提升与突破。在探索的道路上，我既是创作者，也是研究者，每一步都如同在未知的河流中试探前行。我深刻理解，作为教师，若希望为学生提供一滴水的知识，我必须拥有如瀑布般源源不断的丰富学识。这意味着我必须保持持续的学习热情，不断深入研究。我的人生信条是："通过不懈的勤奋和深入的练习，我们的思维将如同明镜般清晰，我们的技艺将随着时光的推移而愈发熟练。"以制作金属丝手工龙为例，我精心打造每一个零部件，再如同精密的机械般将它们组装在一起。实际上，创造力就在我们周围，如底座的制作，便是通过巧思将废弃的快递盒和塑料花盆转化为有用的艺术品。

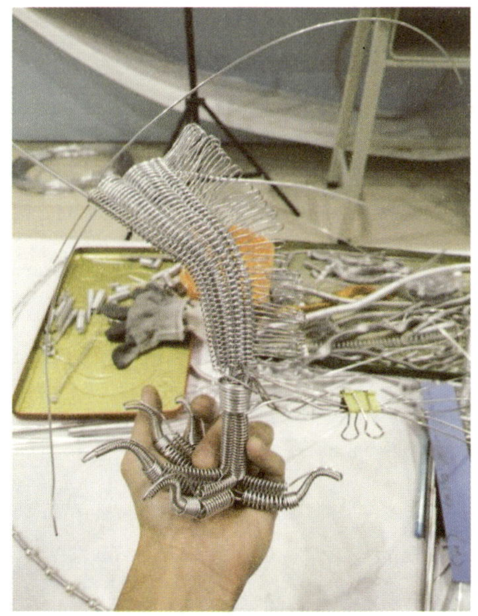

图 2 作品细节

图 3 完整作品

◆ 确保课程内容实在有效 ◆

在课程设计中，我们要确保主题富有趣味，难度适宜，流程明朗，方法明确，最大限度地避免课程的虚化。三创理念无疑是优秀的，但它并非我的实际教学目标。理念是课程的灵魂，是指导。我的课程与三创理念的结合是隐性的，而非显性的。

在课程设计的领域中，为了确保学生能够全身心地投入学习，并从中获得实质性的成长，我们深知主题的选择至关重要。一个富有趣味性的主题能够激发学生的学习兴趣，使他们在探索的过程中保持高度的热情和好奇心。同时，难度的设置也是一门艺术，既要让学生能够挑战自我，又不能让他们感到挫败。课程的流程需要明朗，使学生能够清晰地了解每一步的学习目标，而方法的明确性则能帮助学生更快地掌握知识点。在这些基础上，我们必须最大限度地避免课程的虚化，确保每一个教学环节都充满实质性的内容。

在我的教学理念中，我始终坚持“学习—模仿—反复模仿—微创新”的方法。这一方法旨在帮助学生从基础出发，通过模仿逐步掌握知识和技能。在学习的过程中，学生不仅可以熟悉和理解现有的知识和技术，还能够逐渐培养出自己的创新思维。通过反复模仿，学生能够在实践中不断磨炼自己的技能，为之后的微创新打下坚实的基础。

三创理念，即创新、创业、创造，无疑是当今教育领域中的一股清流。它鼓励学生敢于挑战传统，勇于探索未知，以实现自我价值和社会价值的双重提升。然而，我必须指出的是，三创理念并非我实际教学目标的全部。虽然它为我们提供了一种全新的视角和思考方式，但在实际教学中，我们还需要结合学生的实际情况和需求，进行有针对性的教学。三创理念与教学内容的结合是隐性的，而非显性的。我试图通过潜移默化的方式，让学生在不知不觉中接受并实践这些理念。例如，在课程中，我会设计一些具有挑战性的任务，鼓励学生在完成任务的过程中发挥自己的创新思维。同时，我也会引导学生关注社会问题，通过实践活动培养他们的创业精神和创造力。

总之，课程设计是一门需要细致思考和精心策划的艺术。我们需要确保主题富有趣味性，难度适宜，流程明朗，方法明确，同时避免课程的虚化。通过运用恰当的教学方法，如“学习—模仿—反复模仿—微创新”，我们可以帮助学生更好地掌握知识和技能。而在这一过程中，三创理念作为一种指导思想，可以为我们提供新的视角和思考方式，但并非唯一的教学目标。我们需要根据学生的实际情况和需求，灵活地将三创理念融入课程中，以实现最佳的教学效果。

◆ 理念与实践的融合 ◆

接下来，我将谈谈如何在课程设计中实现这一理念。首先，在学习阶段，我会引导学生掌握基本知识和技能，为他们打下坚实的基础。在这个阶段，我会注重培养学生的学习能力，让他们学会如何独立思考和解决问题。

模仿阶段，我会挑选一些优秀的案例供学生参考，让他们模仿并进行实践。这个阶段的目标是让学生熟悉课程的流程和方法，从而为后续的微创新做好准备。在此过程中，我会鼓励学生多与同学交流，分享彼此的经验和心得，以提高整体的学习效果。

反复模仿阶段，我会要求学生不断地尝试和实践，以提高他们的技能水平。这个阶段的关键在于让学生充分理解课程内容，找到自己的不足之处，并加以改进。此外，我还会关注学生的心理素质，帮助他们树立信心，克服困难，坚持下去。

在深入探究模仿学习的过程中，教师的作用显得尤为重要。特别是在反复模仿阶段，教师的引导和支持对学生的技能提升起着至关重要的作用。在这一阶段，我会采取一系列策略，确保学生能够在实践中不断尝试、反思和进步。

首先，我会强调对课程内容的深入理解。我会鼓励学生通过阅读、讨论和实践等多种方式，全面把握课程的核心知识点和技能要求。通过不断地提问和解答，确保每个学生都能够明确自己的学习目标，从而有针对性地进行模仿和练习。

其次，我会要求学生不断地进行实践。模仿学习的本质在于通过模仿和实践来掌握技能。因此，我会设计一系列实践活动，让学生在实践中不断尝试、犯错、反思和改进。通过反复的实践，学生能够逐渐熟悉技能的运用，提高自己的技能水平。

同时，我还会关注学生的不足之处。在模仿学习的过程中，学生难免会遇到各种问题和困难。我会通过观察和评估，发现学生的不足之处，并给予及时的指导和帮助。通过针对性的练习和改进，学生能够更好地克服自己的弱点，提升自己的技能水平。

此外，心理素质在模仿学习中也起着至关重要的作用。在反复模仿的过程中，学生可能会遇到挫折和困难，容易产生挫败感和焦虑情绪。因此，我会关注学生的心理状态，帮助他们树立信心，克服困难，坚持下去。我会通过鼓励、表扬和激励等方式，增强学生的自信心和学习动力，让他们更加积极地投入到模仿学习中。

反复模仿阶段是学生技能提升的关键阶段。在这一阶段，我会通过引导学生深入理解课程内容、不断实践、关注不足之处以及关注学生的心理素质等方式，全面支持学生的模仿学习。相信在这样的引导下，学生能够更好地掌握技能，实现自我提升和成长。同时，我也期待在这个过程中，学生能够逐渐培养出自主学习和持续进步的能力，为未来的学习和生活奠定坚实的基础。

最后是微创新阶段，在这个阶段，我会鼓励学生发挥自己的想象力，对所学知识和技能进行创新性的应用。我会提供一定的指导，但更多的是让学生自由探索，发现新的方法和思路。这个阶段的目标是培养学生的创新精神和实践能力，使他们能够在实际工作中胜任愉快。

尽管三创理念在我的课程中并非显性目标，但它在整个教学过程中起到了潜移默化的作用。通过以上四个阶段，我的课程不仅能够让学生掌握知识和技能，还能培养他们的创新精神和实践能力。这正是我在课程设计中所追求的目标。

总之，课程设计并非易事，需要教师充分考虑学生的需求、兴趣和能力，找到适合他们的教学方法。在我的教学实践中，我遵循学习—模仿—反复模仿—微创新的教学路径，旨在培养学生的综合素质，使他们能够在不断学习和创新中取得更好的成绩。

◆ 关于三创理念的诠释 ◆

创新、创造、创业，或许我们应该重新审视这个定义。我的校本课程以三创理念为引导，学生的学习目标是基本技能（熟练运用工具）和方法（掌握基本技法）。我认为，三创理念首先改变教师的教育观念，进而影响学生的学习观念。对于校本课程，我选择务实之路，而非盲目追求高大上，因为这对学生未必有益。

在教育的世界里，务实求真，就如同在艺术的世界里，追求真实与灵感的完美结合。让我们用最实在的教学方法，最真实的教学内容，来点亮学生们心中那盏求知的灯。这不仅仅是对知识的传递，更是对生活态度的培养，对未来世界的探索。

最后，让我们一起，以务实的精神，去塑造一个更美好的教育环境。以务实的态度，去面对每一个挑战。让每一个学生都能在这里找到自己的位置，实现自己的价值。因为，教育的本质，就是让每一个生命都能得到最充分的绽放。

突突心动的成绩

李铸勋

做好每一次的考试分析，在数据中发现问题和潜力，在反思中总结经验和不足，为下次取得胜利奠定科学理性的基础，这应该是考试的意义所在。老师要学会用数据分析跟踪学生，学会在知识能力维度上统计，学会统计中考考什么，然后逆向进行教学设计，提高教师的教学水平，从而提高学生的成绩。

有没有一瞬间你能听到突突的声音？那就是心动的声音。从感性的角度，我们很难直接根据学生考试的分数直接判断学习品质的好坏，从理性的角度，单纯的排名也无法判断学习品质的好坏。所以如何用数据说话，读懂学生，是中考备考的关键，宁我入题海，也不让学生做废题。那能让自己“心动”的考试应该是什么样的呢？

◆ 第一个心动点：有效数据 ◆

时代已经在数据的驱动下精细运营着，考试我们接触最多，也最熟悉，如何利用每次考试的数据进行精准击破，对中考备考具有重大意义。那复习什么？怎么复习？都决定着复习的效果，我们常常用平均分来反映一次考试的高低，当然是可以的，但一切抛开试题看分数都是在耍流氓，考试考的不只是学生的掌握水平，还有老师出题的水平。那我们就来看看这次考试的难度系数：

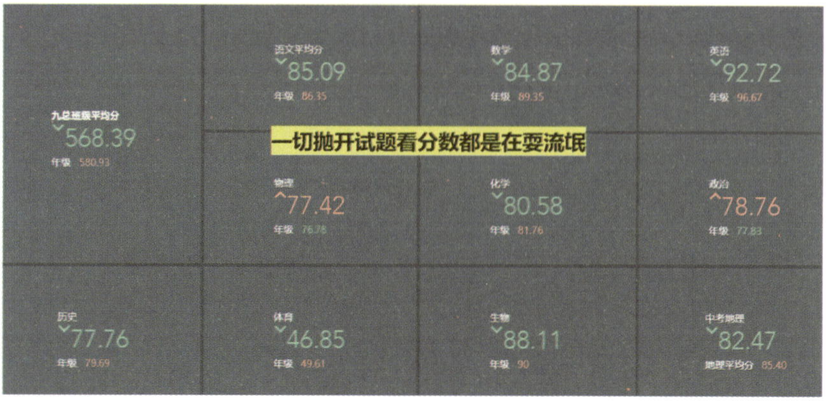

图 1 某班级考试数据

本次考试中英语难度系数为 0.84，试题偏简单，语文难度系数为 0.75，属于中等难度，但及格人数都比英语还多，初步推断这个班级的英语受试题难度影响大，波动较大。为了验证我刚才的推论，我先算出单科的分数与均分的差值，再与均分的比例换成标准分，同时为了表现出个体的差异再算出每个科目的标准差，加上其他班的数据，这样横向对比，信息层次就很清晰了，显然这个班的英语级差和标准差都较大，说明了该班英语成绩波动大的原因是英语两极分化大。

横向对比 建立清晰的信息层次

英语	1班	2班	3班	4班	5班	6班	7班	8班	9班	10班	11班	12班	13班
最高分	117.73	116.61	116.51	114.85	117.37	117.58	118.11	117.06	118.34	117.46	116.92	114.41	116.21
最低分	35.26	52.53	52.99	36.62	44.14	61.21	40.99	68.57	26.37	0	41.94	38.81	30.96
本次均分	97.8	96.7	94.7	96.8	99.4	99	98.9	98.6	95.4	90.6	96	95.7	92.7
本次排名	7	9	14	8	2	4	5	6	12	16	10	11	15
本次Z分	505.8	500	489.5	500.5	514.2	512.1	511.6	510	493.2	467.9	496.3	494.7	478.9
本次级差	1.1	0	-2	0.1	2.7	2.3	2.2	1.9	-1.3	-6.1	-0.7	-1	-4
本次优秀率	61.1%	50%	56.8%	51.4%	61.5%	55.3%	57.9%	41%	55.3%	44.4%	47.4%	51.3%	50%
本次良好率	94.4%	92.1%	83.8%	91.9%	92.3%	89.5%	89.5%	92.3%	89.5%	83.3%	89.5%	87.2%	81.6%
本次及格率	94.4%	92.1%	83.8%	91.9%	92.3%	89.5%	89.5%	92.3%	89.5%	83.3%	89.5%	87.2%	81.6%
本次低分率	2.8%	0%	0%	2.7%	2.6%	0%	2.6%	0%	7.9%	5.6%	5.3%	5.1%	10.5%
本次标准差	18.2	15.7	18.4	18.0	16.2	15.7	17.7	13.9	21.7	25.4	18.9	19.5	23.2

图 2 横向对比不同班级的标准差和级差

我们可以再看下学生名次构成分析，通过对比，我们发现了该班两极分化的原因，是中层学生没有转化成功。要想提高成绩就要想办法把中层的学生往上提，努力让他们的成绩更加优秀。

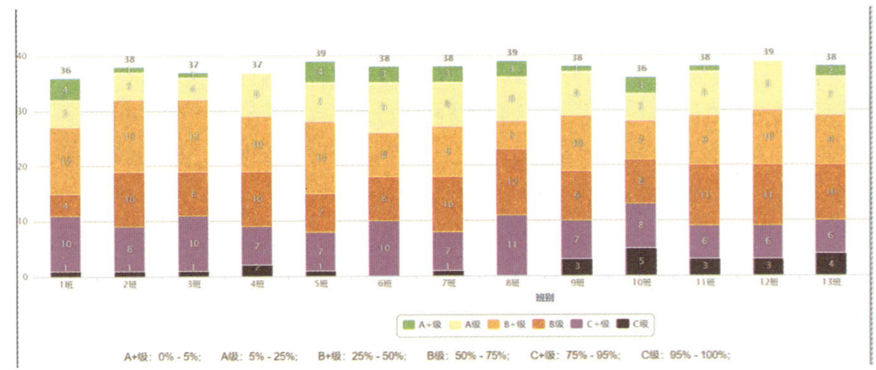

图 3 横向对比不同班级的分数构成

如果两个班的平均分一样，通过上表我们也发现，学生分数的分布大不相同，接下来采取的教学措施也就不一样了，有的班级教学重点可能是培优，有班级的教学重点可能是补差。对于学生来说，获得相同的分数，背后的故事是怎样，获得分数的时间成本是多少，这些都是数据无法直接告诉我们，所以这时候只能走心，让学生心动，我想这就是我们利用数据后真正的意义！

关于差异性的分析我们还可以用误差条形图，标准差越大，学生差异越大，大家可以看到图 4 中，该班物理和英语的差异挺大的，这个班的班主任需要重点关注这两科，这种分析特别适合同时教 N 个班的老师。

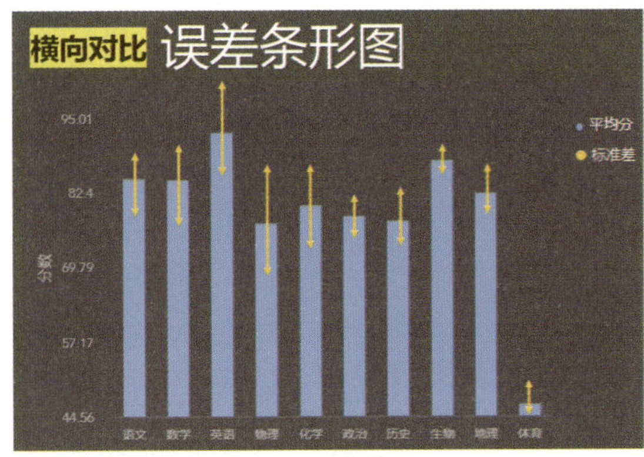

图 4 误差条形图

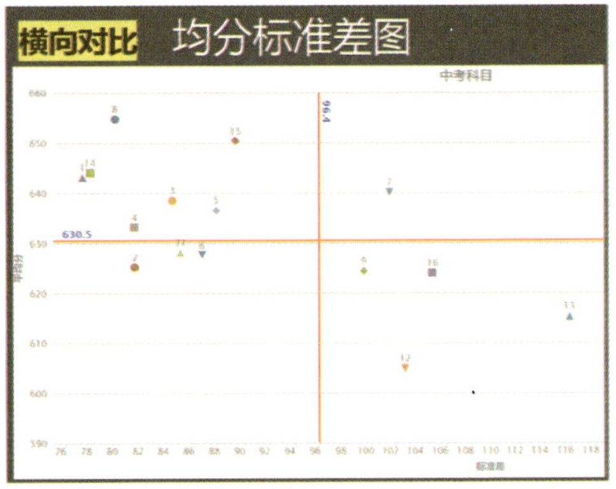

图 5 均分标准差图

班和班之间的差异还可以用均分标准差图进行分析，如图5。3班和7班的均分差不多，但7班的标准差比3班的标准差要大很多，所以7班在未来的考试容易出现成绩大波动，我们需要特别关注，2班的均分较低，但标准差较小，说明该班的潜力很大，只要耐心栽培，会成为一匹黑马。

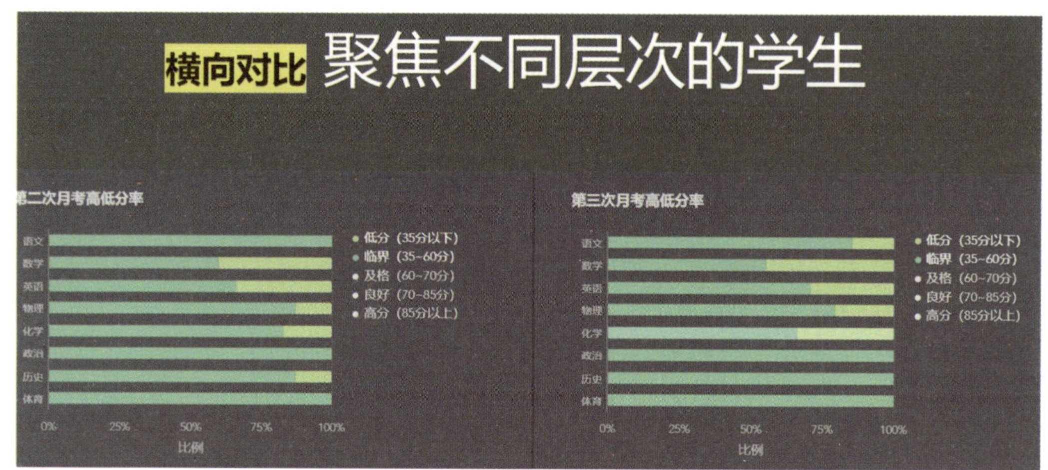

图6 某班的优良率

要想继续提高班级成绩，成为黑马，这时候就需要聚焦到不同层次的学生了，进行更加精细化的教学。假如我们这段时间的重点教学工作是辅差，那我们就看低分生，我们可以看到语文在第三次考试低分段突然多了一个学生，这个人显然就是语文老师要重点关注的学生了。我们也看到历史第三次考试，低分段“消失”了一个同学，这个同学是谁？我们要找出来，针对这次考试一定要好好表扬他，鼓励他。以上就是我用成绩云平台做出的表格。

最后，我们中考的目标是让更多的学生考上更理想的高中，这时就需要留意高中录取分数线的临界生，教师需要帮这些学生找出相应薄弱的科目，然后重点突破它，通过分析学生历次成绩的走向和科目雷达图找出薄弱科目，然后针对这个学科的知识点进行特训，从而提高成绩。

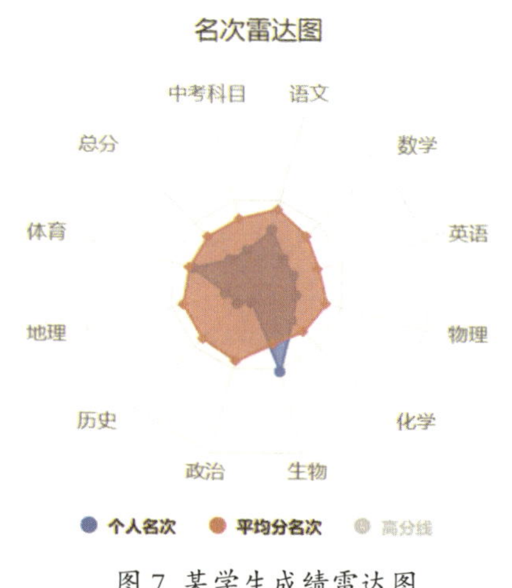

图7 某学生成绩雷达图

◆ 第二个心动点：攻破知识点 ◆

那么，该如何精准把握每个学生的知识点掌握情况？这里首推我们学校一直使用的组卷系统，大家每次建立考试的时候，最好是导入 word 试卷制答题卡，然后标记知识点和解析，这是最重要的一环，最后制作答题卡就会和知识点建立联系。随着考试次数增加，我们就能够看到每个班级每个学生每个知识点的掌握度，从而反映教师之间的教学差异，对于精准备课有巨大的指导作用。

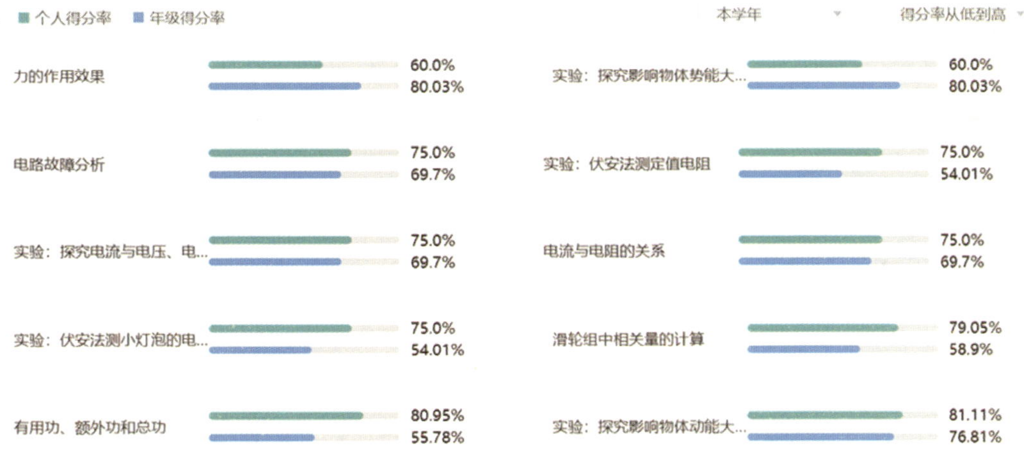

图 8 各个知识点的掌握情况

只要每次考试做好标识，考试后分析数据时也事半功倍，我们看到的就不单单是干巴巴的数据。从图 6 可知，该班的比热容和热值两个知识点掌握得比较差，教师在复习该章节的时候就要适当慢下来，花更多时间重点突破了。

◆ 第三个心动点：建立个性化题库 ◆

考试考的不仅仅是学生的水平，也是对老师基本功的检验。要出一份尽善尽美的试卷几乎是不可能的，众口难调。出卷人要考虑，如何让待优生拿到分数，让中层生找到位置，让尖子生感到困难，让每个人都有收获，考出问题确定方向，了解学情适当调整，从而发挥每次考试的价值，制定下一段的教学计划，改进教学手段，那这份就是合格的试卷。

因此在出题的时候要会做加法减法。我们复习的时候常要求学生要站在阅卷老师的角度写标准答案，那我们出题就要站在应试的角度，借命题人的思维研究透每年的中考题和教材，所以必须要有双向细目表，最后通过考试修正中考的常数——课堂的总时间是常数，各科时间分配是常数，中考知识点的数量是常数，学生可用的时间是常数，老师平均分配到每个学生的时间是常数。

广东省卷近10年真题命题点分析（2020-2011）

章节	命题点	考点	总频次	2020	2019	2018	2017	2016	2015	2014	2013	2012	2011	考点总结	命题点总结	章节总结
声现象	声音的产生与传播	产生	3					4D,0.75分		1C	1A			声音的产生：考查3次，且均考查声音是由物体的振动产生的；声音的传播：在液体中传播1次，在真空中不能传播考查3次	声学属于必考点 多背景（2016.4，2015.2，2011.5） 单背景（2020.5，2019.5，2018.3，2012.5） 概念、定义判断（2017.1，2014.1，2013.1） 总结：多背景考查3次，单背景考查4次，定义判断考查3次，其中识图类1道（2017.1），声现象主要以综合题的形式考查	
		传播	3			2C			2B		1CD					
		声速														
	声音的特性	响度	5	5 3分		3A			2A	1B		5 3分 涉及		声音的特性：[illegible]		
		音调	6			2B		4B,0.75分	2C	1D	1B	5 3分				
		音色	2			2D		4B								
	声音的利用		1					4A,0.75分						声音的利用：以超声波为背景		
	噪声的防治		3					4C,0.75分	2D				5 3分	噪声的防治：以生活中一些实例为背景，判断控制噪声的途径		
	声学综合题		7		5,3分	3 3分	1,3分	4 3分	2 3分	1 3分	1 3分			声学综合题在选择题中考查，主要考查声现象基础知识		
	[illegible]		1							1A						
光现象	光现象的辨识		3			1,3分	2B 0.75分	3，3分						光现象的辨识：[illegible]的形式考查1次，纯文字叙述2次	光现象辨识连续10年3考，[illegible]	
	探究反射定律		1		20,3分											
	探究平面镜成像特点		4	11 3分			3C	17 3分			17 3分			[illegible]次，选择、填空各涉及1次		
	光的色散		2				3A					7 3分				
	光学作图		7	9 3分	15（2），2分	15（2），2分		15（1） 1分		15（2）1分		15（3）1分	4 3分	光学作图：反射作图（[illegible]），折射作图（[illegible]）		

图 9 近 10 年广东中考真题命题点分析

我们花费大量精力去分析成绩，是希望教师通过科学的数据分析，提高教学质量。当你学会用数据去跟踪学生，学会用不同的维度去观察学生，学会统计中考考什么，然后逆向进行教学设计，相信我们的教学水平会越来越高，学生成绩自然也能提上去。

关于“松实微剪社”

黄炜

学生的校园生活不应该只是“教室－饭堂－宿舍”三点一线，校园活动也是在校生活中非常重要的一部分。而校园社团就是学生能根据自身兴趣爱好选择的一个放松身心之地，能在快乐中学习，在学习中放松。同时社团也提供给学生一个展现的舞台，让学生尽情飞舞。

我是一名信息科技老师，我将从社团简介、校本课程、社团活动和社团管理四个部分展开介绍松实微剪社。

◆ 社团简介 ◆

松实微剪社，成立于2021年，已有三届社团学生。该社团的学生皆对微视频拍摄与剪辑感兴趣，同学们2至4人一组，创作剧本、利用自己或学校提供的设备拍摄、在电脑室进行后期剪辑处理，完成属于自己团队的微视频作品。每位同学都可以成为导演、编剧、后期等创作工作人员。创作的作品还可以根据主题参加相关微视频比赛。

除此之外，微剪社学生还会协助学校大型活动拍摄及视频剪辑，如校园义卖节和运动会、初一少先队建队仪式、初二百日誓师、校园年级篮球赛、毕业生采访VCR等。

图1 第三届松实微剪社合影

下图是社团学生根据各自小组特色创作合成的社团宣传片片尾截图。他们制作的这个视频并不是毫无逻辑的，主要灵感来源是他们各组创作的校园微电影的经典片段。

图 2 松实微剪社宣传片片尾截图

其中两组学生的校园微电影作品《青春期》和《丑小鸭》，主要涉及到校园霸凌和网络暴力两个主题。

介绍到这里，相信大家已经对松实微剪社充满了疑问和好奇心，这个社团从哪里来？怎么来的？

◆ 校本课程 ◆

我的校本课变化，可以揭开松实微剪社成立的谜底。

信息科组高老师以前开过视频编辑校本课，所以最初我就参考并沿用了他的视频编辑校本课程。但是时代在不断地进步，软件更新变化也非常快，绘声绘影这个软件也很快跟不上了，加上工作之后我逐步有了一些经验的累积和对教学工作的思考，光让学生会用这个软件还不够，他们需要更多。所以我的想法是让学生从头学起，也就是从拍摄到后期剪辑，全部由自己创作，比如一些简单的日常 vlog，从而有了《微视频拍摄与剪辑》基础校本课程。再往后一学期，我发现学生其实可以创作出更好的作品，而且微视频、微电影也渐渐火热起来，我就想不如开设一门进阶班，物色有兴趣爱好或有相关基础的同学来进阶班创作作品。在通过初一新生科技摸底调查和晚修走班了解之后，物色到一部分进阶班的学生，他们会分别组好队带着微电影剧本或微视频创作想法来找我报名。这样一来，进阶班就成立了。但是校本课程，一周只有一节，所以这部分学生一周会花2个中午午休的时间来创作，松实微剪社就顺势成立了。

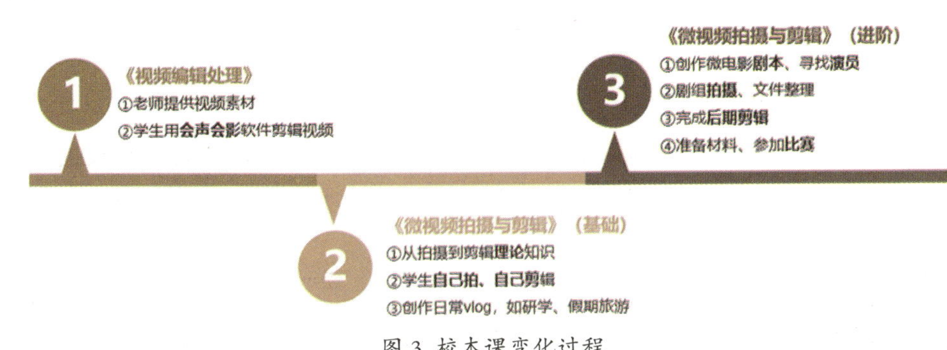

图 3 校本课变化过程

图4是某一学期《微视频拍摄与剪辑》校本基础班学生们的部分成果，主要内容是学生研学的vlog，当时正好5月出发研学，2-4月的课程上他们会学习一些拍摄、剪辑相关知识，4月份布置好研学拍摄素材任务，5月研学回来的校本课就开始制作研学vlog。第16周最后一节校本课上进行作品展示及亮点介绍。

图 4 校本基础班学生部分成果截图

进阶校本课主要结合社团时间去完成作品，目前学生们已创作完成的作品有6个（如图5）。除了2个微电影作品外，还有一个毕业生采访VCR，该组社团学生用一个学期的时间精力从录制到制作完成，再到毕业典礼时播放，取得很好的效果，也给毕业生们留下一段美好的回忆。

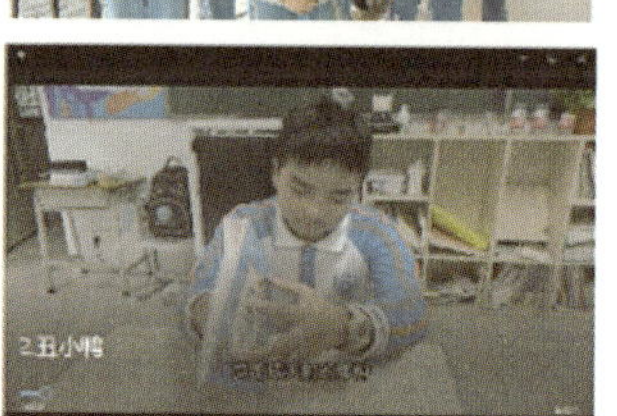

图 5 校本进阶班部分成果截图

看到这里，疑惑尚未解开，社团学生是怎么做出这些视频的？我们信息老师基本一人带一个社团，我作为社团老师，日常还承担教学工作，也做不出这么多视频，所以答案，当然是全靠学生。作为老师，我是打辅助的角色。给学生们提供设备，或者他们自行带好设备，每天中午开好电脑室，提供电脑给他们查找资料、整理文件、剪辑视频等，再就是帮他们跟宿管请好午休假。

◆ 社团活动 ◆

学生如何在社团完成这些作品？

经过三年的经验积累，本人大概总结出这样一个社团计划，当然也会随时更新。初一第一学期，社团新生除学习一些基础知识外，还跟着初二学生拍摄学习，协助 10-11 月创造节活动；第二学期，他们自己成组，创作剧本，找好演员。初二第一学期，根据剧本进行拍摄、整理、后期剪辑等；第二学期，完善作品，准备比赛报名材料。每年 2-3 月开学是提交比赛作品的时间（广东省学生信息科技创新大赛活动等）。

图 6 社团计划

有社团计划后，就是明确社团活动时间，每学期第 4 至 16 周，每周有 2-3 天中午 12：40-14：00 是社团时间。

社团活动时间

学期第4-16周

周二、周四

中午12:40-14:00

图 7 社团活动

以《忆松实》VCR 这个作品的创作过程为例，大致分析一下学生的创作过程。他们首先要构思的是采访的问题，比如最喜欢的老师、最好的一位朋友、最喜欢的校园活动等等，他们拟好采访问题会跟老师商讨给予建议并确认定稿。拍摄涉及到的毕业生较多，不可能全年级所有人都采访，所以先考虑每个班都有人上镜，预估每个班 2-3 人，至少 1 人，自愿原则。然后视频创作的负责学生会在课间去初三跟毕业生预约拍摄时间，并发一张采访的问题纸给他们提前思考如何回答，并安排好中午拍摄几人、下午放学拍摄几人。在这个过程中，非常考验小组的合作、分工能力。创作过程中还要把控好自己的学习时间，去跟初三学生沟通预约时间，也非常考验负责人的人际交往和沟通能力。拍摄完的视频，要按人、按问题分别整理剪出来。

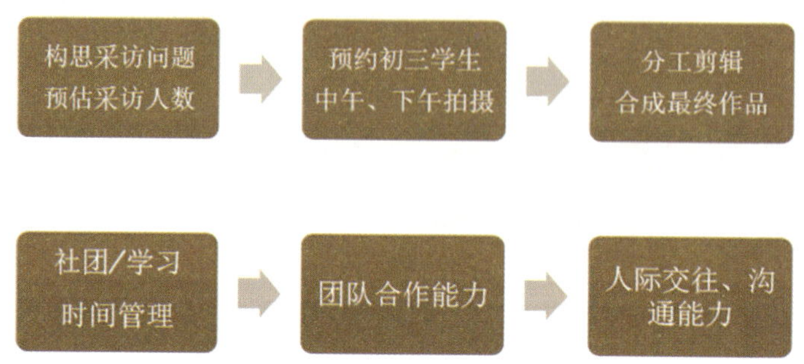

图 8 《忆松实》VCR 创作流程及对应能力考验

除了这些个人能力提升以外，当然还有专业能力信息素养的提升。

围绕信息核心素养简单分析一下，创作一个微视频作品，首先学生们肯定要上网获取很多相关资源，比如别人的微电影是怎么做的，主题怎么选，包括找一些音乐素材等，这里就涉及到信息意识。第二个是计算思维，学生创作作品的过程，要考虑画面构图、分镜衔接、运镜等，逻辑要清晰，想象力要丰富。数字化学习与创新部分，在后期剪辑中，学生会运用到各种剪辑软件以及其中各种功能，来创新他们的作品。最后是信息社会责任，创作过程中他们知道要尊重版权，用到别人的音乐、视频、图片等素材都要说明来源。所以，创作一个微视频作品，学生也能大大提升自身的信息素养水平。

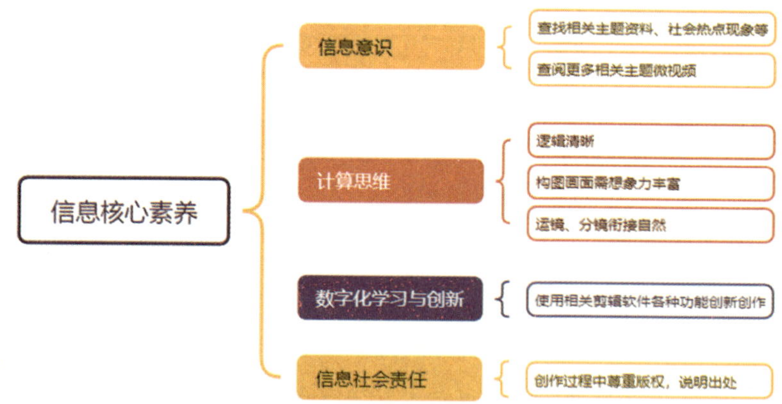

图 9 社团课程所涉及信息核心素养

近两年社团学生创作的作品，主要是以微电影类型为主，还有为学校大事件拍摄及制作的一些视频作品。像校运会和义卖，每个组都做了几个vlog，还有百日誓师、课堂节、初二离队入团仪式、初一少先队建队仪式、各年级篮球赛、足球赛等。

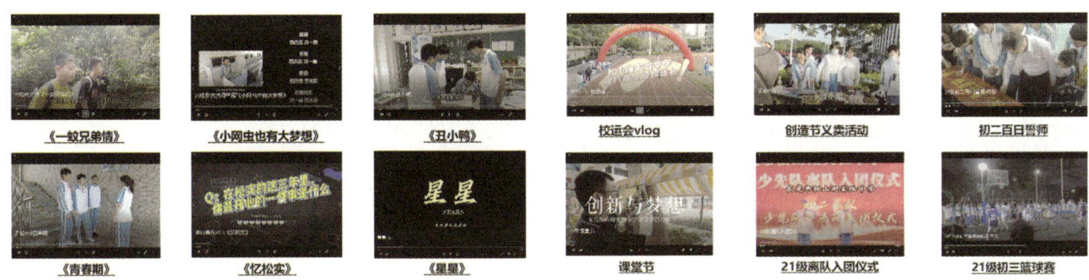

图 10 社团成员创作视频作品截图　　图 11 社团为校活动制作视频作品截图

下图是学生们参加比赛的一些获奖证书。每一次比赛结果出来后，学生都非常开心，因为付出有了收获，也因为这些经历成为了他们人生中的美好回忆，初中生活过得如此充实有趣，而不是只有枯燥乏味的“三点一线”学习路线。

荣誉证书

罗吉浩、冯一高 同学

参加第二十三届东莞市中小学科技劳动教育实践活动，作品《小网虫也有大梦想》荣获初中组 微视频

二等奖

指导老师：黄炜、刘德权　所在单位：东莞市松山湖实验中学

获奖证书

罗吉浩、冯一高同学

参加 2022 年广东省中小学科技劳动教育实践活动，作品“小网虫也有大梦想”荣获数字创作类 微视频网络素养专项 初中组

二等奖

指导老师：黄炜　所在单位：东莞市松山湖实验中学

广东省教育厅
2022年11月

获奖证书

罗瀚成、王雨果同学：

参加2023年广东省科技劳动教育暨学生信息素养提升实践活动，作品“青春期”荣获数字创作——微视频 初中组

二等奖

指导老师：黄炜　所在单位：东莞市松山湖实验中学

广东省教育厅
2023年9月

荣誉证书

王雨果、罗瀚成（东莞市松山湖实验中学）同学参加2023年东莞市中小学科技劳动教育实践活动，作品《青春期》荣获数字创作类-微动漫/微视频初中组

一等奖

指导老师：黄炜、刘显宇　所在单位：东莞市松山湖实验中学

2023年8月

荣誉证书

林政羽、徐浩然（东莞市松山湖实验中学）同学参加2023年东莞市中小学科技劳动教育实践活动，作品《丑小鸭》荣获数字创作类-微动漫/微视频初中组

一等奖

指导老师：黄炜、张清泉　所在单位：东莞市松山湖实验中学

2023年8月

获奖证书

林政羽、徐浩然同学：

参加2023年广东省科技劳动教育暨学生信息素养提升实践活动，作品“丑小鸭”荣获数字创作——微视频 初中组

三等奖

指导老师：黄炜　所在单位：东莞市松山湖实验中学

广东省教育厅
2023年9月

图 12 社团创作作品部分获奖证书

◆ 社团管理 ◆

最后一个部分，是关于社团管理的一点经验分享。

第一，确立社团活动时间，每周 2-3 天，基本是社团学生一起投票得出的时间，社团成员要按照规定时间参加社团活动，如果多次不请假无故缺勤，将通过全体成员投票决定是否请出社团；

第二，确立社团的规章制度，没有规矩，不成方圆。利用电脑室公共资源，就要约法三章。比如爱护公用设备、维护电脑室清洁卫生等；

第三，明确请假要求，每一位社团学生临时有事找老师请假较麻烦，每个年级会有一个社团负责人，即小组长，请假可以找小组长统一登记，然后中午由小组长报备给老师。如果社团学生另外找了演员帮忙或者预约了采访学生，需要请假也提前告知老师，方便及时通知宿管及班主任请假情况。

最后就是社团每学期会组织一次团建活动，一般在开学初或学期末开社团会议。我跟各位部长提前准备好饮料，所有成员畅聊一中午，总结每学期社团不足及做得好的地方，表扬先进，推优校团委优秀学生干部名单。

图 13 第三届松实微剪社期中总结会议合影

总而言之，社团应该是学生们除了学习以外的一个放松身心的港湾，他们学习学累了，可以到社团里做点他们爱好的事情放松一下，同时又能无形之中提升他们多方面的能力，何乐而不为。松实微剪社还在逐渐成长中，非常欢迎大家给予更多指导和建议！

我的教育创新实践与感悟

松山湖实验中学教育集团东坑中学　杨梦香

教育创新不仅仅是简单地改变教学方式，更是一种积极的态度和行动，以提高学生的学习效果和培养他们的创造力、批判性思维和解决问题的能力。教育创新并没有我们想象中那么难，每位老师都可以去实现教育创新的目标。

在瞬息万变的世界中，我们的教育系统也应该不断适应和发展。然而，教育系统的某些方面似乎落后了。其中一个方面正如教育专家冯恩洪老师曾讲过的："我们用昨天的教学方式、昨天编写的教材去教今天的学生，让他们去适应 10 年后的发展。"其实，这本身就是一种矛盾。我们应该反思我们教育存在的一些问题，以及我们如何在教育中进行创新，让学生更好地为未来做好准备。

应试教育让我们学生的基础知识更加扎实牢固，它让更多人得到掌握知识的机会，也让更多人获得改变人生的机会，而且中国很多知名学者都是从这种教育体制下成长起来的。但同样的应试教育也有它的缺点，应试教育强调记忆、服从、执行，这样体制下是不容许错误的，孩子的想象力很多时候是在我们的"标准答案"下被扼杀了。

这种情况下，学生的兴趣和他的自主性就很容易泯灭。下一步，到了大学后，可能会感到迷茫，他会找不到兴趣和方向。而且，随着社会的巨变，传统标准化、以知识传授为目的的教育将会无法应对个体对个性、灵活和未来教育的需要。

那么教育学生，最好的方法是什么？我认为，最好的方法是在教育中实现创新。

◆ 什么是创新？ ◆

创新就是改变。它是将已有的东西变得更好。我们通常从技术的角度来看待创新，但其实创新可以是任何能够改变我们生活和工作方式的事物。

教育创新可以有很多不同的含义。它可以是真正有助于学生学习的新思维，它可以是在课堂上使用的新技术，它可以是激励学生的新方法。我给教育创新下的定义是：它不仅仅是简单地改变教学方式，更是一种积极的态度和行动，以提高学生的学习效果和培养他们的创造力、批判性思维和解决问题的能力。

◆ 教育创新为何重要？ ◆

教育创新之所以重要，原因有很多。第一，它有助于确保学生接受尽可能最好的教育。通过不断改进和更新我们的教学方法，可以确保学生获得尽可能最先进、最有效的教育。第二，它有助于我们保持工作热情。当我们不断尝试新事物、想出新方法时，我们就不太可能对工作感到厌倦或倦怠。第三，创新还能帮助我们吸引和留住最优秀的教师，因为他们通常会被那些可以尝试新事物并对学生生活产生真正影响的地方所吸引。

◆ 有哪些教育创新实践？ ◆

世界各地的课堂都有创新教育实践。从融入更多的实践和基于项目的学习，到利用技术以新的方式吸引学生，教师们正在寻找许多方法来更好地满足学生的需求。我想跟大家分享自己在实际教学中行之有效的一些做法。

一、鼓励探索精神。教育创新需要创造力和打破常规思维的意愿。这就意味着在课堂上要创造一种环境，让学生感到可以安全地进行学习、实验和尝试新的事物。这也意味着给他们失败的机会，然后从错误中学习。这还意味着，引起学生们的疑问，让他们感到困惑，唤起他们提出真正的问题。我经常提问学生：“如果……会怎么样？假设……

会怎么样？”学生在我的这种鼓励下，确实更加愿意去思考和探索。我们的学生唯有获得不断思考和提问的勇气，才能探索未知，才能创造。

二、提供多样化的学习体验。创新需要不同的学习体验来激发学生的灵感和想象力。因此，教育应该提供多样化的学习体验，如个性化学习、实践活动、项目式学习等。换句话讲，我们应尽可能采用不同的、新的教学方式。

在我的班级中，有一位学生非常内向，不善于表达自己的想法。为了帮助他克服这个问题，我一改传统的教学方法，采取了个性化教育的方法。我与他进行了一对一的交流，了解他的兴趣和特长，并根据他的需求和能力制订了个性化的学习计划。通过我的实践，他逐渐变得开朗自信，学习成绩也有了明显的提高。另外，在班上我也会进行分层教学、分层作业布置，让水平不一的学生完成适合他们自己能力的学习任务，这帮助他们逐渐找到了学习成就感。

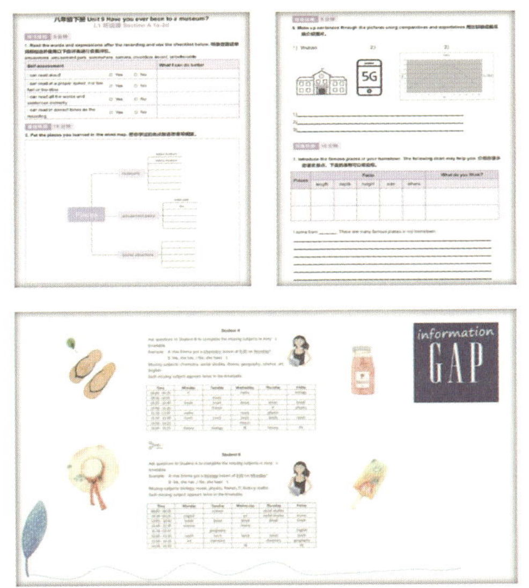

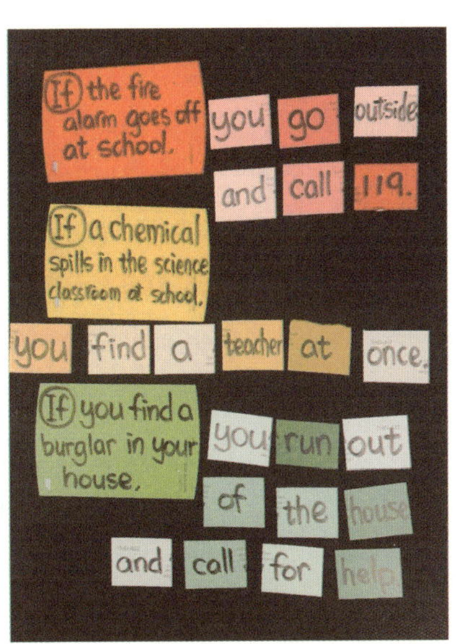

图 1 多样化学习体验

去年的一节课上，我让学生们在课堂上体验了如何做香蕉奶昔，要求他们自己动手做并用连词去讲解做香蕉奶昔的步骤。紧接着他们在实践中又分析了百香果、橙子等其他水果奶昔的做法。在实践活动中，学生们提出的问题和进行的对话很有意思。作为他们的英语老师，我非常欣慰学生们周末回家后还继续研究，我班的一位学生 Lisa，她给我发来了视频，视频中她演示了如何做三明治。她做的这个实践跟我们在课堂上做的差不多，用连词去解析一种食物的做法。但最吸引我的是，Lisa 的好奇心将她的英语学习提升到了一个新的高度。Lisa 在视频中提到她为什么要去做这个三明治，也就是她要解决生活上的一个实际问题，这对课堂上学到的连词用法赋予了新意。

Step 1

Step 2

Step 3

Step 4

图 2 实践活动

我发现传统的课堂教学往往只是传授知识，而学生们缺乏应用的机会。于是，我设计了一系列的项目，让学生们能够在实际的情境中应用所学的知识和技能。其中一个项目是关于环保的主题。我组织学生们分成小组，让他们选择一个环保问题，并提出解决方案。他们需要进行调研、制定计划、实施行动，并最终展示他们的成果。在这个项目中，他们不仅学到了环保知识，还培养了团队合作、沟通和解决问题的能力。这种学习方式对许多学生来说更有效，因为它能让学生将所学知识应用到真实世界的场景中。

三、培养跨学科能力。创新需要跨越不同领域的知识和技能，因此教育应该培养学生的跨学科能力，让他们具备更广泛的视野和更强的综合能力。在常规英语课堂，我是如何实现跨学科元素的呢？我在课堂上用得比较多的是：英语与语文的融合，在英语教学中加入中国文化、简单诗词等。英语与美术的融合，例如，在讲解万圣节由来后让学生去画思维导图。学生当场画出来的这些思维导图很有创造力，这个过程也帮助了他们的语言学习。英语和物理的融合，在一节课上，学生通过实验器材体验摩擦力，用英语解决生活中如何通过增加摩擦力去减轻受伤的问题。

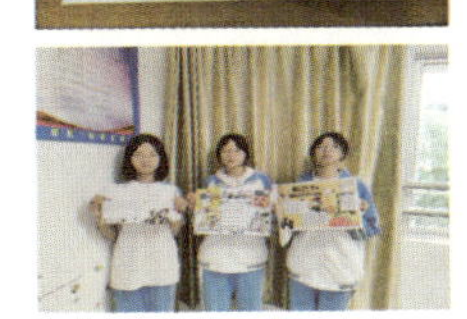

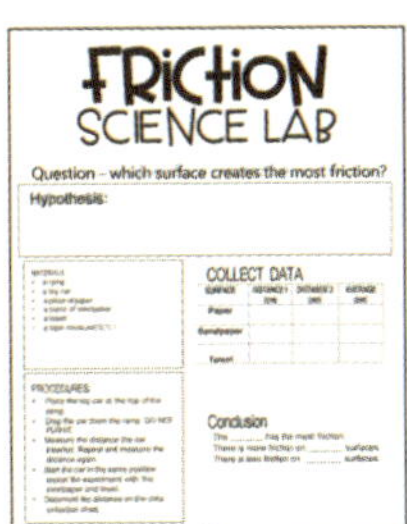
FRiCtiON
SCIENCE LAB

Question - which surface creates the most friction?

Hypothesis:

COLLECT DATA

Paper

Sandpaper

Conclusion

图 3 跨学科学习

四、利用技术促进学习。将现代先进的高科技产品接入课堂教学，无疑对优化课堂教学，提高教学效率，学生能力培养等都起到重要的作用。在我的班级中，我引入了Quizlet,ARvid,观妙中国,3D博物馆等技术手段,让学生参与学习、复习。通过这些做法,我发现，这种学习方式对学生来说更有吸引力，也更有趣，从而能更好地帮助他们记忆学到的内容。

从我的故事中，大家会发现，教育创新并没有我们想象中那么难，它其实就发生在我们的头脑中，发生在我们的故事里，以及我们对这个事情的决定。我想说，每位教师都可以去实现教育创新的目标。教育创新并不是一个新概念，只是近年来日益受到重视。随着我们这个世界的联系越来越紧密，节奏越来越快，传统的教育模式显然已不再适用。为了跟上信息时代下不断变化的形势，我们必须愿意接受新的教学方法。

最后，我希望，不只是学校，包括我们的教育者、家长，能用一种更长远的眼光去看待教育这件事情，在我们关注中考高考的同时，我们也能够关注到未来正在发生的变化，能关注到孩子真正的兴趣和能力，关注到他们中考高考之后漫长的人生道路，帮他们找到属于自己未来的赛道。

爱因斯坦问自己：“如果我跟着光跑，我能看见什么？”在不断探索教育创新的路上，或许我们也要不断发问：“如果孩子跟自己的未来赛跑，我们能做点什么？”

打开学生的“小宇宙”

李慧健

学生会在学生成长过程中发挥着重要作用，有助于提升学生的自我管理能力，转变学生看待问题的视角，培养闭环思维和服务意识，为学生创造更多的可能性和价值感！每个学生都是一个小宇宙，团委学生会就是打开学生小宇宙的钥匙！

◆ 学生会的意义 ◆

驻足回首，我从 2018 年 3 月开始加入校团委工作，不知不觉间在校团委的时光已有六年。这六年来，我经常在思考一个问题：团委学生会活动能给学生的成长带来哪些价值或意义？

前段时间，我跟东莞市松山湖实验中学（以下简称“松实”）2021 届校友刘昊霖聊天，她初中时是松实学生会主席，高中一如既往地加入学生会，高二的她依然成功当选学生会主席。我问昊霖，学生会有怎样的魅力，让她初中和高中阶段都坚持进入学生会。昊霖说：“初中学生会给她最大的感受，是得到了很大的支持和自由的空间。”她回想起初一刚入学的自己，还只是一个幼稚的小朋友。当时刚进学生会时，她也非常迷茫，但身边的团委老师和学生会干部都给予她足够的尊重和鼓励。昊霖坦言自己在学生会活动中锻炼能力的同时，也收获了一帮很要好的朋友。

昊霖读高中时，在东莞中学任团委学生会主席，有一次在跟她交流的过程中，她再次提到了学生会对她的影响，她对于学生组织的观念基本是初中时形成的，学生会让她看问题的视角更广了，视野也得到了延展。

初中与高中的学生会，虽然组织架构和任务不同，但是身上的责任都是相似的，比如为人服务，创造价值，砥砺自我。这看似老生常谈，却是需要付出时间与精力去成长的。学生会帮助学生打开了自己能力的“小宇宙”。

◆ 学生会的运作 ◆

与昊霖的交流带给我很大的触动。后来，我结合团委工作和活动去思考：学生在学生会中如何形成学生组织观念？如何转变看问题的视角？怎样给学生创造更多的价值感，实现更多的可能性？

首先，学生会在学生的组织观念初步形成上起到很大的作用，学生会有具体的架构，主席团下有电教、体育、社团组织、生活、纪检、宣传和学习等多个部门，每个部门有不同的分工。团委老师如何通过这些部门去打开学生思维和能力的小宇宙呢？

以学生纪检部为例，早读和午练时间，学生会成员到每个班级进行常规检查，检查的内容比较烦琐。为了不耽误学生的学习时间，团委老师引导学生会成员改变以往整齐划一的方式，变成“多点并行”。

刚开始，学生会成员全部往同一方向同步检查，所有班级检查完耗费了大量的时间。于是，学生会做出调整，先把成员分散，再同步去检查不同的地方。比如，六人同时到达某一楼层，分两组错开看不同的班级，每组的其中一人检查走廊，一人检查教室，一人检查小房间和记录，这样就能节约时间，快速高效完成任务。

再比如晚修驻班，团委老师可以通过这个项目培养学生的底层逻辑和闭环思维。什么是底层逻辑呢？就是从事物的底层、本质出发，寻找解决问题路径的思维方法。底层逻辑越坚固，解决问题的能力也就越强。

有这样一个案例，有一位学生会驻班值日生，每次都扣班级的晚修纪律分几十分，因为他认为班级有人讲话，屡次提醒无好转，就叠加扣分。这个方式合理吗？扣越多分班级纪律是否一定得以改善？这值得学生会干部深思。

为了引导学生去思考科学的处理办法，团委老师要通过定期开会培训，或私下找驻班学生会干部谈心，一起探讨驻班的本质和最终目标。驻班的目的是让班级纪律变得更好，但如果驻班时大量扣分容易激化学生之间的矛盾。为了避免驻班无限度扣分的问题，学生会不但需要规范晚修加扣分细则，还要客观记录具体扣分行为，同时还要学会换位思考。己所不欲，勿施于人，处理问题要更加具有弹性，也更具人性化。

其次，学生会可以培养学生的闭环思维。闭环思维即完成一项工作或参加一项事情，不管执行效果如何，都要及时、认真给发起人反馈。约定时间要反馈，阶段完成要沟通。

以晚修驻班为例，有值日生在第一次驻班大量扣分后，没有与团委老师和班主任及时反馈，而是直接交纪律登分表，第二天继续扣分。这样的做法不但没有改善班级纪律，更激化了学生会成员与班级学生之间的矛盾。学生会成员及时与老师沟通，有利于班主任及时发现问题，并寻找解决问题的方法，这是闭环思维的体现。

团委老师在工作中也会强化学生的闭环思维。如图1所示，学生会宣传部干部自主组织会议，每个部员轮流做会议主持人，每个成员都要争取发言，充分沟通，活动前讨论和确定方案，活动后及时反馈优点和不足，自行认真做好会议记录。

图1 学生会干部自主开会

此外，学生会还可以用文明星激励班级学生更加积极向上。与之前文明班悬挂流动红旗不同，初一级学生会尝试运用新方式，每周统分评选出班级前五名，在各班文明班牌上放入一个刻有“文明班级”的星星，星星累计较多的班级被评为文明班，这样的做法可以让班级学生的进步持续量化和可视化，增强学生的集体荣誉感和成就感，也能强化学生的正向意念。

除了学生纪检部，学生会的校园广播站也能帮助学生在活动中创造和实现自我价值。比如，广播站推行“小导师制”，以老带新，前两个月老师全程指导播音员准备节目，同时指导技术部同学操作设备。有经验的播音员和技术员作为小导师，利用中午或下午放学后培训播音员，技术部小导师会亲自带新成员到广播站练习设备操作。同时，如图2所示，校园广播站鼓励学生自主设计节目，打造个人节目品牌。周一到周四的节目类型分别是：为你读诗、美文欣赏、音乐鉴赏、英文之声。学生结合这四类节目自行设计，改变老师给学生准备稿子和节目形式的束缚。播音员以两人为一组，搜集素材，打磨节目稿，逐渐形成自己独特的节目风格。技术部学生学习操作设备、拍电视台节目时，在信息老师的指导下，自主录制、剪辑、合成不同的视频片段。

图 2 校园广播站节目播放

学生会还鼓励学生制作活动微视频，助力学校的文化宣传。在团委老师的指导下，学生用不同的镜头，拍摄校园活动中的精彩瞬间，制作出接地气、暖人心、燃斗志的微视频，并发布了微信视频号，比如松实校庆义卖、校运会、少先队建队仪式、新团员入团仪式等活动的微视频，都是学生会微剪社成员亲自制作的。由此可见，如果打开学生的技术小宇宙，学生的创意会超乎我们想象。

◆ 学生会成员的心声 ◆

学生在团委学生会的活动中获得很大的成长，他们在初三下学期学生会交接大会上，细致分享自己在初中学生会的感悟，下面分享两位学生会干部的成长心声。

第一个学生是 2022 届学生胡日朗。他曾经是校学生志愿者队的队长，他原以为做志愿者就是干些体力活，但当他参加了所有志愿者活动后，他给我发了一条信息（如图 3），说道：“做志愿者并担任组长，要背负更大的责任，管理更多事务。这极大考验我的执行力、组织力。面对突发事件，需要冷静分析情况，做出坚决、正确的指令。在整个志愿者活动过程中，也许会非常辛苦，为了找东西东跑西跑十几趟，为守住岗位而一直站几个小时。虽然这个过程很累，但并不枯燥无味，因为你可以获得来自别人

知行二班胡日朗

做志愿者并且担任组长，需要背负着更大的责任，管理更多的事务。这极大考验着我的执行力、组织力，再做志愿者的过程中，需要负责给大家进行工作分配和人员调配，面对突发事件，需要冷静分析情况，思考解决办法，做出坚决、正确的指，令，安全、快速的解决困难。在执行中，或许会遭到大家的质疑与反驳，这就考验我的坚定内心，相信自己的命令是最好的，不要因为别人的一些异议而不知所措，坚决的执行并承担责任。当然，也可以积极接纳别人的更好的意见。在一整个的志愿者担任过程中，也许会非常累，非常辛苦，可能要为了找东西而东跑西跑十几趟，可能要为了守住岗位而一直站几个小时，可能要为了处理别人制造的麻烦而花费更多的时间和精力。虽然这很辛苦，但这个过程并不枯燥无味，你可以获得来自别人的称赞，别人对你的微笑和感恩，这时身上仿佛变得轻松，之前所积累的疲惫和怨气一下被冲散了，一切的努力都是值得的。或许这个"世界"因为你的存在，你的付出与贡献而变得更加美丽和谐，再苦再累都是具有重大价值的!

图 3 学生会志愿者队成员心声

的称赞，别人对你的微笑和感恩，这时身上仿佛变得轻松，之前所积累的疲惫一下子被冲散。或许这个世界因为你的存在，你的付出与贡献而变得更加美丽和谐。”初中生能有这样深刻的领悟，非常难得！

第二个学生是 2021 届学生小王。他初一时体型偏胖、不修边幅、不爱运动，因为对国旗队感兴趣，他加入国旗队参加集训，后来有很大的转变，初三时他用了 1000 多字写国旗队对他的影响。如图 4 所示，我节选了一些片段分享如下：

图 4 学生会国旗队成员训练现场

“还没等我反应过来，便听到一句指令般的话语，‘所有被选为国旗队的同学五秒内在我面前集合！’训练开始了，先是练军姿。‘两脚需分开六十度，两腿挺直，双手自然下垂贴紧，收腹挺胸抬头，目视前方，缺一不可。’为了步伐威武雄壮、铿锵有力，我们绑沙袋练踢腿。夜深人静时，操场上有的只是回荡在空气中的踏步声。整个过程是比较艰苦的。”这是小王的心声。“国旗队表面好像只升了一面国旗，但这却代表着国家荣誉与民族象征，我希望你们经过这番历练后，不仅是形象气质有所改变，而且要拥有强烈的荣誉感与爱国之心！”团委老师的这番话，让他坚定信念，迎难而上。国旗队训练，不仅是练体态，更是对学生的身体素质、时间观念、严明纪律、爱国心、意志力和荣誉感都产生积极的影响。

我始终坚信，每个学生都是一个小宇宙，需要被打开，团委活动就是打开学生小宇宙的钥匙！

春风十里，一劳永逸

莫金平

以劳动教育为支点，激发学生主动学习和实践，让劳动成为他们追求幸福的源泉。在生物课程中，融入劳动教育，让学生在实践中感受生物学的魅力，提高学习生物的兴趣和成绩。同时，将劳动教育与德育相结合，培养学生勤劳、孝顺的品质，让他们在劳动中体验快乐和成长。师生同努力，传承中华民族的优秀传统，让学生在劳动中创造美好的未来。

春风十里，莫不如你。致力于追求幸福、主动进取是人生的常态和价值所在。本文与大家探讨劳动教育理念的教学实践与班级管理应用。

中华民族，这是一个闻名于世的勤劳民族，劳动教育深深地根植于悠久而丰富的中华传统文化之中。劳动教育在中华民族的发展历程中扮演着重要的角色。它不仅培养了我们的勤劳品质，还让我们在劳动中体验到创造的乐趣和成就感。在未来的日子里，我们要继续发挥劳动教育的作用，让更多的人认识到劳动的价值，从而树立正确的劳动观念，为国家和民族的繁荣发展贡献自己的力量。

◆ 劳动教育的意义和重要性 ◆

劳动教育是中国教育体系中非常重要的一部分，它对于个人的全面发展和社会进步都具有深远的意义。劳动教育并不仅仅是为了让学生掌握一些基本的工作技能，更重要的是通过劳动教育，学生可以全面发展他们的五育，即德、智、体、美、劳。

图 1 五育融合

第一，“以劳树德”是劳动教育的重要目标之一。通过参与劳动，学生可以更好地理解社会道德规范，培养他们的社会责任感和公民意识。在劳动中，学生需要学会合作、尊重他人、诚实守信等基本的道德品质，这些都是他们在日常生活中所需要的品质。

第二，“以劳增智”也是劳动教育的重要功能之一。在实践中学习往往比单纯的理论学习更有效，劳动教育为学生提供了这样的机会。通过亲手操作、亲身体验，学生可以更好地理解抽象的概念和理论，提高他们的思维能力和解决问题的能力。

第三，“以劳促体”则体现了劳动教育对身体健康的促进作用。劳动本身是一种体育锻炼，可以增强学生的体质，提高他们的抵抗力。同时，劳动也可以培养学生健康的生活习惯和积极的生活态度。

最后，“以劳育美”则体现了劳动教育对审美能力的提升。在劳动中，学生可以发现美、感受美，提高他们的审美水平。无论是制作一件手工艺品，还是种植一棵植物，都能让学生感受到美的存在。

总的来说，五育并举与五育融合的意义在于培养全面发展的人。通过劳动教育，学生可以全面发展他们的德、智、体、美、劳，为他们的未来生活和工作打下坚实的基础。同时，劳动教育也是实现教育公平的一种方式，因为它不依赖于学生的家庭背景和经济条件，所有人都有机会通过劳动来发展自己。

◆ 劳动教育与学科（生物）相结合 ◆

根据成绩数据表明：将学科与劳动教育相结合，有助于提高学生对生物学的学习兴趣，进而使学习动机更为纯正，且更能将所学知识应用于实际，从而使生物成绩表现更为优异。

在当今的教育体系中，跨学科教育已经成为一种趋势。这种教育模式旨在培养学生的综合素质，使他们能够更好地适应未来的社会需求。其中，劳动教育与生物学科的结合就是一个很好的例子。这种结合不仅可以帮助学生更好地理解生物学知识，同时还能培养他们的实践能力和团队合作精神。下面，我们将通过几个具体的例子来探讨劳动教育与生物学科相结合的优势和实施方法。

表 1：生物学科融合劳动教育的课程例子

校本课程	融合学科	生活情境	劳动类型	意义
自动浇花	生物、信息技术、数学、物理、工程设计等	去旅游的时候，家里的植物宠物如何监测与浇水维护？	创意生产劳动	（1）创造有价值的物化劳动成果 （2）掌握编程与电工等相关劳动技能 （3）劳动最快乐，劳动促团结
云端莞香苗	生物、语文、信息技术、数学、美术等	我想和大家种一种符合我们共同气质的植物，如何云端共同见证成长？	智慧种植生产劳动	（1）学会种植劳动技术、自然观察技术 （2）对社会和学校环保意识、社会公德意识 （3）劳动最快乐，劳动最伟大，劳动最光荣
香囊义卖	生物、化学、数学与财经素养、语文、美术等	腹有诗书气自华，香囊有料虫不咬！	校内外生产劳动等	（1）学会香囊制作劳动技术 （2）环保意识、劳动服务意识 （3）劳动最快乐，珍惜劳动成果
蘑菇种植	生物、化学、物理、美术等	在学校里面能种出大家喜欢的蘑菇吗？	生产劳动等	（1）学会蘑菇种植技术 （2）体会劳动的艰辛、学会团队协作劳动 （3）劳动最快乐，珍惜劳动成果

美食义卖	生物、美术、数学财经、化学等	我们能自己创作美食进行义卖并参与公益活动吗？	生产劳动 商业劳动	（1）学会制作和创作各种美食 学会团队协作能力、吃苦耐劳、认真负责（3）劳动最快乐，珍惜劳动成果
艺术书签	生物、美术、数学财经、物理、语文	我能自己设计和创作艺术书签吗？	生产劳动等	（1）学会制作有创意的艺术书签 （2）学会规范劳动、有始有终地劳动和具备一定设计和操作能力 （3）劳动最快乐，珍惜劳动成果
插花艺术	生物、美术、语文、物理、化学等	插花是一种高雅的艺术，我想和团队一起去创作。	生产劳动等	（1）学会创意插花技术 具备完成一定劳动任务所需要的设计能力、操作能力和团队合作能力 （3）劳动最快乐，珍惜劳动成果
酸奶发酵	生物、化学、美术、语文	我想利用生物技术创业公益做慈善可否？	生产劳动、公益劳动	（1）学会生物发酵技术 （2）社会责任意识、公德意识、劳动服务意识、职业劳动体验 （3）劳动最快乐，珍惜劳动成果

生物科组深入发掘生物学科教育与劳动教育进行有机融合的内容，培养出更多热爱劳动、珍惜劳动成果、养成正确劳动习惯的孩子。“劳有所乐”正是我们校训“乐学求是”在劳动教育方面的体现。实际上，不仅生物学科可以实施劳动教育，其他学科也具有同样的潜力。通过将劳动教育与学科教学相结合，我们可以使学生在学习中更加主动和愉快，进一步丰富“乐学求是”的校训内涵。

◆ 生物劳动教育与德育相结合 ◆

劳动教育，这是一个充满智慧与热情的话题。它旨在培养学生们的实践能力，让大家对生物学产生更深的热爱，同时提高学习成绩。这不仅是我个人的经验，也是众多教育工作者的共识。然而，我想要强调的是，劳动教育在班主任工作中的重要性，这是我亲身实践得出的结论。

每一位班主任都有他们独特的工作方法，他们就像一千个哈姆雷特，各具特色。然而，在这千差万别的方法中，我找到了一种颠扑不破的原则，那就是：劳动教育。

首先，勤劳是中华民族的优秀传统。自古以来，我们的先辈们就崇尚勤劳，认为劳动是一种美德，一种对生活的热爱。因此，作为一名教育工作者，我有责任将这一优良传统传承下去，让我们的学生在辛勤劳动中体验生活的艰辛，同时感受收获的喜悦。

其次，勤孝是中国优秀的传统文化。孝顺父母，尊敬师长，这是我们民族的传统美德。而劳动教育正是培养学生孝顺父母，尊敬师长的有效途径。通过劳动，学生们可以学会尊重他人的付出，理解父母的辛劳，从而培养出一种深厚的家国情怀。

最后，劳动教育是教育政策的热点。在我国，劳动教育被视为一种重要的教育方式，旨在培养学生全面发展。通过劳动，学生们不仅可以提高自己的实践能力，还可以培养团队合作精神，增强社会责任感。

综上所述，我认为，劳动教育是班主任工作中不可或缺的一部分。它不仅可以提高学生的学习成绩，还可以培养他们的品德，使他们在德智体美劳全面发展的道路上更进一步。这是一条颠扑不破的原则，也是我个人的经验之谈。

劳动教育堪称班主任德育工作的稳定基石。世间万象，尽管纷繁复杂，但劳动教育实则蕴含着大浪淘沙后的教育本质。因此，“中华文优勤孝奖”中的劳动教育，彰显了文优 8 班以文明素养为核心的班级治理理念。简言之，热爱劳动的勤孝学子，其亲子关系融洽，家长满意度高，行为习惯优良，思想易于引导，学业成绩亦有望提升。

图 2 中华文优勤孝奖

响应习近平总书记号召，实现中国梦，劳动精神是关键。回顾历史，中国人民的勤劳与智慧为世界文明作出了巨大贡献。作为新时代的建设者，我们应传承这一优良传统，引导学生树立正确的劳动观念，培养其创造性、科学性的劳动能力，让他们在劳动中体验成就与幸福。在教育工作中，我们要注重实践与理论的结合，组织劳动活动，培养团结协作、吃苦耐劳的精神。加强劳动教育在课程体系中的地位，融入日常教学，通过多种方式让学生深入了解劳动的意义与价值。

项目化学习与学生成长

张清泉

为什么要做项目化学习课程？如何做项目化学习课程？这些年，松山湖实验中学的项目化学习有哪些形式？孵化了哪些课程？创意金点子、劳动教育、STEM综合教育课程、创客教育、研学课程……

在2018年的时候，我们学校办了一场东莞市STEM教育与创客教育分论坛，华南师大的专家李克东教授就在我们报告厅这里呼吁过："我们传统教学严重忽略了学生的创新能力，那么我们做STEM（科学、技术、工程和数学）的教育，我们做项目学习要更加关注学生这个创新能力。"其实这些年我也有一些思考。

我们每个老师对于教育都会有一些非常美好的期待。我们今天为什么会去关注未来的教育，关注我们学生或者我们自己的孩子未来的发展？是因为我们希望今天所教给孩子的，能够在将来对他的学习生活发展有所助力。但教育之所以复杂，就在于并不是你当下做了什么，他将来就一定会成为什么样的人、走什么样的路。这是教育的复杂性，不确定性，易变性。但是作为一个老师，我们又不得不面对这样的挑战。

◆ 对孩子成长的期待 ◆

根据一些研究机构如Dunedin和脑科学研究的长期追踪研究（这些研究往往持续几十年），从儿童小时候到他长大成人，看什么对个人的成功、发展有持续的影响。儿童青少年时期的自我控制力，对于他后续的个人健康、财富和对社会的安全发展影响非常大，而不是智力和家庭背景。还有研究表明儿童青少年形成的好奇心、自制力、社会灵活性等对他后续个人发展会产生巨大影响，也有研究表明坚持性、专注性、情绪调控等学习品质极大地影响了他们以后学业方面的成就。怎么样让我们的学生和孩子拥有这些品质呢，来看几个例子。

首先是第一个，入选华为天才少年，据说年薪201万的青年彭志辉。1993年彭志辉出生于一个普通的家庭，父母亲都是厨师，文化水平并不高，因为双亲平时工作繁忙，没有太多时间照管孩子。所以彭志辉从小到大的生活环境相对自由，一方面让他少了很多束缚，有了自主学习的能力，另一方面也锻炼了他的动手操作能力。小时候家里的小电器被他拆了装，装了拆，折腾了无数遍。

彭志辉从小没条件上兴趣班，但兴趣爱好极其广泛，绘画、弹吉他、下厨、打乒乓球等。据说他的厨艺高超，尤其擅长川菜和赣菜。后来在和他的同学们打电子游戏时，他开始对电子产品背后的结构程序等内容产生了强烈的兴趣。2017年自制迷你电脑，外观只有一枚硬币大小，但功能却非常强大，能处理实时图像、语音识别，甚至还能当服务器使用。网络上还有他把自行车做成可以自动驾驶的自行车的视频。

再来看看我们学校自己培养的学生。方弼楷，他是一个非常质朴，阳光、纯粹的少年。我们的第一届学生，暑假跟我说高考考差了，考入了川大的工业工程。很记得一件事就是他初一时我给他一个很复杂的机器人搭建模型，其实机器人项目最考验人的不是编程和操控，而是工程搭建。他从熟悉零件开始，坚持用了一个多月，复制了出来，而且还优化了好几个功能。虽然一个月很慢，但是有句话说真正的学习它其实意味着和未知的对话，整个过程中他会碰到很多问题，他要沉思，他要去想才能够去解决问题，他能够坚持专注，不怕一次次的失败。

第二个介绍的是2021年毕业的学生石头。我们给他的标签是没上补习班、做家务、爱玩遥控车，中考754分，学校第一名。他是这样说的，遥控车模这个项目，不仅锻炼了他的观察思考能力、动手创新能力，还锻炼了抗压能力。同时，常年研究车辆模型复杂的结构也增进了他对电学、力学、数学等知识的理解，应对物理中简单的机械结构题也就游刃有余了。在开心有趣的车辆模型活动中，他一点也不觉得累，反而觉得是一种劳逸结合，他觉得是放松自己。从小学开始，他参加了数十场各级科技比赛，甚至初三还参加了5场比赛。丰富的参赛经历不仅让他收获了20多枚奖牌，也锤炼出他不畏艰难、从容面对挑战的精神。石头不仅在学习中专注认真，他还是个热爱生活，常做家务的孩子。他说学习不只是从书本上学习，还可以从生活中学习。他也提到，从小学时，他就经常买菜做饭维修家居物品，锻炼了自己的观察能力、思考能力和解决问题的能力。现在考题越来越贴近生活，因此关注生活中的寻常现象，多做家务，有助于提高学习能力。

再举例一个科技特长生，肖彦泽同学。在今年暑假的时候，他自学做了一台大尺寸的 3D 打印机。所有的硬件是到电子市场七八百块钱买到的，但做出来的打印机价格可以达到 5、6 千元。据他妈妈介绍，肖彦泽受家庭氛围的影响，从 5 岁起在青少年活动中心接触乐高机器人、DIY 机器人等多项课程，后面还参加车模、航模、建筑模型等各类科技活动。谈及肖彦泽的成长经历，这位妈妈当初带着“广撒网”的想法，希望帮助孩子找到自己喜爱的研究方向，孩子果然在广泛接触中，逐渐培养了浓厚的科技创新愿望和兴趣，并且逐渐增加了这方面的科学素养。如果他没有做过这些项目，他也不可能见到一些，听到一些新的观点或产品来改良更新自己的方案或作品，或实现自己思维和作品的迁移应用，迭代升级，更谈不上创新方案和作品，做不出来他的 3D 打印机。

心理学家皮亚杰说过教育的首要目的在于造就有所创新、有所发明和有所发现的人，而不是简单重复前人做过的事。我国著名教育家陶行知先生就提出过要培养具有创新精神的人才，并且把“创造”引入到了教育领域。他认为我们要解放小孩的自由，从小做起，要让他们做有意义的活动，开发他们的思维，开展他们的创造能力。皮亚杰也说过儿童的思维依赖于他的兴趣与活动， 其实我们这里活动就是项目。结合华为天才少年和我们学校三个科技少年，有小孩的老师们想想，我们是否束缚太多，我们报的辅导班是否太多，是不是天天催着做作业，我们有没有去呵护我们小孩或者学生的好奇心？有没有呵护他们的奇思妙想？

创造教育观

- 行动是老子，思想是儿子，创造是孙子。
- 由行动而发生思想，由思想产生新价值，就是创造的过程。
- 行动的教育，要从小的时候就干起。要解放小孩子的自由，让他做有意义的活动，开展他们的天才。
- “行动”是中国教育的开始，“创造”是中国教育的完成。

图 1 陶行知 创造教育观

◆ 项目化学习 ◆

克伯屈在 1918 年首次提出了“项目式学习”的概念，他认为：“项目”的本质含义是指学生在具体熟悉的环境中，运用所学知识，有计划有目的的解决遇到的现实问题。在教育领域，项目被定义为：一种能引起学生兴趣、值得花时间和精力去对真实世界作深入探究的活动，这种活动可以由一个班级或一个小组的学生来实施。

我们项目化的学习强调在学习中为学生提供真实的情景，学生体验以小组为单位确定任务、收集、处理、表达信息的过程中共同解决问题，学生运用自己所学习的知识去解决问题，在这过程中培养学生发现问题、分析问题和解决问题的能力。在项目化学习活动中，学生还要学会如何评价学习过程和结果，培养学生的人际交往和组织协调能力，活动探究后展示交流环节则为学生自我展示提供机会。北师大专家团队梳理的项目化学习的主要特征：一是有真实情境，二是有驱动型问题，三是强调学生的主动性，四是强调团队协作，五是持续的沉浸式探究，六是贯穿始终的审辩与反思，七是成果的有效展示，八是强调技术融合应用。

1.具有挑战性的问题
2.确定研究的主题和涉及到的核心知识
3.问题是来自于真实世界的实际问题
4 .尊重学生的主体性地位，以学生为中心
5.强调团队合作，形成“学习共同体”
6.持续深入的思考和研究。
7.成果公开
8.评价多元化

1.真实情境
2.驱动型问题
3.主动的学习者
4.团队协作
5.持续的沉浸式探究
6.贯穿始终的审辩与反思
7.成果的有效展示
8.技术融合应用

图 2 项目化学习的特征

那么我们为什么要做项目化学习？

世界公认的教育发展大趋势：有核心素养，就必然有项目学习。甚至我们的课标和江浙地区中高考的改革也指向了项目学习，指向了现实问题的解决能力。像大单元教学、STEM 教育、跨学科学习，深度学习，基于问题学习，主题学习，研究性学习，理解力课程，建模式教学等，虽然用了不同的陈述方式，有各自的侧重点，但他们都表达了共同的价

值理念和追求。STEM 就是项目化学习中的一种，以解决问题、动手实践为导向的项目化学习，只不过它比较偏向项目化学习当中的科技、数学、工程整合的领域，而项目化学习还包含其他如人文、历史、语言等更多领域。其中跨学科学习不是多学科的拼搭，而是通过学科间的联系共同解决问题达到对所学核心知识的整体理解应用。伟大的科学家钱学森提出的“大成智慧学”中提到了跨学科学习的重要性——用现代科学技术体系结构培养和教育学生，让科学和艺术“联姻”。

图 3 钱学森构想

有教育意义的、能解决实际问题的一件事，就是项目。过去我们可能是先把知识在课堂上，通过老师的讲解学了，学好以后我们再去用，现在我们用项目化学习是在做中学用中学，而没有先学的那个环节了，完全在做的过程中、用的过程中，就完成了学习。我们认为要让学生做完整的事，完整的做事，做一件有始有终的事，那就是让学生做一个项目。

◆ 项目化学习课程 ◆

从项目化学习的角度来看看我们开展的课程——比如创意金点子，在万校长的带领下，综合实践老师带头开设了创新思维技法课程。教同学们发散思维、找缺点法、希望点列举法、头脑风暴法、组合法、分散法、主体附加法、掐头去尾法、应用专利创新法。让同学们了解创新方法，为实践创造提供理论和实践案例。

我们开展的劳动教育活动，对班主任来说也是项目，让同学们形成良好的劳动习惯和积极的劳动态度，使他们明白“生活靠劳动创造，人生也靠劳动创造”的道理，培养他们勤奋学习、自觉劳动、勇于创造的精神，为他们终身发展和人生幸福奠定基础。

我们每年在初二做的小课题研究，对学生来说就是要做一个个的项目，要学习能关注自然、社会、生活中的现象，深入思考并提出有价值的问题，将问题转化为有价值的研究课题，学会运用科学方法开展研究。能主动运用所学知识理解与解决问题，并做出基于证据的解释，形成基本符合规范的研究报告或其他形式的研究成果。

图 4 小课题研究

我们说凡有知识和能力发生的地方，凡有问题提出的地方，就可能有学习发生，就可能有项目，就可能是课堂。所以我说凡是有知识与能力发生的地方，就可能有真正的学习发生。学生真正的学习发生的那个点，恰恰应该是知识和能力正在产生作用的那个点，那才是最好的学习的地方，而不是把这些知识能力抽取出来，通过老师讲解和训练再给学生传递过去。所以只要有知识和能力发生的地方就可能有项目。

我们请院士来做讲座，去散裂中子源等参观，希望同学们学习像科学家一样思考。我们去海丽化学学习，希望学生像真正的化学家或者化学工程师一样去思考去探索去实践，去解决问题。嘉莉老师的校本课程就是想让学生像新闻工作者一样真正的去经历采访的过程。道法科组的模拟联合国活动，想让同学们像外交官政治家一样来关心世界，用国际眼光来思考问题、讨论问题。我们还想让学生像作家一样去经历写作的过程。我们还去了很多高新企业，感受科技前沿，感受科技给我们生产生活带来的巨变，感受新时代的工匠精神，期待学生由此对自己的生涯规划产生思考。

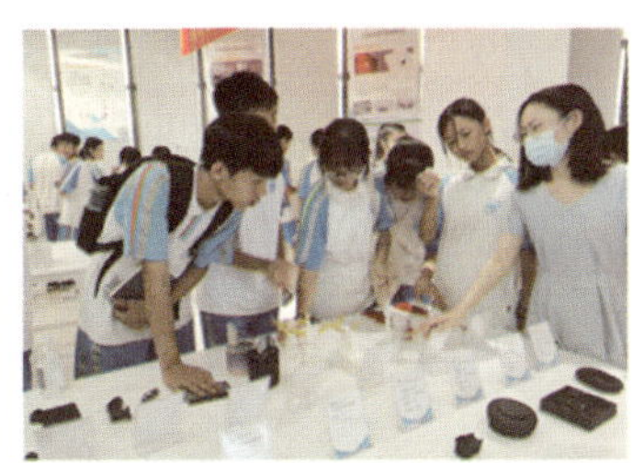

图 5 企业调研

我们的研学旅行项目，可以说是在广东乃至全国率先全校推进的。每到一个地方，都有丰富的项目，有课程、有活动、有体验，我们的学生在领略和感受祖国的名山大川，壮丽山河的同时，又可以探寻历史人文的辉煌，感受中华文化的博大精深，增强文化自信，增强对祖国的热爱之情。

信息科组开设的课程现在都要求老师们用项目式学习的形式开展，都是结合真实情境，创设驱动问题。刚开始搞创客项目我们基本上都是用大公司的产品，产品半开源状态，一个传感器一个传感器来教，编程的图形化软件一个一个模块来讲，讲知识和使用的方法、技能。特别是 2015-2018 年，很多学校都这么做课程，现在一些培训机构还是这样做。

后面在万校的指导下，请了华南师大的李克东教授团队来指导，学习了 STEM 教

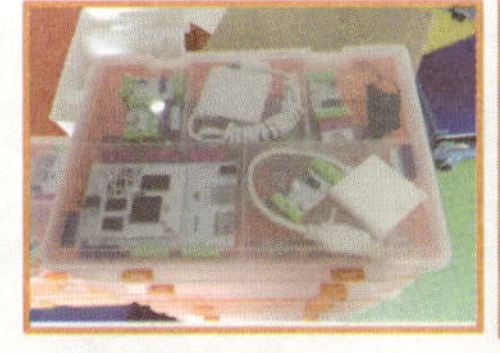
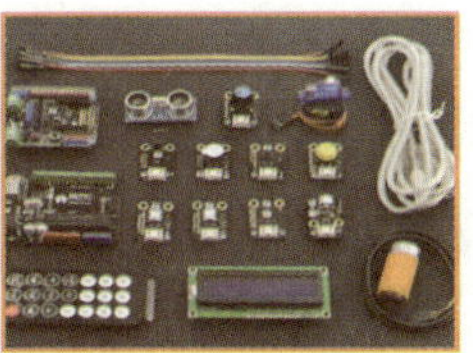
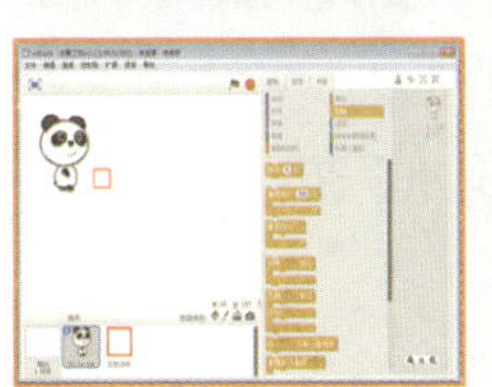
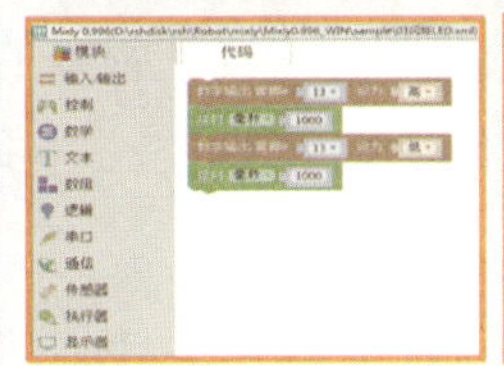
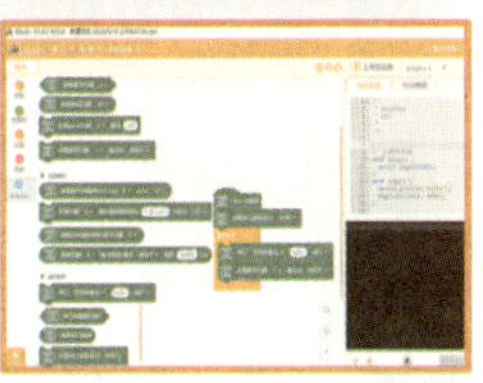

图 6 创客教育硬件与软件

育跨学科学习中的5EX设计模型，后面在广东省教研院黄志红博士的指导下，结合综合实践和科学的课程标准，对我们开展创客项目和STEM项目都起到了非常大的作用。后面开设校本都提倡尽可能用项目化学习来开展，用跨学科学习来开展，而不再是一个个传感器、一个个编程模块来讲授。

这么做有什么好处？先用布鲁姆的目标分类理论来简单分析一下。

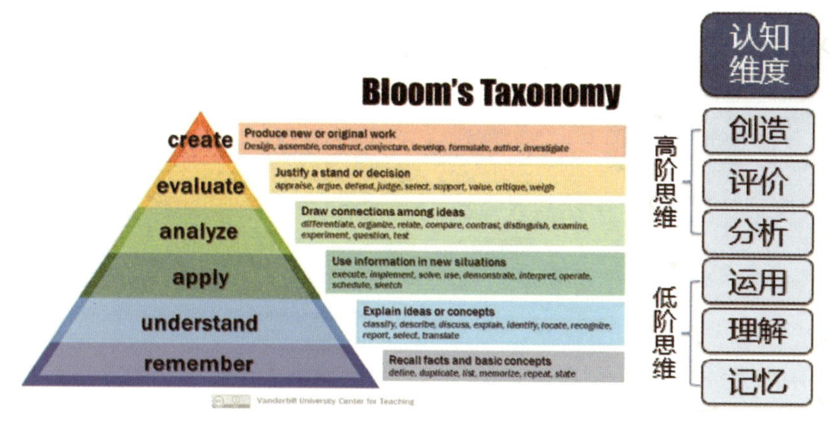

图7 布鲁姆的目标分类理论

带领学生去分析我们所见到的一些创客或机器人的产品、案例或相关视频，结合实际去改造设计，或升级已有的作品，这些属于认知的高阶维度，就是用对作品或者方案的再创造、评价、分析，来驱动我们对一些技术上的、知识上的、原理上的一个个传感器的知识，进行理解应用，加深助推记忆等低阶的认知。当然在项目化学习中目标分类学有更多的理解和应用。也用事实证明在带领学生科创方面，用对一个个主题项目的学习，制造评价分析一个个的作品确实更有利于学生对知识技术的记忆理解和应用。在信息科组的共同努力下我们于2021年四月出版了创客STEM教材。

在辐射推广创客STEM课程上，我校牵头开展大湾区STEM教育实践共同体的相关活动，在线上做了11次分享，起到了很好的带头示范作用，他们是深圳、佛山、珠海、香港、澳门、广西北海的10所学校。这些分享获得了华南师大徐福荫教授团队和省电教馆的肯定。

这些做过的项目，是以“对每一位学生终身发展负责”的办学宗旨为导向的，这也是我们的初心。我们的初心就是培养具有民族精神、国际视野、创造性人格的学生。积极去探索拔尖创新人才的培养模式。项目化学习或者说跨学科学习能非常好地切入。

教育界其实从来不缺热点，缺的是一种专注和坚持。像科技教育中，机器人教育火了 10 多年后，前些年创客教育来了，没过两年，STEM 教育风靡，到现在是极具挑战的人工智能教育。今年还出现了 AI+ 劳动教育。我们一直坚持走在这条科技教育之路上，我们团队一直在坚持，我们的科技教育走在了省市的前列。如果未来我们培养的学生有像彭志辉一样的华为天才少年，有像创始大疆公司的汪涛一样的科技大咖，有院士、有科学家，企业家……那是我们松实的荣光，也是我们老师的荣光。

第四章

爱在左，责任在右

教师专业内涵除了教会学生学习、育人，还需提供相应的专业服务。专业服务包括对学生服务、对学校服务、对同伴服务。服务将会在"教会学生学习"和"育人"上表现出来，也会在"教师发展"上表现出来。

超越能力的"心力"让我们拥有超越能力边界的可能。

爱在左，责任在右

蔡小莲

教育，绝非单纯的文化传递，教育之为教育，正是在于它是一种人格心灵的唤醒。面对学习能力相对落后的学生，我们不但要以爱动其情，以诚唤其心，在唤醒学生的同时还需以严导其行，以志树其人。

《我不是笨小孩》是2021年1月在CCTV-9纪录频道播出的一部纪录片，它会让我联想起自己曾经教过的某些孩子。孔子曾用“知之者不如好之者，好之者不如乐之者”来阐述学习的三重境界，然而，对于那些学习能力相对落后的孩子来说，“知之”尚且是一种奢侈，何谈“好之”“乐之”？

作为老师，我们总不可避免地要面对这些“不完美”的孩子，甚至还要想方设法地去引领他们在学业上能更上一层楼。但，他们懈怠的态度、平庸的资质……总能令我们在本就烦琐的工作中抓狂。面对他们，我们初一备课组的语文老师们是怎么做的呢？

图1 初一语文备课组教师

暖一点：传递温暖，激发潜力

我们备课组的王永老师常常会收到一些特殊的礼物。喜欢悄悄地把自己最爱的零食和牛奶放到语文老师王永桌面上的孩子叫小宏，这是一个学习基础比较薄弱的孩子，但是，这个孩子的学习能力虽然要比大部分同学要低一些，却不妨碍他感知王永老师给予他的温暖，并适时地表达他对老师的爱和谢意。其实，身为“学困生”的他、他们，在学习中获得的自信与快乐，肯定与鼓励，注定会比其他孩子少得多。而他们的感恩，足以提醒我们：对于这些孩子，我们不妨暖一点儿，再暖一点儿。因为，在学生眼里，教师的一个眼神，都可能激起一片心灵的浪花。

记忆中常常感动我的画面是，我座位旁的岳如老师，常常以满怀亲昵的口吻责备那些偷懒的学生，而面对她的爱心攻势，对面的孩子每每总能惭愧低头认错，保证会补上作业。温柔细致如玉纯老师，下课后她的身边总围着好几个主动来请教的学生。我也不会忘记，当我有一天搂了搂那个叫小里的学生的肩，表扬他近期学习有进步，问他是不是掌握了什么秘诀时，这个常常以邋遢的衣着示人，作业经常只写一半的小男孩黝黑的脸庞上泛起的一层红晕给我内心带来一阵阵激荡。那一刻，我意识到，其实，我应该更早一些关注到他，更多地表扬他。果然，从那天起，尽职的科代表就不时给我报喜：“老师，小里这次默写只错了两个字哦，我觉得您应该再表扬表扬他。”上学期期末考试，这个以往周测最高只考 17.5 分的孩子，考了 65.5 分。这个孩子的变化令我再次坚信：当我们主动把温暖的手伸向这些看似顽皮、不求上进实则自信不足的孩子，他们，才会坚定而努力地，随我们走向正确的方向。

作为老师，我们应该尊重每一个学生的不同之处，认识到每一个学生都是独一无二的，值得我们去欣赏和鼓励。女生小橙从来到新班级的第一天起，就表现得怯生生的，不喜与人沟通交往，成绩也不甚理想。“自卑”“忧郁”是其他女同学给予她的评价。我用心观察着这个像蚌一样紧紧裹藏着自己的女孩，发现她在绘画上其实很有天分。虽然她说她并没有学过，但，她无意中被我看到的几张涂鸦却充满了趣味，我想，这不就是这个女孩身上无法掩藏的珠光吗？于是，在我的鼓励和安排下，她逐渐地参与到班级黑板报的制作工作中来，得到了同学们的称赞后，她的笑容多了，眼里闪烁着从未有过的光芒。第二年的教师节，每一个科任老师都收到了小橙主动送出的礼物——她用心设计、绘画的每一位老师的漫画头像，看着卡片上与自己颇为神似的图案，我在心里默默地给自己点了一个赞：习惯于隐藏的孩子其实更需要温暖，给予他们更多的关注和理解，往往会激发其内心深处被长期埋藏的自信，从而发掘其潜力。

事实的确如此！变得越来越自信的小橙，课堂上不再做低头一族，虽然还是腼腆，但也会参与到小组的讨论中去，有时还会主动举手回答问题，成绩自然也慢慢进步了。

活一点：以生为本，因材施教

古人云：亲其师信其道，这句话强调了学习动机中的交往动机。而得道，显然还须得法。除了《我不是笨小孩》视频所提到的阅读障碍外，我们身边常见的学生之“困”还包括这几种：

1. 智力水平一般，影响学习成绩提高。
2. 聪明，却厌学、贪玩、内驱力不足。
3. 学习习惯和学习方法不对。

有人说，简单地看待学习，就是三件事：想学，会学，学会。而学困生往往是不想学、不会学、学不会。为了给予这类孩子多一些赏识和激励，我们备课组的老师从很多角度做了探索，找到了第二个法宝是——活一点儿。即，在教学中，本着“以生为本”“因材施教”的原则，灵活地加强对学困生的辅导力度。主要做法有：

1. 增强沟通，了解学情，寻找趣点难点；
2. 智慧课堂，激发兴趣，注重夯实基础；
3. 及时检测，精讲精练，避免题海战术；
4. 优困结对，互帮互助，实现双赢目标；
5. 分层教学，分层作业，生发内驱动力。

图 2 与学生探讨作业

分层作业最值得尝试。让学困生去完成一样的作业，其实无异于对他说：“孩子，你放弃吧。”这就难怪我们经常会在晚修时看到有些学生无所事事，甚至故意捣蛋。因为，老师给他挂的那颗桃子明显太高，高得甚至令他连尝试着跳一跳的兴趣都没有。相反，只要我们多花一点儿时间，设计适合他们能力的作业，就可以令他们感觉到自己学有所得，乐在其中。

小辰同学头脑聪明，在课堂的讨论中他常常会有令人惊喜的妙语，对课文的理解也往往能超越大部分同学。但，他的答卷能力却又往往令人大跌眼镜。这个孩子的基础太弱了！因为一贯以来的疏懒和家人的放纵，他的书面表达能力与他的口头表达能力、思维能力都不匹配，且远远落后于同龄人，只要是提笔，便会有一连串的错别字，而且答题速度非常慢。在这种矛盾中的小辰，似乎也有些无所适从。课堂上，他常因同学们的惊叹和老师的夸奖而掩饰不住自豪的神色，而每次测试的卷子发下去，他的脸上总是红一阵白一阵，不愿意让同学看到他的语文成绩。

我决定帮帮他！我和他约定，我们暂且不和同学们比，先试着超越自己。每一天，他只要完成我为他量身定制的作业就好，他半信半疑，但，想到能摆脱之前那种总也不能在规定时间内完成作业的窘境，还是很高兴地答应了。我告诉他：乍一看，他的作业量是减少了，难度降低了，但只要听我的，老师有信心让他的成绩进步。从那以后，我不动声色地观察着他，正如我意料的那样，他一改以往面对作业的无奈和慵懒，变得用心起来。当作业本上出现的不再是之前那样的大红叉，而是越来越多的对勾和肯定的话语时，他对于作业的积极性越来越强了。而且，个性化的作业对症下药，有利于帮助他夯实基础，没多久，这个孩子笔下的错别字越来越少，过了一段时间，作文也越写越出色了。

图 3 与学生家长的沟通

美国作家马克·吐温曾经说过：“一句好听的赞词能使我不吃不喝活上三个月。”话虽夸张，却印证了教育心理学的一个原理——兴趣来源于成功的喜悦。我们坚信，由分层作业带来的信心，会促使学困生一步步走向对自我的肯定，进而催生对更高目标的动力。

实一点：宽而不纵，用心落实

当然，学生尤其是学困生，自卑、焦虑、厌学等心理因素都会导致他们容易在困难面前出现畏难和放弃的表现，于是会在学习上反复出错、或是半途而废。这就要求我们老师做到第三点：实一点。所谓实，是落实。

教学工作的要义不在于标新，正在于落实。事实上，每一次的考查，对于学生而言，不仅仅是一次知识上的查漏补缺，也是对其学习态度的一次检视。但，这个年龄段的学生往往还不具备自我管理的主动性和科学性，这就需要我们老师在教学和复习中去帮助学生养成良好的习惯，形成科学的方法，并督促他们确保效果显著。这是需要老师付出大量时间和精力的。正所谓，严而不苛，宽而不纵，在初一办公室，您会看到，当学生的惰性泛滥、思想滑坡的时候，担任班主任的张茵老师和王永老师，苦口婆心地对他们晓之以理；每次周测后、考试前，语文老师们会利用早读、晚修、阅读课等时间，一一落实、一一过关。

诸葛亮先生说过：非学无以广才，非志无以成学。对于学困生而言，志，也就是目标的树立是他们能行动起来并坚持下去的内驱力，而目标的树立又是不能割裂完成的，它必须要与脚踏实地的行动落实和充满喜悦的信心唤醒相结合。因此，作为老师，我们不单要以爱动其情，以诚换其心，在唤醒学生的同时还需以严导其行，以志树其人。

教育，绝非单纯的文化传递，教育之为教育，正是在于它是一种人格心灵的唤醒。冰心先生曾说：爱在左，同情在右，走在生命的两旁，随时撒种，随时开花，将这一径长途，点缀得香花弥漫。我想说：爱在左，责任在右，别忘了把它们放在你我的左右心房。在教育的漫漫长路上，愿我们能用心中的爱、眼里的光，伴随那一颗颗稚嫩的心灵怦然而动，带领着穿枝拂叶的莘莘学子，踏着荆棘，有泪可流，却觉得幸福。

超能力 or 超“能力”？

谢迎春

作为教师，面对日新月异的社会发展和工作需求，我们需要怎样的能力才能成为熟稔的多面手：既能高效完成纷杂的事务性工作，又能走近学生，智慧地教育教学，还能同时不断自我成长、体验职业的幸福感？对此，松实英语人也在不断探索和实践。

松山湖实验中学英语科组是一个年轻、活力、团结、向上的科组。科组 28 位成员中有 25 位女老师，3 位男老师，平均年龄 30+。在我们团队里，每个老师都不一样，但是每个老师都很重要！

作为英语老师，我们似乎是最爱美最会玩的一个团队，每逢寒暑假，我们小伙伴的朋友圈精彩纷呈，旅行、美食样样不落。但放假的日子总是如流水转瞬即逝。爱美会玩的我们，工作起来也绝对是拼命投入、当仁不让的“最卷”科组。对于我们而言，每逢开学可能就意味着有干不完的活，加不完的班。那么，作为老师的我们，到底要做哪些工作呢？我暂且将其分成三大类，如图 1：第一类：坐班、开会、防疫打卡等，这一类是我们常常自觉繁琐还无用的事务性工作；第二类：常规教学、常规教研、临时教研任务、协助参赛同事备赛等，这一类是成就感低的常规性工作；第三类：写论文、上公开课、做课题等，这一类我把它们归为富有挑战的超越性工作。

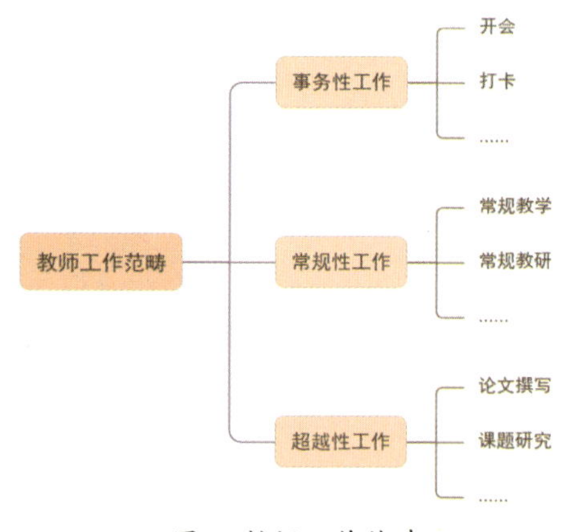

图 1 教师工作范畴

下面我就分别谈谈这三类工作以及我们的一些应对技巧。

自觉无用的事务性工作

对于这一类工作，也许有老师会有疑惑：我们为什么要做呢？但深思一下，这类工作是真的没有意义吗？俗话说，无规矩不成方圆，如果每个人都随心所欲，我们的工作恐怕就不能正常运转了。再例如，防疫打卡，这项工作虽然繁琐，但是是基于所有人的安全和健康考虑，自有它的开展价值。同时，我们也需要换位思考，可能因为一个人不按时打卡，从人事办公室到科组的多位同事都得重复提醒，增加别人的工作量，也影响学校整体数据的提交。因此，简单的事情重复做、做好，就是不简单！应对这些事务性的工作我们也有一些小妙招，比如：我们会明确任务时间等要求、提供建议和方法，例如打卡，建议设置打卡闹钟等。有一些特别重要或紧急的工作，我们也会通过接龙的方式开展，一方面进行确认，一方面也是相互提醒。当然，对于工作的完成情况，我们也会如实登记，纳入评比。

成就感低的常规性工作

我们为什么要做这类工作呢？做这类工作，或许当下，我们看不到立竿见影的收获，但是对于我们而言，真的没有收获吗？我想大家稍作思考，答案都是否定的。这也和我们怎么看待我们的工作有关，说大一点，是眼界和格局的区别，我们只是当它是一份工作，还是当成一份成就他人，也实现自身成长的事业。毫无疑问，这些工作是教学质量的保障，是教师成长的起点，是我们的职业生命线，他们也许常规，但绝不平常，需要常做常新，合作共赢。

对于这些常规性工作，我们有 3 个小妙招：首先，以乐学的心态，保持学习力。科组内名师引领、发挥传帮带的作用，给科组成员做各项专题的讲座。同时，我们也邀请业界名师专家，给组员做专题培训，大家一起向外求学，向上生长。学习力即是战斗力。我依然记得，2021 年韶关教研团队来访，邓丽君老师提前一天接到任务，第二天上课，其精彩表现受到了来访教研团队高度赞扬。显然，丽君老师的功力不是一个晚上可以速成的。功夫在平时，随时可战，战之即胜。第二个小妙招：以平常心态做事，不怕吃亏，吃亏是福。众所周知，英语学科历来教研活动种类丰富，数量众多。但不管是事先安排好的，还是临时任务临时分派的，大家都能欣然接受，不计回报，尽心完成。2022 年做东莞市“品质课堂”实验教研组中期展示的时候，因担心网络问题，我们临时决定录微课，晚上 11 点多，我和丽君老师在微课室，她孩子还在家发着烧，当我们需要协助电话求助苏丽丽老师时，苏老师二话没说，带上家属一起来帮忙。当时一遍一遍地录，直到凌晨，最终顺利完成录制，保证了第二天活动的顺利进行。第三个小妙招：以合作心态，保持竞争力。我们科组有一个不成文的传统：但凡有人参赛，我们必定是一人参赛，全员助力。既有全员听课磨课，也会组建专门的助力团，全程协助备赛。我依然记得 2021 年肖一鸣老师备赛省青赛时，科组众多小伙伴全程陪同，从年级活动室到公开课教室，从下午到傍晚，又从傍晚到凌晨。我本人参加教学能力大赛时，科组钟静老师也是一遍遍地给我指导，丽君、一鸣、晶晶等老师给我宝贵建议，协助我备赛。科组这两年也不断发展，成功申报东莞市“品质课堂”第一批实验教研组，并通过中期和最终的考核。科组老师不管是团队形式参加的慕课案例比赛、微课程大赛、作业设计比赛，还是优课评比、论文评比、教学能手比赛等个人比赛均收获颇丰。而这每一份荣誉都是集体智慧和合作的结果，对每一位参赛者和每一位参与者而言，都是一次突破和成长。正因为有这些历练，我们的科组老师都在迅速成长：李佩佩、黄诗瑶、朱栗叶、李晶、肖一鸣、朱锡涌、徐凤仪等老师先后走出学校，到市内外兄弟学校开设市级研讨课、送课活动，受到一致好评。所以，这些平常看似当下成就感低的常规性工作，其实都很重要，需要我们用心做、用情做、坚持做。相信，每一份努力都不会白费，会让我们在未来的日子闪闪发光。

富有挑战的超越性工作

对于这一类工作，也许有人会质疑：我们为什么要做呢？就像有些人说，“躺平”不好吗？只要我躺得够平，就没有人可以把我打倒。对于这个问题，我想分享一个关于两个和尚的故事。曾有一贫一富两个和尚。富裕的和尚一直想租船去南海但是都没去成，而贫穷的和尚想要去，被富裕的和尚嘲笑：“你这么穷，盘缠都没有，凭什么去？”闻言，他只说“吾一瓶一钵足矣”。然后他立马行动，虽然只有一瓶一钵，却最终做到了。对于这个故事可能有不同的解读，我想把它解读为：任何人，我们都不要给自己设限，不要畏难，勇敢地迈出第一步，你跳进水里的第一个动作，就会创造出下一个动作。

然而，实际上，类似的富有挑战的超越性工作很多人往往做不成，为什么呢？是不是因为没有“超能力”呢？显然不是，有人曾将其原因解释为两个方面：一个是因为恐惧，这是大脑进化的结果，为了生存会高度关注恐惧，但大脑往往会把困难放大。而我们要做的是主动感受接受，并转化成行动。另外一个是因为怀疑，我们会怀疑自己的能力，怀疑是不是时机未到等等，但是世上没有百分之百的事情，不要等到万事俱备，条件和时机永远不会完美。科林．鲍威尔将军曾提出过“40-70 法则”：收集 40%-70% 可用的资料数据，然后凭直觉去做。没有完美的事情，不要期待完美的状态。想都是问题，做都是办法。我们需要的是学习“亮剑”精神，敢于直面挑战，勇敢行动。

那么，当我们行动了，开始做了，什么因素会影响我们的工作力呢？对于这个问题，也许每个人都能列出诸多答案。但是，我认为，最关键的因素就是以下两个：其一是能力；其二是心力，也就是我们常说的态度。简单来说，工作力 = 能力 x 心力。注意是乘，不是加。如果我们的能力 100，但是心力很小，甚至为零，那我们的工作力也可能为零。

如果我们把能力和心力作个划分，并置于坐标轴的四个象限，类似于下图 2。

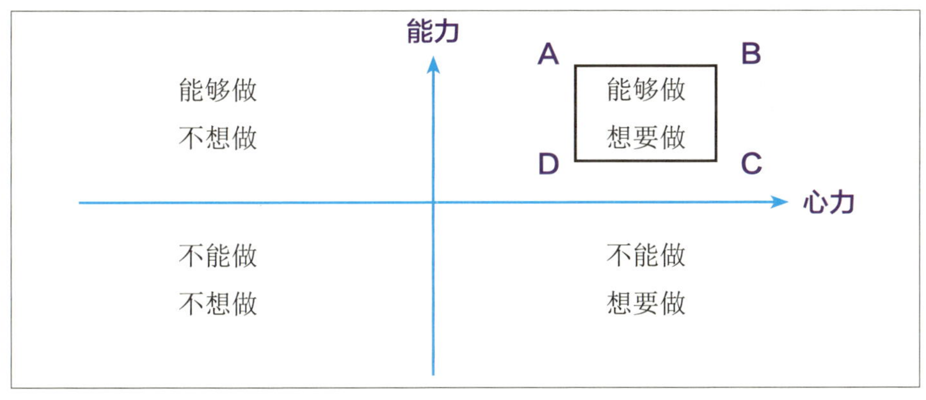

图 2 心力能力坐标图

我想我们老师绝对都属于第一象限，属于能够做事和想要做事的范畴，那么同在第一象限的 4 个人 ABCD，我们可以对比看一下，AB 虽然能力相同，但是心力不一样，B 的态度比 A 好，心力更强，那么，我们可以预测，谁的工作力更强呢？同样，我们再来对比一下 B 和 C，两者的心力都很强，差别在什么呢？是的，差别在能力方面，所以 C 要想有和 B 一样高的工作力，应该怎么做呢？类似这样的对比，我们还可以做更多的思考。其实，我们都是坐标系中的一个点，找到自己的增长点，就能提高我们的工作力。这不是我的原创，改编自网络，与大家共勉。

很多时候，我们可能会觉得，做事情的关键在能力，总希望自己拥有超能力。却忽视了心力。很多时候，我们只看到别人成功后的云淡风轻，以为他似乎是拥有“超能力”，但其实更重要的是超越能力的“心力”，是奋斗过程中的一点一滴。而“心力”也是执行的动力，正是这种执行的动力让我们拥有超越能力界限的可能。我把它称之为：超“能力”。

为者常成，行者常至！超“能力”——松实英语人的成长密码，你值得拥有！

“众筹”一个好级组

松山湖实验中学教育集团东坑中学　马婷

“众筹”本是一个经济学名词，是指众人募集资金来支持一个人或者一个组织。而“众筹”年级，是指汇集教育的智慧与行动，唤醒教师的自我生长力，让所有人都释放出教育力量。那么，众筹从哪里开始？我们从制度文化、关键人群、核心建设三个路径进行了探索。

众筹，从制度文化入手

“名校”是由制度及文化支撑起来的，“名师”是由思想及行为支撑起来的。作为年级管理者要深知学校制度及文化，在此基础上进行年级特色创建。

当然，重视“制度管理”，不是不谈其他管理。教师作为知识分子中的一员，有别于一般员工，教师知识的学习、加工、传播有其特殊性。同时，学校教育是一种文化活动，具有丰富的精神特性，完全用刚性的制度管理难以达成目标。制度管理，仅仅是一种底线管理，它只能保持组织正常的运作，要让组织的优势充分发挥出来，充分调动组织内部因素的积极性。还需要其他的管理形式，比如，人文管理、愿景管理、激励管理等，级组中采用“众筹”的管理制度，这不仅仅是一种方法，更表达了“共建共治共享”的发展格局。

“文”的特征是“柔和的，渐进的”，它与“武”相对。“化”是一种状态或形成的方式，它应该是融化、内化的。文化的形成或文化建设有以下特征：感化与熏陶，文化建设是潜移默化的，深入人心的；它是用知识和思想来推进，而非简单的、命令式的；它是和谐的、顺应事物发展规律的。文化建设只有符合这些规律才能扎根、才能生长、才能长久。年级组作为对接教师、家长、学生的一线，更应该作为学校文化宣传阵地，像一个磁场，凝聚人心。给师生们留下长久受用、影响一生的东西。这个“长期受用”“影响一生”的东西就是文化。在我校“立人教育”的理念下，级部紧扣学校的一训三风，将文化落地，汇成级风。

但建造文化及制度并非一日之功，文化需要锤炼，制度也需调整。在七年级新生入学时，收到了很多家长的反映电话，大多是关于学生在学校生活的问题。其中反应最多的就数“食堂饭菜辣”的问题。经级组调查，三个套餐中只有一个套餐中有一个辣菜，学生对于打饭流程不熟悉误打了辣菜。而在取消辣菜供应的两三周后，仍有家长反馈此类问题。这证明，我们的问题并未彻底解决。但是，这又是什么问题呢？在与一位长者聊天的过程中，才了解作为父母的心，儿行千里母担忧，也侧面证明，级组在学期前建设并不到位。于是，我们又开始了“众筹”会议，各位老师发挥自身优势，有人说：“我们是本地人，可以让孩子用本地话录制一个 vlog，展示学校生活”，有人说：“我们可以拍一些学校图片，展示学校的美，还可以动员老师们拍一个欢迎视频，拉近师生距离”，心理老师说：“我们可以提供一些团建小游戏，帮助同学们快速融入集体”，就这么七嘴八舌地，我们对于学期前学生、家长心理建设进行一系列规划，还汇集了各位家长的意见，倾听同学们的疑惑。级组老师们参与度高，工作也更加有积极性了。在这样一次共同解决问题的过程中，虽然没有一句话提及学校核心文化，但却处处表露出“立人”教育观念的影响。

“众筹”的方法

发展格局：共建共治共享

图 1 一场小风波引发的思考

众筹，从关键人群开始

一位最佳领导者，是一位知人善任者，而在下属甘心从事其职守时，领导要有自我约束力量，不插手干涉他们。善于呵护教师的热情，为教师注入生活甜蜜剂。

教师的工作热情就是蕴藏丰富的矿藏，一旦开发就会发挥无穷的力量。我们不仅要会呵护教师的热情，还要调用一切手段，去迸发教师的热情。比如，以目标鼓舞教师斗志，用激励振作教师精神，靠信任唤醒教师沉睡的潜能，把赞美的阳光洒进教师的心灵……

不久前，与一名刚做班主任的老师聊天，问她现实的教师生活与理想中有没有差距。她毫不犹豫地说："根本没法比，太不一样了。每天被捣蛋的孩子和挑剔的家长所困扰，每天做着几乎差不多的日常工作，每天有批不完的作业、处理不完的学生问题，再加上各种活动、培训、竞赛、检查和评比等，每天都是精疲力尽，甚至焦头烂额，这一切侵蚀着原有的理想、热爱和憧憬……"

这位刚参加工作的班主任的倾诉引发了我对教师职业生涯、教师生活的深度思考。我认为，应该为教师的平淡生活注入"甜蜜剂"，让教师体验到职业和生活的美好，这是年级组的重要职责所在。

图 2 教师幸福感的来源

一、节日里的"甜蜜剂"

教师与其他职业不同，除了要有过硬的专业素养，自身的情绪、情感、心态、价值观等直接影响着教育的效果。教师拥有健康的心态、保有对生活的热爱和积极追求等对教育工作至关重要。

我们花费心思重点思考和设计教师文化。每到重点节日，都会提早谋划、用心准备，给教师意想不到的“甜蜜剂”，让他们津津乐道并能够长期储存这美好的记忆。

每一次这样的“甜蜜剂”都会让我和教师的心贴得更近，让我们拥有更多共同的谈资和话题，也让我们能够始终拥有对生活的热爱，发现生活的美好并努力创造更好的生活，让我们在平淡的教育生活中捕捉到更多的“甜”，并把这种“甜”潜移默化地传导到学生身上。

二、日常中的“甜蜜剂”

除了节日里的“甜蜜冲击波”，其实日常生活中也不乏“甜蜜”的挖掘和创造。

比如来自学生的“甜蜜”，日常里学生的点滴进步，只言片语的“感恩和思念”，各种活动中的精彩表现，哪怕是有些微小举动，都能让教师高兴、幸福一阵子，这些来自学生的“甜蜜”才是教师最无法抵挡的“甜蜜剂”和幸福之源。

三、退休季的“甜蜜剂”

离岗退休是我们每个人都不可回避的事情。真正到了退休年龄，多数人是舍不得离开工作岗位的。每年的教师退休季，我们都会为即将退休的老教师准备一场简短而隆重的“感恩礼”，感谢他们为教育事业的半生坚守，感恩他们为学校发展和一代代学子成长的独有贡献，回忆他们几十年教育生涯的高光时刻和精彩瞬间，祝福他们未来生活顺遂……

四、以服务代替管理

学校的关键人群必然是教师和学生。教师的快速成长有助于教学，能让不同年龄段及不同特点教师发挥其优势，知人善用，调整级部结构，协调各方关系，也是级部工作重点之一。为了营造青年教师成长的常态化环境、浸润式氛围，激发青年教师专业发展的内驱力，年级组发挥老教师传帮带作用，引领、陪伴和激励青年教师成长，让青年教师过上一种成长态专业生活。

为新入职教师、第一次从事班主任工作或毕业年级教学工作的教师安排学科教学导师或班主任导师，进行师徒结对，旨在让青年教师的成长有指导和陪伴。依托案例分享、读书沙龙、名师讲堂等提升教师获得感；依托读书沙龙提升理论修养；并为新教师提供职业发展规划目标，为教师发展提供抓手。

五、宣传积极文化，塑造和谐氛围

年级组是老师们工作学习的场所，更是老师们互相沟通理解的场所，在年级组日常管理中，我们坚持“以人为本，构建和谐年级组”的管理理念，充分弘扬我校教师敬业爱岗、无私奉献的优秀传统，互相理解，取长补短，协调人际关系。老师们相互关心，相互信任、相互支持。以优秀文化熏染、塑造级组工作氛围。

众筹，从核心建设开始

核心建设包括两部分。

一是课程，依托教师的专业及兴趣，开设多种多样的校本课程，极大地推动课程多样性，丰富学生学识。大力促进科组教学教研，集体备课融合个人特色，为教学增添色彩。为了破解师资短缺的难题，我们用众筹的方式引入家长和社会资源，使其成为学校课程的重要组成部分，例如我们特有的本土文化“木鱼歌”。

二是学生，作为学习的主要群体，“众筹”学生之力是带领班风、学风建设的重要力量。级组充分发挥榜样力量，表扬先进。建设多元化评价机制，从学习氛围、行为方式、习惯等多个方面进行多维度鼓励。打造班级文化品牌、行为品牌，让同学们以班为傲，以校为家。同时，发扬志愿者及学生会作用，集众筹之力，进行级组建设。

图 3 学生建设

众筹，需要迭代升级

《论语·学而》中提到“吾日三省吾身”。学校教育工作者亦应推动有效的总结反思，通过“回头看”和“向前看”，总结经验，固化流程，形成能力，以利再战。

敢于朴素总结、真实总结是自我反思和自我觉察的基础，尝试用最朴素的语言、最真实的数据、最经典的案例来表达自己，总结土经验或真思路；力争提炼升级表达，持续深入地自我追问。在大量真实的数据与案例中提炼定性的表达和有效的策略，沉淀经典案例，梳理突出成绩，提炼行动系统，而不是浅尝辄止的“现场复现”。力求提炼一些观点，形成一些系统和核心语词；保持开放交流心态，敢于察纳雅言。

对“众筹”问题进行研讨梳理，最后聚焦了六大问题：如何增强课堂实效，提升学业成绩；如何设计多样的评价，助力学生发展；如何创设激励与创新机制，成就教师发展；如何发挥雁阵精神，建设“大家”的级组；如何形成教育共同体合力，助力儿童发展。不断地反思总结，促进级组与教师共同发展。

众筹一个好级组，我们以习近平总书记提出的“共建共治共享”治理新格局为工作的核心理念，以全体教师为学校变革的核心力量，继续坚定地耕耘在教育的田野上。

“道”和志同，“备”出精彩

——松实东中道法备课组集体备课的“四个到位”

松山湖实验中学教育集团东坑中学　梁秀芳

松实东中九年级道德与法治备课组在中考备考过程中做到“四个到位”：“备到位”，注重发挥团队的力量，分工协作、资源共享，群策群力；“讲到位”，注重指导学生学会审题，把握关键词，总结规律，化繁为简；“练到位”，通过各种题型的分类练习和套题的综合训练，帮助学生提高审题解题的整体素养和能力，查漏补缺；“跟到位”，利用南风效应、登门槛效应、破窗效应等方法做好攻心工作，激发学生学习的积极性和主动性。

松实东中九年级道德与法治备课组是一个精诚团结、民主和谐、严谨治学、追求卓越的团队，我们扎扎实实地开展教学教研工作，总是将细节落到实处，并取得了突出的成绩，连续多年来，松实东中的道法中考成绩在各科中位居前列，均超市平均水平，九年级道法备课组也曾多次被评为学校的“优秀备课组”，下面我主要从“四个到位”来讲一讲我们备课组所做的一些工作。

备到位

把集体备课真正落到实处，在备课中，不管是课件的准备、教案的设计、资料的整理还是试题的命制，我们都能做到分工协作、资源共享，群策群力。例如给学生读背的资料，都是我们整个备课组多次讨论、逐词逐句反复打磨、推敲出来的，目的是既要突出重点又要让表述精简、再精简，减轻学生的负担，我们老师多花时间，争取让学生少花时间。上课的课件从来不会拿来主义，网上下载的课件，我们不熟悉也不一定符合我们的学情，效果肯定不好。我们通常是根据学期初制定的教学工作计划，个人先进行第一次备课，再集体讨论进行第二次备课，但这也不是最终版本，我们还会根据上课发现的问题，下课后及时做出调整和修改，而且往往不止一次。所以，大家可以看到我们的课件有 2.0、3.0. 甚至是 4.0 的版本。我们的集体备课除了学校规定的时间之外，平时只要发现问题，随时都会集中讨论。实在没法集中，我们也会通过备课组钉钉群来讨论解决，组内的这种沟通和交流是非常频繁和顺畅的。每个星期我们都会把下周要做的工作提前做好清晰具体的安排，例如每节课上什么内容，晚修、午练、周末作业的安排等等，整个备课组是统一步调，统一行动的。独行快、众行远，我们九年级道法备课组的确是一个特别团结、特别能奉献的团队。

专题2：心理问题 调控情绪（3.0）.pptx	2022-02-17	永久	1.88MB
专题2：心理问题 调控情绪（2.0）.pptx	2022-02-17	永久	1.87MB
专题1：认识自我 学会学习（4.0）.pptx	2022-02-16	永久	42.2MB
专题1：认识自我 学会学习（4.0）.pptx	2022-02-16	永久	33.1MB
专题1：认识自我 学会学习（3.0）.pptx	2022-02-15	永久	33.3MB

图 1 课件更新迭代

2022/6/6 10:21:00

陈兰兰

周次	时间	任务
17周	周一晚修	做仿真（一）选择题
	第一节课	评讲模拟（三）
	周二午读	背诵测试重点
	第二节课	测17周
	第三节课	评讲17周测试
	第四节课	做和评讲“法律专项”第一面
	周末作业	做仿真（一）问答题

图 2 每周工作安排

备考过程中我们也没有拘泥于以往的模式和经验，根据道法中考往往以时政热点作为背景材料考察的特点，我们在中考复习中做出了大胆的尝试，就是把以往第一轮的基础知识复习和第二轮的时政热点复习有机融合在一起，也就是说我们的复习只有一轮，但这一轮的复习要融合时政热点来夯实基础，这对我们老师的备课提出了更高的要求，需要花费更多的时间和精力。但坚持下来，效果也是不错的。复习课没有那么呆板、枯燥，变得更有意思了，学生就愿意去听，只要他们愿意听，多多少少都会留下一些痕迹，我们的目的就达到了。同时还可以节省时间，使我们的备考复习更加从容、主动。

历年的中考真题是考试的精华所在，是中考的风向标，所以我们团队非常注重历年中考真题的研究。通过分析命题的特点和趋势，更好地把握备考的方向和方法，提高复习的效率。

讲到位

只有课前“备到位”，课堂上才能“讲到位”，例如对课标和试题的解读，正是有了课前的分析和研究，课堂上我们才能够更好地指导学生，教他们学会审题，分析材料，把握关键词，对症下药。现在的道法中考单靠死记硬背和刻板地按套路模板答题是不可能拿到高分的，我们老师要想办法提高学生的理解、分析和概括等能力。题海无边，但题型是有限的，不管遇到什么样的题目，学生会审题，找得到关键词，能够联系材料多角度作答的话，得分是不会低的。

道法虽然在中考中只占了 70 分，但它的考点却非常多，还有很多易错易混的概念，课堂上，我们会引导学生通过观察、比较等方法总结规律，化繁为简，举一反三，融会贯通。贯彻“三讲三不讲”的原则，像核心问题、思路方法、疑点难点一定要讲清讲透，像概念规律，要先议后讲，引导学生自己领悟和归纳总结；像典型例题，要先做后讲，时间不允许的话，至少也要把答题的思路写一写再评讲；课后练习、试卷等一定会先批改后评讲，这样评讲会就更有针对性。

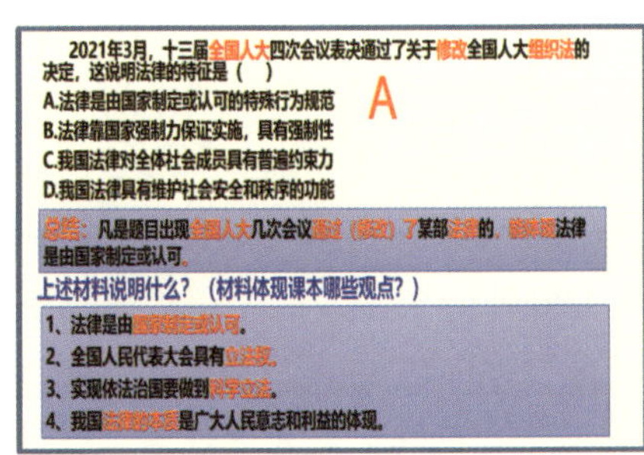

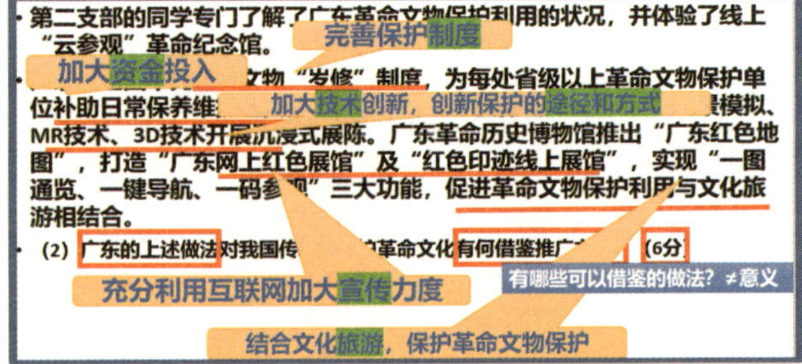

图 3 总结规律，化繁为简

练到位

当然，不管老师讲得多精彩，真正上考场的还是学生，所以我们还很注重“练到位”。在双减和以学科核心素养为考查重点的背景下，学生能背不一定会写，会写不一定得分。所以，复习阶段，我们通过各种题型的分类练习和套题的综合训练，提高学生审题解题的整体素养和能力。例如以广东中考真题为抓手的主观题专项复习训练，把主观题归纳为“what”“why”“how”和评析类。“what”类又细分为图表类、文字类、漫画类、观点类、品质类和标题类等。通过这样有针对性的专项训练帮助学生更好地领悟和掌握各种题型答题的方法和技巧。道法考试的时间只有60分钟，但是题量和文字的阅读量都是相当大的，包括了20道选择题和三道大题有7-8个设问，通常文字阅读量也达到了4300-4500个字左右，学生很容易因为没有把握好时间而空题，所以我们很注重加强套题限时训练，找不到完整的60分钟，我们就利用晚修或午练的时间，20分钟先完成选择题部分，课堂40分钟完成问答题部分，通过这种方式化整为零，加强限时练习，查漏补缺。

跟到位

俗话说“攻城为下，攻心为上”，我们学校作为义务教育阶段镇区的一所公办学校，实际情况是我们的薄弱学生也是不少的，提高他们学习的主动性和积极性自然也就成为我们提升成绩的关键。我们在积极修炼内功，提升我们道法课堂的魅力的同时，主要采取的是攻心的方法，做到三个有，即：有温度、有目标、有作为。

首先利用南风效应，温暖法则多鼓励学生，让学生感受到老师的尊重、理解、信任和期待，而不是埋怨、责备、用权威去压制他们。学着走进学生的中间，耐心地了解他们的真实想法，成为他们可以信赖的朋友，始终跟他们站在一条战线上。用“润物细无声”的方式，让学生喜欢道法老师，爱上道法课，接受老师的教诲，主动自觉地获取知识。即使没有爱上，也会因为教育有了温度，“讲义气”的他们会给老师面子，尽力不拖大家后腿的。因为我们文科，只要学生的学习态度端正，肯用心去听一听、读一读、背一背、想一想、写一写，拿个六七十分是不难的。

其次利用登门槛效应，也就是目标分解法，把一个大目标，分解为一个个小目标，激发学生的学习动力。比如说一个学生，他的分数才五、六十分，但是我们最终是希望他能够考到七、八十分的。那怎么办呢？如果我们一开始就给他定七、八十分的目标，他肯定会觉得很难实现，没有信心，干脆直接放弃了。所以我们可以先给他定一个比较低的目标，他达到并且稳定了以后，又把目标稍微往上提高一点。每次只要达到目标，就及时地给予表扬和奖励，有物质的，也有精神的。有时还会用他们很喜欢的抽红包，刮刮乐等形式，让他们感受到道法的学习是充满快乐，很有趣，好玩的。按照循序渐进的原则，为他们设计“跳一跳，够得到”的可接受目标，在迈小步、不停步的过程中，实现教育教学目标。

我们甚至会在单元考试前把考查重点提前泄露给学生，目的有两个，一是通过这种形式让学生加强对中考高频考点的复习，二是提升学生的信心，让他们相信老师，相信学了就会写，写了就有分，不管原来的基础怎么样，只要现在肯努力，就可以有进步，就可以拿高分，从而形成良性的循环。

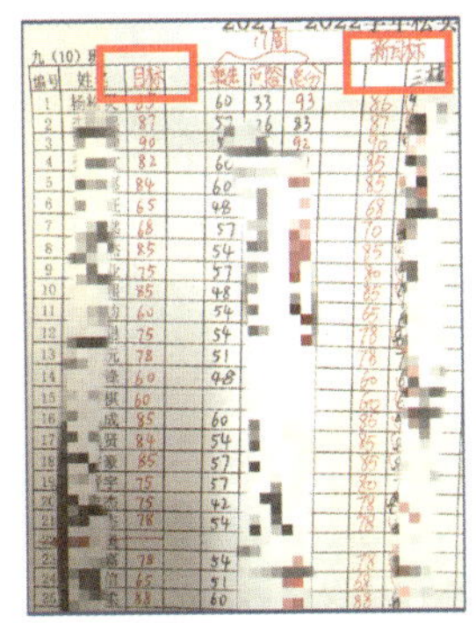

图 4 学生制定的目标

图 5 表彰达标的同学

最后是要预防破窗效应。在开始发现学生有不良苗头的时候，就一定要去管，不能太佛系，比如说不交作业、上课开小差等等，这样的现象就相当于班上出现的几扇破窗，如果不及时修补的话，破窗就可能会越来越多。我们老师要积极有作为，通过刚刚提到的温暖法则，鼓励他们；目标分解，帮助他们逐步找回信心。甚至很多时候还会“小题大作”，从上课要怎样做笔记，作业要怎么样更正修改，资料要怎样分类整理等，我们都会手把手地教会他们，跟进落实，通过这样的方式逐渐改变他们的学习态度和学习习惯。正是因为我们一直都没有放弃，从最后一名学生抓起，坚持抓到最后一刻，每次中考成绩出来，学生都会给我们所有人大大的惊喜。我想这就是我们的立人教育，相信相信的力量，坚持到底，不抛弃，不放弃，一定会有奇迹！

从五湖四海来，到未来学校去

——初一年级创新管理的“四板斧”

东莞松山湖未来学校　胡梦平

一个年级的发展，印证着学校的发展，一个班级的表现，反映着一个年级的作风，作为初一年级工作的具体负责人，初一年级秉持着“稳步建设、创新发展”的工作思路，扎实完成学校布置的各项任务，有序有效开展年级的各项工作。

虽然做了多年年级级长，今天我依然会遇到这样的困惑？我是去做事？还是去想事？我是去带头做事？还是去指导做事？我是思考怎么完成？还是去思考怎么完成得更好？我是谋划当下做什么，还是预判未来会发生什么？级长的角色定位到底是什么？

这一年，我在努力探索，寻求这样的答案……

开学初，从学校建设和年级当前的构建情况来看，我们面临着三大问题：

一是南北文化理念融合的问题，也就是如何凝聚团队的向心力？二是新老教师教育能力差异化的问题，也就是如何提升全员的战斗力？三是教师创业心理价值期待问题，也就是如何让每个老师奋斗有方向、努力有价值的领导力问题。

基于以上三大问题，年级在开学初做好统筹规划，制定了年级的核心价值理念“一群人、一件事、一条心”，核心管理理念“努力被看见！努力，被看见！”，面对以上问题，我们首先是从价值观上做了确立，稳定了工作大方向！

为了更好地应对三大问题，结合团队价值观，确定年级“三步走”发展思路是“站稳脚跟——谋求发展——主动创新”，明确了工作主线：“理念融合（相互包容）——价值培养（强化奉献）——职业习惯（树立规范）”。管理上主要有四大举措。

规划提效率

七年级作为起始年级，最重要的是养成良好习惯，防止学生分化。七年级的学生因为基础差异明显，课堂专注力弱，自控力较差；普遍没有良好的书写习惯，自主学习规划能力不足；人际交往能力不足，好奇心特别强，极个别有较强的表现欲望等；围绕这个工作重心，初一年级明确了学生习惯培养的重点内容：抓好行为规范，知礼仪，懂礼貌，讲卫生，树文明，有较强的规矩和责任意识，教学工作的重心则是适应学习、激发兴趣、巩固基础、形成习惯。大学科统筹培养上，我们将各学科教学能力做了均衡划分（图 1），结合学校三力培养目标，做好前期的打地基工作；常规管理上我们从早读、晚修、课前准备、上课、作业、考试、培养辅差七个方面进行了统筹规划（图 2）。为了更好地提高工作效率，年级结合学校工作和年级周重点工作，在每周日发布一周年级工作预告，以提升老师们的工作目标性，提高效率（图 3）。

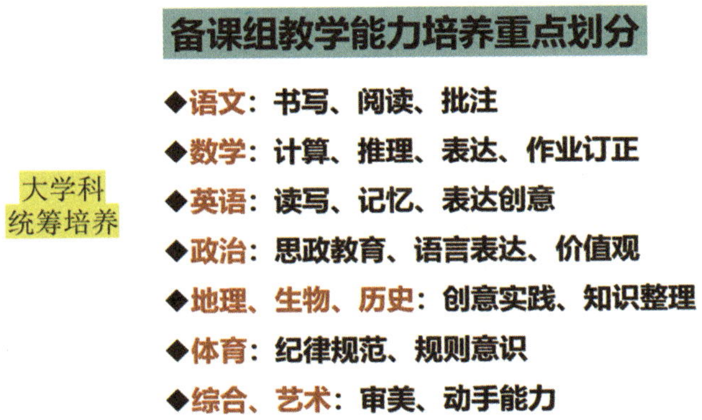

备课组教学能力培养重点划分

大学科统筹培养

- ◆语文：书写、阅读、批注
- ◆数学：计算、推理、表达、作业订正
- ◆英语：读写、记忆、表达创意
- ◆政治：思政教育、语言表达、价值观
- ◆地理、生物、历史：创意实践、知识整理
- ◆体育：纪律规范、规则意识
- ◆综合、艺术：审美、动手能力

图 1　大学科能力培养

项目	内容	分配
1. 早读	1. 提前布置早读内容 2. 训练学生进教室即早读习惯 3. 早读从齐读带读开始 4. 教师7：05分前要到岗 5. 及时纠正学生早读的问题、习惯	一、三、五：语文早读 二、四：英语早读
2. 晚修	1. 值班老师19点之前到班，考勤拍照上传钉群（应到*实到*请假名单*）； 2. 加强巡堂，20:20前，学生不得看课外书； 3. 晚修期间不允许学生下位、讲话、讨论；不得集中讲课、对作业答案； 4. 及时做好第二节晚修考勤，做好学生晚修安全应急处理； 5. 在管理好教室纪律前提下，个性指导学生自主规划学习； 6. 晚修期间不得收发作业(课间除外)；	1. 18:40-19:00（期中后组织观看视频） 2. 每周19：00-19：15练字
3. 课前准备	1. 坚持提前2分钟侯课制度（包括早读晚修），争取做到下课不拖堂。 2. 培养学生提前准备好下一节课的课本、资料、工具等。 3. 课外活动实践课，学生要在预备铃前到达指定位置。 4. 预备铃打响后学生须安静回座位等待上课，杜绝再下位拿东西或上厕所。	

项目	内容	备注
4. 上课	1. 不要一站到底，多在教室走动，特别留意后3排侧2列学生的情况； 2. 注意把握课堂秩序和学生专注力，尽可能激发学生上课的兴趣和积极性； 3. 对于学生多次干扰课堂行为提醒无效情况下，应采取必要的惩戒措施； 4. 尽量开小麦克风、视频音频播放的声音，避免互相干扰； 5. 下午第一节老师14：20到班，组织学生午唱； 6. 每周1次在金岭平台评价学生课堂学习行为（成长助手）	
5. 作业	1. 周一到周四：语、数、英：不超过30分钟； 2. 周一到周四：其他科有课则布置（不超过20分钟），没有课不得布置！ 3. 作业随堂布置，提醒学生随堂记录作业，晚修黑板不留作业。 4. 周六、周日：语、数、英：不超过40分钟，政、史、地、生作业不超过B5大小，30分钟内，英语口语可适当布置； 5. 日常作业要做到改、评、讲一体化； 6. 学习情况要每周反馈给家长，原则是：优秀集中发，问题私发，说问题同时给出1条改进意见！	期中后各班实行学生《作业记录本》情况

项目	内容	备注
6. 考试	1. 周日：学生干部小结分享会（19：00-19：30）； 2. 单数周：语文（19:30-20:20）、英语（20：35-9：15）； 双数周：数学（19:30-20:20）、自习（学生自主管理会议或学科比赛）； 3. 考试要求：学生单人单桌，桌面清空，准时发卷，准时收卷； 4. 批改要求：在考试完第2天内科任老师完成试卷批改，登记分数；备课组长要汇总学科成绩。 5. 考试成绩可以私发给家长，可以表扬优秀和进步，但不得群发成绩。 6. 未安排考试的科目，在期末备考周由年级统筹安排（减少语数英测试时间，增加政史地测试时间）	
7. 培优辅差	1. 各学科要联合加强学生自主学习培养，语文英语要布置课外阅读内容，数学学科要布置拓展提升（每周2-3题）及晚修错题复习； 2. 晚修期间多对后进生一对一进行“面批面改”或者优生学习指引； 3. 各学科积极开展学科学习活动，激发学生学习热情，鼓励学生大胆发言、展示； 4. 重建优秀评价标准“进步就是优秀”，多给予精神和物质上的奖励； 5. 多在家长群展示学科教学作品、学习成果，减少家长的焦虑和猜忌；	

图 2 七项常规管理

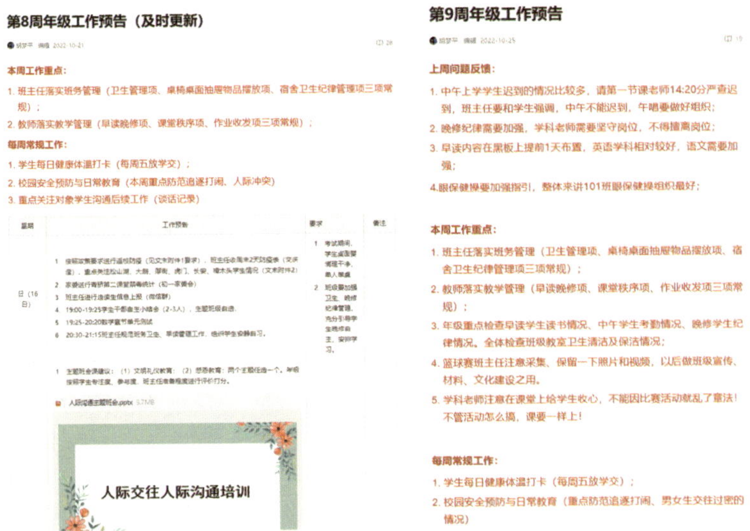

第8周年级工作预告（及时更新）

2022-10-21

本周工作重点：

1. 班主任落实班务管理（卫生管理项、桌椅桌面抽屉物品摆放项、宿舍卫生纪律管理项三项常规）；
2. 教师落实教学管理（早读晚修项、课堂秩序项、作业收发项三项常规）；

每周常规工作：

1. 学生每日健康体温打卡（每周五放学交）；
2. 校园安全预防与日常教育（本周重点防范追逐打闹、人际冲突）
3. 重点关注对象学生沟通后续工作（谈话记录）

星期	工作预告	要求	备注
日（16日）	1 [illegible] 2 [illegible] 3 班主任进行[illegible]信息上报（微信群） 4 19:00-19:25[illegible]（2-3人）[illegible] 5 19:25-20:20数学章节单元测试 6 20:30-21:15班主任[illegible]	1 考试期间，[illegible] 2 班级要加强卫生、晚修纪律管理，[illegible]	
	1 主题班会课建议：（1）文明礼仪教育；（2）感恩教育：两个主题任选一个。[illegible]		

人际沟通主题班会.pptx

第9周年级工作预告

2022-10-25

上周问题反馈：

1. 中午上学学生迟到的情况比较多，请第一节课老师14:20分严查迟到，班主任要和学生强调，中午不能迟到，午睡要做好组织；
2. 晚修纪律需要加强，学科老师需要坚守岗位，不得擅离岗位；
3. 早读内容在黑板上提前1天布置，英语学科相对较好，语文需要加强；

4.眼保健操要加强指引，整体来讲101班眼保健操组织最好；

本周工作重点：

1. 班主任落实班务管理（卫生管理项、桌椅桌面抽屉物品摆放项、宿舍卫生纪律管理项三项常规）；
2. 教师落实教学管理（早读晚修项、课堂秩序项、作业收发项三项常规）；
3. 年级重点检查早读学生读书情况、中午学生考勤情况、晚修学生纪律情况。全体检查班级教室卫生清洁及保洁情况；
4. 篮球赛班主任注意采集、保留一下照片和视频，以后做班级宣传、材料、文化建设之用。
5. 学科老师注意在课堂上给学生收心，不能因比赛活动就乱了章法！不管活动怎么搞，课要一样上！

每周常规工作：

1. 学生每日健康体温打卡（每周五放学交）；
2. 校园安全预防与日常教育（重点防范追逐打闹、男女生交往过密的情况）

图 3 年级工作预告

在学生安全教育方面，年级非常重视每周五放学前的安全教育工作，提前做好布局谋划，分月份、分节气、分特殊时间点开展安全教育工作，比如第 6 周交通出行安全、第 8 周网络安全，预防诈骗，第 9 周预防火警，第 10 周考后心理健康安全教育，第 12 周校园安全管理，第 14 周预防校园欺凌，第 15 周预防传染疾病等，计划中有明确时间点，同时也提供了相应的课件和资源。

落实出效果

为了做好线上教学管理工作，初一年级在 11 月 16 日晚第一时间发布了《初一年级线上教学管理指导意见》，从 12 点基本要求、23 点管理技巧，4 种管理资源全面覆盖了线上教学的工作内容，并在教学过程中落到班级，及时查看、反馈教师线上上课的情况，做到目标很明确，能落实。线上教学结束后，积极小结线上教学工作，压实了教学管理的过程。

附 1. 教学管理“3+3+3+3”

（1）提前准备（备设备、备网络、备课件），确保设施设备、音频、网络正常，确保上课环境安静；

（2）定好内容（定课表、定内容、定作业），清晰上课时间，提前准备上课内容，备课组统一上课进度和上课作业；

（3）课堂调动（多互动、多表扬、多反馈），课上多随机点名、多点名表扬学生，多进行连线互动、多反馈学习效果；

（4）强化检查（查考勤、查作业、查效果），课前一定要学生露脸，组织学生考勤，严格检查学生作业情况，完善批改、反馈学生学习效果；

附 2. 管理技巧 23 条

1. 候课管理：充分利用课前 5 分钟的候课时间，给学生播学科相关的趣味小视频，帮助学生快速进入课堂状态；在课上给学生分享喜欢的美句，让我们的课堂不再单调乏味。

2. 知识清单：各学科发布知识清单，以完成知识清单、对知识清单检测和巩固，来衡量学习效果。知识清单分早读知识清单、日上课知识清单和周检测知识清单三种，把知识点列为清单，考核检查时间具体，学生和家长操作起来也就有了依据。

3. 点名：利用课堂评价系统趣味随机点名，增加课堂的趣味性；使用课前荣誉榜，抽中的学生 +1 分，调动学生积极性。

4. 知识梳理：各任课老师可把每节课的知识要点梳理成干货，发群里共享，引导孩子理清楚知识要点，梳理知识脉络，增强他们的获得感。

5. 随机提问：课堂上随时随地提问，学生要及时回应互动。例如，接龙读书，点到谁立刻跟上。反应不过来就说明有问题，马上在班级群里反馈。

6. 友情提醒：提前叮嘱学生，如果网络卡顿且老师没发现，可以由一人给老师打电话并在群内知会一声，大家等待。

7. 课堂活动：备用一些活跃气氛或者网络卡顿时的小活动，比如 10 秒钟手指抓放游戏。伸直胳膊，十指抓紧、放开，再抓紧、放开，10 秒钟做一次，休息 10 秒再做一次。类似这样的小活动既能帮助学生活动一下紧张的手指，还可以缓解课堂卡顿的尴尬等待。

8. 及时反馈：可以鼓励家长每天上传一张孩子晚上学习图片，既是陪伴，也是表扬！第二天早上由班主任或者家委会会长在群中表扬！

9. 家委会分区参与管理，将班级分组建设学习小组，家长任分区区长。每天上午，

6–8 位家长区长，都会将各类信息收齐，在班级家长群中反馈，并进行小结性发言，引领班级更好发展。

10. 明确要求：把学生网课的基本要求发给家长，家长配合起来才有依据，不然孩子反驳的时候，家长无话可说。

11. 趣味化作业：网课期间，家长压力很大，孩子和父母在家里日子长了也会有摩擦，网课的布置要尽量采用情景化、趣味化、人性化的方式布置，让作业布置变得可爱、让学生喜欢或容易接受。可以发动学生参与作业的创意设计，学生的点子好的，老师可以采用进来。

12. 创意布置：老师们在布置作业的时候，可以和本学科有关的一些小知识点结合起来，用讲故事、设置情景、幽默或者趣味化的方式布置，激发学生对作业的好感觉。插入表情包或者用孩子们喜欢的网络语言，让作业变得可爱。

13. 搭建平台：用晒的方法给学生做好展示平台。把学生背诵、朗读比较好的语文、英语等视频，讲解数学、物理、化学及其他学科知识点的小视频，在班级群里分享出来，引导大家点赞和研究；在学校微信号上分享出来，成为推送典型。

14. 不断推优。包括优秀作业，但是不一定非得只推优秀作业，和作业有关的笔记、思维导图、第二次订正的样板，都可以推送出来。群内推、微信号推、老师和家长朋友圈推，都是很不错的办法。当学生优点被看到，他们就有积极性。

15. 课后群聊：各个班级可以利用课后时间，大课间在班级群开展畅聊，学生们积极分享在疫情期间的心情、兴趣爱好和手工作品，没有分享的同学也积极预约下次的分享机会。或者在午餐之后和学生们开展“向阳唠吧”活动，鼓励学生“吐槽”，帮助学生解决心理问题。

16. 加强网课评价：尤其是荣誉体系建设。常规的有全勤最及时的人、预习小能手、优秀小组长、优秀班干部、优秀家长等；这样的名称能够起着评价的作用。但是不能够仅仅于此，学生是喜欢有成就感的荣誉的，我们可以评选预习小超人、复习小达人、最佳朗读者（早读效果最好、最投入者）、最美卷面王（书面作业书写工整、正确率高）、最强记忆王（背诵、默写方面厉害人物）、最佳抢答王等。

17. 学会找帮手：小帮手一定要用起来。一是早晨起床班主任和小干部一起设置闹铃提醒孩子们起床。小干部以此类推、轮流值日。第二在朗读时让小干部用温馨励志的语言作为一天的开始，孩子朗读后想必心情都是美美哒，这样调整好状态开启一天的学习之旅。除此之外我们让小干部，及时告知各组的情况，有利于及时了解动态。

18. 趣味调节：网课一节课中间大概都有20分钟，在这中间我们可以给孩子讲故事，让孩子谈体会，不仅拓展了知识面还促进了阅读理解。当然有趣有益的短片播放更让孩子们喜欢，这不仅让孩子觉得网课挺美，还能明白一些做人和生活的道理。当然老师们也可以摇身一变做大厨、做生活万能师，让孩子和你利用闲暇一起做舌尖上的主人，做美化生活的巧匠。

19. 调整状态：网课时间一长，孩子产生视觉疲劳，从早到晚，可谓是机器不停人换班的状态。再加之各科作业一起堆积。孩子从思想上压力大，基于这种情况下就开始钻空子，想办法。哪怕你上有政策我也下有对策。反正你鞭长莫及。针对这种情况我们在课堂上可以不定时采取单双号开摄像头的做法监督孩子的学习情况，对于做得好的给予表扬和鼓励，对于偶尔出现问题（网络）的予以提醒，对于频繁出现状况的采取一提醒，二警示，三惩罚的方法。

20. 创建丰富的学生参与的部门："晨诵司令部""新闻播报部""文章发表部"等部门，明确部门职责，每个部门按时间排好值日，做到每日每事责任到人，当天值勤人员提醒第二天值勤的，确保正常运行。每个部门都有详细的工作标准和流程，像每日优秀日记，选择标准是卷面整洁、用修改符号修改、原则上要超过100字，否则只在小组内表扬。标准的细化是让学生知道，作业不能只是做完就算完事儿，要的还有端正认真的态度。

21. 制作专门的学生考勤表：将每位学生的电话号码分发到小组组长。每天安排值日生负责四个时段的考勤与催学工作，既分工又合作。

22. 对学生强化网课基本规则：清理掉桌面上和网课无关的物品；课前电脑、平板要充好电，忌边充电边上课；关闭与网课无关的页面；进入课堂第一个要求打开摄像头，露出上半身；注意网课坐姿，确保身体平正竖直；连麦互动时知道及时打开、关闭话筒；不盲目点赞刷屏、不发与学习无关的内容；中途不喝水、不上厕所或私自离开；作业清晰拍照再上传。

23. 深化小组建设：以小组为单位清点学生到会情况并及时在群内接龙上报，高效便捷；实行"小组包干制"，小组成员上交完作业后须在小组群内发自己上交作业的截图，组内每位同学负责一项作业截图的统计，快速在小组群中反馈作业上交情况，帮助小组长"减负"。

反思促发展

在年级工作计划的部署下，班级工作是否有落实，落实的效果如何，只有做好工作后的反思和复盘，才能进行迭代的成长，因此发展最重要的是反思和复盘。比如 104 班班级文化建设和班级凝聚力工作的反思：

本周主要任务是小组常规培养。小组重构已数周，但小组内部凝聚力尚未形成，所以本周班会课以小组分析为主题，在各小组长带领下，各位组员都进行了自我与他人评价，就小组优势、问题及改进等进行讨论。周日晚有幸邀请胡级参与小组文化展示评比，为各小组加油打气。此外，进行了小组间擂台赛，根据学习、生活、纪律、卫生等多维度进行评分，两两组队进行比拼以形成小组集体荣誉感。最后，各组分工，进行组内相关记录与感想分享。本周大部分小组凝聚力有所提升，但部分小组长领导力较弱需单独沟通。此外，各小组间存在“恶意扣分”需进行引导。

图 4 班级复盘

另外，为了更好发现问题，年级在学年中段进行充分的调研，从学生角度发现教学常规管理是否按要求执行，管理内容是否达标，比如课堂管理调查、作业批改调查、学生考勤调查等等。通过调查反馈，优化管理措施，明确了后续的具体要求。向课堂要效率：加强课堂秩序管理，课上少讲多练，课后精评精练！向作业要质量：精选作业，适当分层；作业多批改，评讲要及时！向管理要效果：评价考核要及时，树榜样；必要惩戒要跟上，立威信！向团队要合力：当成自己的孩子，重在坚守！当成自己的战友，重在扶持！向教育要底线：细心经营班务，守住安全；用心开展班会，教育为首！

同时，在教学上也提出了后续指导意见：1. 作业随堂布置，有布置，有批改，有反馈；2. 提前候课，尽量不拖堂，晚修不离岗，不占用晚修时间；3. 课堂结束立即登记课堂表现，随时正向评价（班务日志）；4. 积极向家长反馈学生学习效果，争取家长支持；5. 以备课组为单位，落实"两备两辅"（备教材和学生，培优和辅差）；6. 以备课组为单位，开展 1-2 项主题作业项目设计（学校智慧平台）等。

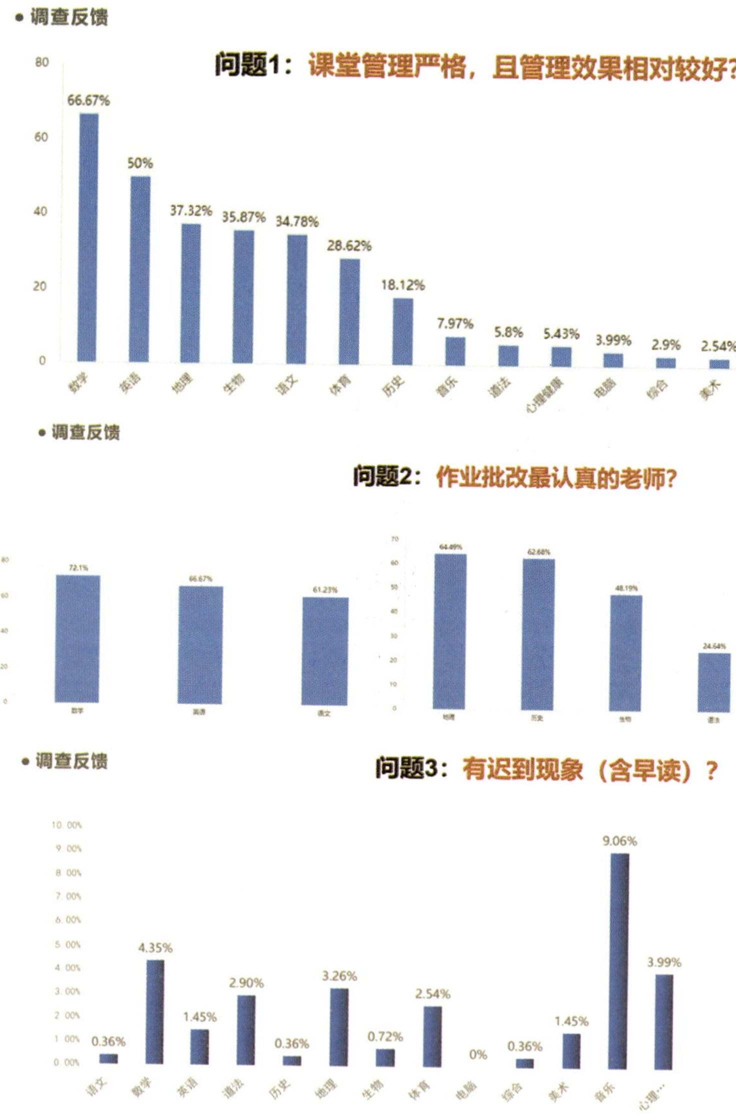

图 5 教学管理学生调查

从教师角度，为了让年轻教师更好地发现教学问题，年级制作了《教学管理问题导向指针罗盘》，从 3 个层次，11 个角度，29 个突破点提升教学管理能力，方便老师们自查问题，找准问题的实质，从问题出发，为老师们提供了问题解决的相应对策。

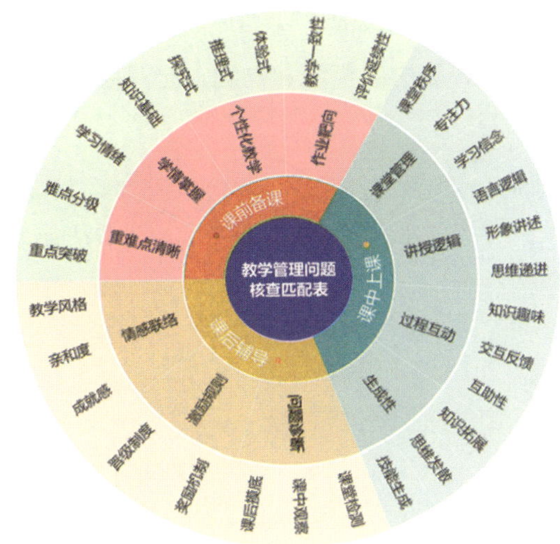

图 6 教学管理问题导向指针罗盘

合作促成长

为了充分做好家长会、学生教育工作，年级非常注重全员合作，通过协调沟通，使得项目分解到具体的负责人，老师们积极发挥个人的创意，相互合作，减轻了老师的工作负担，优化了工作路径，彼此之间相互学习，得到了共同的成长。

图 7 各类教师交流会议

对于部分班级的个别心理高危学生，班主任、副班主任、学科老师积极参与学生日常、学生在家中的交流和沟通。全员参与电话家访工作，充分调查学生情况，表达对学生的关爱。

家访记录表1（家长）								孩子的暑假是怎样度过的？简要谈谈孩子的规划？	假期衔接课程完成的如何？家长评价一下学习效果？	孩子有哪些兴趣爱好？暑假做了哪些拓展？	孩子平时和父母顺利沟通吗？对学校未来来校合作提1-2点期望？	暑假孩子的身心健康情况如何？有没有特殊情况需要我们老师特别注意的？	沟通时家长展示出的涵养	是否问题倾向学生	是否行为高危倾向学生	备注
刘	女	父亲		13	母亲		15	5	4	5	5	5	5	0		母亲上班族：父亲外贸工作时间自由陪伴更多；暑假期间母亲要了二胎，身心健康，适应能力强怕被同学欺凌，希望生活老师多帮
刘	女	父亲		17	母亲		17	5	5	5	5	4	5	0		喜欢看综艺节目；以手机为主要娱乐方式；生活上需要特别关照，不会洗衣/做家事
罗	男	父亲		18	母亲		15	4	4	5	3	4	5	0	x	假期没有学习计划，为锻炼独立性在乡里学习洗衣、干活，家长较少陪伴；爷爷看管
宁	女				母亲		13	4	5			4	5	0		单亲家庭，没有父亲陪伴；母亲工作较忙，能照顾的也有限；平时生活自主，自己照顾自己
[illegible]	男	父亲		13	母亲		17	3	3	4	3	5				母亲比较强势，鼻炎；外向；学习不踏实；手机一天玩一个小时，父母管束会听
任	女	父亲		15	母亲		13	4	4	4		5	5	0		父母对学习关注不太足，不怎么过问孩子的学习；学生自主学习能力较强
陶	女	父亲		13	母亲		15	5	5	5	5	5	5	0		很外向；近视(OK镜)；爱看书；有自己的读书规划家务活自己干，独立能力很强
[illegible]	男				母亲		15	4		5	5	5	5	0		自主看书，规划能力可以；偶尔看电视但自控能力强，网球（打得好）；每天运动2小时
[illegible]	男	父亲		18	母亲		15	5	4	5	5	5	5	0		有两兄弟，他是哥哥，弟弟成绩不好；哥哥成熟有责任感，心思更重一些，母亲重视教育多把重点关注在操心的小儿子身上，表
[illegible]	男	父亲		18	母亲		18	3	3	5	3	5	4			家长可能在睡觉，沟通不太顺畅，手机管不住；不爱学习
[illegible]	女	父亲		15	母亲		13	3	4	5	4	5	5			被迫补习6年级数学；不喜欢数学；部分时候比较听话；反感管教，有时叛逆
杨	男	父亲		13	母亲		15	4	5	4	4	5	5			自主预习新教材；补习语数外三科，不太主动，可以劝着学；不喜欢命令
杨	男	父亲		15	母亲		18	3	3	5	4	5	5			被迫补习数学/地理，球类精通，但个子不高
叶	女	父亲		18	母亲		17	5	5	5	5	5	5			旅游/作业，自我规划；好读书，看的很快孩子很瘦；自立，会做家务；外向
[illegible]	女	父亲		18	母亲		15	5	5	5	5	5	5			双胞胎姐妹之一；数学很差，希望能被学校重视绘画/唱歌/喜欢文艺
[illegible]	男	父亲		13	母亲		13	5	5	5	5	5	5			网课学习；做了练习题；表达能力强

图8 全员家访反馈表

图9 各类师生谈话谈心

在年级角度，也积极参与各班级的教育教学活动，包括参与101、103、104班班级评选活动，参与105、103、102、106班学生谈话教育、安全指导、主题班会，以及学生工作回访等，年级有效跟进了学生问题，重点帮扶了班级的发展。

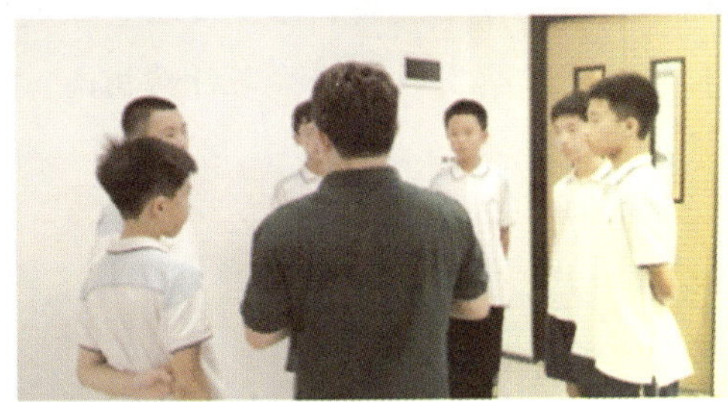

图 10 级长落班重点帮扶

为了提升全员教育效果，年级做好了资源搭建，形成了主题班会、主题安全教育的课件、视频资源，为班主任有效开展学生教育提供了途径和资源，搭好了桥，铺好了路！

年级工作是学校工作落到实处的核心，工作的任务内容、做法决策直接关系到学校的未来发展。我们从现实问题出发，创造性、系统性地开展年级管理工作，促进班集体发展的活跃度，提升了学生的参与感，积淀了发展过程的丰富资源，为学校长远发展形成了管理方式和有效经验。

指向三维发展的初中英语教研实践探索

东莞松山湖未来学校　吴洁滢

教研组发展影响学科课堂质量、学生学习效果和教师的成长高度。本文提出教研组工作指向学生发展、课堂发展和教师发展三个维度。针对不同维度，提出了以教研工作促三位发展的策略与行动指南，并以本教研组在过去一年的工作实施为案例展开讲述。

松山湖未来学校初中英语初建团队四位小伙伴于 2023 年 8 月聚首松湖南畔，展开了对未来学校英语教学与教研创新之路的探索。除了我有 22 年的教龄和 10 年的教研组长工作经验，另外三位老师都只有 0-1 年的初中英语教学经验。

教研组的发展影响学科课堂质量、学生学习效果和教师的成长高度，所以它是学校发展的构成要素。

教学与教研是教研组工作的主要组成，它们指向“三维发展”：维度一是学生发展。学生的发展表现为英语学科素养的提升；有主动学习英语的意愿；有科学的学习方法以及有进阶学习的基础。这意味着教研组工作目标聚焦于学生学科素养全方位的提升。维度二是课堂的发展。它指向新旧知识的联结；培养学生跨学科探索求知；课堂活动聚焦教学目标；以评价促进教和学的改进。这四个小点包含了对课堂知识拓展和延伸、对课堂活动质量以及以评价促进课堂效率的要求。维度三是教师的发展。指向教师够熟练运用教材，充分掌握学情；专业能力过硬，有较强的综合素养；拥有广博的知识并采取恰当的方法进行传授。这三个小点要求在教研组引领下教师能产出个人最优质的课堂。在个人发展方面提倡有个人职业愿景并懂得合理规划；面对问题有钻研精神、肯付出解决问题的行动；有良好的团队精神并愿意共享成果。后面三个小点要求教师能关注个人可持续发展，教研组也应着力于教师的专业成长。

促进学生发展的教研组工作指南与实践

促进学生发展的行动指南，第一点是对学生的兴趣与动力的激发。科组从四个方向实现，分别是：1. 开设适合学生水平和需要的课程；2. 探索主题下的语言知识和学习活动的拓展；3. 对开展的活动基于学习需求延伸；4. 在学习过程实施有效的过程性评价。第二点是推进学生的个性发展与创新行为，它包括培养学生常规知识的积累习惯、以任务推动学生拓展知识的探究行为、通过情境教学使学生学会在不同场景使用正确得体的语言，以及跨学科运用英语的创新意识和行为。在以上两点的基础上，团队通过课堂教学和课外活动课程发展学生的英语核心素养能力，即语言能力、文化艺术、思维品质和学习能力。

基于指南，过去一年我们团队以做课程的思路开展所有年级英语学习活动。2023 年，我们团队只有 4 位老师，但全组齐心协力、集智筹力指导学生高质量完成五个主题 12 项大小课程活动（见图 1）。虽有诸多不易，但学生们在短短一年从基础课堂到拓展学习再到年级活动感受到了不一样的英语学习体验，师生成就感满满。

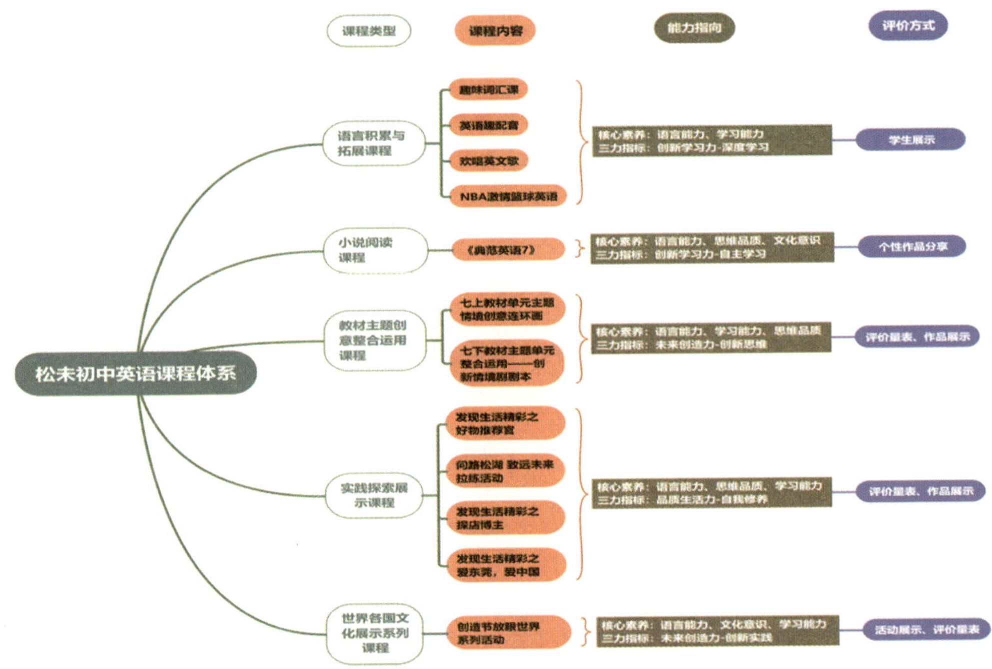

图 1 松未初中英语课程体系

促进课堂发展的教研组工作指南与实践

推动课堂发展的行动指南，涵盖了导、教、学三个方面行动要求。首先是导，团队以二语教学论、教育心理学理论以及新课标作为指导，构建教学与教研行动的理论框架。对“教”的要求体现在对学情充分分析并匹配适当的教学内容和方法，我们重视对所教内容的选择与组织、强调学习过程的学生知识和能力构建以及教学过程的管理；此外，团队设计不同的评价路径并实施，包括课堂和课后评价、活动评价、单元整体评价机制等。导和教推动“学”的目标达成。对于学，我们聚焦两个点：1. 不同层次学生的体验与进步；2. 所有学生对主题的课后探究能力培养。

过去一年，莞未初英的团队经历从初建起的迷茫到有清晰目标和行动路径的过程。在新学年开学第一个月，团队还没找清方向，教学与教研指引不清晰，组内教师各自开展工作，这是“1.0 个人发挥阶段”。第二个月，他们迅速调整状态、认真落实每周 2 次集备，进入“研课合一”的 2.0 阶段。在集体备课中，老师们相互协作，分享教学经验，共同研究课例。在这一阶段，团队建立了各项工作流程、探索单元整体教学策略、邀请教研员进入课堂指导。经过一个多学期的实践与思考，第二学期期中我们的课堂走向了指向深度学习的单元整合课堂探索的 3.0 阶段，现科组已经以此为研究目标，立项市级课题；今年 5 月，莞未初英正式挂牌初中英语省教研基地校。团队计划以课题研究与基地项目研究为抓手推动课堂 3.0 深度发展；在研究开展中，我们还会结合信息技术、以数据赋能不断推进课堂往 4.0、5.0 的版本发展。

促进教师发展的教研组工作指南与实践

第三方面是教师发展的行动指南。教师发展划分为三个阶段：第一阶段是“成型阶段”，第二阶段是“成熟阶段”第三阶段是“成师阶段”。

教研组如何指导教师走向专业发展呢？这是一个以学习为始发，包含思考、实践、提炼指向创新的闭环路径。整个学习流程如图 2 所示，用十个字对每环关键词进行解读：1. 学习：学广以博、学专以深；2. 实践：实践循证、检验质疑；3. 思考：融通理论、思用并举；4. 提炼：总结反思，凝练成果；5. 创新：融汇思想，再建再验。这个闭环流程图表达了学用思创的理念以及学习服务于实践，创新来源于实践的理念。

图 2 教师走向专业发展的路径

鉴于团队有三位教师教学经验尚浅、总体年轻，我们在去年第一学期进行了课标与理论的学习、教材与学情分析、命题与教学指导；我带着老师们梳理资源，根据学情进行学科课程初建构。在第二学期，团队进行了教学设计撰写指导、精品课例研磨打造、课外阅读教学指导、活动项目设计和组织实施。本学期是团队建立第三学期，团队增加了 4 位成员；针对教师特长及研究兴趣点我给每位组员安排了本学期工作的研究侧重点。团队发展的三年目标是课堂有实效有深度；教师初具独立教研能力；能提炼有质量的成果；团队发展为成长共同体。

教师的发展与团队的引领密切相关，而教师的成长能反过来带动团队的发展。在过去这些年的学习、实践和思考中，我提炼出了个人与团队交互成长 ITID 模式。它表达了个人和团队成长过程中相互作用的形态和效果。对应教师成长三段时期，分别是成型期、成师期和成熟期，它提出了不同阶段教师和团队对彼此成长的交互作用。在教师的成型期，个人的成长点在于学习与筑基，而团队在这个阶段起引领和指导作用。在成熟期，个人的成长点主要在示范和探究，此阶段，团队与个人产生大量合作与共建资源。在成师期，个人的成长点在创造和引航他人，同时能带动团队内驱力、个人专业能力辐射团队并引领发展。针对三个时期，个人和团队的交互作用的效果，我归纳了其效果的三个关键词：交汇、交融和交辉。

以下是三个阶段中，两者的具体行为表现（见图 3）。

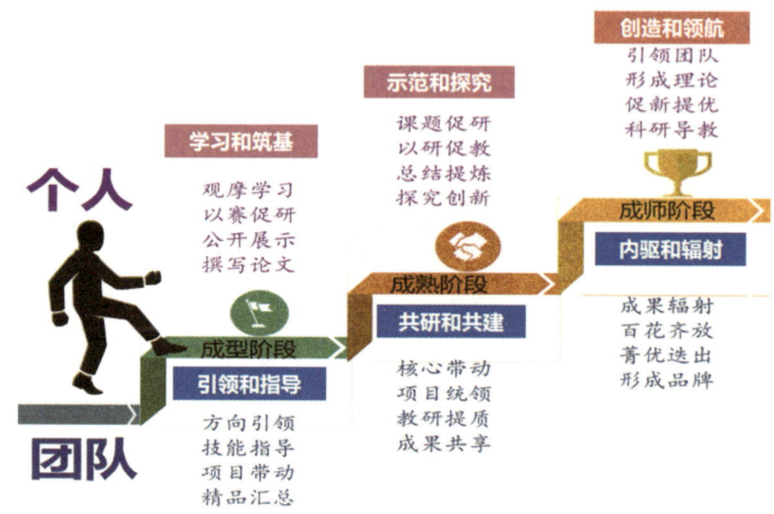

图 3 不同阶段教师个人与团队交互成长

在这段实践探索的经历中，我有三点感言与思考。一是分享与收获，我分享了 1，收获了 N，这是我的真实感受。每每把自己的想法、教学案例等与伙伴们分享，他们能在不同角度给予补充和完善。团队在各自的分享中实现共赢同进。二是理论要根据学情变通，一些经典的教育教学理论已被无数实践论证，如果老师们觉得它不实用，也许是没有根据实际学情变通。我经常鼓励团队的老师把二语教学理论、教育心理学理论运用于课堂和教学管理中，他们都说效果甚好。三是在教研工作中扎实落实好常规工作，这是教研组可持续发展的基石！作为团队领头羊，我需要在不同契机、针对不同情况用好正面评价，有效激发教研组战斗力。

将校本研修进行到底
——以松实地理科组为例

郭振维

在深化新课程改革的教育背景下，松实地理科组创造性地构建基于教研共同体的多维校本研修模式，举办多种主题的校本研修活动，充分发挥校本教研辐射引领作用，促进教师的专业发展，打造初中地理高品质课堂。

提到“校本研修”，你会想到什么？是集体备课还是听评课？在知网搜索关键词“校本研修”、“校本教研”，截止到2023年8月15日获得近3年的相关文献75篇，其中一半左右的文章是校长、主任对整个学校校本教研情况的介绍，另一半是语数英教研员对整个区域的校本教研情况的分析，从教研组角度介绍校本研修的相关论文少之又少。

在深化新课程改革的教育背景下，松实地理科组创造性地构建基于教研共同体的多维校本研修模式，除参与省市教研培训和市区级名师工作室研修、承办省市教研活动和市区级名师工作室研修活动外，还积极举办多种主题的校本研修活动。我们立足国家教育方针政策精选具有时代性和前瞻性的研修主题，构建“参与式”多元研修校本教研模式，通过教研帮扶充分发挥校本教研辐射引领作用，利用跨学科学习优化校本教研模式，团结科组教师高效组织校本研修活动。

基于教研共同体的多维校本研修模式构建与实施

松实地理“教研共同体”包括松山湖实验中学地理科组和松山湖郭振维名师工作室。

这里隆重介绍一下松实地理科组：松山湖实验中学地理科组是广东省中学地理优秀教研组、东莞市中小学“品质课堂”实验教研组、松山湖实验中学优秀科组。“多维校本研修模式”指松实地理科组 + 郭振维名师工作室教研共同体在教学即研究、成果即成长的教育理念的指引下，参与省市教研培训和市区级名师工作室研修、承办省市教研活动和市区级名师工作室研修和举办多种主题研修活动，如初中地理新课标解读主题研修活动、初中地理品质课堂教学主题研修活动、初中地理作业设计与原创命题主题研修活动、初中地理中考备考主题研修活动、初中地理教育教学技能竞赛主题研修活动、课题研究与教学成果申报主题研修活动、送课送教主题研修活动和读书分享主题研修活动。粗略统计了一下，从 2021 年 1 月至今松实地理教研共同体共举办 25 次校本研修活动。距离 2024 年还有一个学期，再举办 5 次活动，平均每年 10 次校本研修的梦想很快就实现了！

松实地理教研共同体省市教研活动的参加原则是“能参加尽量参加，重要的教研活动尽量全员参加”，如中考备考教研初二教研组全体参加，教学能力大赛全员参加。此外鼓励青年教师参加国家级、省级、市级的教师专项培训，如朱真莹、林晓红参加中国地理学会的国家级培训，康怀佳参加省级“新强师工程”培训等。

松实地理教研共同体多次承办大型省市教研活动、区域联合教研和市区级名师工作室研修活动。在此过程中，不论是专业知识与技能，还是组织活动的能力都有很大收获。

松实地理教研共同体举办了 4 次初中地理新课标解读主题研修活动，邀请了东莞市教研室李宏定和上海市闵行区地理教研员周光明进行义务教育地理新课标解读，邀请了北京师范大学王民教授和蔚东英副教授进行基于新课标的项目式学习专题讲座。举办了 5 次初中地理品质课堂教学主题研修活动，邀请了岭南师范学院地理科学学院黄日辉博士做新课标下的跨学科主题教学的专题讲座，此外林晓红、刘林君、叶俊炎和郭振维做观摩课例。举办了 8 次初中地理作业设计与原创命题主题研修活动，其中上海市闵行区地理教研员周光明做了 4 次作业系列专题讲座。举办 3 次初中地理中考备考主题研修活动。举办 3 次初中地理教育教学技能竞赛主题研修活动。举办 2 次课题研究与教学成果申报主题研修活动，一次是课题结题研修活动，一次是邀请广东第二师范学院教授闫德明博士做专题讲座《教学成果申报若干关键问题解析》。举办了 2 次送课送教主题研修活动，分别是到石排燕岭学校和沙田实验中学送课送讲座。举办了 1 次读书分享主题研修活动，本学期还要再举办一次读书分享。

创新之处

东莞市松山湖实验中学在万校的带领下，校本研修氛围浓厚，松实地理教研共同体也将创造教育的理念融入了校本研修活动中，下面谈一谈基于教研共同体的多维校本研修模式创新之处。首先，如何让老师们积极主动参与校本研修呢？很简单，让老师们觉得校本研修有用，能解决实际的教学问题。因此，松实地理教研共同体的校本研修主题立足国家教育方针政策，具有时代性和前瞻性。关键词一：课程理解，包括新课标研读与课程开发、品质课堂建设、信息技术与初中地理教学的深度融合、项目式学习、基于大概念的单元教学设计和跨学科主题教学等。关键词二：作业设计，包括单元作业的设计与实施、学历案的设计与运用、原创命题的探索等。关键词三：中考备考，包括信息化备考、智慧备考和专题复习等。关键词四：教科研建设，包括课题申报与课题研究、教学成果申报、教师阅读分享、教学论文和教学案例的撰写等。关键词五：区域教研协作，包括东西部协作，教研帮扶和薄弱学校送课送教等。

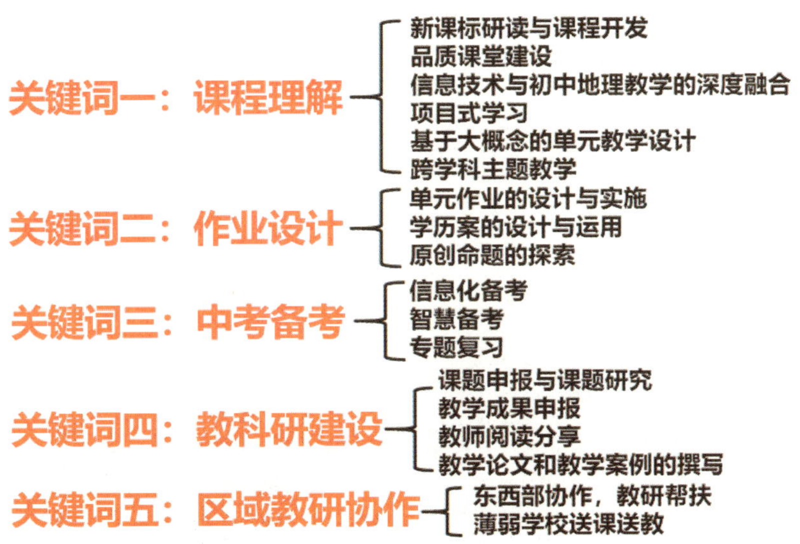

图 1 研修主题

如何让老师们深度参与校本研修呢？关键是参与两个字。松实地理教研共同体实施多元研修，构建"参与式"校本教研模式。培训讲师包括高校专家、教研员、学科名师、骨干教师和青年教师。高校专家通过专题讲座对老师们进行教育理论和课题指导。教研员通过专题讲座和研讨沙龙等进行教育理论和课题指导、教育教学实践指导。学科名师通过专题讲座和课例研讨等进行教育理论和课题指导、教育教学实践指导。骨干教师通过课例研讨和经验分享等进行教育教学经验总结、课例研习与反思。青年教师通过课例研讨、读书分享等进行课例研习与反思。让老师们从自我反思到同伴互助再到专业引领。从而实现多元联动，注重参与，全方位提升教师综合素养，引领教师专业发展。

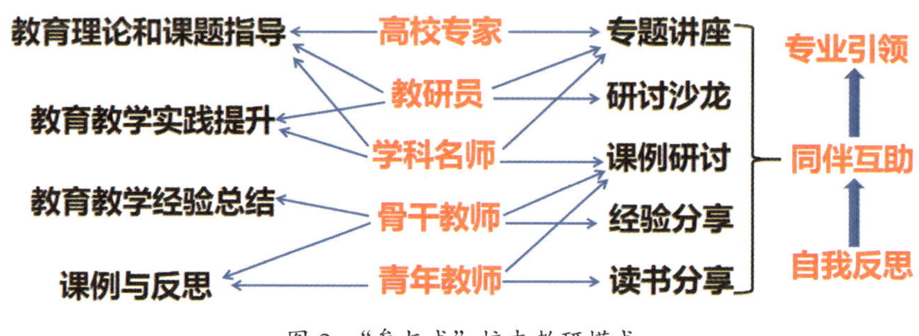

图 2 “参与式”校本教研模式

如何让老师们感受到校本研修有意义呢？重视教研帮扶，充分发挥校本教研的辐射引领作用。除了松实地理教研共同体组织的校本教研帮扶活动，松实地理教研共同体也积极利用市教研室和学校组织的各种教研活动，例如 2019 年 11 月到石排四海学校送课、2021 年 12 月到清溪中学送讲座、2020 年 9 月到云南昭通进行教研帮扶、2021 年 11 月到贵州铜仁进行教研帮扶、2023 年 5 月到韶关南雄送课送教。

图 3 工作室主持人郭振维老师到贵州铜仁进行教研帮扶

如何让校本研修不断“生长”呢？跨学科学习，优化校本教研模式。向语文科组学习专家引领式校本研修模式；向数学科组学习线上与线下研修相结合的校本研修模式；向英语科组学习与省市区学科能力竞赛相结合的校本研修模式；向历史科组学习读书分享式和博物馆研学式校本研修模式；向物理科组学习跨区域成果交流式校本研修模式；向道法科组学习模联课程建设式校本研修模式；向化学科组学习跨学科主题学习专题式校本研修模式；向音、体、美、信息多科组学习以学生为主体的活动式校本研修模式；向生物科组学习 STEM 系列校本课程建设式校本研修模式等等。

如何让更多的老师参与到校本研修中来呢？加强成果展示和宣传。一是与市级教研活动及市名师工作室联合教研，提高影响力。二是利用工作室微信公众号、东莞地理教研微信公众号进行活动宣传。

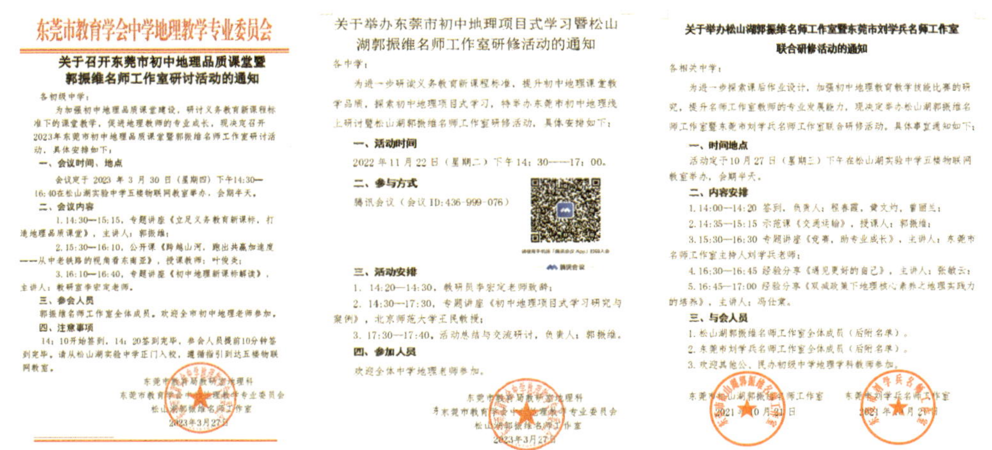

东莞市教育学会中学地理教学专业委员会

关于召开东莞市初中地理品质课堂暨郭振维名师工作室研讨活动的通知

各初级中学：

为加强初中地理品质课堂建设，研讨义务教育新课程标准下的课堂教学，促进地理教师的专业成长，现决定召开2023年东莞市初中地理品质课堂暨郭振维名师工作室研讨活动，具体安排如下：

一、会议时间、地点

会议定于 2023 年 3 月 30 日（星期四）下午14:30—16:40在松山湖实验中学五楼物联网教室举办，会期半天。

二、会议内容

1. 14:30—15:15，专题讲座《立足义务教育新课标，打造地理品质课堂》，主讲人：郭振维；

2. 15:30—16:10，公开课《跨越山河，跑出共赢加速度——从中老铁路的视角看东南亚》，授课教师：叶俊爽；

3. 16:10—16:40，专题讲座《初中地理新课标解读》，主讲人：教研室李宏定老师。

三、参会人员

郭振维名师工作室全体成员。欢迎全市初中地理老师参加。

四、注意事项

14：10开始签到，14：20签到完毕，参会人员提前10分钟签到完毕，请从松山湖实验中学正门入校，遵循指引到达五楼物联网教室。

东莞市教育局教研室地理科
东莞市教育学会中学地理教学专业委员会
松山湖郭振维名师工作室
2023年3月27日

关于举办东莞市初中地理项目式学习暨松山湖郭振维名师工作室研修活动的通知

各中学：

为进一步研读义务教育新课程标准，提升初中地理课堂教学品质，探索初中地理项目式学习，特举办东莞市初中地理线上研讨暨松山湖郭振维名师工作室研修活动，具体安排如下：

一、活动时间

2022 年 11 月 22 日（星期二）下午 14：30——17：00。

二、参与方式

腾讯会议（会议 ID:436-999-076）

三、活动安排

1. 14:20—14:30，教研员李宏定老师致辞；

2. 14:30—17:30，专题讲座《初中地理项目式学习研究与案例》，北京师范大学王民教授；

3. 17:30—17:40，活动总结与交流研讨，负责人：郭振维。

四、参加人员

欢迎全体中学地理老师参加。

东莞市教育局教研室地理科
东莞市教育学会中学地理教学专业委员会
松山湖郭振维名师工作室
2023年3月27日

关于举办松山湖郭振维名师工作室暨东莞市刘学兵名师工作室联合研修活动的通知

各相关中学：

为进一步探索课后作业设计，加强初中地理教育教学技能比赛的研究，提升名师工作室教师的专业发展能力，现决定举办松山湖郭振维名师工作室暨东莞市刘学兵名师工作室联合研修活动，具体事宜通知如下：

一、时间地点

活动定于10 月 27 日（星期三）下午在松山湖实验中学五楼物联网教室举办，会期半天。

二、内容安排

1. 14:00—14:20 签到，负责人：程春霞，黄文约，曾丽兰；

2. 14:35—15:15 示范课《交通运输》，授课人：郭振维；

3. 15:30—16:30 专题讲座《竞赛，助专业成长》，主讲人：东莞市名师工作室主持人刘学兵老师；

4. 16:30—16:45 经验分享《遇见更好的自己》，主讲人：张敏云；

5. 16:45—17:00 经验分享《双减政策下地理核心素养之地理实践力的培养》，主讲人：冯仕棠。

三、与会人员

1. 松山湖郭振维名师工作室全体成员（后附名单）。

2. 东莞市刘学兵名师工作室全体成员（后附名单）。

3. 欢迎其他公、民办初级中学地理学科教师参加。

东莞市松山湖郭振维名师工作室　2021 年 10 月 21 日

东莞市刘学兵名师工作室　2021 年 10 月 21 日

图 4 与市级教研活动及市名师工作室联合教研

图 5 利用工作室微信公众号、东莞地理教研微信公众号进行活动宣传

这么多校本研修活动，如何高效组织呢？虽然是校本教研共同体，但是实际组织的时候还要靠松实地理科组的老师，松实地理科组可谓“小身材大能量”，每次活动都做好分工，七个人心往一处想，劲往一处使，践行了团结就是力量。

努力的方向

尽管做了这些，松实地理科组还有很多的不足，今后的校本研修朝着哪些方向努力呢？

一是运用校本研修质量标准提高校本研修实效，从专业期望、资源平台和核心经验三方面进行完善，从研修目标是否科学、研学内容是否明确有针对性、研修途径是否可行、研修方式是否有效等不断提升校本研修活动质量。

二是做好校本研修活动的延展设计。研修活动前：明确活动目标，设计活动“开场白”，对活动内容设计引领性问题。研修活动后：设计“研修承诺”任务单，督促教师在学习结束后跟进行动，给“行为跟进”提供思考的“框架”，使教师从建构新知、迁移运用到最高层次的指向问题解决。

三是学期初征集研修主题，使校本研修基于“问题”。问题是教研活动的起点，通过问卷调研，寻找共性问题，明确问题实质，最后形成研修主题。有效的教研活动是发现问题、聚焦问题、问题细化、带着问题的行动学习，是在真实的环境中尝试问题的解决，是充分讨论之后的行为跟进。

最后，给大家推荐两本书，《校本研修的八条主张》——华东师范大学出版，大夏书系；《校本研修——理论与实务》——华中师范大学出版。

路虽远行则将至，事虽难作则必成。松实地理科组将永葆初心，将校本研修进行到底！

俯下身子做事，踮起脚尖思考

东莞松山湖未来学校　吴俊洁

在教育竞争激烈的当下，优质师资是学校发展的核心竞争力。教师招聘工作则是决定学校未来走向的关键一环。东莞松山湖未来学校教育集团自诞生起，便承载着无数期待。我们该如何在重重挑战下为校揽才，助力学校在教育之路上绽放光彩？

2022 年 9 月，一位刚入职未来学校的老师带小孩去医院看病，问诊时，医生得知他是未来学校的老师，便产生了浓厚的兴趣，主动问起学校的建设和教学情况，这一变化使问诊氛围变得温暖融洽起来，仿佛亲友。

这位老师回来后，不解地问我："怎么亮了'未来'这张名片，医生的问诊就变得特别有温度呢？"

她表示不可思议，而我并不意外。

一些老师可能是从五湖四海第一次来到东莞，不太清楚"东莞松山湖未来学校教育集团"在东莞百姓心中的地位。据了解，在东莞百姓心中，东莞松山湖未来学校教育集团代表了东莞市最顶尖的教育理念、教学水平，担负着引领东莞教育发展和创新的重任，是东莞百姓心中的白月光。因此集团的老师在社会上便理所当然地受到尊重。

然而，责任重大，深感压力山大，因为今天社会有多推崇"未来"这块牌子，将来对"未来"的期望值就有多高。而只有做出了骄傲的成绩，办出让人民满意的教育，才能获得老百姓真正的尊重。

入职前，万校就给我打电话，语重心长地告诉我，办学的第一年，要扎扎实实地做好服务，即便是回复家长电话这样的小事，也要让家长感受到未来学校的温暖。而上学期，招聘是我的重点工作之一。下面我主要聊聊教师招聘工作，关于招聘的思考、实践及服务。

时间紧迫，高效快干

线上招聘工作人员考务乙，主要是收集考生的签到照片和考试录制视频。乍一听，不少人可能觉得，收集考生的资料再简单不过了。事实上不是。在测试期间，我们需要仔细审查每位考生提交的试讲视频，并对不符合要求的部分提供详细反馈。

例如，曾有一位非常认真的应聘者，他担心自己的视频超时可能不符合考试要求，因而感到非常紧张。尽管我当时的工作非常繁忙，但看到他如此担心，我决定在不违反考务规定的前提下给予他安慰。幸运的是，这位老师最终成功通过了招聘考试，成为了松山湖实验中学的一员。

从这一经历中，我深刻体会到，作为一名教务员，在面对时间紧迫、任务繁重的考务工作时，需要"快干"的高效服务能力。

大道至简，实干为要

目前，我面临着安排一场完整的考务工作的挑战。受疫情影响，考试需在线上进行，这要求我在市教育局的统筹指导下，协调评委、考务人员和考生等多方面的工作。这相比去年学校自主招聘的要求要复杂得多。为了确保整个考核过程的顺利进行，首要任务是有效地组织和安排考务，同时确保所有考务人员能够迅速适应并掌握所需技能。

招聘数据显示，有 5228 人预报名，而实际系统报名人数为 2337 人，面对这样庞大的数字，我的初步计划是制定详细的预案和操作指南，并进行实际操作演练。

2022-2023学年第一学期招聘考生总数据

	场次	预报名	系统报名	入围单位考核	入围统一试讲	拟录考生
应届生统一招聘	广州场	4042	677	105	38	17
	武汉场		546	101	61	18
高层次人才引进	/	/	254	49	/	7
在职教师校招		1186	860	待定	待定	待定
总计		5228	2337	255	99	42

图 1 2022-2023 学年第一学期招聘考生总数据

在每次考务任务确定后，我与黄友祥副主任共同预演整个流程。考务工作分为两个主要方面：工作人员和考生。我的职责是全面考虑、清晰规划，确保所有工作人员和考生明确各个时间段和节点的具体任务。为此，我联系了去年松山湖招聘的考务组长，详细了解之前招聘的整个过程，并根据我们学校的实际情况，制定了专门针对线上考核的工作人员和考生指南。这份指南包含 8 个主要步骤和 22 个具体节点，共计 3897 字。

完成这两份指南后，我们进行了数次流程预演和考试后的复盘。即便是教学任务繁重的教师们，如炽豪、乾清、兆伦，也自发地留下协助，为考生提供更细致的复盘提醒，体现了未来学校的关怀和温暖。

大道至简、实干为要。在实现高效和有效服务方面，没有捷径，只有通过脚踏实地的努力才能达成目标。我们坚信，通过不懈的实干，能够为老师提供最优质的服务。

默默守候，埋头苦干

在广州场次的招聘活动前夕，我们策划了一场线上宣讲会。在刘翥远校长助理的领导下，我们从 4000 份简历中筛选出 1000 名合适的候选人。为了邀请这些候选人参加宣讲会，我们的教师团队迅速分工，每位教师负责发送 100 条短信。由于缺乏自动发送短信的平台，我们只能手动输入每个手机号码并发送短信。经过团队的共同努力，我们成功邀请了 900 多名候选人参加线上宣讲。

在人才引进的考核中，有位考生的材料迟迟未能上传成功，原因是视频文件容量达到 2G。虽然通常这样的文件可以在短时间内上传，但是我们 10 名工作人员足足等了 1 个多小时才接收完这份视频。当晚，还有一个身影在默默守候，就是我们陈树新副校长，他听到同事还没有吃晚饭，点了热粥放在门口，陪着所有工作人员到最后一刻。这份坚持，是对服务的承诺。

服务是什么？是苦干。是为校抢才，是不落一人，是守到最后一刻。上学期，我们共完成招聘 11 场，几乎每两周一次，最长的一场招聘连续工作了 8 个小时，共有 263 人次的老师参与了招聘工作。

2022-2023学年第一学期招聘工作人员总数据					
场次	环节	考务（人次）	时长（小时）	评委（人次）	时长（小时）
广州场	单位考核	28	4	23	4
	统一试讲	20	8	9	/
武汉场	单位考核	17	8	27	/
	统一试讲	8	8	9	/
高层次人才引进	笔试	20	4	12	1
	试讲	23	4	14	4
在职教师校招	12.23面谈	2	7	9	/
	12.28面谈	2	8	8	/
	1.9面谈	2	7	10	/
	1.2笔试	3	7	7	/
	1.13笔试	3	3	7	/
总计		128	68	135	9

图 2 2022-2023 学年第一学期招聘工作人员总数据

思考尝试，创新地干

在经历了一个学期的招聘工作后，我开始反思并寻找可能的创新点。我注意到，我们感兴趣的候选人经常被其他城市抢走，尤其是深圳。虽然存在一些客观因素，但我也思考我们的方法是否有待改进。从一个应届毕业生的视角出发，我探索了除官方渠道外，他们还可能通过哪些途径了解学校信息。我转向了社交媒体，特别是年轻人喜爱的平台小红书，发现了一些令人惊讶的观点。例如对东莞城市的评价不佳，对广州和深圳的基础设施比较赞扬。更有一些评论提到了在职教师面临的薪酬问题。这种情况可能导致应届毕业生对东莞教师招聘有着片面或负面的理解，考虑到情绪的传染性，这是我们需要关注和解决的问题。

在分析东莞招聘教师的情况时，我认为关键问题在于信息的不对称和获取渠道的不畅通。在小红书上虽然有众多的帖子，但关键在于理解这些帖子中最关心的话题和最常反映的意见。只有当我们清楚掌握了这些信息，才能更主动、有针对性地作出有效的回应。这一观点来自于李洋博士和谢鑫老师的工作启发。为了更深入地了解，我尝试使用分析软件，对小红书上有关“东莞编制教师招聘”的帖子进行详细分析。

为了深入分析东莞编制教师招聘的讨论趋势，我采用了 Nvivo 这款质性分析软件。在小红书上搜集了约 5000 多字的样本，包括有关东莞编制教师招聘的帖子和回复。通过 Nvivo 软件的分析，我们生成了词云，从而可以直观地看到讨论中的关键词，例如“工资”“房价”和“时间”。这种矩阵树状结构图帮助我们更清晰地理解不同词语在讨论中的相对重要性。

图 3 东莞编制教师招聘词云

根据 Nvivo 软件分析得出的词云结果，我们可以制定一份针对学校外部关注者以及有意报考东莞编制教师的考生的常见问题解答（F&Q）。这份 F&Q 将基于社交媒体中提及频率较高的关键词，来解答潜在考生可能关心的问题。通过这种方式，我们能更有效地发布学校的相关信息，减少误解，提升考生对招聘过程的了解和信心。

为了更有效地传达东莞编制教师招聘的信息，我们应该主动、有针对性地宣传考生最关注的信息，而不是被动等待他们来询问。我们也考虑动员更多的教师参与到小红书平台上，成为东莞编制教师招聘的代言人。通过在小红书上的积极互动，我们希望能够为东莞教育正名，形成积极的舆论导向。这将帮助潜在的考生更全面、真实且及时地了解东莞编制教师招聘的信息，同时感受到我们学校提供的全面而温暖的服务，从而吸引更多的考生关注和报考我们的学校。

服务还是什么？是“创新地干”。实际工作中，主动思考、主动尝试、主动创新，让工作更完善，服务更温暖。

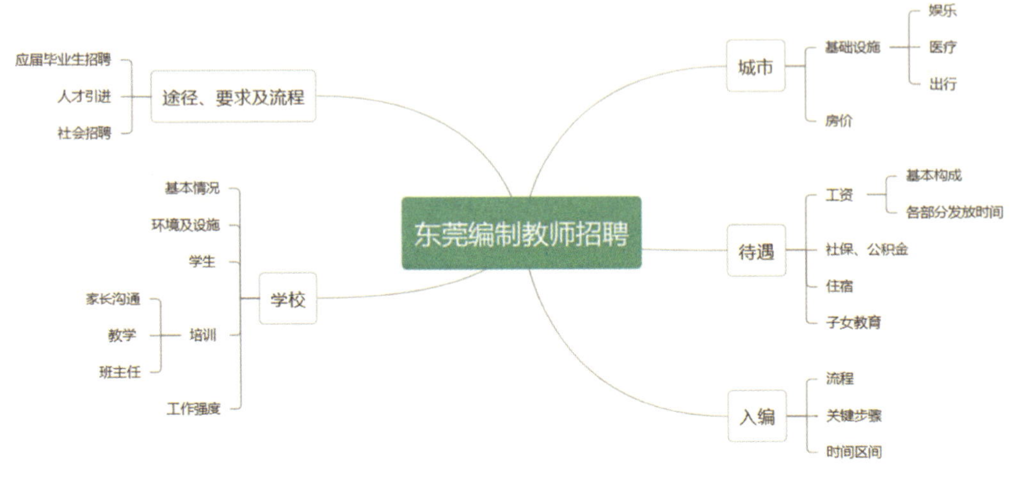

图 4 常见问题回答

分享到最后，我想回到最开始说起的小故事。我想，若干年后，我们是否还会因为亮出“未来”这张名片而受到青睐，受到更大的尊重？

未来的未来是什么样子？千里之行，始于足下，系于你我。我们每一个人正在书写历史，书写未来。我们有幸肩负重任，理应当仁不让，必须“快干、实干、苦干、创新地干”，争做松湖莞未的代言人、创造者。

我们必须始终记住，自己是“松湖莞未”的一部分。从学校的高度出发，踮起脚尖来思考，立足于我们本职工作，俯下身子做好每一件小事。未来，我庆幸能在学校领导的带领下，与各位老师一道，挺立潮头、不息求索，一路耕耘、一路向前，书写学校新篇章。

改变，从此刻开始！

王书信

在这个快速发展的时代，与时俱进成为了每个人都需要面对的挑战。如何与时俱进，不断提升自己，成为了一个重要的议题。作为一名处在教育改革前沿阵地的教师，我们需要不断地学习新的知识和技能，以适应教育新样态的不断发展变化。

当我踏入松实，一丝不安油然而生。因为在这里，无人为我设定行动方向，我必须独立思考并自我规划。如若将学校比喻为工厂，过去三年的我如同一个持续运作的部件，而现在，我不仅需保持运作，更需具备人工智能的特性。这意味着在完成某一任务时，我不仅应力求卓越，还应具备创新精神。创新意味着我不能仅依赖他人的模板，而是要融入自我思考。因此，一开始我对这种全新的学习方式感到不适，甚至产生抵触。

是什么让我开始转变呢？大约在半个学期之后，我察觉到周围的工作氛围已然如此。我无力改变环境，只能调整自己。例如，生物老师搜集各类动植物供学生观察，历史老师带着一箱零食作为历史知识考核的奖励，地理老师的课堂则充分利用信息化手段……在这样的氛围下，班级里的孩子们思维活跃，对学习充满热情。因为老师们为他们带来了丰富多彩的学习体验，而非让他们成为只会读书的工具。这也促使我开始尝试改变。

凸显学生主体，活化体验情境

首先，我注重情境表演的运用。通过设定具体场景，让学生扮演不同角色，亲身感受政治议题背后的利益冲突和价值观碰撞。这种方式能够激发学生的参与热情，让他们在实践中提高思考能力和判断力。例如，在讲解外交政策时，我会让学生扮演我国外交官和外国使者，就某一热点问题进行辩论，从而让学生深入了解我国外交政策的立场和原则。

其次，我鼓励学生开展辩论。辩论能够锻炼学生的口才、思维敏捷性和应变能力，也有助于他们发现问题的多个角度。在课堂上，我会就某一具有争议的政治话题组织学生进行辩论，让他们充分表达自己的观点。无论立场如何，我都给予公正的评价和适当的鼓励，让学生在辩论中不断成长。

此外，我还设立了时政小主播环节。让学生关注国内外时事，通过自己的视角和理解对热点事件进行点评。这种方式有助于培养学生的时事意识和社会责任感，同时也锻炼了他们的写作和表达能力。例如，在讲解环境保护政策时，我让学生分析我国在环保领域的成就和不足，并提出自己的建议。

在教学过程中，我始终关注学生的情感体验。当他们表达观点时，无论表述如何，我都给予耐心倾听和充分尊重。对于表现出色的学生，我会及时给予肯定和鼓励，让他们感受到成就感和自豪感。这样一来，学生在下次课堂活动中会变得更加积极主动。

以讲解亲情课题为例，我设计了宝宝袋环节，让学生亲身体验母亲的不易。通过这种方式，他们能在参与中收获感性的认知，更好地理解亲情的珍贵。这样的教学方法既丰富了课堂氛围，又提升了学生的综合素质。

总之，作为一名教育工作者，我始终致力于让道法课堂变得更有趣、更富有成效。通过情境表演、辩论、时政小主播等多种方式，激发学生的学习兴趣，培养他们的综合素质。在关注学生情感体验的同时，也为他们提供了一个充满挑战与鼓励的学习环境。在这个过程中，我与学生共同成长，共同为教育事业贡献力量。

激发学生兴趣，提升自主探究

现在进入初二，知识点更加复杂，我仍尽量让学生多参与课堂讨论和实践活动。许多老师可能会担忧学生无法充分掌握知识，但我认为让他们动笔写作、开展实践更为重要。这样既能帮助他们巩固理论知识，又能培养他们的动手能力和团队协作精神。

此外，我还对我的校本课程《窗外时政》进行了调整。起初，我每周都要为寻找合适的素材而苦恼，后来我尝试让学生自己展示。我将他们分组，询问他们感兴趣的时政话题，然后布置任务，包括寻找视频材料、制作课件等。在学生展示完毕后，再让他们互相点评，以提高他们的表达能力和批判性思维。

通过这种方式，我鼓励学生积极参与课堂，也在参与中激发他们的兴趣。同时，我还注重培养他们的自主学习能力，让他们在寻找素材、制作课件的过程中，学会独立思考和解决问题。这样一来，学生们不仅对时政话题有了更深入的了解，还提升了他们的综合素质。

在教学过程中，我还发现了一个有趣的现象：学生们在自主学习和团队合作中，逐渐形成了自己的观点和见解。他们不再局限于课本知识，而是学会了关注社会热点，思考时代发展。这使我更加坚信，让学生积极参与课堂，自主探索知识，是提高他们综合素质的最佳途径。

总之，作为教师，我们要善于调整教学方法，注重培养学生的兴趣和动手能力。只有这样，他们才能在不断参与和实践中，真正掌握知识，成为新时代的有用之才。在教学过程中，我们还要关注学生的个体差异，因材施教，让每个学生都能在学习中找到自己的位置，发挥自己的优势。

小组合作学习，为育人赋能

面对新的教学情景，我不再像过去那样口干舌燥地讲解，而是让学生有更多机会。这样既让他们收获更多，也让我感受到更大的成就感。为了减轻自己的工作负担，我一直在寻求合适的管理方法。小组合作学习便是我过去四年一直在探索的方式。例如，我可以通过小组加分减分制度来减少迟到现象。在处理学生问题时，我没有直接批评，而是扣除小组分数。这样，小组内的同学会产生讨论，等到组长反馈时，我再适时介入。这种方法既解决了问题，又改善了师生关系。

合作学习尤其在备考阶段发挥了巨大作用。15 班每次大考都能在年级前三，这得益于小组内的相互督促和合作。我只需集中精力引导个别捣蛋的学生，其他同学都能通过这种方式得到有效管理。因此，合作学习不仅减轻了我的工作负担，也为学生的成长提供了更多可能性。

在我的教学历程中，我逐渐认识到，教育的核心并非仅仅传授知识，更重要的是培养学生的自主学习能力和合作精神。为此，我调整了自己的教学方式，让学生成为学习的主体，自己则更多地扮演引导者和助手的角色。

通过调整教学方式，我发现学生的学习积极性和成绩都有了显著提升。这也使我更加坚信，教育的真谛在于激发学生的潜能，培养他们的自主学习和合作能力。

在改变的过程中，我学会了多思考，也学会了向他人学习。例如，听刘利玲老师的课，我学会了如何利用学生的回答生成课堂资源；观察邱镇勤级长，我明白了如何站在学生的角度进行教育；从罗雪老师身上，我学到了高效工作的秘诀。正是这些优秀的同伴让我不断成长。

改变并不意味着要有多大创新，而是在面对小事时，尝试换一种角度或方法。这样，我们就能创造出不一样的美好。从现在开始，让我们一起努力改变。

关注细节，事半功倍

——说说教务那些事儿

何晓华

我是一名教务员，已在松湖实中工作四年。在这段时间里，我积极投入于学校的日常琐事，不断追求工作的卓越和完美。始终坚持关注细节、事半功倍的工作理念，致力于为学校的教学事业贡献自己的力量。作为教务员，我承担着排课和考务等重要任务。每每面对琐细的工作，我都全力以赴，尽心尽责。从排课安排到考试准备，每一个环节都经过精心策划和周密安排，力求保障学校教学工作的顺利进行。

时光飞逝，作为一名教务员我已在松实工作满四载。这段时光充满了挑战和收获，我感激每一次机会让我在这个岗位上不断成长。

今天，我想与大家探讨一个话题：关注细节，事半功倍——论教务工作中的细枝末节。或许，自幼以来，我们都曾被问及一个常见的问题：你的理想是什么？许多人可能会选择成为医生或教师。对我而言，我一直梦想成为一名怀有医者仁心的医生。毫无疑问，医生的工作是神圣而高尚的，他们能够挽救生命、关爱他人、照顾家庭，这种职业令人肃然起敬。

然而，我的人生轨迹却以意料之外的方式发展。我是一个活泼开朗、口才出众的孩子，曾坚信自己不适合从事学校工作。我觉得学校生活过于单调，与我充满活力的灵魂格格不入。然而，当我进入教务员这个岗位后，我发现了一种全新的挑战和机遇。在这个岗位上，我学会了如何处理学校中的各种事务，从排课到考务，每一个环节都需要我关注细节，做出最佳的安排。我开始意识到，关注细节不仅可以提高工作效率，还可以为学校的教学工作带来更多的便利和保障。

因此，我对自己提出了更高的要求，努力不懈地追求卓越。我相信，只有通过不断地关注细节，我们才能够事半功倍，为学校的发展贡献更多的力量。这份工作让我意识到，虽然人生的轨迹并不总是按照我们的计划进行，但只要我们用心对待，关注细节，就能够在平凡的工作中创造出不平凡的成就。

课表制作

初步踏入职场时，我被委派接手琴丽老师的职责，担负起学校的排课任务。这份责任让我倍感紧张，面对学校各班级的八节课，每周五天，共五十多个班级，总计超过两千节课程，需要协调一百多位老师的上课安排。这份工作沉甸甸地压在我心头，成为了一种沉重的负担。每到开学季的排课时节，焦虑便笼罩着我，夜晚的失眠更是困扰着我的思绪。我不断担心自己的工作是否周密，是否能够在开学之前顺利完成任务，以免影响学校的教学进程。

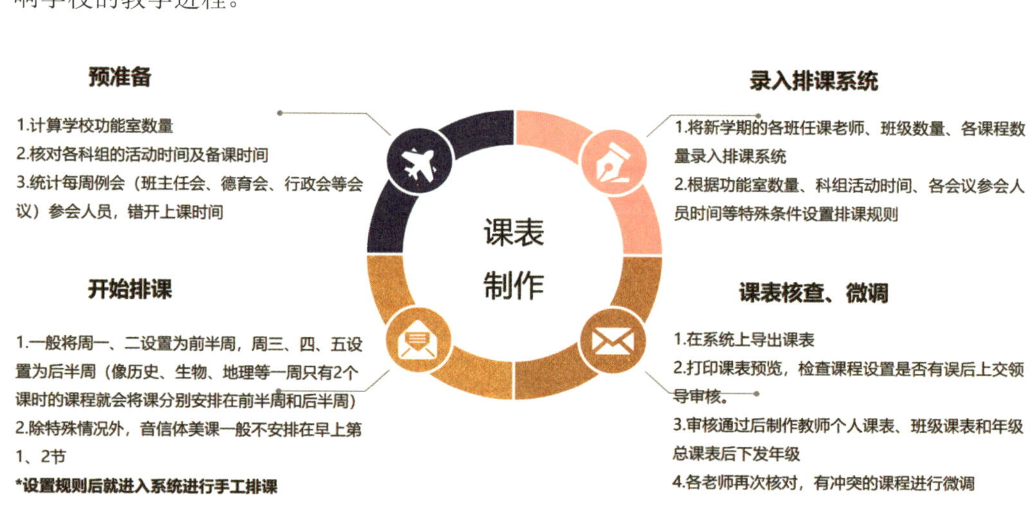

图 1 课表制作的流程

回顾起最初的排课经历，我们在学期开学前两周就已经开始了工作。在琴丽老师的指导下，我努力记录每一个操作步骤，生怕遗漏导致数据错误。经过多次练习，我终于开始实际操作，然而，问题接踵而至。例如，功能室的使用超出了限制，科组活动与课程时间冲突等。我意识到，之前未能全面考虑排课的各种情形，导致排出的课表错漏百出，需要加班重新制作。这一经历让我学到了很多。今后，每次排课前，我都会提前了解可用功能室的数量，确认每周例会的参与人员，核对每个科组的活动和备课时间，并总结排课步骤。渐渐地，我还开始关注那些怀孕月份较大的老师，尽量避免安排连堂课，以便她们有时间休息。对于家庭负担较重的老师，我们也会在领导同意的情况下提供便利。我不断学习，总结排课经验，努力做到更好。

古语有云："人无完人"，而课表也同样如此。每一个学期的排课任务都面临着无法完全满足每位老师个性化需求的挑战。有时，即便我们尽力考虑，也可能由于某些细节未能妥善考虑而出现问题。但我们始终努力着，尽可能满足合理的需求。

考务工作

众所周知，我们教务室一年中承担着全校各类考试的考务工作，其中最重要的当属中考。今年是中考改革年，因此我们面临了比以往更多的中考场次，包括 2020 年 12 月的音乐美术会考、2021 年 1 月的信息技术会考、2021 年 4 月的体育中考、2021 年 5 月的英语听说和理化生实验操作考试，以及 2021 年 6 月的中考。特别值得一提的是，今年我们首次参加理化生考试，缺乏可供参考的经验，因此我们必须在一片未知的领域摸索前行。

在教育局发布考试相关通知后，在各位领导的指示下，教务室的同事们开始紧锣密鼓地准备考务工作。首先，我们对学校的实验室器材和设备进行了全面检查，确保符合考试要求；同时，与级部和相关老师密切沟通，以确保每个细节都得到妥善安排。例如，学生需要在松知院进行科目抽签，根据抽签结果参加对应科目的考试。这就需要我们合理设置间隔时间，确保学生在教室、抽签室、备考室和考试室之间的流畅转换。为了最大程度地确保考试顺利进行，我们进行了多次模拟考试和充分准备。

值得一提的是，在布置实验操作考试场地时，我们特别考虑了提示语的布置。经过多次测试，我们发现在光线较亮的情况下，透明款的提示语会产生反光现象（如图 2），因此我们最终选择了白底的提示语。此外，我们与实验员（意顺老师、思怡老师、育红老师）一起核对各类信息，确保一切准备工作都做到位。最后，我们按照中考标准进行了三次理化生模拟考试，以进一步提高考试的准确性和顺利程度。

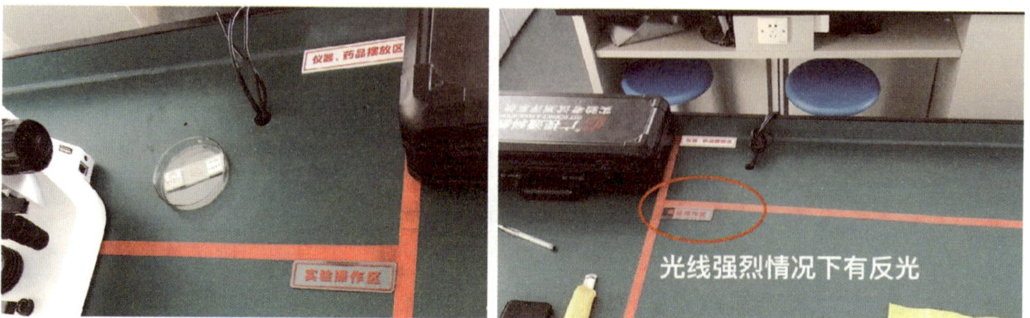

图 2 选择合适的操作台提示语

这些只是我们教务室日常工作的一部分，尽管琐碎而细微，但需要考虑的细节却非常之多。万校长常说："把平凡的小事做好就是不平凡"。因此，我们始终秉承着这样的工作理念，努力做到每一个细节都尽善尽美。每年的中考准备工作都需要我们与各个部门紧密合作，从学生的报考到考场的布置，每一个环节都需要我们精心准备。尽管工作重复，但我们的工作充满了挑战和新鲜感。

我热爱我的工作，也热爱我的岗位。希望每位老师都能在松湖实中不断提升自我，在平凡的工作中创造不平凡的成就。

传播松实东中心声，讲好集团办学故事

松山湖实验中学教育集团东坑中学　李婷

松实东中自2020年实现集团化办学以来，社会知名度不断在提升，集团化办学的好故事得到传播，学校的宣传工作也在稳扎稳打推进，我将从“明定位，树形象；创形式，挖内涵；提质量，严审核”三个方面对我校宣传工作进行介绍。

明定位，树形象

首先与大家分享一个故事：从前有个国王，在一次打猎时不幸被黑熊抓瞎了一只眼睛，咬残了一条腿。他偏偏要找画师给自己画像，留给子孙后代瞻仰。还说了，画得满意有赏，画得不满意砍头。

第一个画师二话没说，得嘞，怎么好看咱就怎么画，把国王画得跟美国队长一样，缺的眼睛胳膊全补齐。结果，咔嚓一下，脑袋搬家了。国王说了，这画的是我么？合着我花钱买一个美国队长的海报！

第二个画师吸取了前辈的教训，老老实实给国王来了个4K高清原版复刻。国王看了单眼冒火星，就差单腿蹦起来了，我有这么丑吗？想当年，寡人也是……此处省略一万字。来人，推出去斩了！

第三个画师很聪明，画了一幅国王瞄准射击的肖像，单腿跪地，闭着一只眼睛。国王龙颜大悦，不单单重赏了他，还聘请他为国师，专门负责王国的宣传！

第三位画师做的，就是聪明的宣传——“明定位，树形象”。校园宣传工作，首先要明确我们宣传的重心和受众，应紧紧围绕以下五个主体对象：领导，师生，家长，同行，社会各界。

第一，让领导信任：火车跑得快，全靠车头带；松实教育集团作为东莞教育的中坚力量，承载着教育部门各级领导的期望，凝结了集团各位领导的心血。东坑中学作为东坑唯一一所公办初中，承载着东坑镇政府领导、各级教育领导的厚望。我们要充分宣传集团化办学和学校建设的各项成果和进步，让领导信任我们的宣传工作。

第二，让师生骄傲；教师和学生是学校的灵魂，学校工作的方方面面：德育、教学、行政、总务、工会等等，无一不是为了让教师幸福工作、让学生快乐学习的保障。通过宣传，我们把师生日常丰富多彩的教学德育活动和齐心协力获得的荣誉展示出来，把我们的特色活动、教师学生风采和大校担当公之于众，提高教师对学校的归属感和幸福度，增强学生对学校的认可度，让师生以松实东中为骄傲。

第三，让家长满意；作为东坑唯一一所公办初中，东坑人民尤其是东坑的家长们对学校寄予厚望，“办一所家门口的名校”是家长们的愿望，但这绝非一朝一夕之功。通过宣传，让家长认可我们学校“立己达人、创新进取”的校风，“立德树人、乐教笃学”的教风，“立志成人、勤学睿思”的学风；通过宣传，家长能掌握孩子的动态，了解孩子的校园生活，密切关注孩子的成绩，从而满意学校的办学，进一步配合学校的教育教学工作。

第四，让同行称赞：德不孤必有邻，作为教育的窗口，我们的宣传工作绝非孤芳自赏、居功自矜，而是虚怀若谷，随时接受各兄弟院校的批评指正。“知无不言言无不尽”，我们也非常乐意与大家分享我们的宣传经验。在松知论坛上，我们相互学习探讨，受益匪浅，希望大家以后携手，共同办好让同行称赞的学校宣传工作。

第五，让社会认可；社会各界希望看到学校的特色、成就和担当。在众学校实力相差不大的情况下，怎么让更多人认可我们，愿意选择我们呢？我认为，在努力办好我们学校的同时，宣传松实东中的特色、教育教学质量、一流的教师队伍，让更多人知道松实东中，获得更多关注，进而让我们的形象慢慢在人民群众中扎根。

归根到底，松实东中的宣传工作，紧紧围绕“讲好集团化办学故事，讲好松实东中办名校故事”，传播东中声音，树立东中形象。

创形式，挖内涵

信息爆炸的时代，不善于宣传，不善于“包装”自己，很难把“酒香”传遍大街小巷。那宣传工作只是做“公众号”吗？非也。

接下来我将分享第二点“创形式，挖内涵”。

目前东莞市中小学最常用也是最重要的宣传窗口是“公众号”和“视频号”，这既是形式也是手段，当然这些都需要有内涵的有特色的校园活动来支撑。在充实公众号的同时，本学期我们做了“视频号”，与公众号相辅相成，视觉冲击效果更为直观。“我讲松实”“榜样学生”事迹、“舞动校园”“家庭教育支支招”，各种宣传灵感和形式，通过我们的宣传窗口告诉大家，展现学校师生的教育教学生活。

学校特色的活动不仅能提供素材，深挖内涵，同时也能借助这个契机创新宣传形式。上学期我们开展了榜样教师系列宣传活动，在公众号推文中发起了榜样教师的投票活动，该活动在促进榜样教师遴选工作完成的同时也为公众号引流，潜移默化地增加了学校公众号的关注人数，提高了学校公众号的关注度。

图 1 榜样教师海报

后续，我们做了榜样教师海报和视频，举办了榜样教师表彰大会，先后完成四期榜样教师的推送。通过榜样教师系列活动，我们创新了活动举办和宣传的形式，宣传了学校一流的教师队伍，营造了人人学榜样的氛围。本次宣传活动让大家看到了我们进取的教师队伍和专业的管理团队，从而放心把孩子交到我们手中。

此外，我校宣传团队群策群力完成了节日纪念日的海报祝福、校报，并将学生风采以及教师风采相结合，设计出 2023 年的新年台历，这也是一个创新的宣传形式，在讲述学校故事的过程中，增加人文情怀。

图 2 教师节 & 中秋节宣传海报

A02版

东莞市松山湖实验中学教育集团东坑中学

A01版

2022—2023学年秋季开学典礼校长致辞

东莞市人民政府办公室

图 3 学校校报

形式之外，内容和内涵尤为重要。宣传不能无中生有，旨在发掘和呈现事物最美，最具力量的一面。挖内涵的过程，也是协同促进学校内涵式发展的过程。

“立人”理念是松实东中的教育理念，学校宣传组从这个切入点深挖“立人故事”“立人培养”“立人论坛”。在学期末，我们深度回顾一学期的点点滴滴，挖掘细节，丰富内涵，制作了松实东中的学期总结帖和视频——回望过去，也展望未来，展现一学期学校的、老师们的成就，展现丰富多彩的学生活动，展现社会各界对我们的关心关怀，进一步体现了立己达人、创新进取的办学理念。

提质量，严审核

我们认为：好文章应该条理清晰，精炼而具有韵律感，能吸引读者读下去。其中标题要新颖有吸引力，而意识形态文章必须拿准，不能错、不能多、不能少，要高度重视错别字、敏感字。图片要形象、生动，推文要做到图文结合。段落自然衔接，可以改变固有的套路。题好一半文，标题要能抓人眼球或者直接了当、新颖活泼，方能吸引受众点进去，增加阅读量。

宣传，是门语言艺术。现在学校的推文主要是纪实、软文、新闻稿三种形式；纪实主要以叙事文为主，记录学校方方面面；软文更偏向于小清新的风格，排版干净清新没有大段的压迫感，视觉效果比较舒服；新闻稿要求相对严肃，要做到言简意赅。干净的文字，代表着一种友好的信息介质。它能用最“经济”的字数表达阅读者最渴求的内容。宣传不是写八股文、也不是舞文弄墨，要注意受众的喜好，做人民群众喜闻乐见的宣传。

一篇文章图文并茂，更容易引起读者的阅读兴趣，而一张精美的配图能为推文画龙点睛、相得益彰。所以我们要有意识提高拍照技巧，注意构图、方向角度、光线、抓拍瞬间，做到主题鲜明，主体突出，画面简洁，形象生动。

总之，宣传推文追求的是“字句推敲，图版协调”，当然这需要长期的审美积淀和不断地思考探索。

最后，宣传“一言既出驷马难追”，绝对少不了“严审核”。在完成一系列文字、图片、排版、方案写作等工作之后，需要各级通力协作、严格审核，审核思想意识形态，审核文字图片细节，审核整体审美效果，共同完成一篇优秀的宣传推文。

在学校领导的重视下，在全体老师的配合下，学校组建了“宣传团队”，不断努力让“松实东中”这瓶好酒飘香四溢！宣传工作没有终点，我们一直在路上！

第五章

走更长的认知半径

教师专业发展应当基于学科专业并最终超越学科专业。教师专业发展具有长期性、动态性，立足于教师专业发展的多层次建构。教师在对于专业认同和专业使命的实现中，逐步获得不同层次的建构水平，获得更大的视野和认知半径，体验专业幸福的意义。

所谓成长，就是认知升级。遇见山河生灵、遇见烟火人间、遇见更广阔的自己。

于“人生三见”中，探知语文教学本心

松山湖实验中学教育集团东坑中学　张彬彬

对于禅家语“人生有三见：见自己，见天地，见众生”，不同人从不同角度可能会看出不同的智慧，若从人生价值的实现这个角度看，这句意蕴深邃的禅语也许可以理解为：人应该追求见众生，见众生需要先见自己、见天地。

人当追求见众生，见众生即济天下，要求我们要以众生所需为自己所求，顶天立地，服务众生。《钱氏家训》有云：“利在一身勿谋也，利在天下必谋之。”无穷的诗与远方都与我有关，作为一名教师，又要如何在教育事业中实现人生价值，步步所见，守得初心。

我第一次接触“人生三见”是在电影《一代宗师》，这是一部老电影，由王家卫导演，2001 年开拍，2009 年上映，历时近 10 年。在电影中，章子怡扮演的宫二为了让梁朝伟扮演的叶问继续深入钻研武学，介绍了自己父亲宫羽田口中常说的习武之人必须经历的三个阶段：即见自己，见天地，见众生。由于习武之人的成功晋级与教师的专业发展成长之路十分契合，结合自己的亲身经历，感触很深。

教育界有很多名师也将“人生三见”的思想迁移到对教学教研、教育管理工作的思考上来，在这里，我也想结合自己的成长经历和大家分享我工作以来，特别是在松实东中教学工作经历中的一些理解和感悟。

图 1　“人生三见”

见自己

见自己，就是要自知，要懂得自省。大道至简，最重要的是本心。见了自己之后，才能真正地做自己。

我毕业后先到魔都上海任教了 6 年，再随家人一路南下到东莞，与松实东中结缘。在加入松实东中的第二个月，我承担了一节公开课，在教学设计中，我加入了表演广播剧的活动环节，《秋天的怀念》中意味深长的那句话——“妈，北海的菊花开得真好看。我和妹妹，都会好好儿活”，同学们的精彩表演让人动容。声音颤抖，压抑哭腔，而后努力平复的声音中透露着坚定，让我明白，读是打开文本主旨和情感的钥匙。我热爱朗读，热爱语言艺术，并且把我的热爱传递给我的学生们。于是，我们通过“每日一诵，朗读经典”；“课前演讲，培养自信”；“松实东中少年说”等活动让学生爱上朗读，爱上语言艺术。

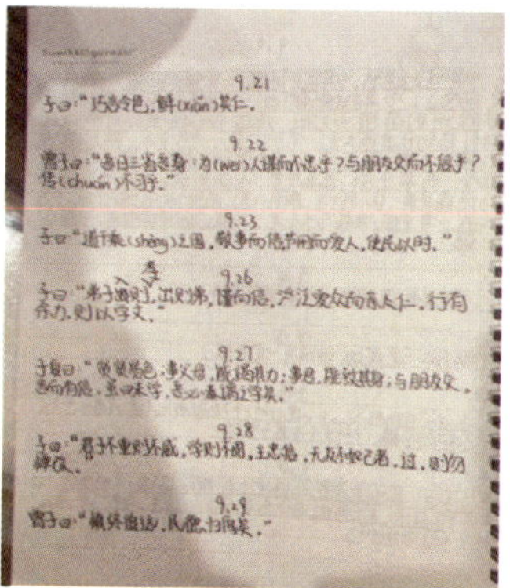

图 2 班级每日一诵、课前演讲、每日积累

每一位老师都有一位老师，那便是孔子。在学习孔子“因材施教”“有教无类”的同时，我开始思考如何让传统文化在学生们的心底生根发芽，热爱传承。于是，我开展了“每日积累”活动，从《论语》开始，每日一则；我们有每日一文，从《世说新语》开始，每天一篇。我认为，作为语文教师，必须重视传统文化的传承，要有自觉的文化担当，要坚守，要传承，更要以中华优秀传统文化的精华，铸就学生的思想风骨，并且始终明确为谁培养人。对中国的学生来说，如果不知道孔子、老子、庄子、墨子、孟子、荀子，对《论语》《诗经》《古文观止》全然无知，那心会搁在何处？路又走向何方？

文化的底子是做人的根，底子深厚，才能眼明心亮，前途宽广。对中华优秀传统文化心存敬畏，努力传播，这是语文教师的责任和使命。

以传统文化为根基，以语言艺术为特色，让我铭记于漪老师的教诲——教育，一个肩膀挑着学生的现在，一个肩膀挑着国家的未来。

见天地

在松实东中，每学年都有一个非常隆重的教师读书分享会，之所以说“隆重”是因为含金量很高。我们亲爱的谭吉成校长经常勉励我们教师要“立身以立学为先，立学以读书为本”。老师们把在书籍中收获的感悟和汲取的营养分享给每一个小伙伴，让我们的课堂充满智慧，让我们的校园书香芬芳，让我们的师生博学睿智。这是“立人教育”理念指导下的“立师”活动。

图 3 松实东中读书分享会

这让我想起了“孔颜乐处”的乐感文化，因为教师们不仅从读书中品尝到了生命成长的快乐，而且有了“己欲立而立人，己欲达而达人”的“忠道”精神。我有幸加入其中，读书，让我明确了自己语文教学专业成长的方向。

读书首先改变的是我对待课堂的态度。大学毕业后，我一时还没转换好角色，加之班主任工作的琐碎与忙碌，对语文课堂总有些“茫然”，它好像是我生命中的“副业”一样，我很少静下心来考虑这节语文课应该“教什么”，总是更多考虑这节课“怎么教”，怎样才能出效果，授课模式单一，毋庸置疑，一成不变的语文课堂学生是肯定不会真正喜欢的。

钱理群教授认为，中国的教育，特别是中小学语文教育，有个重大的失误，就是把原本有无限趣味的课本变得枯燥乏味，令人厌恶，甚至害怕。一语惊醒梦中人，我深刻地反省了自己。

通过阅读一些专业书籍，我认识到语文课堂之于我生命的重要性：它是我的“正业”，是我的“命业”，我应该对它怀有深深的敬畏感，我为之前对它的懈怠而感到自责。在这样的心理状态下，我开始改变我的教学方式。我把课堂还给学生，在课堂上以学生的学为主，我则成了课堂活动的引导者、组织者、合作者。我学习新课改的教学模式——三环六步制，“三”指的是“预习——展示——反馈”三个环节；“六”指的是六个教学步骤，即预习交流、明确目标、分组合作、展示提升、穿插巩固、达标测评。我鼓励和培养学生登台当老师，让学生在这种环境下，显示出自己的伟大，展示自己的创造，彰显自己的唯一，发现自己的能力，学有所悟，学有所长，学有所成。我开始发现课堂上学生们的变化，他们乐于主动分享，主动探究，他们的眼睛有了光，那是中国少年应有的模样！

在《我怎样教语文》这本书中，于永正老师告诉我，教语文的妙法，一是多读，二是多写。受此启发，我在我的语文课上增加了“学生练笔”。我们有专门的“随笔欣赏课”，学生们非常喜欢，他们都非常期待每周一次的“随笔分享课”。我也经常从学生写的随笔中挑选一些去投稿，不少学生的作品在各级报刊上发表了，这对学生来说是一种很大的激励，极大地提高了学生的写作兴趣。

读书，让我在学生面前少了生硬的说教，少了自以为是的颐指气使，少了一厢情愿的唯我独尊，多了理解、包容的爱心、多了温暖、仁慈的情怀。现在，我心中理想的语文课堂，也是我所追求的目标是：让语文课堂成为吸引学生的“磁场”，成为师生共享的乐园，成为师生生命共同成长的精神高地！

除了通过读书来遇见天地，我还有一个方式。在我的身边，有一群“行走的语文专业书籍”，在这里，我特别感激松实东中推行的“推门听课”，我得益于学校高屋建瓴的指引，“时时”“处处”都可走进身边有丰富教学经验的“语文高手”的语文课堂，在他们身上，我看到了、学到了很多书上所没有的，实际教学中却非常高效的、有特色的语文教学策略。

走进谢玲花老师的《风会记得一朵花的香》。光听这个名字就美感十足，再加上背景音乐，我仿佛和学生们一起置身于许红豆所在的大理。在这种美感的笼罩下，谢老师一步步带着学生们在散文中积累词语和句段，并把自己所积累的应用于写作。谢老师的课让文字变得有趣，让阅读和写作有法可依。

图 4 谢玲花老师执教的《风会带来一朵花的香》

再来走进安蔚老师的“人间有味是清欢——汪曾祺主题阅读课”，精彩无限。课堂由三个环节构成，分别是：踏雪无痕是至境——梳理文章意；世间万物抚人心——细品烟火味；凡人小事总关情——感悟乡情味。在第二环节中，安老师十分注重学生语言的品位，师生互动中，学生对语言的赏析让人惊艳，安老师带着学生去细微地，从字里行间去体会文字的味道和魅力，“语文味”十足。对学生多种方式的朗读点评和指导也让我明白了自己的欠缺和不足。而像这样的老师，我身边还有很多很多。

图 5 安蔚老师执教的《人间有味是清欢——汪曾祺主题阅读课》

从此，我眼前的语文追求明晰起来。天蓝海阔，长风浩荡，经语文而见天地，我的语文生命，进入了新的境界。

见众生

见了自己，也见了天地，我开始用自己所学服务学生，以学生所需为自己所求。

学生小乐，性格文静，平常不多言语，各科成绩处于不及格的状况。课堂上既不开小差，也不主动回答问题。对于各科老师要求的背诵任务，小乐也时常完成不了。一次英语老师说，这次的单词听写小乐全都写对了，可是他连这些单词都不能完全认读。这让我有点意外。

造成小乐同学各科成绩很差的原因很多，成绩差不能直接与学习能力差划等号。我通过查阅书籍，研究了美国发展心理学家霍华德·加德纳的“多元智能理论”，明白了每一个人都具多种智能，每一个人都有自己的强势智能和弱势智能。就语文学习来说，需要学生具备书写、阅读、写作、口语交际、积累、语感思维、文化品位、审美情趣等方面的能力。一些同学会在某些能力方面有欠缺，而在另一些方面却有优势，只是一直没有完全表现出来成为实际学习能力。小乐在英语单词的记忆中，不能完全认读却能拼写每个单词，这正是他语言积累记忆能力出色的体现。只要将他这出色的语言积累记忆能力进一步挖掘提升，就可以带动其他学习能力的发展，让其潜在的学习能力都能成为实际学习能力。

图6 霍华德·加德纳 多元智能理论

后来，我在班里专门表扬了小乐在词语记忆上所取得的成绩，肯定他的记忆力在班级一定处于前列。今后的语文背诵积累内容，我都有意地单独给他做了要求，还经常性让他在班级展现他对这些内容的记忆情况。任命他为语文组长，负责检查督促小组内其他学生的背诵情况。渐渐地，在课堂上，可以看到他抬头自信的表情了，有次竟然主动举手回答问题，他的回答表述清楚，思路明晰。期中考试，小乐的语文成绩取得了102分，这是充分发展他的记忆能力，从而带动阅读、写作、口语交际、审美情趣等能力发展的结果。

在进行《答谢中书书》教学时，我按照设计的“读、品、悟”板块组织教学活动。在“读”的课堂检查环节，找了好几个语文成绩不错的同学，都不能完全正确地完成“读准字音、读出节奏”的任务。后面品味句意时，在前面《三峡》中我刚刚讲过的词和句式特点，又有许多同学出错。最后的“感悟”环节，大部分同学还是不能找出文中隐含着作者情感的句子。同时，在教学的后半段，同学们逐渐出现学习积极性不高的情况，有的同学甚至昏昏欲睡。课后我反思：是课堂教学方式单一造成的吗？接下来的《记承天寺夜游》教学，我利用多媒体，从课文的影响、苏轼的生平激发学生学习的兴趣，在“读准字音、读出节奏”板块安排了学生自主学习活动。在课堂巡视时，发现有些同学看起来很认真，实际根本没有进行真正的学习。接下来的“品读、感悟”环节我安排了小组合作学习活动。在小组学习时，每个小组都有一两位同学只是充当了“看客”，或者是抄着其他同学书上的笔记，甚至还出现了两个“孤军奋战”的同学，没有参与到小组学习中去。

在集体备课时，我提出了在课堂上遇到的这些问题，老师们都帮助我分析原因，经过讨论和总结，得出以下几点原因：第一，文言文授课形式以老师讲授为主，让学生感到乏味；第二，学生语文基础水平参差不齐，部分同学在语言的记忆、理解、感知等方面相对落后，无法独立完成学习任务，也没有亲历学习的获得感，渐渐会失去学习的兴趣和信心。第三，在进行小组合作学习时，学习小组设置、学习制度不科学。备课组的老师们群策群力，共同帮助我想方法，想策略。而后，在接下来进行《与朱元思书》教学时，我提前重新组建了学习小组，任命了学习组长。把整篇文章分成两部分，各分派给八个学习小组，按“自主阅读、同学交流、点名讲解、自由问答”的方式开展教学活动，并且将“阅读、积累、语感思维、审美情趣”能力作为本课的训练重点。各小组按前面文言文学习的方式进行“读、品、悟”组织学习。学习结束我随机在各小组中点名学生向其他同学讲解学习内容，该学生的讲解情况作为整组成绩。小组学习时，要求组长必须给每个组员分配学习内容，安排学习任务，然后将自己的学习结果给组员讲解，大家再讨论研究，形成一致性结论。讲解结束其他组的学生可以针对此部分内容向这个学生提出任何质疑和问题，此同学不能回答的，组内其他成员可以帮忙回答。一节课结束，我没有做过多的讲解，而学生完成了既定的教学目标，一些同学都是第一次在全班发言，还有一些同学对问题的钻研和理解能力，大大超出了我的意料，也赢得了众多同学的掌声。

无穷的人们，无尽的远方，都和我有关。我觉得，自己正在经历一个奇妙的过程：经语文而见自己、见天地、终至于见众生。

图 7 学生与我

立足课程，提升自我，心向未来

东莞松山湖未来学校 李健荣

作为中青年教师，本人通过以赛促教、聚焦课堂和终身学习这三个维度，回顾并分享自己9年的教学经历。这些经历不仅拓宽了自己的视野，同时也让我结识了许多志同道合的朋友和优秀的同行。未来，我将继续探索多样化的教学方法和手段，为教育事业贡献自己的力量。

以赛促教

作为一名中青年教师，想跟大家分享自己9年的成长经历，讲讲自己的故事。我会经常参加一些教学比赛，在比赛的过程中收获了很多，可以说自己的成长，有很大的部分是来源于以赛促教、以赛代练，在比赛的过程中不断进步。除此之外，自身的成长还聚焦于课堂和构建终身学习的概念（图1）。

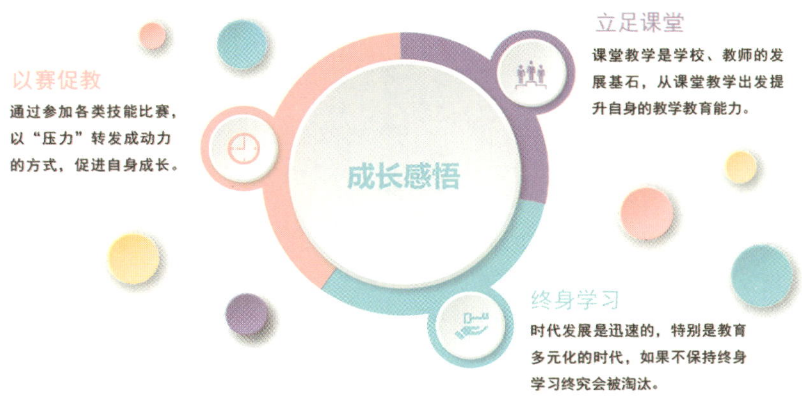

图1 个人成长的三个维度

首先从以赛促教开始讲起，在本人从事教师这一职业开始，亲戚朋友总会说，教师的工作好，假期多、收入高，工作轻松、稳定。收入高不高、工作是否轻松不好说，但是个人觉得至少是稳定的，至少教学内容是稳定的。所以很多教师带过两三轮很快进入舒适区，很多情况下，教学凭借的就是自身经验的积累。如何打破舒适区，使自己进一步获得成长？我自己采取的方式就是以赛促教，通过各类技能比赛，走出自己的舒适区。参加比赛对于成长有什么意义？参加比赛其实是一种任务驱动成长，人是有惰性的，时间总会在不经意间流逝，例如有假期的期间，自己很喜欢刷短视频，刷着刷着时间也就过掉了，但如果你承担了比赛的任务，你总会想着去完成这项任务，否则心里会不安稳。参加比赛是自我提升的过程，比赛的输赢固然重要，但更重要的是在这个过程中发现自身的不足，并通过学习进行弥补。同时，参加比赛也是对自己应压能力的提升，参加比赛，我们可以理解为是额外增加的任务，因为学校请你回来不是参加比赛的，备赛期间做好本职教学工作，比赛前的压抑与比赛后的喜悦都是难忘的回忆（图 2）。

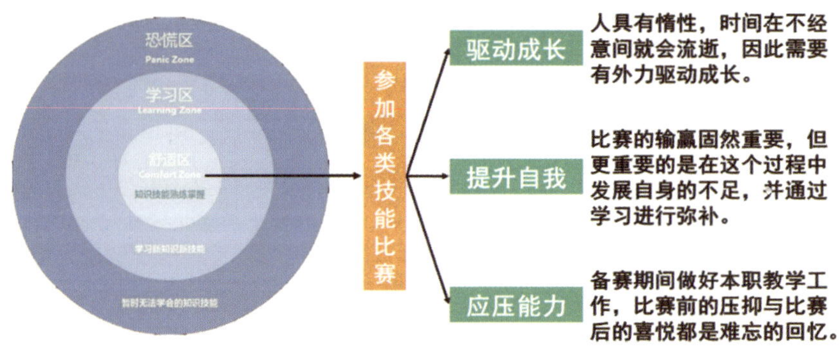

图 2 参与比赛的价值和意义

聚焦课堂

可是在现实的生活中，我们却很忙很忙。我们要照顾家庭、做班主任、参加各类培训讲座、改作业、上课和开发校本课程等等。如何在有限的时间内，提升自己的教学教研水平？在这里，我们引用华南师范大学钱扬义教授提出的“1+8”套餐（图 3）。什么是“1+8”套餐？上 1 节公开课，获得 8 个微研究。因为公开课，我们每位老师都会上。我们如何准备一节公开课？凭借已有的经验，或是模仿名师，或是文献研究。其实在这里，我们通过文献研究解决公开课的问题，将教学过程中遇到的问题转化为教学研究的问题。

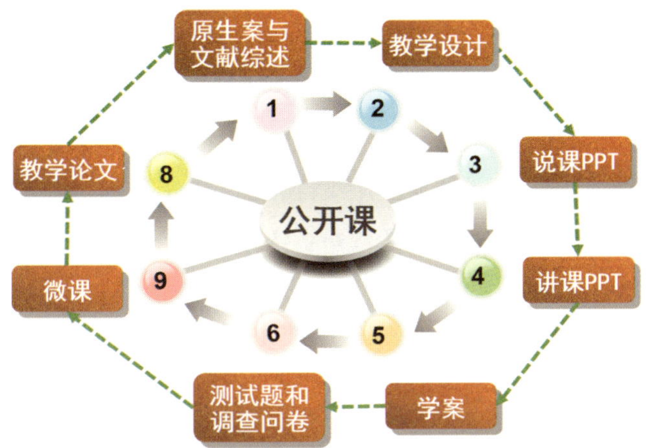

图 3 华南师范大学钱扬义教授的“1+8”套餐

曾经在教授碳酸钠和碳酸氢钠的内容时，有学生问我，老师，为什么 $NaHCO_3$ 与盐酸反应会比 Na_2CO_3 快？我便回答，因为 Na_2CO_3 与盐酸反应先获得一个 H^+ 变为 HCO_3^-，然后再进一步反应变为碳酸。因为是分两步进行的，所以 Na_2CO_3 与盐酸反应会慢一点。学生则反问，你怎么知道 Na_2CO_3 与盐酸反应先变为 HCO_3^-？我十分尴尬地说我高中老师以前是这样教我的。后面，我自己越想越觉得不对，然后设计了一节新的公开课，探究碳酸钠、碳酸氢钠与盐酸的反应。在这节课里，我通过手持技术数字化实验很好地解决了学生的疑问。

除此之外，在授课的过程中，课程也会有相应的延伸，例如教具的开发。某天我在课堂上突然有开发化学实验装置拼图的想法，而恰恰在教具完成开发后，省里组织自制教具的评选，我便将作品拿去参评。因为教具属于自主创新的内容，所以也可以申请相关专利。但教具开发的目的，并不是为了创新而创新，是服务于课堂，提升课堂。

其实，教育不可能独立于社会存在的，因此社会在发展，教育也会随之发展，作为教育组织者的教师也必定要发展进步。随着社会的发展，教育呈现多元化的发展趋势。以前我们总会使用万能充电器给手机电池充电，这名字取得很好，叫万能充电器。但是现在还有哪些手机可以用它来充电？现在是有线充电器、快充，甚至无线充电也在不断地普及。东莞从制造业名城向智造业名城的方向发展，面对时代的变更，教育也在不断地迭代发展。

终身学习

所以教学研究到底重不重要？重要，太重要了。根据已有的研究，教学的发展有三个阶段，而每一个阶段的成长，都离不开教学研究（图 4）。曾经有一次去陕西师大参加培训，听过这么一段话，我们的工作是建平楼还是建高楼？我们工作 10 年，是重复工作了 10 年，像建了 10 栋平层一样，还是 10 年里不断攀升，建了 10 层高楼？因此，我们要在原有的基础上进行思考和总结，这样教学成效才会得到更大的提升。学习让自己充满活力，让自身的课堂也充满活力。脑里总有各色各样的想法，感觉自己的工作不应该是机械枯燥的。

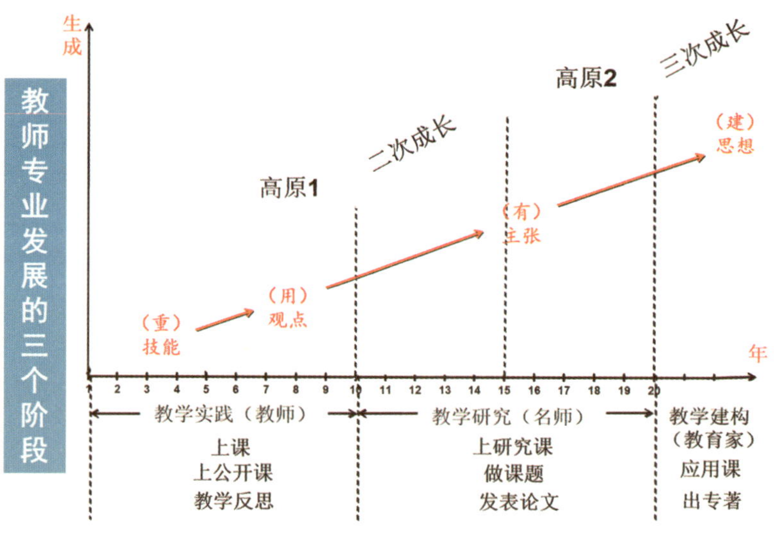

图 4 教师成长的三个阶段

我觉得自己是幸福的，也是幸运的。幸运的是，能够来到未来学校，来到未来集团，在这里我能够接触到先进的教学理念和教学模式，自己也能开拓视野。幸福的是大家对我都倾囊相授，因为没有人应该教会我什么，但是大家都一直在指导我，帮助我，我觉得十分的幸福！

做喜欢且有意义的事

东莞松山湖未来学校　韩如冰

在未来学校的386天里，我参与构建初高中数学思维课程体系，累计开设数学竞赛与大学数学先修课程187节，手写备课材料500余页。我全心专注教学，不仅因为上好课是最大的德育，更是因为教学工作能直接帮助到学生，而在帮助学生的过程中，幸福感油然而生，这就是我喜欢做且有意义的事。

选择做老师

清华大学综合体育馆旁边的标签上有这样一句话："为祖国健康工作五十年"。我认为一个人只有找到了自己真正喜欢做的事才能坚持下来。因此我在学生时期的最后时间一直在思考和实践，希望确定我真正喜欢做的事是什么。

清华大学强基计划五大书院中行健书院的院长，李俊峰老师说："志与趣是构成自主学习的两重驱动力，志之所向，金石为开，趣由心生，水到渠成。"工作本身也是终身学习的一部分。因此，我一直认为不论是学生还是老师，只有将志向与兴趣结合起来，做自己喜欢且有意义的事，才能克服困难持续地坚持下去。同时幸福感是动力持久的重要保障，我很喜欢阿德勒心理学派的观点：人生的幸福来自于不求回报地帮助他人和为自己认可的共同体做贡献。我现在非常确信成为一名中学数学教师就是我喜欢做的事，也是我志向、兴趣和幸福感的交集，这是我在大学中经历了长时间的思考、探索与实践后，才确定的。

选择做数学老师并致力于数学强基和竞赛培养

李俊峰老师说："力学是连接数学和自然科学的桥梁。"我上大学时，我的本科专业叫作工程力学与航天航空工程，共两个普通班，每班 18 人，这是一种理科和工科的综合培养尝试，学校和学院希望能培养出既有扎实的数学和力学基础，又能广泛了解航天航空相关的工程科学的"总师型人才"。同时在清华航天航空学院，郑泉水老师团队也从 2010 年开始探索名为"钱学森力学班"的拔尖创新人才培养方式。

为什么当时清华航院要做这方面探索呢？清华航院是 2004 年由清华力学系重组设立，而清华力学系是钱学森先生克服万难回国后在清华建立的，之后中国两弹一星伟大工程中的很多青年骨干都从这里培养出来。但是到了 2005 年，钱学森先生提出了著名的钱学森之问，钱学森当时向总理进言："现在中国没有完全发展起来，一个重要原因是没有一所大学能够按照培养科学技术发明创造人才的模式去办学，没有自己独特的创新的东西，老是'冒'不出杰出人才。这是很大的问题。"2009 年 10 月钱老带着对中国未来高端产业发展的担忧离开了我们，但是钱老的观念和意志没有被忘记。2009 年由教育部联合中组部、财政部启动实施了"基础学科拔尖学生培养实验计划"，这项计划的目的就是探索如何培养拔尖创新人才。清华航院的探索也是计划的一部分。

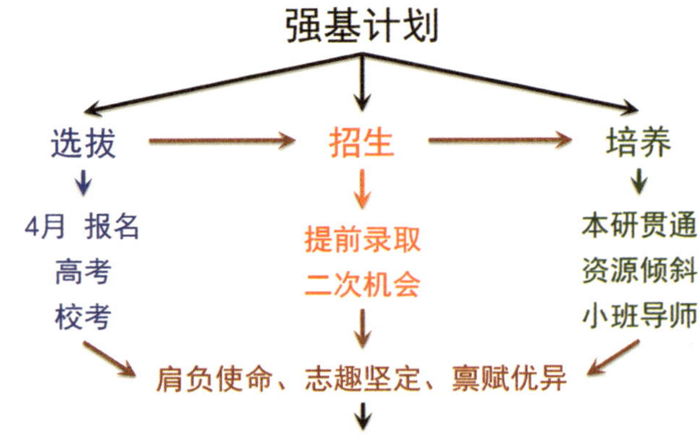

图 1 强基计划选拔、招生与培养

但是，在清华航院的探索并不是一帆风顺的，我所在的力学与航天航空的普通班，既要学习数学力学的理学课程，又要学习航天航空相关的工程应用课程，结果就是我们两个班初始的 36 人有不少同学跟不上课程，出现挂科情况。前几届钱学森力学班的探索也非常不理想，因为课程压力过大，和我一届的钱班同学有多人得抑郁症休学。大约五六年之后，大家都意识到这样搞不行，学院首先将我们当年的本科专业工程力学与航天航空工程拆成两个专业，其次钱学森力学班删去了大多数必修课程学分，大幅减负，改为让学生根据自己的兴趣和志向在清华全理工科专业里自由选课。

2018 年随着中美贸易战和技术封锁加剧，政府、高校、企业、民间都愈发意识到中国未来的高质量发展离不开具有国际竞争力的拔尖创新人才。经教育部批准并大力支持，清华大学、北京大学等 985 双一流高校自 2020 年开始每年开展基础学科招生改革试点，简称“强基计划”。同年清华大学五大书院成立，航院的李俊峰老师调任行健书院的院长，行健书院在航院过去十年探索的基础上，把钱学森力学班放在了行健书院，并再次设立了力学与航天航空的培养方案。这次直接提供力学理学与航天航空工学的双学士学位，同时吸取了之前探索改革的经验，在招生时进一步抬高标准，能够通过强基计划招生进入书院的学生既要有非常高的高考综合素质（广东省近三年的数据比较稳定，大约是高考理科前 300 名或文科前 70 名），又要有数学物理化学的学科竞赛学习经历，具备超越高考难度的分析和解决问题的能力。

表 1 清华大学行健书院力学与工程衔接培养

书院	招生专业	理 – 工衔接双学位的工程专业方向	衔接院 / 系
行健书院	理论与应用力学	土木水利与海洋工程	土木水利学院
		能源与动力工程	能源与动力工程系
		车辆工程	车辆与运载学院
		航空航天工程	航天航空学院
		能源与动力工程	
	理论与应用力学（钱学森力学班）		

我在清华的这些年，亲身经历和见证了国家拔尖创新人才培养改革的一些探索历程，我在从事研究工作时深刻体会到想要突破国家急需的难题，一定需要数学基础扎实的基础学科拔尖创新人才。但因为现在数学基础好的同学太稀缺了，其中又有很多都流入金融等领域，很多国家重大战略方向的数学拔尖学者数量相对稀缺。与此同时，我在这个过程中感到我的性格特点并不适合去现在的国企、研究院或高校工作。而且我妈妈是一名初中老师，她一直都说当老师很幸福，建议我去中学当老师，这对我影响很大。于是我在 19 年底报名了北京市高中数学教师资格证考试，希望先通过考证来深入了解

教师究竟是一份怎样的职业，在考证的过程中我发现除了从小感兴趣的数学外，我对心理学也很感兴趣，这是一个之前从未接触过的新世界。同时 2020 年上半年疫情在家，我协助我妈妈上网课出试卷批改作业，和家长 QQ 聊天，我感觉到做的每一件事最终都能帮助到学生或家长，非常有意义，这都坚定了我要当一名中学数学教师的决心。

选择松山湖未来学校

2021 年拿到教师资格证后，我向导师请了三个月假去做了三个月教师实习，通过实践我最终确认了教师就是我喜欢的工作，那三个月我天天和孩子们、家长们在一起，虽然一天都没有休息，但是每天都感到非常开心和快乐。

实习结束回到清华后，一天晚上睡觉前我在清华就业的官方微信公众号看到了松山湖未来学校来清华宣讲招聘教师的公告，松山湖优异的空气质量和自然环境首先吸引到了我，我立即上传了简历并报名。第二天晚上我就在清华园邂逅了未来学校首批种子教师，在新清华学堂的咖啡厅，我从刘校的演讲中了解到未来学校进行基础教育改革探索的理想和决心，未来学校和清华钱学森力学班创始人郑泉水院士的合作交流，对标教育部强基计划培养国家未来急需的基础学科拔尖创新人才的办学目标之一，这些都和我的教育愿景深度共鸣。

在第二天的应聘活动中我又感受到了未来学校团队的奋斗精神和工作效率。在应聘当晚的聚餐中，领导们、伙伴们吃饭不劝酒，可以不喝酒的良好聚餐文化让我对未来学校不官僚的管理氛围非常认同。在第二天和祥姐、虎哥、斌哥、洋哥、家来、啸山等老师们的交流中，我深深体会到了未来学校种子教师团队真诚、温暖、纯粹、充满教育理想的优异特质，我感觉自己很幸运，仿佛这么多年的实践、探索和等待，就是为了能在未来学校和一群志同道合的伙伴们相遇。

但作为一名教育行业的纯萌新，我也非常惶恐，担心会耽误孩子无法重来的时间，因此我在应聘当晚问了刘校，我能不能 1 月份就转硕毕业先过来学习，领导们都立刻同意。在学校准备毕业流程的时候，未来学校就开始通过线上平台让我参与研修，我感觉到过渡非常自然，因为就是继续学习，只是学习环境不一样了。夯实基础、终身学习也是我的座右铭。在 11 月份的一天，祥姐给我打电话，问我在学校里有没有空，说如果有时间的话可以开始看数学竞赛了，万校说未来学校要培养拔尖创新学生，如果没有学科竞赛就不能叫未来学校。这令我非常振奋，能为国家培养拔尖创新人才提供自己的一份微薄之力也是我选择当一名高中数学教师的另一个重要初心。

来到松山湖未来学校的 386 天与未来展望

到这里，您也许已经从志向、兴趣和幸福感三个方面对我为什么选择成为一名中学数学教师有所了解了。那么你也许能开始理解我作为一名萌新教师，在未来学校这 386 天里做事的底层逻辑，它们即是我的志趣与幸福感和未来教育理念的融合。

进入未来学校后，我开始加入到学校拔尖创新学生培养计划的相关工作，主要是参与构建初高中数学思维课程体系。7 月份新高一学生注册后，我就开始了高中数学思维与数学创新课程的实践工作，利用暑假、国庆、寒假、周末、周五晚上、周中的校本课时间，在学校数学竞赛教练徐伟老师的统筹安排下，我独立开设数学竞赛与大学数学先修课程 187 节，学期中平均每周授课 20 节，独立命制数学思维测试题和数学竞赛测试题共计 23 套，手写备课材料 500 余页，整理周报感悟 116 页，总计约 8.5 万字。在实践的过程中，尽管遇到了很多现实阻力，但万校曾经说过：“最大的教育公平就是因材施教”，这给予了我很大的信心，我们的分层教学也在越做越好。

教师的教学工作最终都能帮助到学生和家长，每一件事都很有意义，并且从中能够收获快乐和幸福。这是教师的纯粹之处，也是我选择成为一名教师的最主要原因。我非常感谢未来学校的包容性和多样性，对学生因材施教，让教师个性化发展，这使得我能够专注教学。“上好课是最大的德育”这句话，不止一次回响在未来学校中，我喜欢并希望成为一名纯粹的“教书匠”，因为教学工作不仅仅是教师的本职工作，更是教师在帮助学生的过程中获得幸福感的不竭源泉。

最后，我说一点未来十年的期望与规划。

国家未来的发展离不开数学人才。丘成桐先生说过：“科学是科技的基础，数学是科学的基础。”任正非先生也多次呼吁中国需要培养数学家。而随着人类基础学科知识体系的日益庞大，为了让一个人在 22 岁至 30 岁的大脑黄金时间能够投入最前沿的研究，只能不断提前学习大学知识的时间。欧美近 20 年培养出的顶尖科学家非常多都是通过系统性的早期培养，14 岁之前就进入大学学习。我期望在未来十年，对标强基计划和国家拔尖创新学生早期发现与选拔培养通道，在东莞也建立一套从小学奥数到大学数学先修的贯通课程，帮助到东莞这座千万人口城市中那些有志向、有兴趣、有天赋的学生，也为国家拔尖创新人才培养输送更多有潜力的学生。

建立从小学奥数到大学数学先修的贯通课程：小学奥数 → 初中竞赛课程 → 高中竞赛课程 → 数学分析 + 高等代数 + 常微分方程 + 抽象代数

➡ 发现和培养一批肩负使命、志趣坚定、禀赋优异的学生

➡ 为国家基础学科和重大战略领域输送后备人才

- 清华大学丘成桐数学科学领军人才培养计划
- 清华大学“丘成桐数学英才班”
- 北京大学“数学英才班”
- 中国科学技术大学少年班
- 中国科学技术大学少创班
- 中科大中法数学英才班
- 39所 985 高校的 高考 + 强基计划

图 2 贯通课程

贯通课程的建立不是只靠未来学校现在的数学竞赛教练就能完成的，这需要大家的共同帮助，更需要更多志同道合的伙伴们加入进来。只要我们像北京、上海、广州、深圳、成都、武汉、杭州、长沙等地区那样打通课程体系，向下从初一、小学五六年级开始逐步下沉到小学低年级，基于数学竞赛体系进行早期发现和衔接培养，向上建立数学分析、高等代数、常微分方程、抽象代数等大学先修课程。而且从小培养，激发潜能，不说参与课程体系培养的孩子都能逐渐成为具备拔尖创新人才潜质的学生，至少也大大提升了分析和解决新问题的能力，不可能再像普通课程体系培养的学生那样还需要“初高中衔接”。

我相信，大家目标聚焦，共同努力，真正做到因材施教，激发学生潜能，专注教学，服务好学生和家长，未来一定会更加美好的！

如何把一只大象放进冰箱？

黄煜仪

如何准备现场比赛？通过平凡公开课里的不平凡挑战，用跨学科的理论探究沉淀灵感；打破思维定式，最大化教学设计的亮点，以及找到一个不计报酬倾力相助的团队。这其实与“如何把一只大象放进冰箱”的思考逻辑趋同，即“找到大象”“造一个适配的冰箱”“探寻隐藏主体”。

相信大家都听过一个脑筋急转弯：“如何把一只大象放进冰箱？”答案很简单，只需三步——打开冰箱、把大象放进去、关上冰箱——这是从步骤本身回应问题，合情合理。

但如果这个问题变成“如何准备广东省青年教师课堂教学展示活动？（下文简称‘省青赛’）”，我沿用步骤法回答：“想好课题设计——熬夜准备——上台展示”，那可太索然无味了。所以我想，与其关注回答这个问题的程序和步骤本身，不如与大家分享我在备赛时的一些总结与思考，或许从这个切面，我与读者能有更多灵感的共鸣。

找到大象

“如何把一只大象放进冰箱？”跳开步骤来审视这个问题，首先要追问的，应是“大象从哪儿来？”

正如我接到省青赛的赛课说课通知，我便开始翻我的“灵感本”。我有个习惯，平时看课例、同行交流，或自己在备课时的一些突发灵感，我都会把它记在一个小本子上。这就像是我的脑识草原里奔跑的小象。当我需要时，便打开它搜索寻找有价值的思考与选点。突然，我翻到两年前我设计的一节公开课的笔记——《红星照耀中国》整本书阅读。

这节课是我在刚入职两年时，为校级公开课设计的。初生牛犊不怕虎，当时一节普通的科组公开课，我却想上出惊天动地的效果，所以一咬牙，把新入选教材的“大部头”纪实文学作品作为研究对象。对象找好了，但难处也来了。因为是新名著，研究者少，与语文教学有关的研究与课例，少之又少，难以参考。一时捉襟见肘，不知如何是好。

没有语文课例怎么办？我尝试在知网上把课题检索边缘放大。幸运的是，这部外国纪实文学作品极为经典，后来还被湖南卫视翻拍成了电影。所以，它在新闻传播学、跨媒介领域、影视等领域的针对性研究比较丰富。

我抱着非功利的态度，尝试从不同专业视角分析这部作品，以此加深对作品的立体理解。在阅读跨专业跨学科文献时，我曾遇到很多障碍，当我遇到难以理解的名词时，我便把它记下来，去检索，去理解，去思考其与文本联结的共同点。那段时间，我一度感觉我不像一名语文老师，反而更像一名在做课题研究的大学生——明明我的目标是要把大象装进冰箱，而我实际上在做的是种香蕉。

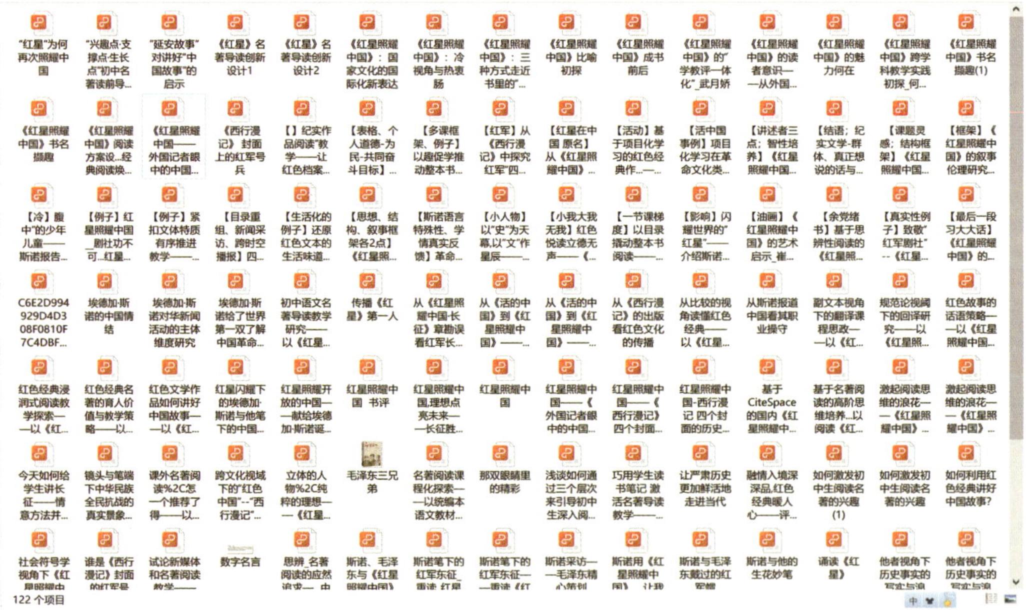

图 1 有关《红星照耀中国》的论文与资料

但可能也是因为这种不功利的跨学科搜索与探究，阅读完 70 多篇论文后，我的视野更开阔了，理解力池子也变大了。因此，一些术语出现时，丰美的联想便顺势而生，触类旁通的灵感自然降临。偶然间，我在一篇影评中看到一句话“冰冷的镜头语言背后有着一颗热忱的心”，一个“冷”与“热”，成了我脑中咬住了香蕉的那只大象。我突然联想起教材里对这本名著的阅读指导：“学会阅读纪实文学作品的方法，把握基本事实，认清‘作者想说的话’。”我敏锐地捕捉到影视学中镜头语言与文学作品艺术特色的异曲同工之处。就这样，一个跨媒介的融合，一组关键词“冷与热”让我有了思路。为了让“冷与热”这组对比词出现得不那么生硬，我尝试所有活动都以对比思维贯穿。我借助余党绪老师“思辨阅读”的理论，以“对立统一”思维为线索贯穿这节课，由学生的原生态阅读感悟对比，到我提出关键词“冷视角”与“热衷肠”，让学生探究纪实文学的文体特点——“冰冷的叙述视角与背后传递的价值立场”。

课前学习任务
1. 阅读《红星照耀中国》，登录 umu 平台（https://www.umu.cn/），输入讨论组号码（75442441），基于已读情节或细节，自主出题，课上互动，相互竞答。
课上学习任务
【学习任务一】 **寻找反义词** 请大家用一组**反义词**，结合情节或人物，总结自己阅读《红星照耀中国》至今的发现或思考。如“强和弱——谈白军与红军的军事力量对比”。 ______和______——谈______________________ 【学习任务二】 **品读冷与热** 1. 请结合推送资料及导学案的阅读提示，找出并品味以下文段，品读的**“冷视角”（客观真实性）与“热衷肠”（主观立场）**。请同学们圈画后文资料关键词，并以批注形式，将你的感悟写在旁边。 推送资料：《纪实作品的冷与热》

图 2 教学设计

至此，我找到了我的这只难得的大象。现在想来，我是真的感谢当时敢于挑战和钻研公开课的自己。没有因为是校级一节平凡的公开课而敷衍对待，而是在平凡的机会里，勇敢挑战新篇目，专注钻研新文本，埋头锤炼新设计，创造了一次“不平凡”的备课体验。而这次体验，也让我在两年后的关键时刻，找到了一只大象。

造一个适配的冰箱

至此，我完成了我的第一步。找到了我的课题。但想把大象放进冰箱，光有大象还不够，我还得有个合适的冰箱。如果说大象是课题，那冰箱就是我的教学设计，是我的载体。照理说，有了大象，找个适配的冰箱再简单不过了。可这事，并没有想象中的简单。

拿冰箱来举例，我们语文课的课堂活动一般有三个，如同三格高的冰箱，需大小分明，需层层递进，但递进又不能使其太高，免得学生够不着，打不开。我参考其他课程的设计，反复修改：第一稿，被评价“有梯度，无学情”；第二稿，被评价“有学情，但没有梯度”；第三稿，直接被评价“你的这个教学设计，又没有梯度，又脱离了学情，简直无效活动！”

我才崩溃地发现，我的课题容量太大，现有的课程设计，无法有效将其囊括，硬塞又会脱离学情。我自觉无法解决，便虚心讨教我们语文科组的主心骨——省级名师潘艳荔副校长。潘校一言惊醒梦中人：“你发现无法突破，是因为你的思维被限制住了。当你要挑战整本书阅读的新模式时，就注定你要重建思维，不能沿用其他公开课的设计，你只有突破，才能发挥你课题的最大价值。”

对啊，我一个冰箱搞不下，那就尝试新的组合啊。那天，潘校陪我构思最后一个活动，她引入大概念，用一条习近平总书记有关纪实文学作品评价的语录，让学生理解迁移，探究纪实文学作品的魅力。我的课堂设计，在她提纲挈领式的帮助下，学情、梯度二者兼顾。

这就如同给我提供了另外一个造冰箱的思路：比起一味地在传统模样的冰箱里添砖加瓦，倒不如把冰箱分成两半，把大象切开放进去，做一个左右双门的组合式冰箱。

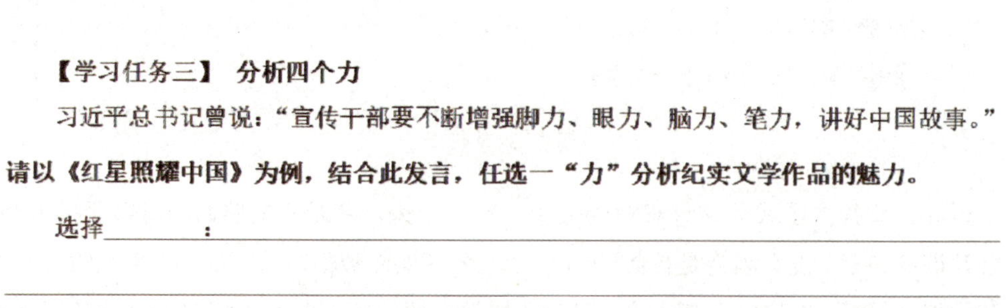

【学习任务三】 分析四个力

习近平总书记曾说：“宣传干部要不断增强脚力、眼力、脑力、笔力，讲好中国故事。”

请以《红星照耀中国》为例，结合此发言，任选一“力”分析纪实文学作品的魅力。

选择________：____

____

图 3 教学设计

但此时，对于这个“新式冰箱”是否被认可，我始终心存担忧：别人的冰箱都是一体式的，上面遍布各种极具魅力的活动，浑然天成，而我的却被切分开两半，朴实无华——和其他参赛选手的设计一比，我的课堂活动不够连贯，形式也变得单一，全课的理论融合不够，学情贴合也不够紧密，这个“冰箱”，真的能获得认可吗？

潘校给的设计当然是顶级的，但当时的我太着急让我的课叠加所有的完美因素，所以总是拿别人的亮点作为标准来比较我的课，希望能弥补课的缺陷，至少让它差距减小。总是拿别人的长处和自己的短处比，渐渐累积的不安，让我又处在一个新的情绪峰底，我甚至开始对自己的课失去了信念感，也产生了动摇。

这个状态一直持续到我们初中语文教研员刘巍老师给选手指点，才开始平复。刘老师提出了很多意见与建议，但他的建议重心并不是让我弥补缺陷，而是最大化我的亮点。他的这一反馈，终于让我有了信心：原来，比赛最核心的，还是这堂课是否有足够价值的核心亮点。

当我获得足够的外界反馈后，我不再焦虑。在省赛的舞台上，我带着最后一版设计上台，它依旧不是十全十美的，但它有着独特的亮点与价值，能短暂地吸引到评委的注视。我无比感谢前辈们，帮我拆掉思维的墙，用高维的视野，为我搭起了另一个更广的思维空间，让我明白，十全十美的课难得，但在比赛中，只要有足够独特的亮点与价值，依旧可以成功。

探寻隐藏主体

“怎么把一只大象放进冰箱”，我终于解决了大象和冰箱这两个对象问题。而在整个过程中，我最为感动的，是这个过程所有动作的隐藏主语都不是“I”，而是“WE”。不管是我的师傅王家莉老师、还是其余备课组的小伙伴、科组长石永老师，都倾囊相助。甚至连我的竞争者——同为省赛参赛选手的关淑怡老师，都毫不藏私地与我一同探讨、共同进步。套用一句对联——每到课间，探讨声、争辩声、鼓励声，声声入耳；每次研讨，改表达、改板书、改课件，样样精心。整个备赛期间，初三备课组浓郁的教研氛围，是我极大的信心与底气。在2021年松山湖的春天，他们让我真正理解一句话：“有一群伙伴，比啥都浪漫”。

最后，呼应开头的问题——“如何准备一次省青赛？”，答案很简单：通过平凡公开课里的不平凡挑战，用跨学科的理论探究沉淀灵感，找到一只有亮点的大象；努力扩容或造一个打破思维定式，最大化自己亮点的冰箱；有一群不计报酬倾力相助的浪漫伙伴，最后再加上一点点运气和个人魅力。祝愿所有人，都能把自己专业或生活中那只最特别的大象放进自己的冰箱。

“转向”
——从足球教练员到体育老师的转变

董亮

转向“足球”，因为足球与南方结缘。“转向”职业球员，8年职业生涯，从少年变成球员，“转向”教练，为了延续梦想。“转向”家长，幼吾幼以及人之幼。一路身份的变化，不变的是一直前进的方向。

“转向”表示转换行进的方向。而在足球技战术中，“转向”则表示合理利用场地宽度，灵活转换方向，从而实现更好的进攻。

对于我来说，“转向”就是我从球员到教练员、再从教练员到体育老师、再从老师成为家长的一路身份变化，不变的是我一直前进的方向。

图1 带队参加东莞市中学生足球赛

“转向”足球

启蒙：初入小学选入足球队，因为足球与南方结缘。

作为80后，和许多伙伴一样，我出生于一个普通工人家庭。在我二年级的一天，当时正在上体育课，老师就把我喊过去，问我愿不愿意踢球，当时小孩们也没什么娱乐活动，我就觉得踢球应该还挺有意思，就说愿意。

由于当时条件的限制，每天放学后要走路去体校训练。在体校，我度过了我的足球启蒙阶段，也是在这里，我逐渐爱上足球。我的启蒙教练带着我们这些小队员在黑白电视前看世界杯比赛，其实刚开始我们也看不懂，教练每次都很有耐心地跟我们讲足球，就像我们现在给学生上足球课一样，讲足球故事。

时间久了，球星梦成为我童年记忆中不可分割的一部分。1997 年，那是个难忘的冬天，广东肇庆明峰足球俱乐部来到体校选人，我开始认真思考自己的未来前途，是继续读书，还是去广东踢球？为了成就足球梦，我最终选择了足球，和南方“结缘”，开启我的足球人生新旅程。

图 2 入选沈阳市体校、被选入广东踢球（10 号小队员）

“转向”职业球员

球员：8 年职业生涯，从少年变成球员

在职业队的 8 年对我来说是一场奇妙的旅行。每天，我和队友们一同起床，吃饭，训练，比赛。在职业队的生活是乏味的，是规律的。时光过得飞快，2005 年，我正式成为足球俱乐部的球员。

图 3 职业队的南京冬训

“转向”教练

教练：想当教练，为了延续梦想

那时，足球环境的发展和变化，使一代年轻足球人的未来变得扑朔迷离。几乎每天都有离队的队友，有的回归社会，有的去上学，看着他们，并没有庆幸自己被留下，而是每天都在考虑怎么不被淘汰，特别惶恐，思考着足球这条路还能走多远。最终，我也决定离开职业队，选择去沈阳大学、东北师范大学进修，希望通过学习转变自己的未来，开启人生的另一个方向。

在大学，我分别获得亚足联、中国足协的D级、C级教练资格，毕业后，我辗转回到职业队，实现了自己的第三次转变，成为了一名教练员。从原来的小董，变成了董教练。从那以后，我就一直坚持着自己教练员的身份，保护这份来之不易的“转向”。

图 4 沈阳东进职业球队教练员（第一排右一）

（而当足球生涯的道路清晰确定之后，我迎来了人生中无比重要的时刻——转向学校教练、转向体育教师。我也借此实现了更多转向。）

心态的“转向”

校园：学校足球队教练员，比职业队更要负责任

2017 年我幸运地来到松山湖实验中学，成为一名校园足球教练员。我们的目的就是培养优秀的运动员，取得好的比赛成绩，因此，我们利用早操，校本课，放学后等课余时间开展足球训练，利用寒暑假、国庆等时间带领学生训练，参加比赛。

如参加广东省五人足球赛、粤港澳大湾区足球邀请赛、广东省省长杯、广东省省运会，东莞市中学生足球赛等等，我们取得了许多优异的成绩，在东莞市中学生比赛中更是“常胜将军”，也创造了东莞市有史以来最好的成绩。

我们既是教练也是学生，我们也需要向更高水平的教练员学习，在这里，我也要特别感谢我的师傅 ---- 董导，把所有技能倾囊相授。感谢他这么多年对我的培养，让我从一个无知的“小白”到现在的小有成就，我取得的成就离不开师傅的精心栽培。我会铭记师傅的教诲，我也明白了虚心学习才能走得更远。

图 5 2022 年带领校足球队参加省运会

责任的“转向”

带队：不仅要教球，更要懂得规划未来

为了提高球队特长生的升学率，我们利用周末时间带领学生练习中考足球项目，并把中考足球项目融入到训练中，作为学期末考核内容之一。经过长时间的系统训练，我们很多学生都以优异的成绩考入理想的高中，建校以来 6 年 6 届毕业生，有 35 人考入东莞八大校，3 人获得国家二级运动员，2 人走向职业联赛。取得这些优异的成绩离不开学校的大力支持，离不开足球队全队上下的共同努力。

图 6 赛前准备会

足球比赛瞬息万变，我们平时需要大量的时间探讨场上的各种变化，找到适合球队的训练方法，教会孩子如何去踢球、如何面对场上的变化、如何把球踢好，建立属于松山湖实验中学足球训练的体系。

回忆起这些时光，我觉得自己在“忙碌中成长着”，“成长中收获着”。

研究的“转向”
体育老师：初上讲台有点慌，科组帮助我成长

2019年，我解锁了足球生涯中的第三个阶段—体育教师。初为老师，我不知该怎么上课，更不用说怎样上好一节体育课了。怎样做才能上好课在我脑海里形成了探索的目标，在体育教学中我慢慢摸索出了自己的教学方式和方法。

我感悟到教练员与体育教师的教学方式和方法是有区别的，足球队的孩子喜欢运动，并具有一定的运动基础，训练时专注度高，而体育课面对的学生体质较弱，跑步时会出现头痛，或胸闷的状况，遇到这种情况我会让学生停下来进行深呼吸，然后通过慢走的方法调整身体的状态，等身体得到恢复后再进行练习。还有些学生时不时就请假，今天肚子痛，明天腿痛，就算让他坚持跑，也是慢悠悠地跑，还不能强迫他，担心出现情绪问题。后来吸取第一届带班的经验教训，加强与班主任沟通，与家长沟通，严格管理班级，培养优秀的体委引导学生上课，不但投诉没有了，学生的成绩也慢慢提升到年级前列。

图7 体育课教学过程

一路走来我感触最深的就是自己从研究如何踢好球，到研究如何上好课。想要上好一节课，研究课标和熟悉教材很关键。教材是学生提高的一个桥梁，通过教师的教，将教材内容转化为学生的一项技能，是体育老师必备的能力之一。

学生的身体存在差异性，要因材施教，针对不同体质的学生，设置不同的学习目标，选择适宜的教学内容，帮助学生在体育锻炼中享受快乐，增强体质、以体育人、育心、育智，五育融合。

成为真正的体育教师后，我发现自己肩负了更多球场以外的责任，教师除了要爱岗

敬业，还要有育人意识，不仅仅是上好体育课，还要时时关注学生，了解学生，用亲切、和蔼、充满爱意的方式给予学生激励与帮助。

同样是赛场，一个在球场，一个在课堂，两种截然不同的感受，更是两段不一样的人生经历。“以赛促学，以学促行”，2022-2023 年我积极参加了东莞市的品质课堂比赛。很庆幸我遇到了一个团结向上的科组，各位老师一起指导我帮助我，让我连续两年参赛，并获得了市一等奖，省二等奖。

图 8 体育科组集体照

这次比赛分为路演、演讲、片段教学、技能展示等六个项目，对于没有接触过这么多项目的我，整个人是懵的，无从下手。在我焦灼的时候，侯敏老师利用自己的休息时间，耐心帮我一遍一遍地打磨课例，纠正我在教学过程中出现的问题，针对问题提出改进上课练习环节的具体建议，最后进行语言的规范。卢老师为了帮助我完成一节优质课，专程请了专家过来看课点评，并提出了许多宝贵建议，对我的成长起到了关键作用。

我也虚心向科组其他伙伴请教怎么上课，通过大家的帮助结合自身的努力，最终使我的教学能力有了质的飞跃。

（本以为这身份已经足够丰富，2022年，我居然又得到一个转向的机会——转向“家长”，我有了我的孩子，成为了一位父亲。也让我教师的身份叠加了家长的身份。）

“转向”家长

家长：我有一个幸福“小家”，还有一个欢乐“大家”

在松实工作7年后，我组建了自己的幸福“小家”，去年2022年，我也成为了一名父亲，成了一位家长。也让我感受到，在学校这个大家庭里，我们每一位老师就是学生在学校的“家长”，我们要尽心尽力守护每一个孩子。我跟学生们一起学习、一起成长。未来不管是大家，还是小家，我都会不断地提升自己，做好小家长、大家长。

总结这所有的经历，就是两个字：向前！松实对我来说不止是工作的地方，也是我另一个家，没人能预测未来，但是，我觉得自己的未来就在这里。就像我们在足球场上的比赛一样，要坚持那份初心，时刻保持头脑清醒，提高向前意识，不断努力前行。

每个人心中都有一团火

孙向阳

明明是火焰般闪亮的内心，不理解的人却以为只是呛人的烟雾……

每个人心中都有一团火，路过的人只看到烟，但总有人看到这团火。每个孩子都是一个个体，是独一无二的存在，成长路上难免遇到迷茫和挫折，作为老师，要眼里“看见”孩子，要善于发现他们的特长，守护孩子心中的那团火。

文森特·威廉·梵高，生前默默无闻，死后却享誉世界的伟大画家。

梵高生前经常与他亲爱的弟弟提奥通信，后人将兄弟二人的信件编辑成书——《亲爱的提奥》，梵高在信中阐述自己对生活的感悟以及自己的艺术思想。他说：“每个人心中都有一团火，路过的人只看到烟，但总有一个人，总有那么一个人能看到这团火……”梵高璀璨如流星般的一生激励了无数迷茫的人，包括我自己。

遇见梵高

最早遇见梵高是在中学时期，作为一名美术生，自然是很关注大家如今耳熟能详的几位美术大师，学校的“画画界”经常流传着有关他的一些黑料，比如：外国有一个画家很疯狂，他割自己的耳朵、是一个画画疯子、画画把自己画疯了，最后还自杀等。作为一名学画画的学生，当时的我很是疑惑，画画难道会把人逼疯吗？还是说画画让人上瘾，欲罢不能，最后还是疯了……

当你脑海中出现有关这个人那么多的疑惑后，你就会忍不住想更深入地了解他。在好奇心的驱使下，那时在网吧上网的时候就会经常去关注梵高的画作以及大家对他作品的解读。

后来陆陆续续又拜读了有关梵高的一些书籍和画册，对梵高有了新的认识，他对生活和艺术的热爱，让我深受感动。例如，最有影响力的《渴望生活－梵高传》、《亲爱的提奥－梵高自传》等。这些书籍对于我们认识画家梵高是比较全面客观的，当然也让我认识到了梵高并不是画画把自己画成精神病的。

图 1 梵高自画像

图 2 《亲爱的提奥》

这些书中有许多的金句流传甚广，对于一个当时正在学画画的少年，这股精神力量是巨大的，例如：

我们总会经历挫折、不幸和艰难的岁月，就像鸟儿会换羽毛一样，你可以一直处在换羽期，也可以换好羽毛，获得新生。

没有什么不朽，包括艺术本身，唯一不朽的，是艺术所传递出来的对人和世界的理解。

一个人绝不可以让自己心灵里的火熄灭掉，而要让它始终不断的燃烧。

我梦想着绘画，我画着我的梦想。

对梵高了解多了之后就产生了一种莫名的崇拜，我发现自己跟梵高有很多相似的经历，那时总是拿自己和他去对比，例如：小时候都很愚钝，学习成绩又很差，经常被父母、老师打压，甚至我们都有兄弟，他有个弟弟，而我有个哥哥等。

随着自己认知的提升，对生活对绘画逐渐有了新的看法，当美术专业知识了解的越多，你就会越喜欢梵高，他的画作很鲜活，给人以激情、力量。当你了解画作背后的故事后，你甚至会泪流满面。

毕加索评价梵高时说“希腊人、罗马人、文艺复兴时的人都根据共同的规则画画，而从梵高开始，每个人必须是他自己的太阳”。

寻找自己

对于我自己，我想，读梵高最大的意义是解放自己。在他画出的向日葵的金色光芒中，我们都要想一想，如果遇上他那样的困厄，我们将如何开辟人生？

去年莫言出版了新书《晚熟的人》，一看到这书名，就特别吸引我，我觉得自己就是那“晚熟的人”。小时候自己的学习成绩一直都很差，我一直都觉得自己是那种非常愚钝的人，没有学习兴趣也没有学习方法，在学校每天都是浑浑噩噩，甚至在上高中之前从来没有在学校拿过奖状，在很长一段时间里还成为家里的笑料。与此相对应的是我的哥哥姐姐们上学都特别厉害，家里每一面墙都是他们的奖状，属于“别人家的孩子”。

莫言说“有这么一种人，看上去很傻，大家都说他晚熟。但是当到了一个合适的时代，出现了能够让他表现自己才华的舞台，他才会突然焕发出光彩来。也就是说在一个不太正常的环境里，有很多人的个人才华是被压住了，没有舞台让他展示。”

我觉得我找到的那个舞台就是——画画，画画让我找到了自信。

画画就是我心里的那一团火。

步入而立之年的我，偶尔跟妻子聊画画聊成长时不觉感叹。我说：“回想自己这些年的成长经历，我一直觉得是画画开启了我的心智，是画画让我逐步开了窍，用古人的话说就是‘开悟’了。”

图 3 我的画

她说：“为什么这么说呢？”

我说：“回想小时候，我感觉对于身边的很多事和物都无法理解，对于学习没有一点认识，也没有一点学习方法，整个人一直都处于一种混沌状态。自从走向绘画之路后，就感觉自己豁然开朗了，有了方向和目标，还逐步找到了学习的成就感和乐趣。高中的最后两年感觉在学校的每一天都过得特别快，上课也没那么煎熬了，对于各个科目老师上课讲的一些抽象概念也都能很好地理解了，还逐步掌握了自学的能力，学习成绩从高一阶段的‘老末’到高三名列前茅。”

这些年，受教师职业影响，关于中小学美术教育相关的书籍我阅读了很多，有关美术教育对人的发展的了解也逐步深入，找到了很多有关美术教育对人的发展的相关理论依据，也越来越认同在学生年代美术对我个人思维发展的巨大促进作用。例如：首都师范大学杨景之教授在著作《美术教育与人的发展》一本书中有解说：“学生运用绘画造型元素：点、线、面、色，审美造型规律：秩序、节奏、对比等进行绘画实践，有助于培养学生的观察力、想象力、创造力、实践能力，由此发展学生的抽象思维、创造思维以及智力。”我是非常认同的。

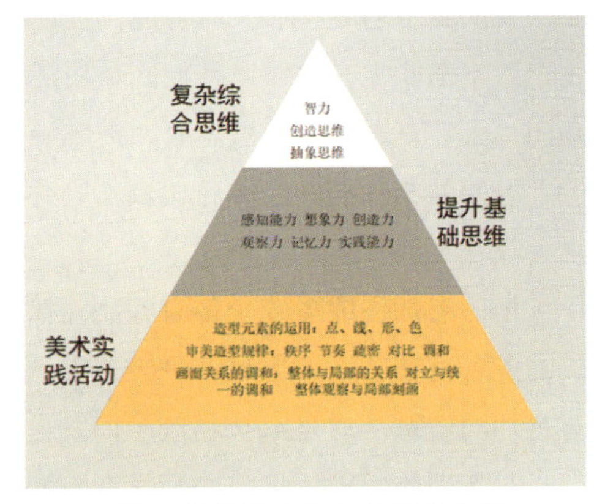

图 4 美术教育与人的思维发展

画画的时候我经常会进入一种忘我的创作状态，感受不到时间的流逝，也感受不到饥渴、劳累，这也许就是“心流”吧，平时很多想不明白的道理和学科知识甚至是在画画的时候想通的。

发现学生

毕业后很长一段时间自己并没有想过进学校当老师，那时耳边总是萦绕着许巍的歌，“梦想着仗剑走天涯，看世界的繁华……”还在一心追寻曾经的艺术梦想，兜兜转转在建筑公司画过墙绘、画商品画、画室教课，以及开办画室等。

2015 年加入松实遇到了一批有教育理想和教育情怀的小伙伴，曾经诸多的教育想法在这也得到了实现，看着孩子们的成长，自己也获得了从未有过的存在感，内心逐渐感觉可能这里才是归宿。在美术教学路上慢慢的有了自己的一些体会，也找到自己的价值所在，不再固执地想着做艺术家的美梦，关注的东西逐渐从某个画家，某个流派的画展过渡到当今中小学美术教育的相关研究，学会用发展的眼光和更高的视角观察教育，同时也不断反思自己一路成长的经验与得失。

我的导师也曾告诫我：“作为一名学校的教育工作者，要有责任感，不能只搞艺术创作而忽略了学生，应该多关注教育规律。作为老师，要有一双发现学生的眼睛，要有激发学生潜力的教育方法，同时还要紧跟时代步伐，关注当下最新的教育理念、教学方法，关注中小学生心理发展规律。”我深以为然。

我的美术功能室——丹青阁，见证了诸多松实学子的成长，很多毕业的松实学子对这个课室都非常有感情，他们回母校后，时常来这边看看。因为在这里很多孩子心中的那团“火”有被看见、被温暖、被燃烧……

温暖是相互的，当你付出真心，你也会收获真情。

图 5 学生与我

相信老师们或多或少都有收到过家长的各种留言感谢，通过各种方式表达对老师的敬意，这是家长和孩子们发自内心对老师的一种认可，是其它很多职业感受不到的一种幸福。这也是老师们重要的精神财富。

最后，我想以梵高自传里的一段话结束内容的分享：

明明是火焰般闪亮的内心，不理解的人却以为只是呛人的烟雾……

我在人群中看到了他的火，我快步走过去，生怕慢一点他就会被淹没在岁月的尘埃里。

我结结巴巴的对他说，你叫什么名字？

从你叫什么名字开始，后来，有了一切……

从翻阅到翻越

刘昱宇

“翻越”是长途跋涉前往新加坡留学，“翻阅”是对异国他乡教材的精读不倦，“再翻越”是攀登学术研究的大山。STEAM 教育是近年来跨学科教学研究的热点，本文简述了笔者根据 STEAM 跨学科教育框架与布鲁姆教育目标认知领域分类法对教材进行定量分析的过程。

这是一个从“翻阅”到“翻越”的故事。翻阅，翻看阅读，包括但不限于书籍、资料，也可以是网上冲浪；翻越，翻山越岭，包括但不限于具象地标，也可以是抽象事物。我的这段经历把“翻阅”和“翻越”紧密的联系到一起，分三个阶段：翻越——翻阅——再翻越。

从翻越到翻阅

2019-2020 年期间我前往南洋理工大学（简称 NTU）留学，就读于其中的五个自主学院之一，国立教育学院（简称 NIE）。NIE 是世界排名第 9，亚洲排名第 2 的教育学院，也是新加坡唯一的教师教育学院，是优质师资培训的摇篮。我去到新加坡不久后因为特殊原因，很多外出的活动都取消了，因此待在学校里面上课和泡图书馆成了日常，NTU 有七大图书馆，对应着不同的专业领域，学习资源和学习环境非常优越。NIE 图书馆成立于 1950 年，是目前新加坡最大的教育图书馆。

图 1 NTU 的七大图书馆

我在 NIE 图书馆的教材书架随手翻阅，抽出一本教材《My Pals are Here! Science》看了起来，并找出了书架上这套教科书其余的几本，当时我正在进行跨学科教学的研究，这套教科书的发现和我前期的学习准备一拍即合，最终确定展开 STEM 视角下新加坡科学教科书定量分析。通过查阅更多的文献和资料，我了解到新加坡的科学教材水平处于世界一流梯队，对我国教材编写有重要参考价值，跨学科视角也适用于该教科书分析。

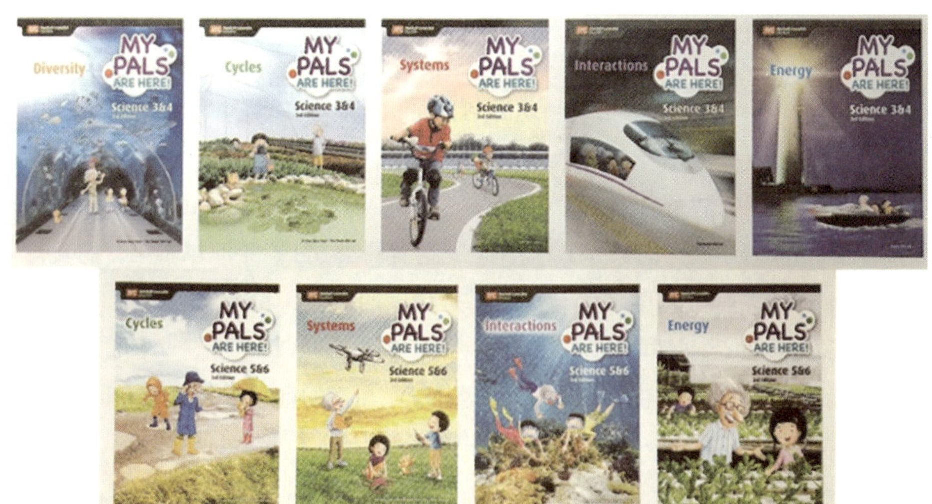

图 2 《My Pals are Here! Science》系列教科书

从翻阅到再翻越

这次“翻阅”，推动着我走向教材研究这座学术大山的翻越，下面跟大家谈谈这次翻山越岭的经历。

为了了解相关领域的研究历史、现状，并能够把握学科未来的研究走向、重点及热点，我在研究综述方面做了不少工作，比如利用 CiteSpace 软件等可视化手段分析文献。首先是收集数据的过程：在 Web of Science 核心数据库以“science textbook”为主题词进行检索，检索时间范围为近 20 年，并按照相关度排序，去除不相关的文献，然后将高引用高代表性的 1500 篇文献所有引用信息导入软件，CiteSpace 会根据文章之间联系紧密程度自动把它们分到不同的聚类当中，并且根据聚类中文章的标题、关键词以及摘要当中的名词性词组给这个聚类命名。最后要经过调试，使图像方便阅读。因此在我当时的论文成果中，可见科学教科书外文文献共被引分析图，每个点代表一篇文献，其中“理性的重构”“中学科学教材”为最大的两个聚类，表明研究的学者多。聚类颜色代表发表年份，我们可以看到浅色区域的课程教材是这个领域的研究前沿。

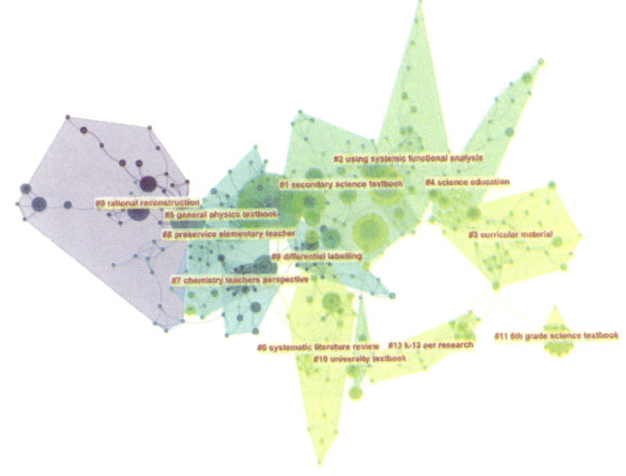

图 3 科学教科书外文文献共被引分析

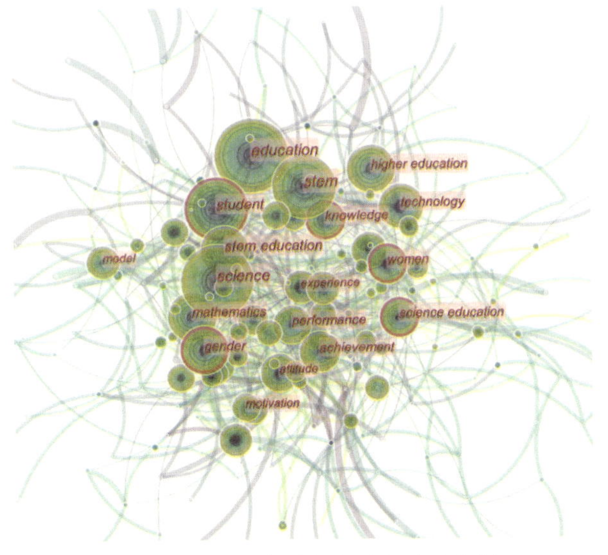

图 4 STEM 教育外文文献词共现分析

STEM 教育、STEAM 教育是近年

来跨学科教学研究的热点，相信大家比较熟悉，S、T、E、M四个字母分别对应科学、技术、工程、数学。而在STEM教育外文文献词共现分析图中，每一个点则代表关键词，动机、态度、体验、表现、成就关键词也有较高出现频次，表示研究人员不仅关注STEM教育成果，也关心教育过程中学生的体验与感受。学术研究常常与枯燥、繁杂相伴，但是每当有所发现有所收获，都是令人惊喜的。

这次研究主要用到内容分析法，因此我还根据亚克门的STEAM跨学科教育框架和布鲁姆教育目标认知领域分类对教材具体内容进行拆分解读，实现量化分析。例如在图5的跨学科金字塔中金字塔的最底层是具体课程水平，包括科学、技术、工程、艺术和数学等相关课程。框架倒数第二层是具体学科水平，展现了科学、技术、工程、艺术和数学学科相互之间的联系。框架中间的第三层是多学科水平，表示艺术与 STEM 的融合渗透。第二层为综合水平，整合了科学、技术、工程、艺术和数学。框架顶层是通识水平，代表了最终教育目标。

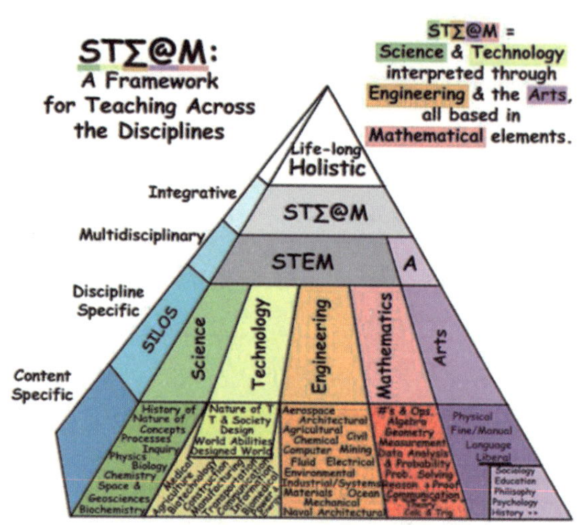

图5 亚克门的STΣ@M跨学科教育

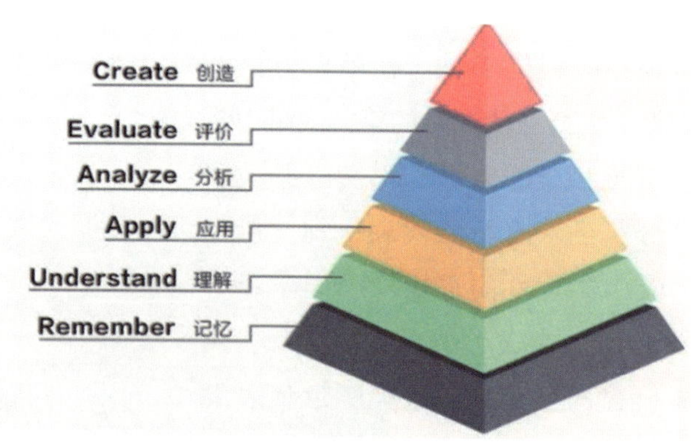

图6 安德森修订的布鲁姆认知领域教育目标

布鲁姆教育目标分为认知、情感和动作技能三个领域，我研究中选取了认知领域。图6金字塔是心理学家安德森修订的，将原来的名词改为动词，并将创造放置在最高阶认知水平。定量研究离不开信度和效度检验，除去和文字打交道，也要面对大量的数据处理。

结合前面定量分析，在研究中，我将教科书的整体呈现特点进行剖析，例如这套教科书非常突出的几个特点：首先，在 STEM 知识的展现结构方面突出问题引导，每一单元的典型结构是“提问－学习－总结归纳”。课本以问题导入每一单元的学习内容。例如在《多样性》主题中，开篇提出三个问题：

“我们能在周围发现什么？我们怎样给生物体和非生物体之间的巨大多样性分类？为什么保持多样性很重要？”

引导学生探索身边的世界。并且在经过了一个单元的学习后，课本也对三个问题给出了解答，三个解答的顺序与问题的顺序一一对应，并且解答的颜色也与问题的颜色一一对应，非常清晰直观。这种解答与问题对应的方式避免了只有问题而没有答案的情况，让学生能够在课后检验自己所学的知识。其次，利用思维导图将知识结构化呈现，利用关键词梳理知识。

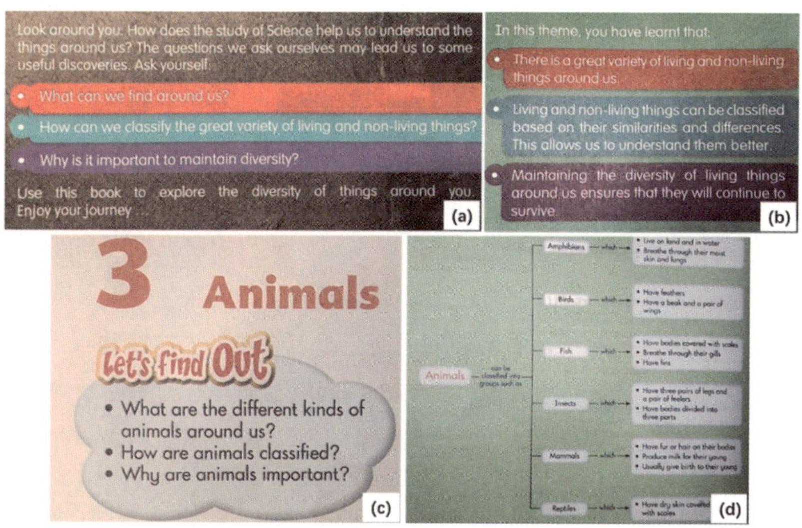

图 7 问题引导与结构化呈现

最后，建构主义理论注重情景教学、探究学习、合作学习。学习不再是刻板地将知识铺陈开，而是进入真实有感染力的情境中，面对真实的问题，通过情境任务来掌握知识、解决问题。例如，课本中会出现将自然情境卡通化的图片，并配以引导式问题：

“你知道为什么动物需要繁殖吗？”“小鸡看起来像它们的父母。我想知道哪些动物的幼仔看起来和它们的父母不一样。”

通过将问题与可视化图片结合的形式，让原本枯燥的问题融入具体的情境和活泼的表现形式中，这样有助于吸引学生的兴趣，唤醒学生的求知欲。除了将问题与自然情境相结合，课本还将问题与生活情境相结合。例如：

“我们应如何安全使用电力而不浪费它？”“如何连接这些灯，使得一盏灯被关掉时，其他的灯依然保持开着？”

图 8 情境引导与可视化呈现

这种将问题与现实生活联系起来的方式可以增加知识与学生的亲近程度，让学生更有代入感，让科学知识不再是高高在上的规律和法则，而是有实际的应用场景和应用方式。

关于教材研究的方法很多，本文仅作抛砖引玉，教材的研究只有和教学实践结合起来才能相得益彰。如果把“翻阅”理解为读万卷书的话，那么“翻越”则可以理解为行万里路。一个人既要读万卷书，更要行万里路。读万卷书，才能找到行万里路的方向；行万里路，才能检验读万卷书的质量。事实上，读万卷书与行万里路从来都是不可以截然分开的。读书是使用大脑在行路、在“翻越”，而行路则是借助腿脚在读书、在“翻阅”。两者相结合，翻越的就是前进路上的重重困难。

为未知而教，为未来而学

东莞松山湖未来学校　余思溶

我们习惯了身边的环境，以为教育就是我们所经历过的样子。其实它并不是我们所以为的那样。走出去，看世界，在经历中成长，不断思考。教育是一门艺术，更是一门科学。它也在不断发展，也需要我们不断进步。作为教师，我们得有教育情怀、打开格局、不断自我提升。在不断变化的世界中，我们要对教育再思考，努力做到为未知而教为未来而学。

有三个问题很值得我们去思考，我为什么要教？学生为什么要学？希望他成为什么样的人？

在教育的旅程中，经历多样化的挑战和困惑是不可避免的。这些体验促使我不断深入去思考教育的本质和目的。我意识到，以固有的标准审视他人，并试图按照自己的期望去改变他们，这是很可怕的行为也是非常狭隘的视角。由此我便开始探索用更广阔的视角来理解教育的意义。而“走出去，看世界”便是很好的开始。

个人教育经历与启示

2011 年，这是我参加工作的第一年，那时我在广西的一所学校任教高一物理。当时有位同事和我说了这么两句话让我终身难忘。第一句是“金钱对我来说已经只是个符号了。”我听到这句话第一反应是他应该已经实现了财富自由。但当时老师每个月的工资不到两千元，为什么钱对他来说就只是个符号了呢？第二句话是“小伙子，你还年轻，钓鱼还不适合你。”他周末会去水库钓鱼，我想让他带我去，他就和我这么说。他这两句话，让初出茅庐的我十分震惊，我开始思考如何超越物质追求，开拓个人的生活格局和精神境界。

在那个转折点上，我逐渐意识到，生活的真谛并不仅仅在于物质的积累。从同事的话中，我开始理解到，真正的自由与幸福来源于对生活深刻的感悟和对自我价值的实现。随着时间的推移，我更加渴望在教育这条道路上探索更深的意义，不仅为了自我成长，也为了能引领学生走向更宽广的天地。

第二年我回到自己家乡的一所高中，当了班主任。当时接手一个相对棘手的班级，里面有会翻墙出去上网吧的学生，还有会因为心情不好偷偷在宿舍喝酒的学生。他们的行为反映出他们内心的挣扎和困惑。在与这些学生共同成长的过程中，我感到了深切的成就感。然而，这段经历也让我意识到了自己能力上的不足，以及需要进行自我提升的必要性。只有自己变得更加优秀，才能培养出更优秀的人。

图 1 班主任工作

国际视角下的教育探索

在我教育生涯的第三年，我选择继续深造并攻读研究生学位。这期间，我获得了赴海外进行教育探索的机会。在泰国萨卡辛大学，我与研究所团队合作，为当地的科学教师提供培训。此外，还与马来西亚的一些学校开展合作办学研讨工作。这些经历让我意识到，教育的形态和目的因地域和文化的不同而异，某些地区的教育着眼于解决生存问题，而有些地区则聚焦于民族和社会的发展。这些国际经历极大地拓宽了我的教育视野。

图 2 2018 年到马来西亚交流

图 3 泰国萨卡辛大学授课

2015 年，研究生毕业的我获得推荐到澳门一所 15 年一贯制的学校工作。这是一段意义非凡的经历。澳门的教育环境与众不同，教育氛围新颖而自由，与我在大陆的成长经历截然不同。

图 4 澳门工作

从评价、课程、平台三个方面可以感受到它的与众不同。

在澳门，学生不受传统考试制度的束缚，教育评估更为灵活多样。比如一年只有两次重大的考试，其余是随堂小测、教师自行组织的测验（重点是平时的小测占比可以很高，即过程性评价占比更高）。

在课程设计上很自由，会使用人教版的教材，但更多地会自行进行整合加工。在初一学段开设物理课程（大陆是从初二才开设），通过《望远镜的设计与制作》这个项目将初中物理中的光学知识串起来讲。通过《隔音箱的设计与制作》将声学知识串起来讲。学校的教育不仅限于课堂，更鼓励学生参与丰富的课外活动。学校没有晚自习，下午四点四十分放学。放学后学生的选择就非常多，可以是校内的《潜能发展系列课程》，

图 5 望远镜设计与制作项目

也可以是校外一些教育辅导机构的艺术课程，比如钢琴、舞蹈。我当时开设了《太阳能种植课程》，学生可以进行太阳能发电系统的搭建还可以进行植物自动浇灌系统的设计。当时这个课程里有学生同时也选了合唱团，在上完我这边的课后就接着合唱团的课程，晚上 7 点才结束。他们相比大陆的学生有更多的选择和自由。另外一点，看着他们挤公交车回家，隔着画面都能感受到“打工人”下班的感觉。在这些学生眼中的学习，和我们所理解的有很大不同。图 6 是高二学生在做《电制蜂窝》探究项目，学生可以接触到很多相对前沿的课题。图 7 是超声悬浮设备，这个设备是我当时自己制作的，然后带高中学生一起做这个项目。在课程方面，他们做到了多元、多维甚至说“一人一案”。

图 6 电制蜂窝项目

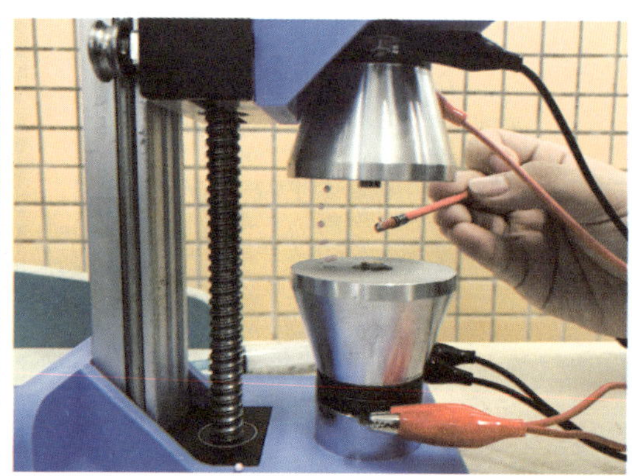

图 7 超声波悬浮项目

在澳门工作的几年里，我有机会深入观察和比较澳门与大陆两地的教育体系。基于一线教师的观察和经验告诉我，澳门学生在沟通合作、批判性思维和信息素养方面的表现普遍优于大陆学生。这种差异反映了不同教育环境下学生能力的发展情况，也引发了我对教育方法和目标的思考。

面向未来的教育思考

在 2018 年，经济合作与发展组织（OECD）提出了“学习框架 2030”，亦称之为“核心素养项目 2.0”。这一框架在新时代的背景下，挑战了我们对传统教育内容和方法的认知。它促使我们重新思考教育的本质：我们应该教授什么，学生应该学习什么。这一点对于适应未来的教育变革尤为重要。

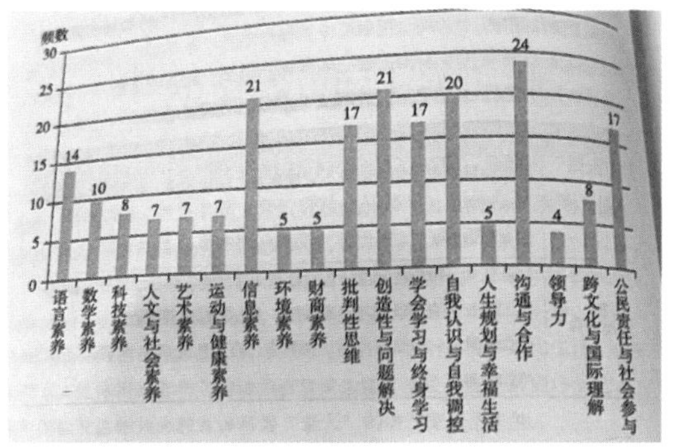

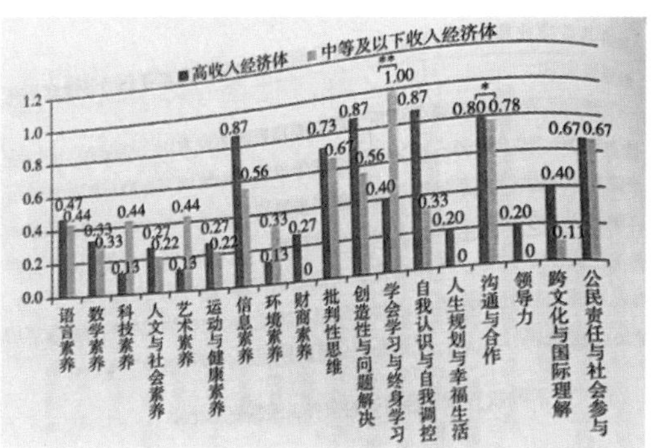

图 8 不同素养受关注频数

图 9 不同收入水平经济体对素养关注度

北京师范大学创新研究院通过对一些样本的分析提供了两组数据（图 8 和图 9），这些数据对于我们作为新时代教师的角色提供了深刻的见解。它们揭示了我们需要转变思维，放弃一些过时的教育观念和做法，以更好地应对未来的挑战。我们的目标是培养能够适应不断变化的未来的学生。因此，我们必须致力于“为未知而教，为未来而学”，共同创造一个充满可能性的未来。

在未来学校的建设过程中，我有幸见证了许多教育者不远万里来到松山湖，他们带来的不仅是丰富的经验，更有远大的教育理想。这更让我坚信教育不仅是知识的传递，更是理想和抱负的培育！

随着我们踏上未来教育的旅程，我们面临着前所未有的机遇和挑战。作为教育者，我们的责任不仅是教书育人，更是引导学生探索未知，激发他们的创造力和批判性思维。在这个快速变化的时代，我们必须不断更新我们的教学方法和理念，以培养出能够适应未来社会的学生。让我们携手合作，共同创造一个鼓励探索、尊重多元、充满创新精神的教育环境。为创建一个更美好的世界贡献自己的力量。

用新思维探索支教新模式

——优化集体备课和创建支教名师工作坊的支教故事

周琼平

三年来的支教工作，我觉得受益颇多。能够投身于教育均衡的国家战略中，我非常荣幸。受到南雄市、韶关市两级教育局局长的充分信任，我拥有了更高更大的支教平台，在南雄县域义务教育质量提升和韶关市域教学管理环节优化工作中，我倡议创建支教名师工作坊，牵头进行集体备课优化工作，发挥更多的能力，贡献最大的力量，我非常幸运。韶关支教，开阔了眼界，增长了知识，收获了友情；既拓展了我的职业宽度，也拓展了我的人生深度。

2021-2024 三个学年，我在韶关市连续支教三年。从南雄二中到南雄一中，再到韶关市教科院，走遍了南雄 35 所中小学，走过了韶关十个县市区。我主讲和组织教育教学专题讲座 243 场，示范课 168 节，受益师生家长超过 3 万人次。组织莞韶教育交流活动超过 18 次，参加交流的市、县、校领导，教研员和骨干教师约 2000 人次。我不仅出色完成支教学校的语文教学任务，还创新莞韶教育帮扶新路径，倡导推动创立莞韶支教名师工作坊，在南雄全市推广集体备课，继而担任韶关市教科院副院长，受托为韶关市教育局起草《韶关市中小学优化集体备课制度实施方案》并牵头实施，效果显著，受到各级领导和省市多家媒体广泛好评。担任东莞市教育局派驻韶关支教团团长，带领支教团 152 位教师出色完成了年度支教工作任务，两次向东莞市副市长汇报支教团工作，得到高度赞赏。

图 1 2023 年 3 月 19 日周琼平名师工作坊赴南雄市偏远山区学校百顺学校做集体备课和师德师风讲座

用激情为山区孩子指引方向

2021 年 9 月，我以东莞市一名普通支教老师身份到南雄市二中支教，担任九年级 5 班和 6 班语文教师。山区孩子与东莞孩子差异很大，学校留守儿童众多，占比达到 40%。开始上课即发现有学生课堂睡觉，5 班最多时有 9 个学生在睡觉。面对校情不同、学情不同的情况，我思考必须采用新的教学策略。我想到德国著名教育家第多斯惠说："教育的本质不在于传授本领，而在于唤醒、激励和鼓舞。"所以，从第三天开始，我每天上课，首先用三五分钟甚至七八分钟跟学生讲理想，讲未来：读什么高中，读什么大学；将来选择什么工作，买什么生活用品，买什么汽车，住什么房子。对认真听课的学生，对完成作业的学生，我奖励巧克力，奖励东莞新鲜荔枝，奖励我亲笔签名的摄影作品并合影留念，一步一步唤起学生的学习热情。如此，认真听课的学生渐渐多了。学期第二次教学质量监测显示，6 班语文成绩在同类班中排名第一，5 班的语文成绩进步幅度全级第一。5 班学生郭春富是体育尖子生，但学习基础差，信心弱，常睡觉。每当他上课睡觉时，我会提简单的问题让他回答，让他逐渐建立起学习语文的信心。第二次教学质量监测后，他拿着试卷兴奋地飞奔到我面前说："周老师，我考了 64 分！我以前语文从来都不及格的！"我当即在全班表扬他，还把自己的第一本专著在上课时奖励给他并合影纪念。到期末考试时，他语文竟然考了 85 分！ 6 班贺缙同学在作文《我的语文老师》中写道：“他对所有的同学都一视同仁，他从不放弃每一个同学，在他的教导下，我的语文成绩也突飞猛进，记得在八年级期末考的时候，我的语文是 58 分，但在九年级，在他的辅导下，我的成绩提升到了 101 分。连我妈妈也不禁赞叹周老师教导有方。”第二学期，学校安排我给九年级全体学生作《激发潜力　创造奇迹》励志讲座，很多学生在讲座结束后激动地向我表示，这是最好的讲座，让他们对中考、对人生充满了信心。

2022-2023 学年，南雄市教育局领导挽留我继续支教，兼任教育局教育顾问，继续指导全市集体备课工作，同时在南雄一中担任七年级 8 班语文教师。学生们非常喜欢我上课，韶关电视台还来我们班课堂现场采访报道。学生刘沁鑫在临别信中说：“您的严格、严厉，造就了七（8）班语文年级第一的成就……您还时常在晚自习时给我们讲课，甚至放学后留下来辅导我们，如果有“诺贝尔负责奖”，我想年年都有、届届都有周琼平！”

图 2 2022 年 3 月 15 日周琼平在南雄一中给初三学生作《挖掘潜力 创造奇迹》励志讲座后给学生签名

图 3 周琼平每周与支教学校的两名留守儿童谈心交流、辅导学业

用集体备课撬起高品质课堂

课堂是教育的主阵地。课堂质量的一个关键要素在于教师备课质量。我到南雄第二天就敏锐发现南雄市初中、小学大多都没有规范的每周集体备课制度，这让我很担心。

我主动向南雄教育局建议以“集体备课”为突破口，提高教师教研能力，从而撬动高品质课堂建设。南雄市教师发展中心和教育局领导对我的建议从善如流，让我的建言献策有了落地的机会。

2021 年 10 月，我被莞韶指挥部和韶关市教育局联合评为“莞韶支教名师工作坊主持人”，同时受聘担任“南雄市教师发展中心特聘教研员”，肩负重要使命——牵头在南雄市中小学推广集体备课。13 所试点中小学 39 位校长、教学副校长和教学主任成为我支教名师工作坊学员。我注重传播和引进松山湖实验中学的创造教育课堂理念、课堂变革模式和科组建设经验。我提出的备课组集体备课策略受到南雄市教育局高度认可，2022 年 4 月，我提供的集体备课规范在南雄全市中小学执行推广。同时，我持续为南雄全市中小学开设集体备课讲座，培育集体备课“种子学校”。2021-2023 两个学年，我应邀走遍了南雄全部 35 所中小学，每所学校至少讲了一场集体备课专题讲座。

我和东莞支教教师经过两年的努力，在南雄市教育局强力领导下，在莞韶指挥部大力支持下，在松山湖实验中学领导和同事们的帮助下，助力南雄义务教育取得了可喜的进步，南雄中考成绩由两年前十个县市区的后 3 名上升到前 2 名。南雄市教师发展中心给我感谢信称赞我“在一定程度上改变了南雄的教育生态”。

2023 年 6 月，我向韶关市教育局汇报我对韶关教育的观察、思考和建议。领导当即邀请我再支教一年，安排我从 2023 年 8 月开始担任韶关市教育科学研究院副院长，要求我在韶关十个县市区发挥作用，委托我起草《韶关市中小学优化集体备课实施方案》。该文件经过三轮征求意见修改定稿，9 月 1 日由韶关市教育局正式发布执行。9 月 19 日，韶关市教育局召开“韶关市中小学优化集体备课动员部署会”，我做了方案解读专题讲座。由此，优化集体备课工作从南雄县域走向韶关市域。我每月受邀到县区和直属学校作教育教学专题讲座。三年来，仅集体备课专题作了 77 场讲座，重要的集体备课专题讲座有：南雄市教育局领导和全体教研员讲座；韶关市第一届“校长说”大会主旨讲座；韶关市中小学全面优化集体备课动员部署会议讲座；曲江区、浈江区、始兴县教学会议讲座；新丰县、仁化县集体备课讲座；乳源县头雁工程骨干校长培训班讲座；韶关市一中、韶关实验中学、北江实验学校等市直属学校教师培训讲座等等。按照方案，各地各校每月提交《优化集体备课工作简报》到市教科院汇总情况，并在工作群里交流。经过第一个学期的推进工作，效果超过预期。2024 年 3 月 22 日，在韶关市中小学优化集体备课推进工作会上，教育局局长在现场观摩集体备课和聆听了五个单位经验分享后说：“三个‘没有想到’：没有想到集体备课工作推进得这么快，这么好；没有想到集体备课对青年教师成长促进作用这么大；没有想到韶关各地各校在推进过程中有这么多创新的做法。”局长还在莞韶教育帮扶联席会议上说：“我们得到东莞市教育局大力支持，安排周琼平副校长担任我市教科院副院长，起草我市中小学优化集体备课制度实施方案并牵头实施，初战告捷，形势良好，这是莞韶教育帮扶的一个重大成果。”

图 4 2023 年 7 月 12 日周琼平应邀为参加韶关市第一届“校长说”的市县两级教育局领导和中小学校长做大会主旨报告

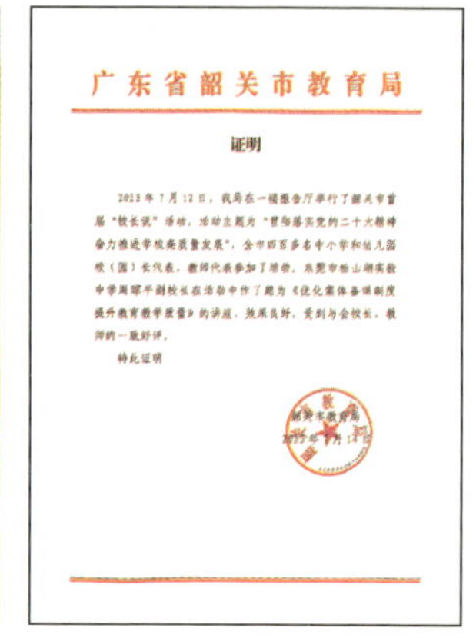

广东省韶关市教育局

证明

2023 年 7 月 12 日，我局在一楼报告厅举行了韶关市首届“校长说”活动，活动主题为“贯彻落实党的二十大精神奋力推进学校高质量发展”，全市四百多名中小学和幼儿园校（园）长代表、教师代表参加了活动。东莞市松山湖实验中学周琼平副校长在活动中作了题为《优化集体备课制度提升教育教学质量》的讲座，效果良好，受到与会校长、教师的一致好评。

特此证明

韶关市教育局

2023 年 7 月 12 日

图 5 首届韶关市“校长说”大会主旨讲座证明

用支教名师工作坊创新支教模式

2021 年，作为普通支教老师到岗后，我思考“点对点”支教模式效果有限，9 月 8 日我在韶关市委领导慰问支教教师代表座谈会上提出了为优秀支教教师搭建“莞韶支教名师工作坊”的设想。提议受到市领导和莞韶指挥部高度重视，南雄市市委常委和副市长多次邀请我参谋规划，工作坊项目因此成功创立，周琼平、贺斌源等四位支教教师成为首批“莞韶支教名师工作坊”主持人。莞韶支教名师工作坊的创立，是支教模式的重大创新。这是在传统支教“点对点”的模式上，形成“点面结合”的支教名师工作坊新模式。这是在组团式支教基础上结合受援学校及地区实际而进行的二次组团，既打破了支教教师单兵作战的传统局面，又形成了校际间、地区间的示范引领联动；既服务当地教师专业发展和教育教学管理改革需要，又能最大限度使支教教师发挥特长优势，激发了优秀支教教师的工作热情，还能形成长效机制，对受援地区帮扶广度更大，影响更深。

莞韶支教名师工作坊首先在南雄试点，然后在乐昌、乳源等地推广，学期内就成立了 12 个工作坊。以此为平台链接莞韶两地教育资源，促进两地教师交流互动，莞韶教育帮扶出现了前所未有的新局面。一个半学期，以工作坊为平台，支教团共开展线上、线下讲座 256 场，承担示范课 173 节次。并外溢到其他帮扶地区，如东莞派驻揭阳支教团长问我索要了相关资料，借鉴莞韶支教新模式，成立了 27 个莞揭教师工作坊，有力地推进了莞揭教育帮扶工作；中山市教体局也向我索要在省会的发言课件，发给中山各支教组团学习借鉴。

通过支教工作坊平台，三年来，我为韶关引进一批东莞优质教育资源，如广东省名校长工作室主持人、松山湖实验中学教育集团万飞总校长；广东省特级教师姚杨海、李永义、彭盛；东莞市名师工作室主持人徐容芳、欧阳伟、李丹丹；东莞市教师发展中心主任李兵和大项目部主任吴华等来韶交流，成效显著。我邀请名师专家主讲和我自己主讲的教育教学专题讲座共 243 场，示范课 168 节。熟悉我的支教老师说：你不是在作讲座，就是在去讲座的路上。大家对我的支教工作给予高度评价，南雄市的广东省首批名校长工作室主持人曾凡辉对我说：“今天你是硬币上的一个支点，撬动了南雄教育航母的大转动，力量不可估计的，启发一批好老师，幅射带动数百人，精心培养一代人，受益百姓千万家。”东莞支教组老师评价我是“支教发动机”。2022 年 9 月 19 日，莞韶帮扶指挥部官方媒体《精彩莞韶》以《“支教发动机”周琼平》为题进行了专题报道。

用爱心为山区教育捐资助学

我积极助力教育公益事业。2022 年 7 月，我组织东莞市都昌商会查会长率领一批东莞爱心人士到南雄二中捐献教室空调、乒乓球台，并对 30 位困境学生进行资助，共捐物捐款近 7 万元。2023 年 4 月，我协调东莞市松山湖科教局、东莞市早稻田膳食公司、东莞市中启教育科技服务公司等单位为南雄一中捐赠希沃一体机、摄像机、科创教育设备等约 8 万元。2023 年 10 月 25 日，我到南雄市界址中学给 10 个困境学生捐赠了 1 万元助学金。

回顾三年来的支教工作，我觉得受益颇多。能够投身到教育均衡的国家战略中，我非常荣幸。受到南雄市、韶关市两级教育局局长的充分信任，我拥有了更高更大的支教平台，能发挥更多的能力，贡献最大的力量，我非常幸运。韶关支教，开阔了眼界，增长了知识，收获了友情；既拓展了我的职业宽度，也拓展了我的人生深度。

大山里的未来学校

——湘西送课有感

梁锡林

通过观察乡村教育的课堂现状，深感乡村教育面临的挑战与困境。原以为乡村教育资源匮乏，但实际上，乡村学生对于知识的渴望和教师的责任感令人感动。这使我反思自己的课堂教学模式，意识到应该更加注重学生的实际需求和个性化发展。同时，我也深刻体会到我国在促进城乡教育公平道路上的艰难险阻，但深信未来将涌现更多优秀的乡村学校。

我必须坦言，在此之前，我对湘西的了解仅限于其富有神秘色彩的“湘西赶尸”文化。在中国的广大地域中，湘西对我来说一直是个未曾触及的“远方”。作为一个土生土长的广东人，我对地域的认知相对有限，甚至有时会显得有些“地理盲”。就像那个广为流传的段子所说，广东人眼中的“北方”，似乎是一个宽泛而不确切的概念，它囊括了所有广东以外的地区。对于像我这样的广东人来说，我们对地理知识的匮乏并非玩笑，而是深藏于日常生活中的真实。

乡村学校的蜕变与希望

在党的十九大报告中，明确提出了实施乡村振兴战略，旨在全面提升农村地区的发展水平。其中，乡村教育的振兴作为战略的重要组成部分，被视为乡村振兴的关键支点。乡村教育的振兴，不仅关乎乡村未来的发展，更是决定着广大乡村孩子们的未来前景。我们有幸参与了一个名为“未来学校助力乡村教育振兴”的项目，深入湘西地区，为乡村学校的孩子们送去知识与关爱。

如图 1 所示，在大多数人的印象中，乡村教育往往与破旧的桌椅、阴暗潮湿的教室等画面紧密相连。然而，这仅仅是我们对乡村教育的一种刻板印象。实际上，乡村教育的现状远比我们想象的要复杂和多元。

当我们参观第一个学校“十八洞小学”时，映入眼帘的是如图 2、图 3 所示的场景：现代化的教学设备、宽敞明亮的教室，以及孩子们纯真无邪的笑脸，这几幅画面在我脑海中形成了鲜明的对比。原来他们上课的环境变得越来越好了，除了平板，他们用着跟我们一样的黑板、一样的一体机、甚至还多了个录课设备。还有这里的小孩子，我原本以为他们看到这么多人来看他们上课，会很拘谨，放不开。其实他们一样在跟老师积极地互动，大声地笑，开心地跳。这使我深感乡村教育的环境正在逐步改善，尽管仍存在诸多挑战，但进步的步伐是坚定而有力的。

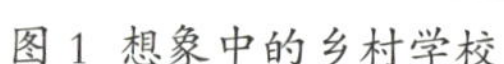
图 1 想象中的乡村学校

图 2 课室设备齐全

图 3 孩子活泼可爱

然而，在深入了解后，我惊讶地发现虽然它叫小学，但实际上它只能算是一个教学点。这里只有一个一、二年级混上的班级，只有一个“精通”语数外音体美的“全能”老师，有一个办公室、图书馆、阅览室通用的房间，而且这里的孩子大多数是留守儿童，等他们上了三年级还要转去其他地方上学……尽管条件有限，这里的老师依然执着和坚持，用心培育每一位学生；孩子们也展现出积极向上的精神风貌，他们的笑容如阳光般明媚，充满希望。

在“十八洞小学”现场的感受远比在电视上看到的感受要强烈得多，在现场，你一定会有种“我想为他们做点什么”的想法，老师们的坚持、孩子们的笑脸甚至让我产生了想留下来教书的念头。虽然理智把我带回了广东，但是我依然期望能有更多的人可以关注乡村教育，为那里孩子们的未来带去更多可能，为改善乡村教育做小小的贡献。

乡村学生的无限潜力

后来，我们又前往了古丈县断龙中学进行送课交流。在挑选课程和设计课堂时，我们曾担忧乡村学生的思维可能相对局限，互动中可能不够活跃。然而，事实证明，我们的担忧完全是杞人忧天。

如图 4 所示，当我站在讲台上时，我注意到台下那一双双明亮的大眼睛。这些眼睛里透露出对知识的渴望。面对他们，我内心涌起一丝忐忑，担心自己的课程无法满足他们的求知欲，无法给予他们真正需要的东西。

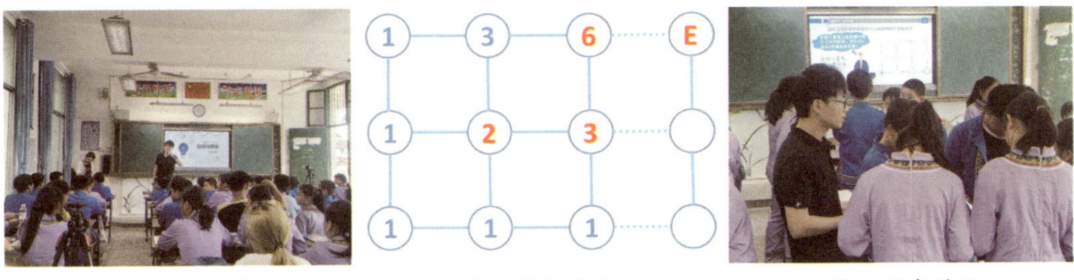

图 4 课中场景　　图 5 找规律题　　图 6 课堂讨论

他们的思维活跃度超出了我们的预期。在课堂上，我收获了许多意想不到的观点和见解。如图 5 所示，在这个题中，根据规律，填写出点 E 所表示的数字。在有了前面的课堂铺垫后，做这道题，应该比较容易想到的规律是：左边一列和下边一行的数字都是 1；其他格点上的数就等于它左边的数字加上下边的数字。但是有好些个学生都是不按套路走的，其中有个学生就提出：最下面一行的数字都是 1；第二行则每个点的数字等于它左边数的基础上加 1，第三行就等于左边数字上加 2、加 3，那么下一个应该是加 4，所以 E 应该是 6+4=10。在那一刻，我深感自己仿佛经历了思维的降维冲击。

其次，值得注意的是，这些学生平时缺乏表现的机会，但他们的表达能力并不逊色。在课前，我与学生交流得知，他们平时的课堂通常缺乏讨论和展示环节，甚至连小组合作学习的模式都不常见。尽管如此，我仍然坚持采用了小组合作的学习方式。在课堂讨论中，学生们逐渐融入了讨论的氛围，讨论变得越来越热烈。有些学生甚至开始积极地鼓动组员发表答案。在小组展示环节，虽然他们在体态上略显羞涩，但在阐述观点时却表现得条理清晰、逻辑严谨。

这一发现令我深感欣慰，也进一步印证了乡村学生具有巨大的潜力和可塑性。我们应该为他们提供更多展示自我的机会，激发他们的表达欲望，培养他们的自信心。课后，一位老师对我表示赞赏："梁老师，您真的很擅长发现学生的优点呀。"我立刻谦虚地回应道："没有，我只是尽力为他们提供一个展现自我的平台。"其实，我内心深处深知，真正的亮点并非我所能发现，而是这些学生自身所具备的潜力和才华。他们的热情、勇敢和才华横溢，才是最值得被发掘和赞美的。

在课堂上，我发现学生们普遍存在一个明显的不足：他们不敢对台上的同学提出质疑。这一现象不仅体现了学生淳朴的学风，也反映出教师的教学习惯对学生的发展产生了重要影响。

对于这一问题，我进行了深刻的反思。在过去的课堂上，我一直坚持采用小组合作学习的模式。经过观察，我发现学生们在小组合作中逐渐变得更加自信、敢于表达自己的观点，逐渐培养了独立思考的能力，不再过度依赖教师的指导。这使我深感自己的坚持是正确且值得的，也更加坚定了我在课堂上推行小组合作学习的决心。

正如叶圣陶先生所说："教是为了不教。"小组合作学习不仅打破了以教师为中心的传统教学模式，更锻炼了学生的表达能力和思辨能力。这种学习方式不仅提升了学生的能力，更重要的是教会了他们自主学习的方法。我相信这对于他们日后的高中、大学学习也会产生积极的影响。

上完这节课后，我深感乡村学生的素质并不逊色于城市学生。他们只是由于接触的事物较少、视野不够开阔以及资源和机会的相对匮乏而显得稍逊一筹。这些乡村的孩子，尽管身处环境相对闭塞，如同生活在光线不足的井底，然而，他们依然竭尽全力，仰望属于自己的星空，追寻着美好的未来。反思自己的学生，我发现他们总是缺乏内在的学习动力。作为新时代的教师，我深感有必要为这些学生重新点燃努力的火光，为他们指明前行的方向，助力他们敞开未来的新世界。那么，如何激发他们的内在潜能，培养他们独立思考和自主学习的能力，便成为我时刻思索的重要课题。

乡村教育振兴

这次湘西送课的经历，使我不禁联想到一个至关重要的关键词——教育公平。教育公平，无疑是全社会共同关注的焦点问题。我国政府一直致力于实现教育公平，包括近期推出的“双减”政策以及“教师轮岗”制度，都是为了促进义务教育均衡发展，确保每个孩子都能享有平等的教育机会。

过去，我们一直在强调，乡村教育硬件设施不足是教育不公平的主要表现。近年来，我国政府已经在政策和经济上给予乡村教育极大的倾斜，一个小小教学点里的设备就是最好的证明，多媒体设备有了，阅览室有了，计算机教室有了……但硬件到位，城乡教育失衡的天平就真的平衡了吗？事实却是，硬件配齐，但他们却缺少能发挥硬件作用的人。

但我相信，会有越来越多的教师扎根乡村、深耕教育，让每一个乡村孩子都获得人生出彩的机会。同时我也相信，随着“未来学校助力乡村教育振兴”项目的推进，将来一定会涌现出一批“大山里的未来学校”！

找到自己的甜甜圈

黄煜仪

如何在职场中减少焦虑、无趣、艰难的负面情绪？不妨从“寻找擅长圈”“扩大兴趣圈”“锚定价值圈”三个方面进行尝试。扩大擅长圈、兴趣圈与价值圈三个维度的重合圈，赶走内耗，打造属于自己的职业甜甜圈。

前几天，我见到一个很有意思的词——“畜心积虑”，它指“社畜做久了，内心慢慢地就积攒了很多焦虑情绪”。

相信大家也曾有过这样的感觉：明明坐着上了一天班，也没有特别繁重的工作，但还是会觉得身心疲惫、觉得很无趣、艰难。

觉得焦虑，因为不够有能力；觉得无趣，因为没有兴趣；觉得艰难，因为觉得没有什么价值。这就像三个甜甜圈，我们总处于它的外围，在工作中看不到一点点的甜头。长此以往，可能直接摸鱼。但其实事情都有两面，若我们反过来看，如果我们能在三个甜甜圈的中间，找到三者的重合处，我们的幸福感会不会强一些呢？

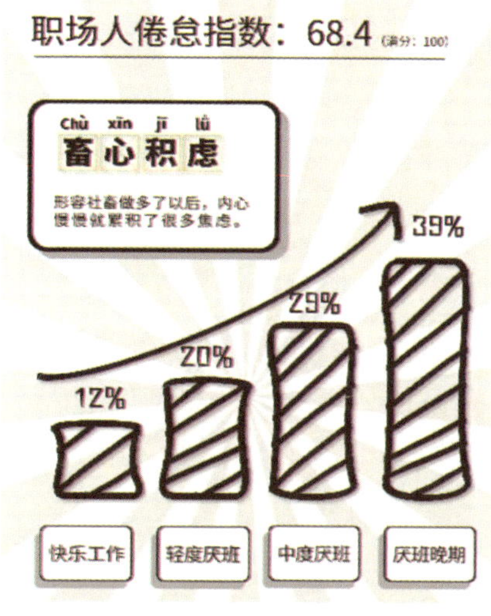

图 1 前程无忧发布的《2022 职业倦怠报告》

找到擅长圈

曾经，担任班主任让我一度焦虑异常。我习惯做事“凭感觉”，但做班主任，我必须克制自己的随性，要把学生工作，事无巨细，安排得井井有条；我心思比较敏感，遇到情绪不稳定的家长，我需要抑制自己的高敏感特质，去耐心、平和地与他们讲道理。而学生的不理解，家长的不体谅，让我看不到工作的价值。我会忍不住想，为什么我这么努力克服我的性格弱点来工作，但结果却不如我意，反倒只落下一个内耗焦虑？

后来，我把我的烦恼，与在做职业测评师的朋友倾诉。她听完我的故事，提出建议：我不要总盯着性格弱点，想着去改变自己，而应该去关注我性格擅长之处，去探索适合这种特质的工作风格。她说，她在帮助企业筛选面试者的时候，会让应聘者先做一系列的量表，如霍兰德测试、MBTI 测试。通过多维度判断每个人的性格，帮助他们匹配自己更适应与胜任的岗位。

我在她的建议下，去测了 MBTI。结果显示，我是非常典型的 INFP 型人格，即就是内向、敏感、随意、理想化。但我以前的认知，是我应将自己改造成“外向、理性、有条理”的班主任模样，而这基本与我性格特质违背。因此哪怕我付出许多努力，我总觉得自己做得不够好，以致焦虑重重。

图 2 MBTI 人格测试维度

打破认知后，我再次担任班主任时，便学会将我自己的性格特质与工作融合，找到我擅长的方式。我不再一味在家长群里和家长讲道理，更多时候，我会与他们共情，营造良好的家校沟通氛围。几个孩子在校打架了，比起我不擅长的讲道理，我会利用我的共情特质，告诉一个没及时发现孩子问题的妈妈，你已经很细心了，反正比我妈妈细心；我也用自己的经历，来安慰一个孩子在校容易和别的孩子起冲突的家长，让她们理解与接受我的观点，相信我们确实是站在一起来帮助学生成长的。再比如，在学生宿舍违纪时，比起让他们写反思书，我往往会给他们更多选择。可以举办“学子讲堂”，也可以选择拍“安全教育小视频”，让他们的反思不仅停留在一张纸上，而能成为做中思的教育资源。

同样，在学科教学上，以前的我，会因为教不好学生细节描写而焦虑。而现在，我会更倾向于感受派教学。我会在春雨来临之时，让孩子们在雨天到架空层去听雨，撑着伞去捡落花，去俯身观察那微观的世界，利用五感去触碰自然，去书写他们与自然的独特感受。于是，学生写出了“被风吹落在地上的鸡蛋花，染上了雨中的色彩，成了地上的星河。”，写出了“朦朦雨雾笼我身，茫茫雨水叮咚声”，写出了“天上的河流漏出了几滴，就成了白花花的雨赐给了人间。”

认识自己，了解自己，把我的性格特质发挥到最大，找到自己的擅长圈，让焦虑远离我们。

图 3 雨天带学生听雨、赏花

扩大兴趣圈

如果一个人，只做擅长和有价值的事，似乎也不是最理想的工作状态。尤其工作繁忙，自己私人获得快乐的时间变少了，工作情绪不高涨，容易变成一个“无情的打工机器”。我在想，或许，我们能不能让工作变得有趣一些呢？比如把喜欢的东西，带到工作来，这是不是会让工作变得稍微多点趣味呢？

我曾带着学生在班会上玩我最喜欢的综艺里的游戏。一节讲人际交往的公开课，我不再长篇大论，而是让他们玩两个游戏——“正话反说”，将所有的题板词汇倒过来说，挑战一分钟，谁说得更多；“加字不NG”，小组每人依次添一个字，将题板上的词汇变成一句话。两个游戏下来，学生的答案与反应往往离奇得让人啼笑皆非。体验过后，我再询问学生感受，并将话锋一转，与人交往过程中，哪些“低言值”行为需要我们避免？学生纷纷举手，“反着说”“添油加醋地说”……一堂人际交往的班会课，由此生成。我不需过于烦恼如何长篇大论讲大道理，我把我喜欢的游戏，带给学生玩，双方从中获得乐趣，这让我对班会课的焦虑指数直线下降。

语文课上，带着我爱玩的“剧本杀”走进《猫》的备课，我会发现，课堂不再是枯燥的。它像一场多人的剧本杀，老师是主持人，学生是玩家，我们依据行文线索，将文本拆解成一幕幕，随着情节一起去扮演、探案、解谜。这样的课堂，不再是我的一言堂，所有同学热情高涨，我也从中获得了别样的乐趣。我还把喜欢的桌游创意，分享给学生，让他们依据《海底两万里》的故事情节与人物形象，发挥创意进行桌游设计。有依据情节做成飞行棋的，有依据人物形象做成《游戏王》一样的卡牌对阵游戏的，还有做成了“教具”款的桌游。学生的创意，让我的语文教学设想得以落地，寓教于乐的项目式学习，由此生发。

我不仅爱带着学生玩，也爱带着家长玩。有一阵，我们班学生酷爱魔方，我也跟他们学了几招。学生一步步地教我，首先看有几个不一样的色块，然后依据公式，一步步复原。他们边教，我边震惊：小小的魔方，竟还藏着这么多门道与哲理。于是，家长会上，我带着我的家长来体验这种魔方复原的过程，并与他们在还原魔方的过程中，分享我领悟到的亲子沟通之道——“不说‘还有3块没复原’，要说‘还有3块就复原’”“要抓大放小，忍受一些杂乱色块的干扰，允许他们自我调整过程中变得稍微‘混乱’，做有耐心，不焦虑的家长”。那天家长会后，不少家长微信和我反馈，这是他们第一次遇到如此别开生面的家长会。

慢慢地，我发现，当我把我的兴趣圈扩大，带到工作中来，我的工作情绪也渐渐高涨。每天我在和我感兴趣的东西接触与打交道，就像做游戏一样对待工作，自然而然，我的幸福感会比之前更多。与此同时，我也发现，业余爱好可以提供更绵长的兴奋点。

让我用不一样的方式来看待工作，让我更能保持历久弥新的想象力。

锚定价值圈

渐渐的，我会觉得工作越来越顺手，不焦虑了，工作也可以更好玩了。加上信息的整合，我逐渐发现备课资源越来越丰富，张玉石、钟杰、殷正洋等班主任名师系列课程，语文湿地、初中语文匠等大批量语文备课资源，大大减轻一线教师的工作量，我们的备课工作似乎变得更加简单，更得心应手。

但这种简单，在 AI 出现后，引发了一波深思。我尝试把一个学生作文的片段，上传到百度 AI“文心一言”。它 10 秒即可生成文章修改稿。而当我优化指令，它完全可以实现秒批学生作文，且在语言上、主旨升华上都有可圈可点的效果。面对如此效果，比起“以后更省事了”的兴奋感，我更多的是担忧——信息化技术如此发达的现在，究竟是“我在上课”？还是，“我”在上课？

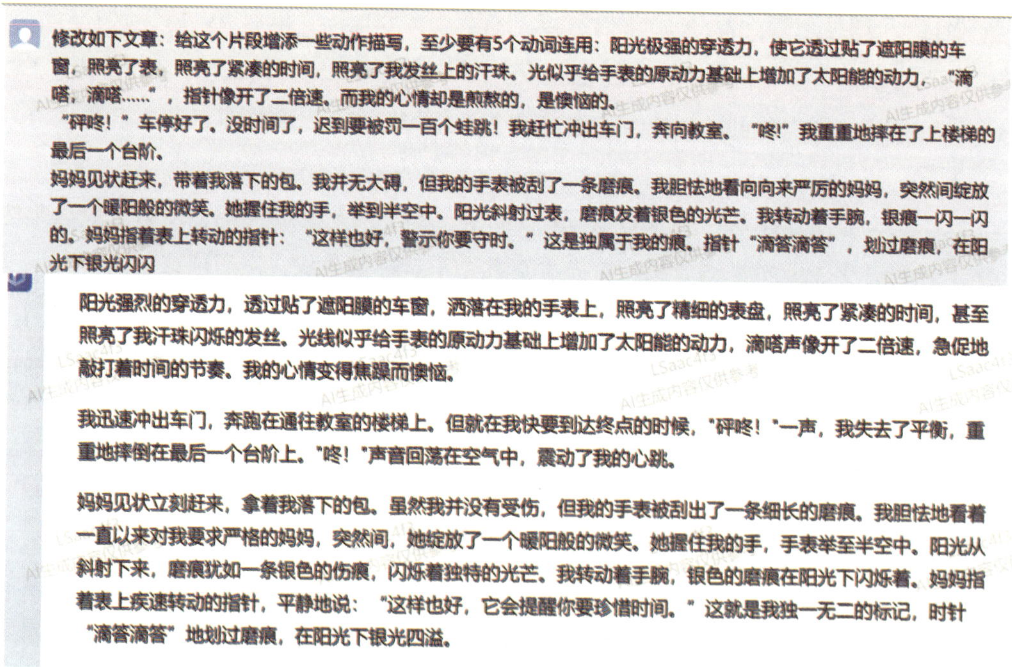

修改如下文章：给这个片段增添一些动作描写，至少要有5个动词连用：阳光极强的穿透力，使它透过贴了遮阳膜的车窗，照亮了表，照亮了紧凑的时间，照亮了我发丝上的汗珠。光似乎给手表的原动力基础上增加了太阳能的动力，“滴嗒，滴嗒……”，指针像开了二倍速。而我的心情却是煎熬的，是懊恼的。

“砰咚！”车停好了。没时间了，迟到要被罚一百个蛙跳！我赶忙冲出车门，奔向教室。“咚！”我重重地摔在了上楼梯的最后一个台阶。

妈妈见状赶来，带着我落下的包。我并无大碍，但我的手表被刮了一条磨痕。我胆怯地看向向来严厉的妈妈，突然间绽放了一个暖阳般的微笑。她握住我的手，举到半空中。阳光斜射过表，磨痕发着银色的光芒。我转动着手腕，银痕一闪一闪的。妈妈指着表上转动的指针：“这样也好，警示你要守时。”这是独属于我的痕。指针“滴答滴答”，划过磨痕，在阳光下银光闪闪

阳光强烈的穿透力，透过贴了遮阳膜的车窗，洒落在我的手表上，照亮了精细的表盘，照亮了紧凑的时间，甚至照亮了我汗珠闪烁的发丝。光线似乎给手表的原动力基础上增加了太阳能的动力，滴嗒声像开了二倍速，急促地敲打着时间的节奏。我的心情变得焦躁而懊恼。

我迅速冲出车门，奔跑在通往教室的楼梯上。但就在我快要到达终点的时候，"砰咚！"一声，我失去了平衡，重重地摔倒在最后一个台阶上。"咚！"声音回荡在空气中，震动了我的心跳。

妈妈见状立刻赶来，拿着我落下的包。虽然我并没有受伤，但我的手表被刮出了一条细长的磨痕。我胆怯地看着一直以来对我要求严格的妈妈，突然间，她绽放了一个暖阳般的微笑。她握住我的手，手表举至半空中。阳光从斜射下来，磨痕犹如一条银色的伤痕，闪烁着独特的光芒。我转动着手腕，银色的磨痕在阳光下闪烁着。妈妈指着表上疾速转动的指针，平静地说：“这样也好，它会提醒你要珍惜时间。”这就是我独一无二的标记，时针“滴答滴答”地划过磨痕，在阳光下银光四溢。

图 4 文心一言 10 秒修改一个作文片段

我忽然发觉，简单地追求擅长与喜欢，并不能让职业呈现真正的幸福感，因为“简单”“便利”的另一面，便是“可取代性”——可被更有经验的师傅取代，可被精力更旺盛的后生取代，甚至可以被“AI”取代——我们的职业好像出现了艰难区。我不禁叩问自己，如果不想被取代，那么，我作为知识传授者、思想引导者，属于我自己最独特的价值在哪里？

尼采说：“人的可贵之处，在于有独创性。”对我们老师而言，信息、知识可以被复制，但人的经历不能。作为老师，我们的价值，也许就是做出自己最独特的东西，让它有机会影响更多的人。而参加比赛，就是一条重要的路径。因为比赛，本身就是在打造属于自己的亮点与差异化的过程。有了这个过程，我们就会知道，自己身上有哪些东西，是有独特性，可以深耕的，是难以被取代的；又有哪些东西，是可以带给更多老师有益影响的。

我还记得，第一次参加比赛，是迫于科组的压力。那是科组内的一个说课比赛，第一次比赛，毫无头绪，课程设计全凭感觉，赛时表现也磕磕绊绊。当时的评委丁老师赛后跟我说了一句话：“你的设计中的对比，很打动我。以后文本解读试试抓这个点，以小见大。”当时的比赛结果是什么，我已经完全记不清了，但她这句话，我记忆犹新，因为她告诉了我，我在什么地方，有着自己的独特想法。

后来，参加组内公开课，我想不落窠臼，却又不知如何下手。倏地，我想起丁老师给我的评语。我想，要不我也试试抓一处对比，尝试做名著整本书阅读吧？于是，我设计了一节粗糙又不成型，但还是有些亮点的课。再后来，我拿着这节粗糙的课去参加比赛，在全科组、教研员的帮助下，一步步叠加前辈们的设计优化建议，叠加我自己的思考与创新，于是，从校赛到市青赛，从省青赛再到国家基础教育精品课的舞台，我渐渐有了自己的代表作，而我也在这个过程中逐渐清晰自己的优势，变得更加专业，收获了更多认可与掌声。

我本以为，比赛带来的荣誉与成就感，是自我职业成长最大的价值。这种想法，被一次省骨干教师培训的两个片段打破。第一个片段，是培训期间，一位前辈主动与我搭讪：“黄老师，我在网上听过你设计的那节名著课，你的选点很精彩，启发我很多，没想到名著还可以这样设计！”另一个片段是结业那天，陆丰县的郑老师的一段话：“我们陆丰，是全广东最贫穷的县之一。年轻一辈全到外面打工了，所以在我的班里，最年轻的家长，都已经六十五岁了。我们没有好的条件，也没有好的资源。所以我来培训，不是代表我一个人来的，是代表我身后七十多个家庭来的。我抛下老脸，请求各位，如果以后有好的学习资源，请多多分享给我，分享给我身后这七十多个家庭，我们学校背后这上千个家庭！”这两个片段，给我的触动，至今未消。那是我第一次真真正正感觉到，原来自己除了可以给身边的学生、同事一些影响，当我有能力站上更大的舞台，我还有能力影响更多的人，哪怕他们的生活因我而变好了那么一点点，我也会幸福万分。或许，这种由独创性带来的影响力，才是我追求的职业持之以恒的独特价值。

锚定自己的价值圈，勇敢地参加比赛，在突破自我的同时，也能给别人带来突破的一点力量，我觉得这就是最美妙的奔赴。

找到擅长的圈层，扩大兴趣圈，锚定自己的价值，我们会发现，三个圈层越大，它们的交集也会越多，我们在必须工作的时间里感到快乐的瞬间也会越多。

这便是美国职业发展专家 David Pollard 在《找到职业甜蜜区》一书中提出的 “职业甜蜜区”(Sweet Spot)理论。愿我们所有老师，都能找到这个圈层，让我们的焦虑感、无趣感与艰难感消除，在工作中过得快乐，幸福！

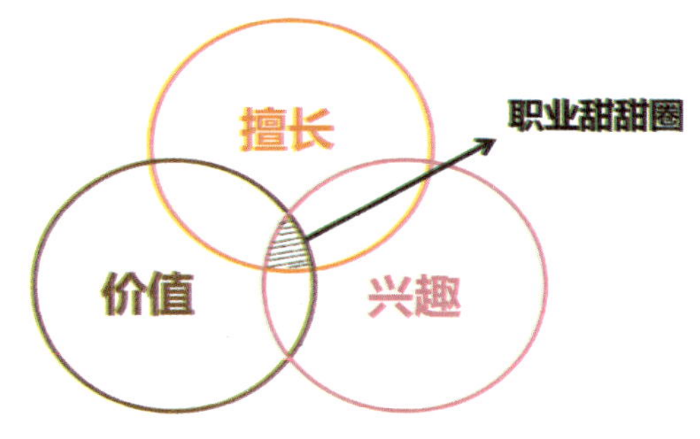

图 5 职业甜甜圈理论

走更长的认知半径

朱真莹

“一个人的行走范围就是他的世界。”我们总生活在自己的圈圈里，总会有一定的认知束缚，总会有对世界的未知。我喜欢通过行走，遇见山河生灵、遇见烟火人间、遇见更广阔的自己。走出更长的认知半径，不仅是为了创造更好的生活，更是促使我们对已有的生活产生更深刻的认知。

“放假了，朱朱准备启程去哪里？”

“春天哪里好玩？秋天哪里好玩？”

“西藏好玩吗？新疆呢？云南怎么样？”

每逢假期临近，我都会接受到这样的询问，而我的回答总是：“呃……其实都挺好玩的。”这并不是我的敷衍，而是出去得越多，反而越不知道如何去回答这些问题。哪里都好玩，哪里也都不好玩，只是取决于去玩的你想看见什么和遇见什么。

始于对山河远阔的好奇

这样的问答，让我想起《在雪山和雪山之间》里的一段话“今年雨季来得晚，这雨刚刚下了一周，对于城里人的影响，不过是松茸一直没有上市，据说这周新出的松茸价钱两千块一斤，听起来很惊悚；对我而言，是花事来得晚，各种花看起来植株也比较低矮；对于牧民而言，是牧场的青草出得慢，平常可以放任牛在牧场上自由来往，今年他们需要赶着它们多换几块地，以免小牛长不好，以及同一块草甸过度消耗。”而对于我们而言，这雨下了一周，可能是班主任一周不必跟着跑操，英语、语文老师提前上早读；或者是科任老师又有了借用体育课的理由。那如果是对于学生、对于送学生返校的家长呢，又会意味着什么？

同一个世界，同一场雨，对于不同地域、不同身份的人来说都有着不一样的意义，而我，很想去看看这些不同的意义。虽然俗但是很有道理的一句话“读万卷书，行万里路”，无论读书还是行走，在我看来，都能带来更丰富的思考方式和情感，都在拓宽自己的认知边界。比起读书我更爱行走，旅途中的看、听、嗅、触等都会形成感官记忆，每一步行走的累和痛也会化作肌肉记忆，让我对世界产生更深刻而绵长的认知。

冬奥会开幕式把中国人的浪漫发挥到了极致，而当我们一家人都沉浸在对国家的无限自豪和憧憬时，表妹的一句话打破了宁静，她说：“为什么黄河水不是黄的？”一时间，家里下至 10 岁的小朋友和上至 70 岁的老朋友都在围绕着黄河水黄还是不黄的话题不断讨论，并把最后的压力给到了还在专心看开幕式的地理老师——我。你看，作为一名地理老师，总是被赋予很多课堂以外的使命。

表妹这个看似不经意的提问却让我沉思许久，对自然的好奇是人的天性，但生活中，是什么束缚了我们的好奇？或者是什么让我们渐渐不再好奇并形成了一些固有的认知误区？旅途中，或多或少总会遇到对地域的刻板印象或地域偏见。比如到了较远的北方地区，当知道我是广东人时就会让我说粤语，当然我也会，但我想并不是所有广东人就是说粤语的，也有潮汕话、客家话、雷州话等等；如果看到我能吃辣，就会被认为是湖南人或者江西人，因为在很多外地人心中，广东人都是吃清蒸的。走出去就是这样有意思，面对这些信息差，有时我被问得一脸问号，或者他们被我们的刻板印象问得一脸问号。

作为地理老师，当然很想把这些问号都一探究竟。本着对专业的追求，对自然和人文的好奇心和更大的认知需求，当然是要多出去求证的，去亲眼看看书本中这些配图真正的样子，当然也有可能是为了总爱往外跑打的幌子。

图 1 巍峨的世界最高峰——珠穆朗玛

但是好奇也总会被各种不定的因素打乱，连续的阴雨天无法看见雪山，临时的封路绕开了原本丰富的小湖泊群；遇见的人也多样，热爱的，虔诚的，善意的也会有不善的。唯一确认的，是出了门，就会遇见更多不一样的自然和不一样的故事，也学会了接纳和理解。李镇西老师说，班主任要会讲故事。我是个笨拙的理科生，讲故事，得有故事。选择走出去，会让我不仅可以听见山川、河湖、生灵组成的自然的故事，也能听到许多人的故事。

图 2 转角遇见冈仁波齐的日照金山

忠于对烟火人间的热爱

2020 年去西藏阿里时同行有一对老夫妻，一上高原就会高反，携带着各种氧气瓶、感冒药、葡萄糖，尽管每天都在吸氧和缺氧中徘徊，但是他们依旧全程非常有兴致。我们仨一起坐在珠峰大本营旁的小山坡上等日落，当天的风特别大，非常冷，云层很厚，可以见到日照金山的几率微乎其微，但是他们也不愿意走。那位姐姐跟我说，就是喜欢高原，只要能力范围内能克服的困难都可以克服，冷点、晕点不算什么，不要留遗憾。去年在山南徒步，我就是只“小弱鸡”跟在一群退休姐姐的背后，听她们分享去挑战哈巴雪山登顶的经历，去念青东 7 天的徒步艰辛。她们虽然有些膝盖有伤需要经常修整，但是依旧会坚持走完全程，用步伐和身体去感受这个空间带来的美好。这些就是唯有热爱才能永恒的最好例子吧。

图 3 怒江边静谧的“雾里村”

心中有爱的人眼里都有光。新

疆喀什茶馆遇到的塔吉克老爷爷，只是恰好坐在旁边就和我们分享茶水和馕，用着人类最原始的比划进行沟通；塔县遇到的艾米提江小朋友和他的伙伴，特意换好新衣服迎接我们；热情的藏族小朋友，用着不太流利的普通话为我们做翻译……我很希望我们教室里的孩子也能通过这些生动的故事和人，成为能量传递中的一环，成为眼神干净，内心善良，总是怀抱着善意与人相处的人。

图 4 背着“生活希望”的村民

奔赴山海更是寻找内心的坚定

但自然是多样的，人也总是复杂的。西藏、新疆总会有很多检查站，这与复杂的历史、政治有关，去到这些地方，会真正感觉到中国地域辽阔，维稳和保障安全是一件很不容易的事情。在去往玛旁雍错的路上，我们要过边检站，团队过检可能影响到了一位藏族女士的排队位置，她并不听我们的解释就开始很激动地指责我们。大概的意思是觉得你们这些游客只有钱，没有礼貌，不要来我们的地方，会说汉语有什么了不起，他们也可以，而且还可以说藏语、英语等等，一直责骂我们到排队结束。我当时在想，她是受到什么事情或者思想的影响才如此对人或对汉族人充满戾气和敌对？国土辽阔，国民众多，要维持十四亿人的思想统一和和平真是太难了。我们不是生在一个和平的年代，而是生在一个和平的国家。

丰富的景观，多样的人。这些故事，我都会在课堂或者班会时找机会分享给学生，我希望他们也能学会去看见这些故事和这些人，也能去思考这些故事背后的道理，能给他们一些小小的新的认知，从他们的反馈中也会给我新的认知角度；我希望这些故事里对生活善意热爱的人会感染他们，让他们也会好奇和聆听故事，走自己更长的认知半径。

图 5 保护区内自由奔跑的藏羚羊

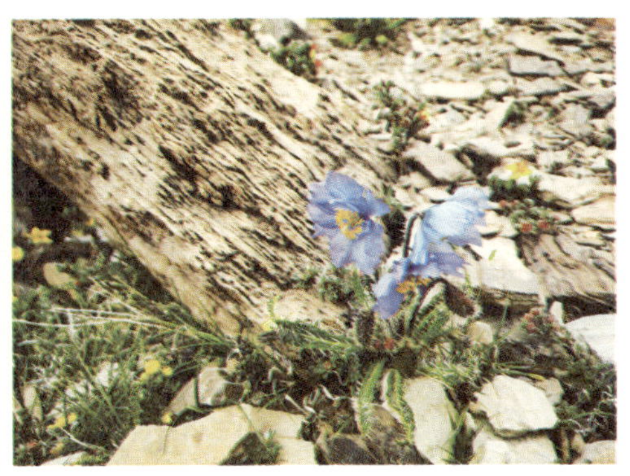

图 6 雪山上的“蓝精灵”——绿绒蒿

《清醒思考的艺术》当中说到，透过我们个人的认知，我们看到的只是我们眼中的世界。电影《一代宗师》里宫二小姐说过：“习武之人：见自己，见天地，见众生。”我想反过来应该也一样，见天地，见众生，也会见自己。

但是还有书籍

吴雪芳

读书，不仅仅在求学阶段，而是要贯穿终生，一旦养成习惯，我们必将受益终生。

阅读让人见识开阔

2019 年开播的一部纪录片《但是还有书籍》，评分很高，这部纪录片将书籍背后的有趣故事娓娓道来。2000 年我上高中，分文理科之后，遇到了一群学识渊博，个性十足的老师。语文老师将自己的珍藏本《飘》、《史记》、《资治通鉴》、《红楼梦》、《莎士比亚集》等文学巨著放在教室，还给我们订阅了十多种文学杂志期刊，丰富我们的课余阅读。他每隔一段时间，就把课堂搬到学校的图书馆，让我们自由汲取文学的养分。当时虽然看不懂《史记》《资治通鉴》，但是在看得懂的书里，我看到了自己从未见过的广袤世界，体会到了前所未有的心灵震撼，那是一种跨越时间和空间的自由感，从那时起我喜欢上了看书。

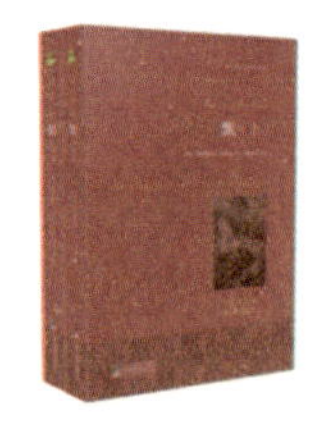

《飘》——《乱世佳人》

《史记》

《资治通鉴》

《红楼梦》

《莎士比亚全集》

图 1 语文老师推荐的书籍

阅读让人精神丰富

学生时代，喜欢读三毛、张爱玲、席慕容等等；刚开始工作，看的大多是和职业有关的通用书籍，比如《给教师的建议》、《班主任漫谈》等等，结婚生娃之后，看的是和儿童心理学、家庭教育有关的书籍，比如《蒙特梭利》、《自卑与超越》，随后为了培养孩子的阅读习惯，我什么都读，比如诺贝尔文学奖书籍、《穷查理宝典》、《太空漫游三部曲》、《风沙星辰》等等；最近这几年喜欢看人物传记，尤其是历史人物传记，我才慢慢体会到 “读史可以明智”的内涵。

三毛、张爱玲、席慕容、路遥、马尔克斯……

苏霍姆林斯基、魏书生、李镇西、任勇……

图 2 我阅读的书籍

阅读给人无穷智慧

2021 年看了一本书《知行合一》。“知行合一”是许多人的座右铭，甚至是精神信仰，没看书之前，我觉得这字面意思很直白很简单，不就是做人做事要符合相应的知识道理，而知识道理古人都已经告诉我们了，只要我们自己去学习就行了！看完书之后，发现我理解得太肤浅了。其一是这个“知”指的不是一般的知识或常识，指的是真理或真知，那这种“真理”与一般的“知识”有什么区别呢？这个真理或真知并不是客观存在或一成不变的，它会根据实际情况而发生改变，所以它并不只是在古人的书中，而是在实践中，在“行”中去寻找。其二就是“知”和“行”必须是同一个主体，换句话说别人的知和你的行是没办法合一的。

2021届初三我遇到了一个这样的典型学生，120分的试卷，他几乎每次都可以考113以上，但是很少超过117，扣的那几分几乎都不是难题，而是基础或细节，他很不甘心，想改变这个局面，我告诉他要认真做一件事情，“整理错题，分析原因”。他说试卷上的每一道错题他都搞清楚了，原因很简单，就是“粗心”。我问他，那为什么改不了呢？他摇摇头说不知道，我跟他提出了交换条件：我说“你去按照我的要求，认真整理最近的十次数学考试卷子，总结错误原因，用表格分类写一份分析报告给我，我就告诉你原因”。最后他如实去做了。其实分析报告并不是目的，关键是他通过这个过程，终于自己明白了“基础和细节的重要性”。从那以后，他的数学学习和考试都变得更加踏实，中考也考了满分。

每一届初三的备考工作中，大家都会遇到类似心高气傲，又天资聪颖的学生，但是考试却经常出现基础或细节失误，难以稳定发挥，心理承受力弱的学生，多次考试不理想，甚至会怀疑自己，自我否定，走向另一个极端。初三的数学考试，对于大多数学生而言，难题只有少数几个，大部分都是基础题，要想考试得高分，基础题是关键，尖子生也不例外，这个道理老师们都懂，也都曾在复习课上反复告知学生，但是学生未必听得进去，尤其是尖子生，他们的认知里没有这一点，所以他们很难在考试时，做到滴水不漏。这个问题就是“知行不一”的表现，老师的“知”与学生的“行”不能“合一”。其实不只是“培优”，我们想要改变学生的某些行为，遇到的困难都是这个原因，我们的“知”改变不了他们的“行”！如何帮他们提升“认知”，也许是关键！

2022年第一学期，我在初一当班主任，班上有一个孩子脑子并不笨，但是好动，坐不住，白天上课有老师还好，到了晚修或自习课，没有人督促的时候，他一整个晚修，可以在那里玩手指、拆卸各种文具、笔、圆规等等，花去一半的时间，因此作业总是完成不了。于是我就用了一些方法试试帮助他，比如同桌定时提醒，做一个计划表贴在桌子上，让课代表监督等等，都收效不大。最后用了一个方法，我让他把自己晚修期间做过的事情做一个流水账记录（如图3），连续记录了几次之后，他有了很大的转变，作业几乎能全部按时上交了。事后我找他谈话，问他这个方法为什么会有效呢？他说从流水账中反观自己的行为，从行为中悟出了一些道理。他的“行”只服从他自己的“知”。

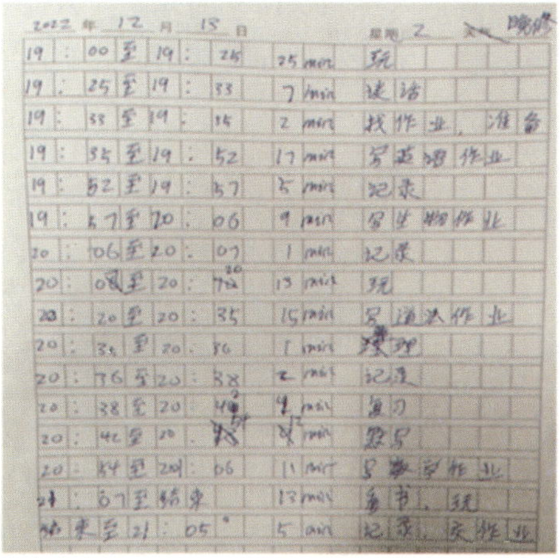

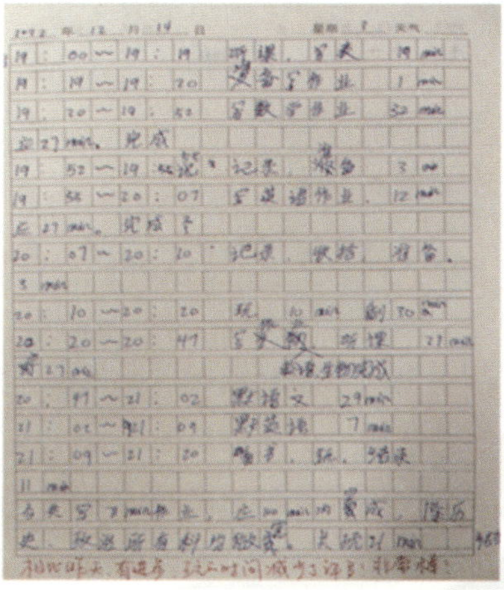

图 3 学生的流水账记录

有一位传奇人物大家都认识，巴菲特，他有一位导师兼 40 多年的好搭档，叫做查理·芒格。他们的人生智慧就像他们所拥有的财富一样，普通人难以望其项背。我要分享的第二本就是《穷查理宝典》，这是一本被书名耽误的好书，书里记录他过去 20 多年来的演讲，和他发表的各种人生智慧文章，看过这本书的人都不约而同提到了他的“多元思维模型”。

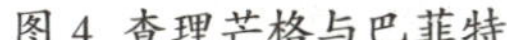

图 4 查理芒格与巴菲特

图 5 《穷查理宝典》

这个模式解答了普通人的困惑：为什么读了那么多书或是教了那么多年的书，面对复杂的事情却依旧不能游刃有余地处理好呢？比如增加自己的发量，或者平衡好“工作”和“家庭”，再或者实现“经济自由”……

查理用他的多元思维给出了答案：复杂的问题往往牵涉到许多学科，而我们的教育太过于局限在一个学科里，各学科之间壁垒森严，我们只学到了孤立的知识，只能片面地从一个角度去认识事物，无法正确全面地理解事物，所以我们处理复杂问题都比较片面，更别提游刃有余了。

“宇宙是一个复杂的整体，人类全部知识都是在尝试对这个复杂整体进行研究，各学科之间并没有泾渭分明的界限，而是相互影响的。”

——查理·芒格

掌握不同领域的知识，或是建立一种跨学科的思维模式，必须通读各种领域书籍，并理解这些领域里最重要的理论。多元思维模式到底有多少个呢？查理说“只要能够掌握八九十个模式就差不多能成为拥有普世智慧的人，当然在这八九十个里面，非常重要的可能只有八九个”。所以他有一句这样的名言：“我这辈子遇到的来自各行各业的聪名人，没有不每天阅读的，没有，一个都没有。”

2023 年的寒假里看了一套《曾国藩》，晚清四大名臣之首，当时最具影响力的人物之一，书中记录着这样一段历史，弟子李鸿章要去江苏做省长，来请教老师，该如何做好？曾国藩讲了一个小故事，他说有一天，在南方的水田梗上，田埂很窄，田里有水和泥巴，一南一北来了两个人，都挑着很重的担子，都不想让对方，就这么一直对峙着。田埂虽然窄，如果没有挑担子，两人一侧身也可以过去，但是现在必须要有一个人下到泥巴里才能让路，如果你是路边的劝说者，你如何劝他们？李鸿章思索了一番，摇摇头。各位读者，如果你是劝说者，你有什么好办法吗？结果这个劝说者对其中一个人说：“把你身上的担子给我，我帮你挑着，你就可以过去了”。李鸿章顿悟，给这个故事取名叫“躬身入局”。

曾国藩

图 6 《曾国藩》

阅读解开人生烦恼

2019年我从惠州来到东莞，加入松实，刚开始我以为我的工作是教数学，来了之后发现还要开发校本课程、小课题研究。而学生除了上课，还要听讲座、参加社团、创客节等等，大家都很忙，我曾一度以为咱们学校是纯素质教育，不需要成绩，甚至对自己的学科定位都有些模糊。上了初三，我发现我又错了！

这些问题一直困扰着我，导致我的工作有些被动，直到近两年，在不断的教学改革中，发现老师们的专业能力不断在提高，尤其是年轻老师们，进步得非常快；开发校本课程的过程中，收获了大大的职业趣味感；在各种德育活动中，真正感受到了学生的幸福和快乐；近两年的中考成绩，被社会给予了高度的评价。我还持续关注着学校近两届毕业生上高中之后的发展，发现自己所认识的大部分学生，懂得追求幸福，朝着理想、学识、责任感的方向在努力着，才理解咱们学校的课程理念，我们所付出的一切都是有意义，有价值的。我想这也许就是“躬身入局”的体会。

松实教育集团，广纳人才，来自全国各地的老师们，个个都实力非凡，聚在一起最重要的就是要先树立“躬身入局“的思想，然后努力学习“多元思维模式”，最后能在实际工作中做到“知行合一”，那么，无论是个人成长，还是学校的发展，都会蒸蒸日上！